DES SCIENCES SOCIALES DANS LE CHAMP DE LA SANTÉ ET DES SOINS INFIRMIERS

TOME 1

À la rencontre des expériences de santé, du prendre-soin et des savoirs savants

DES SCIENCES SOCIALES DANS LE CHAMP DE LA SANTÉ ET DES SOINS INFIRMIERS

TOME 1

À la rencontre des expériences de santé, du prendre-soin et des savoirs savants

Sous la direction de

NICOLAS VONARX

LOUISE BUJOLD

LOUISE HAMELIN-BRABANT

Presses de l'Université Laval

Les Presses de l'Université Laval reçoivent chaque année du Conseil des Arts du Canada et de la Société d'aide au développement des entreprises culturelles du Québec une aide financière pour l'ensemble de leur programme de publication.

Nous reconnaissons l'aide financière du gouvernement du Canada par l'entremise de son Programme d'aide au développement de l'industrie de l'édition (PADIÉ) pour nos activités d'édition.

Mise en pages : Diane Trottier
Maquette de couverture : Hélène Saillant

ISBN 978-2-7637-9075-6
PDF 9782763710754

Les Presses de l'Université Laval
Pavillon Pollack, bureau 3103
2305, rue de l'Université
Université Laval, Québec
Canada, G1V 0A6
www.pulaval.com

Table des matières

Préface   IX

Préambule   1

Introduction   3

THÉMATIQUE I

UN ÉCLAIRAGE DES EXPÉRIENCES DE SANTÉ ET MALADIE

*À la rencontre des personnes atteintes d'une maladie grave
et chronique : entre rapports au monde et récit*   13
     NICOLAS VONARX

Théories et pratiques sociales à l'égard du handicap   33
     NATHALIE BÉLANGER ET MARIE-CLAUDE THIFAULT

*Vers une compréhension élargie des phénomènes liés à la santé :
l'utilité des sciences sociales au regard de la maladie mentale*   55
     AMÉLIE PERRON, DAVE HOLMES

*Rencontre et lecture schützéennes des expériences de santé
dans la migration : comment considérer la souffrance identitaire*   75
     VALÉRIE DESGROSEILLIERS, NICOLAS VONARX

La dimension culturelle de la douleur et sa relation aux soins   97
     DAVID LE BRETON

THÉMATIQUE 2

INTERROGATIONS ET PROPOSITIONS SUR LE PRENDRE-SOIN

Penser l'humanisme et l'humanisation dans les soins   123
     FRANCINE SAILLANT

Le soin dans la relation humaine   143
  WALTER HESBEEN

Anthropologie et sciences infirmières : une rencontre
qui enrichit le sens de l'acte de soin   159
  CÉCILE LAMBERT, CHANTAL DORÉ

Soignés, soignants et représentations au pluriel :
de la reconnaissance dans l'approche interculturelle de soins   179
  NICOLAS VONARX, PAMÉLA FARMAN

Des pratiques alternatives-complémentaires aux pratiques infirmières :
réflexion ethnomédicale sur une rencontre inévitable   195
  NICOLAS VONARX

THÉMATIQUE 3

INSERTION DANS LA DISCIPLINE INFIRMIÈRE

Difficile mission, vous dites ? Comment susciter l'intérêt des infirmières
aux dimensions sociales et culturelles des problèmes de santé ?   223
  MICHÈLE CÔTÉ, FRANCE CLOUTIER

Soins infirmiers : la plus-value de l'anthropologie   247
  ANNE VEGA

De l'ethnographie pour aborder la culture en sciences infirmières :
entre révision critique et proposition   271
  MARY ELLEN MCDONALD, FRANCO CARNEVALE

La recherche-action dans les sciences infirmières,
une connivence à (re) découvrir...   287
  MICHEL FONTAINE, NICOLAS VONARX

De Bronislaw Malinowski à Virginia Henderson. Révélation
sur l'origine anthropologique d'un modèle de soins infirmiers   311
  NICOLAS VONARX

Résumés des textes   331

Notes biographiques des auteurs et des co-éditeurs   339

Préface

Chers lecteurs et lectrices,

Composé de deux tomes et intitulé *Des sciences sociales dans le champ de la santé et des soins infirmiers*, cet ouvrage est d'une valeur exceptionnelle au sein d'espaces de formation et de pratiques interdisciplinaires où l'on remet souvent en question la place de savoirs issus d'horizons divers. Il l'est pour au moins trois raisons que j'expliciterai dans les paragraphes qui suivent. Mais, d'abord, permettez-moi de féliciter les personnes qui ont travaillé à la direction de l'édition de ces deux tomes : mesdames Louise Bujold et Louise Hamelin-Brabant et monsieur Nicolas Vonarx. En plus, au moins trois autres professeurs ou professeures et trois autres personnes membres du personnel enseignant qui sont actuellement ou qui ont été à la Faculté des sciences infirmières de l'Université Laval sont signataires de textes. La Faculté peut donc se féliciter de pouvoir compter sur des membres engagés à nourrir le terreau scientifique dans lequel la discipline infirmière évolue, s'enseigne et s'évalue.

Cet ouvrage est d'une grand intérêt parce qu'il permet d'abord de proposer des repères propices au développement et à la reconnaissance d'un **métaparadigme infirmier** qui est certes abstrait, mais qui est néanmoins favorable à la genèse, à l'intégration ou à la transformation de savoirs scientifiques disciplinaires. Dans ce sens, la première thématique est centrée sur la « santé » et propose quatre textes qui font référence à des expériences profondément complexes. Le questionnement au cœur de ces textes est que toute situation de santé doit être considérée comme idiosyncratique puisque chaque individu réagit et évolue d'une façon qui lui est unique. La santé ne peut donc être définie uniquement par des repères mesurables en matière de déficit. Elle doit plutôt être déplacée dans le monde d'une vraie personne, d'une famille ou d'un groupe ayant une trajectoire singulière. Les deuxième, troisième, quatrième et cinquième thématiques sont centrées sur le « soin » et sur la « personne ». Elles proposent une réflexion critique qui est déjà au cœur de l'évolution des soins infirmiers et qui concerne ses valeurs d'humanisme, de professionnalisation et d'identité. Les textes de ces thématiques traitent de l'évolution du soin, du partage de l'espace soignant entre des personnes, des familles, des aidants, des infirmières et d'autres soignants. Ils proposent que les soins infirmiers ne peuvent s'exercer en vase clos et indépendant. De même, ils suggèrent que les expériences du soignant et du soigné restent fondamentalement ancrées dans des cultures où l'identité et la représentation du réel peuvent diverger. Les soins infirmiers doivent ainsi créer des contextes où l'on devrait être capable de reconnaître le caractère multidimensionnel de cette expérience. Les auteurs explorent alors comment les sciences sociales (principalement l'anthropologie et la sociologie) et certains de leurs modèles théoriques et méthodes sont riches de sens pour la dynamique scientifique en sciences infirmières et sciences de la santé. Il est particulièrement saisissant de voir à quel point ces thématiques insistent sur la prise en compte de la globalité dans l'approche des phénomènes de soins dans lesquels la pratique infirmière est inscrite. Finalement, le concept d'« environnement » constitue une trame de fond transversale à une majorité de textes des deux tomes de cet ouvrage. Mais la sixième thématique s'y attarde plus particulièrement. On y expose comment l'environnement social, familial et celui qui est lié à l'organisation ou aux politiques relatives aux soins pour des personnes vulnérables et fragilisées ont d'importantes répercussions sur la santé et l'autonomisation. Un plaidoyer en faveur de la reconnaissance d'influences mutuelles entre sciences sociales et sciences infirmières clôt cette thématique.

La deuxième raison pour laquelle cet ouvrage est exceptionnel, c'est qu'il a réuni près de 40 auteurs de diverses disciplines et de diverses institutions. Le **caractère international** donne un sens particulier à l'ouvrage. En effet, alors que les responsables de l'édition et plusieurs autres auteurs ont une affiliation directe avec la Faculté des sciences infirmières de l'Université Laval, certains proviennent d'autres facultés de l'Université Laval (dont la Faculté des sciences sociales) et d'autres universités au Québec (notamment de l'Institut national de la recherche scientifique, de l'Université de Montréal, de l'Université de Sherbrooke, de l'Université du Québec à Montréal, incluant TELUQ, de l'Université du Québec à Rimouski, de l'Université du Québec à Trois-Rivières et de l'Université McGill). Des auteurs de l'Université d'Ottawa signent également des textes percutants. Tous les auteurs canadiens sont de près ou de loin associés à l'enseignement et à la recherche en sciences infirmières. Aussi, une dizaine d'auteurs proviennent d'institutions européennes francophones situées en France (Centre de recherche Médecine, sciences, santé et société, Université Marc-Bloch de Strasbourg, les Universités Paris 5, Paris-Sorbonne, Paris 8, l'Université Paul-Verlaine de Metz), en Belgique (Université catholique de Louvain) et en Suisse (Haute École de la santé La Source de Lausanne). Quand ils ne sont pas rattachés à des lieux de formation en soins infirmiers, les auteurs internationaux sont inscrits dans une dynamique plus large de recherche et d'enseignement dans le domaine des soins et de la santé. Ainsi, ce regroupement d'auteurs du Québec, du Canada et d'Europe francophone provenant de diverses disciplines et de divers horizons renforce le caractère mondialisant de cet ouvrage. Il met aussi en évidence le fait que la langue française reste sans contredit une langue fédératrice de collaboration et une langue capable de servir brillamment le propos scientifique.

Troisièmement, et comme membre actuellement de deux communautés universitaires situées de part et d'autre de l'Atlantique, je ne peux passer sous silence la **valeur pédagogique** de cet ouvrage. Ainsi, au cœur de la fierté de pouvoir le préfacer, réside la conviction que l'*université et les études supérieures resteront, pour les sciences infirmières, le carrefour privilégié de l'évolution des savoirs complexes et le principal moteur de l'articulation de ces savoirs dans des pratiques professionnelles exemplaires. Le caractère exemplaire est ici de nature à la fois clinique, socio-anthropologique, administrative, pédagogique et sociopolitique. Entre héritage et adaptation, par la reconnaissance des apports fondamentaux des sciences sociales aux études supérieures en sciences infirmières et, à l'inverse, par la reconnaissance des savoirs scientifiques infirmiers comme éléments de compréhension de phénomènes jusqu'alors considérés socio-anthropologiques, cet ouvrage a la grande qualité de ne pas se situer dans une approche néolibérale et de s'aligner sur un modèle de formations qui répondent uniquement au marché du travail. Au contraire, il fait en sorte que la* *formation universitaire reste en équilibre entre sa mission scientifique critique et les adaptations qu'elle peut susciter dans les sociétés ou les contextes dans lesquels elle évolue. Cet ouvrage privilégie des destinations où nouveaux savoirs, liberté et actions peuvent prendre forme dans l'esprit de futurs leaders dans le domaine des sciences infirmières. Et si ce n'était que pour cela, je remercie l'ensemble des auteurs, félicite les trois responsables de cette édition et vous convie à une plongée attentive et une lecture approfondie des lieux de rencontre auxquels cet ouvrage nous mène.*

Diane Morin, inf., Ph. D.

Professeure titulaire, Faculté des sciences infirmières, Université Laval, Québec, Canada et professeure ordinaire, directrice, Institut universitaire de formation et de recherche en soins (IUFRS), Université de Lausanne, Suisse.

Préambule

C et ouvrage s'inscrit dans la foulée d'un colloque[1] qui avait pour titre « Des anthropologues et sociologues à la rencontre des soins infirmiers » dont l'idée consistait à interroger des spécialistes du social et du culturel sur la place de l'anthropologie et de la sociologie dans les soins infirmiers, les sciences infirmières et les facultés en sciences infirmières. Lors de cet événement, il s'agissait encore de questionner les facultés de sciences infirmières sur l'accueil et l'usage qu'elles réservaient aux savoirs produits en sciences sociales, comme sur leur pertinence. Il n'était donc pas question de s'asseoir uniquement entre sociologues et anthropologues (infirmiers et infirmières de formation pour la plupart) pour essayer de se convaincre d'une indispensable présence au sein d'une discipline soignante. L'idée générale était plutôt de déterminer ce qui pouvait être important de partager ici et ce qui l'était moins, afin de préciser les modalités et les conditions d'une rencontre entre sciences sociales et discipline infirmière qui a lieu depuis longtemps et qui semble devoir se poursuivre. À la suite de cette rencontre fructueuse, nous avons eu l'idée de ne pas réserver nos réflexions au domaine des soins infirmiers et d'inviter d'autres auteurs susceptibles d'apporter un éclairage sur cette convocation et ces contributions des sciences sociales dans le champ de la santé en général. Considérant que certaines approches de sciences sociales ont leur pertinence pour appréhender, comprendre et expliquer des phénomènes de santé, que des méthodes et des méthodologies de recherche « propres » aux sciences sociales sont mobilisées dans certaines

---

1. Sous la responsabilité de Nicolas Vonarx, Louise Hamelin-Brabant et Louise Bujold, ce colloque s'est déroulé à Québec lors des journées de l'ACFAS en mars 2008.

sciences de la santé, les auteurs étaient sollicités pour détailler ces contributions, pour opérer un déplacement vers les pratiques sociales de santé et s'adresser concrètement à différents professionnels de la santé.

Introduction

S'il est question dans le titre et les sous-titres de cet ouvrage de rencontres et d'une présence des sciences sociales dans le champ de la santé et des soins infirmiers, c'est que l'anthropologie et la sociologie ont occupé depuis longtemps le terrain de la maladie, des soins et de la santé publique. Davantage, elles ont tellement concentré d'efforts sur ce terrain qu'on a vu naître en leur sein des domaines de recherche considérés en Amérique du Nord comme des sous-disciplines à part entière, telles une anthropologie médicale, une anthropologie de la santé ou une sociologie médicale ou de la santé. Leurs préoccupations pour des objets relatifs à la santé s'inscrivent dans une logique d'application qui permet à des chercheurs de correspondre avec des acteurs engagés dans des pratiques de promotion de la santé et de rendre ainsi des savoirs disponibles afin de participer à des transformations sociales.

Néanmoins, même si différents sociologues et anthropologues partagent ces intérêts et s'il est entendu habituellement que les disciplines professionnelles de promotion de la santé constituent des carrefours disciplinaires (discipline infirmière, santé publique notamment), les modalités et la plus-value des rencontres avec les sciences sociales ne sont pas données d'emblée et sont loin de faire l'unanimité. Se demander alors comment cette présence peut et doit se configurer est une démarche essentielle afin de repérer d'abord la nature et la forme des apports des sciences sociales dans des domaines de la santé et de déterminer ce qui peut être au menu des enseignements et des formations dans les sciences de la santé et les soins infirmiers en particulier, et comment ce menu doit être présenté pour rejoindre des professionnels qui sont soumis à des impératifs pratiques et des modes d'apprentissages particuliers.

Ces questions doivent être posées parce qu'il ne s'agit pas de transformer les professionnels de la santé en de futurs sociologues et anthropologues, de les inviter à développer des réflexions théoriques approfondies et de les éloigner ainsi rapidement de ce qui les intéresse au plus point, à savoir l'application. Ils ne peuvent donc pas être soumis à des contenus d'enseignement qui servent surtout à la production de connaissances scientifiques au sein des sciences sociales et qui campent l'apprenant dans des traditions de recherche et des courants théoriques spécifiques essentiellement utiles au développement de ces disciplines. Une rencontre attentive suppose donc de procéder à un déplacement dans les modes de partage de la connaissance pour que les savoirs issus des sciences sociales puissent atteindre les praticiens et les intervenants. Est-ce à dire toutefois que l'apport des sciences sociales doit pour autant être simplifié et épuré, au point de partager finalement des « banalités et des évidences » sur la société, la culture, la maladie, les soins, les expériences de santé et d'autres objets ? L'exigence d'adapter un contenu et des manières de comprendre et d'analyser les réalités sociales ne doit pas non plus verser dans un « dégraissage théorique », et confisquer du même coup aux sciences sociales ce pour quoi on les convoque et les trouve essentielles. Une présence des sciences sociales dans le champ des professions de la santé et les pratiques soignantes suppose donc quelques aménagements, comme ce doit être le cas dans tout espace interdisciplinaire où il est question de trouver des lieux de rencontre et des objets d'intérêts communs, des arrimages, de considérer ses propres limites, ses spécificités, les forces et les particularités de chacun.

Les textes réunis dans les deux tomes qui composent cet ouvrage tentent de répondre à cet exercice. Sans épuiser le sujet, ils illustrent de plusieurs façons les contributions des sciences sociales dans le champ de la santé et des soins infirmiers. Ils sont répartis en six thématiques qui composent une topographie qui nous semble rejoindre les intervenants de santé, les infirmières et les fondements de certaines disciplines professionnelles. Dans le premier tome, on retrouvera notamment l'anthropologie et la sociologie mobilisées 1) pour comprendre des expériences de santé et de maladie qui sont à la source des préoccupations des intervenants, des soignants et des systèmes de soins de santé ; 2) pour analyser et réfléchir sur le prendre-soin ; 3) dans l'enseignement et la production des savoirs au sein de la discipline infirmière. Dans le second tome, ces disciplines sont convoquées : 4) pour présenter les particularités des âges de la vie où nous sommes systématiquement situés comme soignants ou soignés ; 5) pour décrire les situations de grandes vulnérabilités et ce qui les caractérisent ; 6) pour montrer qu'il est question aussi d'environnements et de forces structurelles dans la production des réalités de santé.

Toujours, et quelle que soit la section thématique, il est question d'évoquer une rencontre que les sciences sociales peuvent initier et enrichir. Chaque texte s'accompagne de messages adressés aux professionnels de la santé, de considérations qu'ils ne devraient pas manquer ou de dispositions importantes à retenir pour s'engager dans la pratique. Ils apportent concrètement des clefs utiles à une connaissance de soi comme expert, une connaissance de l'autre ou des autres vers qui les interventions sont dirigées, un éclairage des scènes où se vivent des événements et se jouent des interventions. Ils s'adressent à tous les professionnels de la santé qui sont inscrits dans une réalité aux dimensions interpersonnelles, relationnelles, organisationnelles et sociétales, qui sont constamment confrontés à des représentations qu'ont les sujets d'eux-mêmes, de la vie, de ce qui les préoccupe, qui travaillent auprès de sujets ou de groupes où se rencontrent une part de connu et d'inconnu, de prévisible et d'imprévisible et une part de commun et de singulier.

Cet ouvrage s'adresse tout particulièrement à ceux et celles qui n'enferment pas la santé, la maladie et les soins dans un registre biologique strict, qui résistent à inscrire des bénéficiaires dans des catégories savantes qui ne les rejoignent pas toujours. Les lecteurs pour qui il n'est pas question d'ignorer les ramifications sociales, culturelles, symboliques et structurelles inhérentes à toute préoccupation et pratique individuelles ou collectives relatives à la santé devraient trouver leur compte dans les différentes sections de cet ouvrage. Dans tous les cas, ils y liront comment les auteurs soutiennent l'impératif de former, d'instruire et de sensibiliser les infirmières et d'autres professionnels de la santé à une lecture anthropologique ou sociologique des situations dans lesquelles ils sont impliqués. Ils y verront que l'apport des sciences sociales s'entend souvent dans le champ de la santé comme un plaidoyer en faveur de pratiques, d'interventions et d'intervenants qui sachent décrypter et considérer les dimensions anthropo-sociales des réalités même si celles-là ne se laissent pas appréhender aisément et rapidement.

Retenons pour finir que le contenu de ce premier tome est fortement orienté vers une approche microsociale des réalités de santé, vers la dimension clinique des pratiques soignantes, et qu'il arrime en grande partie les sciences sociales aux soins infirmiers. Sur ce dernier point, nous constaterons d'ailleurs que la plupart des auteurs sont des professeurs en sciences infirmières et des infirmiers ou infirmières de formation qui livrent, traduisent et aménagent des sciences sociales pour d'autres professionnels de la santé.

THÉMATIQUE 1

UN ÉCLAIRAGE DES EXPÉRIENCES DE SANTÉ ET MALADIE

L e souci de ceux qui vivent en situation de fragilité et à qui sont destinés des gestes, des interventions et des discours soignants évoque une certaine mobilité, un déplacement vers autrui et une découverte de réalités inédites. Devant un grand nombre de prêts-à-penser dans le domaine des soins, soumis à une lecture de la réalité parfois simplifiée et quantitative, et confronté encore à de nombreuses technologies trop souvent déshumanisantes, il semble bien que cette idée du déplacement ne soit pas toujours de mise. Il faut dire qu'elle requiert de la disponibilité et du temps dans la pratique, qu'elle bouscule humainement, qu'elle risque encore de remettre en question des certitudes qui allaient de soi pour des professionnels de la santé.

Dans le champ des soins, l'idée de se déplacer implique bien l'existence de frontières et l'importance de les franchir pour ficeler des liens. Et, de part et d'autre, chaque fois, une réalité complexe, des savoirs, des regards et des expertises différentes, susceptibles de ne pas se rejoindre. Que l'on soit ainsi en présence de soignants, d'intervenants ou de soignés et de bénéficiaires de projets de promotion de la santé, il émerge toujours des différences ou des nuances dans les points de vue (parfois diamétralement opposés), entre ce que l'on sait, comprend et reconnaît d'un événement pénible comme la maladie ou d'autres infortunes préjudiciables pour la santé.

On le sait et l'entend constamment, il est souhaitable que les professionnels ne campent pas sur leurs positions et leurs systèmes de représentations et de valeurs, s'ils veulent moins entretenir le souci d'eux-mêmes que des autres, s'ils cherchent à éviter d'imposer leur ordre de réalité, leurs vérités et de provoquer alors des violences dans leurs rapports avec des personnes déjà en difficulté. Le recours à l'anthropologie et à la sociologie est à ce titre judicieux, puisque ces disciplines incitent à questionner les évidences, à s'intéresser au non-familier, à se décentrer et à faire des détours, qu'elles offrent des balises et des guides utiles aux déplacements, afin de ne pas emprunter des itinéraires à l'aveugle, sans trop savoir où poser le regard, quoi retenir de significatif à propos des situations et des personnes, et de ne pas rebrousser chemin trop vite en prétextant que le déplacement a été réalisé.

Prendre le risque de considérer ses propres limites dans la rencontre d'un autre, s'outiller pour mieux faire, mieux découvrir et reconnaître, raisonne dans cette première thématique comme une ligne directrice commune. Réunis sous l'intitulé d'un éclairage des expériences de santé et de maladie, les textes qui y sont présentés invitent tous à contester la réduction des expériences à des catégories savantes et scientifiques très étroites et trop éloignées de ce qui apparaît premier et essentiel aux personnes qui les vivent. En même temps, ils proposent des lectures complémentaires en enracinant dans leur contexte les faits qui préoccupent les soignants et les intervenants. Sur ce point, les sciences sociales donnent une belle occasion de s'ouvrir à d'autres réalités, de tisser des liens et de considérer la complexité des expériences de santé et de maladie.

Pour commencer, Nicolas Vonarx s'inspire d'une approche anthropologique et phénoménologique de la maladie grave et chronique, la présentant comme une fenêtre sur une existence individuelle et sociale, où se trame d'abord et avant tout une vie quotidienne bouleversée. C'est à travers le spectre de certains rapports au monde mis à dure épreuve dans un moment de crise biographique que l'auteur invite les infirmières à s'intéresser aux personnes fragilisées. Comprendre la maladie suppose alors l'inscription d'une personne dans le monde de sa vie, pour voir comment elle y rebondit et permettre encore de reconnaître l'autre dans ce qui supporte en partie son identité. L'auteur revient sur la technique soignante du récit comme d'une clef susceptible d'aider à une plus grande proximité entre soignés et soignants, en plus de considérer ses effets sous l'angle d'une reformulation identitaire.

Le second texte porte sur le handicap que les auteures prennent soin de ne pas réduire à des dimensions biomédicales. Nathalie Bélanger et Marie-Claude Thifault reviennent plutôt sur un objet construit, sur des dimensions sociales et historiques du handicap et sur les enjeux sociaux auxquels conduisent ces formes de « déviance ». Elles interpellent ainsi les soignants sur la compréhension qu'ils ont des personnes en situation de handicap, sur les processus d'exclusion et d'inclusion à l'œuvre à l'endroit des personnes handicapées. Elles les invitent à travailler leur regard, leur rapport à l'autre, au corps de l'autre. Bref, en convoquant une sociologie attentive aux normes et aux représentations sociales, les auteures devraient pouvoir susciter chez les soignants et les intervenants un changement d'attitudes en développant un esprit critique.

Dans le même sens, et montrant d'emblée les limites des approches médicales qui dominent la psychiatrie occidentale, Amélie Perron et Dave Holmes proposent des positions alternatives aux soignants et aux intervenants qui travaillent en santé mentale. Dans la voie d'une socio-anthropologie médicale critique, les auteurs mettent en évidence les structures sociales et les rapports de pouvoir qui opèrent sur ce terrain à partir des travaux de Goffman, de Foucault et d'une perspective féministe. Ils montrent ainsi que la maladie mentale, ses origines, ses traitements et ses représentations ne sont pas donnés d'emblée, et ne sont pas indépendants de normes et de rôles sociaux dominants. En adressant aux infirmières ce texte sur des relations de pouvoirs et un ordre qui modèlent leurs gestes et leur lecture des situations, ils les invitent à adopter un rôle politique au sein d'un système de santé, afin qu'elles s'émancipent par exemple de certaines contraintes, et qu'elles considèrent les multiples intérêts sous-jacents à des discours savants et des constructions médicales.

À leur suite, et plutôt que de se concentrer sur un problème de santé en particulier, le quatrième texte propose une lecture des expériences migratoires à travers la notion de bien-être identitaire et d'identité en souffrance. Mobilisant les propositions théoriques d'Alfred Schütz, notamment ses réflexions sur l'inscription d'une personne dans des mondes autres (*L'étranger*), Valérie Desgroseilliers et Nicolas Vonarx invitent les intervenants de santé communautaire et les soignants à considérer les migrants au-delà d'une appartenance ethnique et culturelle figée. Ils proposent plutôt de questionner la santé et le vécu migratoire en tenant compte d'un rapport entre un individu engagé sur le chemin d'une reconstruction identitaire et un milieu d'accueil composé de normes, de valeurs et d'allants-de-soi.

Enfin, le sujet de la souffrance est traité différemment dans le texte de David Le Breton qui aborde ici la douleur au-delà de sa version somatique et de ses dimensions objectives. Soulignant comment le contexte de l'hospitalisation impose des lectures de la douleur étrangères à celui qui la vit, il rappelle qu'il existe bien des schémas d'interprétation et d'expression de la douleur partagés, mais affirme encore, que chacun a sa propre façon de souffrir. Les contributions de l'anthropologie apparaissent clairement si le soignant se met en quête de saisir la douleur propre au sujet et la trame de sens qui l'accompagne.

À la rencontre[1] des personnes atteintes d'une maladie grave et chronique : entre rapports au monde et récit

NICOLAS VONARX

Comme approche théorique très importante en anthropologie de la santé, l'approche interprétativiste-phénoménologique (Good, 1998) propose de considérer les significations véhiculées par les acteurs pour comprendre les infortunes que sont les maladies. Elle demande de nous intéresser à la maladie comme d'un objet individuel et social culturellement signifié, et de nous préoccuper d'un événement qui se présente à une personne sans attendre forcément qu'il soit traduit dans un discours savant et professionnel, et qu'il ne change alors, et éventuellement, de figure, pour devenir par exemple une catégorie médicale déracinée du champ de l'expérience. Ce courant nous incite donc d'emblée à faire une distinction entre une réalité biologique et une réalité vécue-signifiée. On le sait trop bien aujourd'hui, la première est l'affaire dont s'inquiète une médecine scientifique préoccupée par des désordres, des dysfonctionnements, des dérèglements et des déséquilibres, qui se

---

1. Cette réflexion a été présentée en partie par l'auteur lors du congrès de l'ACFAS qui s'est tenu à Québec en mars 2008. Elle est issue d'un travail de recherche postdoctoral réalisé auprès de personnes atteintes de cancer et financé par les Instituts de recherche en santé du Canada (IRSC). Nous nous servirons d'ailleurs de contenus d'entretien de personnes atteintes de cancer pour appuyer nos propos.

trament à l'intérieur d'un corps matériel anatomo-physiologique. Elle s'y débusque ici en phénomène naturel, pour faire ensuite les frais de stratégies thérapeutiques diverses.

Située généralement en dehors d'un espace de savoirs savants sans en être toujours éloignée dans les sociétés où la biomédecine est très bien enracinée, la seconde prend du sens au sein d'une histoire de vie personnelle. Son sens relève d'un exercice où la conscience d'une personne malade (souvent en lien avec son entourage) saisit ce qui lui arrive à partir de faits (des symptômes physiques et psychologiques par exemple) susceptibles d'être remarqués et d'être considérés préoccupants en fonction de normes, de valeurs, de repères qui sont partagés sociale-ment. Son sens déborde ainsi l'existence d'une personne, puisqu'il est aussi l'œuvre d'un ordre culturel et social. Par la même occasion, la façon de vivre la maladie, d'en dire un mot ou d'incorporer « l'anormalité et la déviance », répond à cet ordre collectif.

Davantage, la maladie fait partie du monde de la vie et renvoie donc à l'existence quotidienne d'une personne ou d'un groupe de personnes qui éprouvent le changement. La connaissance de l'expérience de maladie n'est donc pas dissociable d'une connaissance du monde vécu par le malade, du monde qu'il perçoit et qu'il délivre sous forme de significations quand il en parle.

En suivant ces postulats qui indiquent une façon de connaître la maladie et qui mettent l'accent sur l'expérience d'une personne sans perdre de vue les rapports qu'elle entretient avec la société, nous allons proposer dans ce chapitre une façon de lire la maladie grave[2] et chro-nique. Cette lecture montrera comment le recours à une orientation spécifique en anthropologie de la santé peut être utile aux soignants concernés par la vie des personnes atteintes de ces maladies. Elle s'atta-chera tout particulièrement à présenter l'expérience de la maladie à

---

2.   Retenons que ces maladies se caractérisent par leur durée, par les dommages qu'elles provoquent, par la lourde gestion qu'elles imposent (longueur et fréquence des traite-ments, aménagement de l'environnement de vie, des postes de travail,…) et par le fait qu'elles hypothèquent la vie et la mettent en danger. La prévalence de ces maladies est importante au Canada. Pour information, notons par exemple que 16 millions de Canadiens vivaient avec une maladie chronique en 2005, que 3 décès sur 4 sont imputables aux maladies chroniques au Canada, et que le cancer est la seconde cause de mortalité au Québec (PRIISME, 2005).

travers des rapports au monde qui font les frais du désordre, qui sont sources de souffrance et qui méritent une attention particulière quand on cherche à comprendre, à accompagner et à soigner les personnes malades. À la suite de cette proposition de lecture destinée aux soignants, et notamment aux infirmières qui portent une grande attention au vécu de ceux qu'elles soignent, nous aborderons la narration comme un exercice utile pour avoir accès à l'expérience de la maladie et pour promouvoir la santé des personnes gravement malades. Nous conclurons enfin sur quelques éléments de contenu qui pourraient faire partie de la formation des infirmières pour satisfaire le projet de reconnaître une expérience significative pour la personne soignée.

DES RAPPORTS AU MONDE AU CŒUR D'UNE EXISTENCE TOUCHÉE PAR LA MALADIE

En consultant la littérature qui se penche sur l'expérience des personnes affectées par des maladies graves et chroniques, on retient rapidement que ces maladies sont des événements marquants qui sont vécus sous le signe de la rupture et de la perte. Par exemple, Bury (1982) a montré que l'expérience de personnes atteintes de polyarthrite rhumatoïde consistait en un bouleversement dans leur vie quotidienne, dans leur biographie et leurs relations sociales. Au même moment, Charmaz (1983) présentait la maladie chronique à travers des pertes et des diminutions qui ont une influence sur la reconnaissance et la connaissance de soi. Elle faisait référence à la perte et à la diminution de participation sociale, de rôle, de mobilité physique, de plaisir, de liberté, de contrôle, de pouvoirs, d'estime de soi, etc., en concluant qu'un langage sur la souffrance correspondait finalement à un langage de pertes. Dans leurs travaux qui portaient sur la maladie chronique, Kleinman (1988) et Ahlström (2007) ont aussi associé la maladie au thème de la perte ; qu'il s'agisse d'une perte de soi, d'une perte identitaire, d'une perte de fonctions corporelles, d'une perte de relations sociales, d'une perte de confiance relative au corps qui fait défaut et qui trahit, ou d'une perte de la structure d'un monde qui semblait cohérent. Chez Frank (1993), on retrouve encore cette idée de perte qui ne s'arrête toutefois pas là. Effectivement, selon l'auteur, la maladie fait encore émerger une nouvelle personne et son expérience pourrait être encore pour certains une occa-sion de grandir ou une renaissance.

La perte d'une représentation de soi-même, la perte de contrôle, le changement, la rupture biographique et la rupture identitaire sont ainsi devenus des mots-clefs dans des recherches en sciences sociales qui abordent la maladie grave et chronique (Pierret, 2003). Le dominateur commun à ces expériences consiste donc en un bouleversement identi-taire, en une constitution progressive et toujours renégociée d'une nouvelle identité ou de soi, la destruction d'une réalité, une rupture biographique, l'émergence et la reconstruction d'une nouvelle réalité, une nouvelle inscription dans le monde.

Très bien détaillée dans la littérature, cette description d'une maladie grave et chronique signifiée, permet d'avancer qu'il y a une trame commune au vécu de la maladie grave et chronique au-delà de la réalité singulière dans laquelle elle enferme le malade. Évidemment, on ne peut pas négliger qu'il existe des différences en matière de vécu, et ce, en fonction d'un certain nombre de facteurs. Les maladies graves et chro-niques, qu'il s'agisse de cancers, de cardiopathies, de maladies respiratoires ou de maladies dégénératives, ne conduisent pas au même tableau expérientiel et ne provoquent pas les mêmes pertes, diminutions et changements. Chacune a inévitablement ses particularités en matière de manifestations cliniques, d'évolution, d'effets sur le corps, de consé-quences sur la vie, de trajectoire, de pronostic, de gravité. Et chaque personne malade a sa propre façon de vivre avec son mal, ses propres ressources, sa façon d'y faire face et sa propre personnalité.

Malgré tout, ce n'est pas parce que chacune des personnes atteintes de maladie grave et chronique a son propre vécu qu'il faut ignorer qu'il y a dans ce vécu des récurrences. Ces récurrences et un modèle de lecture se formalisent d'ailleurs très vite dès qu'on situe la maladie dans le monde de la vie, et qu'elle devient une façon de vivre ou un mode d'être dans le monde. À ce titre, Good (1998) propose bien une grille de lecture et d'analyse pleine de pertinence, à partir de ses travaux sur la douleur chronique. En s'inspirant pleinement des réflexions d'Alfred Schütz, il avance que la maladie chronique, au-delà de ses manifestations physi-ques, met le malade en retrait du monde de la vie quotidienne qui structure habituellement une expérience de vie communément partagée.

Plus précisément, interrompue dans le déroulement d'un quotidien qui allait de soi, la personne qui vit un problème grave et chronique :

- se préoccupe dorénavant de ses douleurs et de son corps alors que son moi était total et indivisible quand elle était bien portante et engagée dans des actes de la vie quotidienne ;
- contemple ses expériences et se retranche dorénavant dans un monde privé, dominé par des préoccupations existentielles et des réflexions sur ses conditions d'existence. Elle ne dirige plus son attention vers la réalisation de projets. Son intention qui supporte l'agir n'est plus contrôlée. Elle est envahie par des émotions et des manifestations psychologiques qui sont hors de sa volonté ;
- ne partage plus une perspective temporelle commune parce que la maladie implique une inscription dans le temps fondée dorénavant sur l'évolution de la maladie, l'apparition et la disparition de symptômes, et sur sa prise en charge ;
- est inscrite dans une réalité particulière, celle de la souffrance et de la médecine, différente d'une réalité de sens commun qui implique des projets partagés et des objectifs de vie à atteindre ;
- ne prend plus le monde de la vie comme une évidence en s'y inscrivant dans un intérêt pratique, parce qu'elle doute dorénavant de sa permanence et de son futur.

Dans les mots d'Alfred Schütz (1998), il est question d'une impossible présence dans un monde commun où l'on vit et meurt, où la vie se vit avec les autres sur un modèle relativement partagé, sans qu'il soit question d'arrêts et de réflexions qui mettent l'action en pointillé. Il est question « d'un temps mort » enclenché par un choc et d'un impératif de significations à produire pour une réinscription dans le monde de l'agir que la maladie a perturbée. À suivre l'auteur, la rupture induite par les chocs, comme le sont les maladies graves et chroniques, s'explique par l'éclatement des limites d'une province de significations (que constitue le monde de la vie quotidienne), par l'abandon d'une attitude naturelle qui nous fait vivre une réalité commune, par un déplacement vers une autre province de significations (Schütz, 1994). Dans cette province, on trouve notamment une expérience particulière du moi, une socialité et une temporalité particulières. En bref, la maladie déplace le malade d'un monde à un autre, et défait sa réalité pour en faire naître une nouvelle dans laquelle il va devoir se définir et définir sa vie autrement.

Provoquées par la maladie grave et chronique, une crise de significations et une difficile ou impossible inscription de la personne malade dans la vie quotidienne se traduisent, selon nous, sous l'angle de rapports au monde. Ces rapports au monde se déploient essentiellement dans une existence humaine sous la forme de rapport au corps, de rapport aux autres, de rapport au temps et de rapport à l'espace. Ils renvoient à un contenu symbolique ou une réserve de sens et s'actualisent dans les façons dont on habite le monde. Au cœur de chaque existence vécue, ils sont inévitablement en jeu dès qu'une maladie grave et chronique apparaît.

Un bouleversement dans un rapport au corps[3]

Le premier des rapports touché lors d'une maladie grave et chronique est le rapport au corps. Il ne l'est pas forcément dans le cadre d'une affection mentale, mais il l'est systématiquement dans le cadre d'une affection physique. Il faut dire qu'il est inévitablement en cause dès que la maladie fait son apparition, dès qu'elle fait mal, évolue, empire, qu'elle fait des dégâts et laisse les traces de sa présence dans la chair. On comprendra que, dans le cas où la maladie n'a pas encore d'effets permanents et débilitants sur le corps, le rapport au corps qu'entretient l'individu peut ne pas être encore remis en question ou devenir véritablement une source de souffrance. Mais ce n'est souvent là qu'un répit durant lequel ce rapport est quand même bouleversé. Effectivement, que la maladie diagnostiquée provoque ou non des symptômes invalidants, le corps est déjà l'objet d'une grande attention, puisqu'il est dorénavant le terrain où l'on débusque le mal, où l'on mesure son évolution, où l'on opère des stratégies pour lutter contre celui-ci et pour apprécier les effets de sa lutte. En bref, ce corps, dont on ne s'inquiétait pas vraiment avant la maladie, si ce n'est pour en prendre soin, pour le rendre surtout présentable aux autres et fonctionnel, ce corps qu'on ne

---

3.   Sur ce point, lire les travaux de Murphy (1996), de Chicaud (1998).

considérait pas comme tel, parce qu'il est de trop près engagé dans l'action et sa mise en scène, devient l'objet d'une grande préoccupation, d'une inquiétude au moindre changement et d'une suspicion. Il est vécu sur un mode d'appréhension. Ainsi, la personne malade peut être présente aux autres sans que cette présence soit toutefois entière. Elle est constamment soucieuse et interpellée par ce qui se passe ailleurs, à l'intérieur, à l'écoute d'un cœur qui se fait entendre alors qu'il était toujours silencieux, d'une tâche inopportune qui apparaît, d'une inspiration difficile à prendre. Elle est repliée dans un chez-soi où elle est confrontée à un sentiment de fragilité et de vulnérabilité envahissant, où elle attend, inquiète, le prochain accident. Une nouvelle conscience du corps émerge ainsi et se double d'une idée que le corps est un véritable champ de bataille où se trouvent une part de bon et une part de mauvais dont il faut se défaire ou limiter les attaques offensives. Le corps devient alors un ennemi dont il faut se méfier alors qu'il était toujours resté dans l'ombre, qu'il avait su être du bon côté, sans jamais se faire entendre, sans émerger à la conscience comme un objet à part entière.

Davantage, quand des dommages et des changements physiques, visibles ou invisibles se font voir à cause de traitements mutilants et de l'évolution de la maladie, il en va d'un rapport au corps usuel qui s'effiloche et qui fait naître une grande souffrance. Cette fois, un nouveau regard sur le corps transforme l'image de soi et défait un amour narcissique. Il en va d'une déception, d'un rejet, voire d'un dégoût et même d'une dépersonnalisation, comme en témoignent les propos suivants de personnes atteintes du cancer de sein :

> Mon corps en a pris un coup [...] J'ai une amie qui m'a demandé de voir mon pied. J'ai dit : « Non, je ne montre pas ça. » [...] Et elle, elle a osé le toucher, alors que moi, quand je me lavais, j'avais comme, c'est comme s'il y avait un morceau de parti. Et ça, ça me choquait, ça me révoltait. Je n'étais plus comme les autres.

> Après une opération du cancer du sein, tu te sens diminuée. [...] Moi, ils ne m'ont pas enlevé complètement le sein. Alors tu te regardes dans le miroir, tu as un gros sein et un petit. Tu as une cicatrice qui reste... Physiquement tu te détestes. Déjà qu'à 60 ans tu n'aimes pas trop ton corps, alors là tu l'aimes encore moins.

Cet insupportable regard aux sources du souffrir se nourrit encore d'une atteinte corporelle qui se prolonge dans des mises en scène du corps maintenant impossibles ; dans le fait de ne plus vouloir ou ne plus pouvoir le montrer aux autres, de ne plus pouvoir le mettre à contribution dans le plus banal de la vie quotidienne, de ne plus habiter un corps qui servait une présence dans le monde, une rencontre avec les autres. C'est le lot d'un grand nombre de personnes qui perdent en mobilité et en forces physiques, qui sont incapables de satisfaire leurs besoins les plus essentiels, comme se nourrir, cuisiner, dormir ou se laver. Encore une fois, le témoignage d'une personne atteinte de cancer peut servir d'illustration :

> Je suis une année à rester à la maison. La première fois de ma vie que je reste à la maison une année complète. À pleurer, à lire, à tomber, à ne rien faire, même pas mon petit lavage quotidien de vaisselle.
>
> C'est plus difficile la chimio quand tu vois que tu perds tes cheveux, que tu tombes partout, que tu ne peux pas manger, que tu ne peux pas laver ton linge, que tu ne peux pas dépoussiérer une fenêtre, et que ça fait déjà deux ans que ça dure et que ça continue. Et tu te demandes quand est-ce que tu vas voir le bout du tunnel. [...] Quand tu vas à la bibliothèque et que tu te rends compte que tu ne peux pas te concentrer sur un livre. Ta tête n'est pas capable d'apprendre. Tu lis le livre trois fois avant d'être capable de retenir une phrase. Alors tu te dis que ça ne donne rien de lire, parce que tu ne peux plus apprendre [...].

Un bouleversement dans un rapport aux autres

Sous le signe de l'inévitable défaite, ce rapport au corps transformé dans un itinéraire et une expérience soumis aux changements se conjugue à d'autres rapports aussi fondamentaux pour chacun. Nous parlons notamment d'un rapport aux autres qui se transforme lui aussi. Les autres sont ici pluriels et la transformation occasionnée est de différente nature. Il y a d'abord les proches qui comptaient depuis toujours et qui dans les affres du mal se tiennent maintenant à distance ou, au contraire, se rapprochent. En dépit des cas de figures, il y a quand même ici des changements et les relations avec les proches se modifient.

Pour certains, le lien s'affermit et se renforce. Il y a là plus d'amour, d'entraide, de soutien, de présence et d'accompagnement. Et de nouveaux liens se créent encore. Les associations de personnes malades très disponibles participent d'ailleurs pleinement à ce surplus relationnel qui est si nécessaire dans une épreuve où l'on a tendance à perdre beaucoup. Un rapprochement avec Dieu, entendu ici comme un autre très spécial, peut encore voir le jour, réapparaître et se développer. On sait effectivement qu'un renouveau en matière de spiritualité ou de religiosité peut survenir dans des moments de maladie où le salut du corps n'est plus forcément la seule priorité, où le salut de l'âme devient un enjeu important quand il est question de mort prochaine, où la croyance, la pratique et la foi peuvent devenir des ressources utiles dans la gestion du mal et dans la recherche de guérison.

Toutefois, le tableau relationnel n'est pas toujours aussi reluisant. Des personnes font effectivement les frais de relations difficiles à entretenir parce qu'elles ont le sentiment d'être un fardeau et d'être inutiles pour ceux qui les accompagnent. À cela s'ajoutent un manque de disponibilité physique et une impossible présence lors de rencontres prévues, de soupers, de sorties et d'événements divers. Le témoignage suivant l'illustre en partie. Il montre que des relations nécessitent des investissements, que le cancer et ses effets ne permettent pas toujours.

> Quand on perd tous ses cheveux, quand on se promène avec des prothèses. Quand on ne peut plus danser, quand on ne peut plus sortir, aller au cinéma, quand on ne peut plus faire aucun exercice physique, ne peut plus faire l'entretien de sa maison, qu'on a toujours besoin des autres pour mettre ses vêtements, ses bas, son linge. On perd nos amis. Notre entourage nous délaisse. On ne reçoit plus sa parenté. [...] Si tu n'as plus la capacité d'entretenir des relations affectives avec ton entourage, l'amitié, l'amour ça se cultive.

Dans le même sens, rappelons qu'il y a aussi les personnes moins proches, qui se tiennent éloignées de la personne malade, devant l'image qu'elle véhicule. Certaines détournent les yeux du mal parce que la personne qui le porte leur rappelle une fragilité qu'ils cherchent à ignorer et parfois à fuir. Et d'autres constatent et sanctionnent une transgression de ce qu'il est impératif d'être et de faire pour être accepté dans l'espace social, même si la difficulté pour la personne malade d'assumer des rôles fortement valorisés relève d'un corps qui fait involontairement défaut. Il en va ainsi d'une stigmatisation sociale fondée sur la déviance, sur un mode de socialisation attendu, partagé, voire exigé, et sur l'impossibilité de servir de miroir aux autres. Il en va d'une stigmatisation opérée par les autres et ressentie, qui hante le rapport aux autres et nourrit la souffrance. Déjà provoqués par les nombreux problèmes physiques, la distance et l'isolement sont susceptibles d'être volontaires et de devenir le *modus vivendi* des personnes malades.

De fait, l'inscription physique dans l'espace public devient sujet à caution. Quand certains rôles ne peuvent plus être assumés en raison de la maladie, quand il n'est plus question de se rendre sur son lieu de travail ou dans d'autres lieux, le rapport à l'espace se modifie. Il change bien souvent à travers une réduction des lieux investis, à partir de l'inconfort qu'une présence dans ces lieux peut éventuellement provoquer. Comme nous l'avons dit plus haut, cette absence relève parfois de la volonté de ne pas être vu ou de déplacements impossibles. Mais elle est encore motivée par la recherche de lieux confortables en fonction d'une douleur physique et de souffrances qu'il faut prévenir et pouvoir gérer en disposant de moyens utiles. Bref, la maladie grave et chronique confine le plus souvent dans un chez-soi dont on sort uniquement pour se rendre dans des milieux de soins qui sont tout aussi sécuritaires. Les propos de J. Robitaille-Manouvrier qui rapportent son expérience du cancer résument cette impossible inscription dans les espaces publiques et l'isolement de la personne malade.

> J'ai une difficulté à vivre en étant marginalisée, en me sentant exclue. Le regard des autres est lourd à subir. Il trahit leur peur, leur malaise et parfois même leur agressivité. Ils se comportent comme si le cancer était contagieux ! Je me sens comme si je n'avais plus le droit d'exister ou de faire parce que j'ai un cancer : plus le droit d'aller au restaurant, de m'amuser, de me divertir ou de faire des courses. Je ne sors pas très souvent. Je n'en ai pas l'énergie. J'imagine le calvaire que doivent vivre les sidatiques (Robitaille-Manouvrier 2005 : 62).

Un bouleversement dans un rapport au temps[4]

Le rapport au temps est tout aussi défait et à renouveler que les précédents, puisque la maladie évoque d'abord une limite temporelle, la certitude d'une mort prochaine, une remise en question du présent et de l'avenir (Aïach et autres, 1989). Davantage, après un diagnostic,

---

4. Sur le sujet du temps consulter par exemple les travaux de Derzelle (2003), de Rasmussen et Elverdam (2007), de Kleinman (1988), Chicaud (1998).

la maladie structure la temporalité du vécu dans la mesure où l'agenda de la personne malade peut être rempli par ses visites médicales, ses traitements et ses examens (Good, 1998). L'évolution de la maladie, son pronostic et les activités défavorables à son évolution cadrent dorénavant l'écoulement de la vie. En bref, le temps vécu et le temps social qui servent de référence aux malades, les temps d'arrêt, de repos, de retrait, de participation et d'activité répondent dorénavant à des ordres biophysiologiques et médicaux.

Et cet écoulement change encore de rythmes. Pour certains, et souvent en fonction des conséquences de la maladie, de son pronostic et d'un horizon temporel qu'elle se fixe à partir des données précédentes, il est temps d'accélérer le rythme, d'en mettre beaucoup en peu de temps, de multiplier les projets. Pour les autres, au contraire, quand l'horizon temporel est beaucoup trop proche, quand le temps qui passe les ampute toujours d'un capital temporel trop maigre, quand la maladie ronge trop rapidement l'espérance de vie, il s'agit de ralentir, de favoriser le temps présent et de se concentrer sur l'ici et le maintenant. Dans ce rapport au temps, il est donc question d'espoir dont certains sont privés. Il se perd lui aussi quand le diagnostic, le pronostic et l'aggravation progressive de la maladie provoquent un sentiment d'impuissance. Une réduction des possibles, des surprises et des inattendus favorables, pour la personne malade et son entourage, réduit considérablement le terme des projets, quand elle ne les efface pas complètement. Elle va même jusqu'à gommer toute projection et mettre le devenir entre parenthèses. Dans tous les cas, une nouvelle gestion du temps s'impose et demande d'organiser la vie ou ce qu'il reste de vie, sans que cette gestion ne permette toujours de partager avec les autres les mêmes projets et de les rencontrer dans des espaces-temps communs.

Une expérience aux interfaces de l'individuel et du social

Ainsi, l'expérience d'une personne atteinte de maladie grave et chronique se traduit par un type de rapports au monde qui sont mis à dure épreuve, qui sont défaits par l'affection et qui deviennent le terrain de changements (pratiques et symboliques). Davantage, si les principaux concernés par la maladie choisissent de rapporter ce qui leur arrive en fonction de ces rapports, c'est que le désordre qui s'installe à ces différents niveaux d'existence fait aussi souffrir. Et cette souffrance tient dans le fait que la maladie grave et chronique éloigne la personne qu'elle affecte d'un mode d'exister et de se concevoir qui est valorisé dans un environnement socioculturel précis. En d'autres mots, des normes et des valeurs dominantes font voir à la personne de l'anormalité dans de nouveaux rapports au monde qui se ficellent au gré de sa maladie. Sur ce point, rappelons que les sociétés hypermodernes favorisent un type de rapports au monde que nous sommes nombreux à valoriser et à incorporer. Ces rapports ne laissent personne indifférent et font indirectement des dégâts chez les personnes atteintes de maladies graves et chroniques. Par exemple, en privilégiant la grande vitesse, en rythmant son existence pour être suffisamment rentable, en remplissant son agenda jusqu'à faire disparaître totalement des temps morts non productifs, en gérant son quotidien sur un axe temporel au service d'un rôle socioprofessionnel, on fixe un rapport au temps idéal très éloigné du rapport au temps que peut vivre une personne malade. De la même manière, quand on doit faire voir, façonner et maîtriser son corps, le rendre performant et de belle apparence, en jouir, en faire un lieu de plaisirs et être par la même occasion autonome, actif et compétitif (Aubert, 2006 ; Queval, 2008), il est malvenu de vivre des rapports au corps et à soi que les maladies graves et chroniques peuvent induire.

Vues de cette façon, l'expérience de la maladie grave et chronique et la souffrance qu'elle provoque se situent aux interfaces de l'individuel et du socioculturel. Cette remarque va dans le sens de Kleinman et Kleinman (1991) pour qui ce type d'expériences naît d'interactions entre un processus psychophysiologique et des catégories culturelles et des structures sociales. On comprend mieux alors qu'en vivant dans une même société, en étant baigné des mêmes normes, valeurs, attentes et exigences à l'endroit d'une existence à réaliser, l'expérience des personnes atteintes de maladies graves et chroniques comporte une trame de fond et une structure relativement identiques. La compréhension et l'analyse d'une expérience de maladie grave et chronique doivent donc se faire en articulant une approche microsociale intéressée par des significations produites par des individus et par la façon dont ils habitent concrètement le monde de la vie, avec une approche plus large et structurelle capable de repérer des dispositifs qui définissent ce qu'est un sujet normal et comment ce sujet doit penser et vivre.

UNE LECTURE ET UNE APPROCHE UTILES AUX INFIRMIÈRES

En dépit des pertes multiples et des autres aspects qui empêchent d'être qui l'on a été et de faire ce qu'on a toujours fait, il faut encore concevoir un autre côté de la médaille. On ne peut pas retenir uniquement que l'expérience de ces maladies est un processus linéaire essentiellement marqué par le déclin. Effectivement, à la destruction d'un monde correspond souvent la reconstruction d'un autre. La cohérence de la vie peut emboîter le pas sur l'incohérence. Un sentiment de devenir et de rester ce qu'on pense avoir été peut apparaître à la suite d'une rupture biographique déclenchée par la maladie et ses conséquences. Mourir au monde en voyant s'effacer notre statut de bien-portant et voir se gommer des rapports au monde très importants peut conduire à une naissance, à une nouvelle identité, à une nouvelle représentation de soi. On le sait bien, parler de maladie grave et chronique consiste aussi à parler d'un mouvement, d'un travail identitaire perpétuel, de réorganisation et d'invention de la vie dans un moment fait de crises et de pertes (voir sur ce point Frank, 1993 ; Fife, 1994 ; Becker, 1997 ; Aïach et autres, 1989 ; Tap, Tarquino et Sordes-Ader, 2002).

L'idée que l'expérience de la maladie grave et chronique renvoie à la transformation de rapports au monde permet de saisir cette dynamique. Elle fait voir une production de sens en mouvement intimement liée aux situations de vie dans lesquelles se trouve ou ne se retrouve plus la personne malade à différentes étapes de son itinéraire. Davantage, elle est utile aux soignants dont le travail porte sur ce mouvement de construction-reconstruction de rapports au monde qui est à l'œuvre chez les personnes atteintes de maladies graves et chroniques. Effectivement, utiliser une grille de lecture composée de rapports au monde permet aux soignants de détecter les pertes et les changements existentiels vécus par une personne, et leur permet donc de distinguer les rapports qui sont sources de souffrance, les ruptures à l'endroit de ces rapports, les écarts qui existent entre des rapports valorisés socialement et individuellement avec des rapports dorénavant vécus en raison de la maladie. Dans un second temps, cette grille peut accompagner les soins qui aident à restaurer des rapports au monde autrefois vécus quand une personne malade cherche à retrouver un mode d'existence antérieur ou à normaliser son existence en fonction de normes socialement valorisées. Elle accompagne encore celles qui renouvellent ces rapports autrement, en configurant un système de sens qu'elles trouvent favorables à leur qualité de vie en dépit de la maladie.

Cette grille de lecture peut donc rejoindre les infirmières dont les pratiques comportent une base psychosociale évidente. On sait par exemple que leur rôle est de renforcer l'identité de la personne malade (Potter et Ross-Kerr, 2009) en favorisant l'expression des sentiments, des valeurs et des perceptions à l'endroit des rôles sociaux et du corps de la personne ; ou en identifiant des altérations comme une estime de soi diminuée, un sentiment de désespoir, une image de soi altérée. Parler de rapports au monde aux infirmières trouve donc des correspondances avec ces dernières précisions pratiques et théoriques. C'est particuliè-rement le cas chez les infirmières qui sont au chevet des personnes atteintes de maladies graves et chroniques dans les institutions de personnes âgées, dans les services de médecine et de soins palliatifs, ou qui occupent un rôle pivot dans l'organisation des services de soins destinés à ces personnes qui vivent dans la communauté. Ça l'est aussi d'une manière générale quand l'infirmière doit :

- évaluer l'évolution des situations de santé et de maladie ;
- connaître les priorités et les attentes des personnes malades sans les réduire à des aspects cliniques et psychosociaux ;
- cheminer avec les personnes malades dans leur épisode de maladie ;
- être au plus près de leur vécu et faire preuve d'empathie (sachant que cette empathie va reposer en partie sur la connaissance d'une structure existentielle partagée) ;
- favoriser l'adaptation des personnes à la vie quotidienne et leur adoption de rôles sociaux au cours de leur itinéraire ;
- comprendre les circonstances dans lesquelles les personnes adoptent ou non des comportements conseillés, etc.

Accéder à l'expérience dans le récit

Pour réaliser les tâches précédentes et prendre soin habilement de rapports au monde signifiants pour les personnes malades, l'infirmière doit absolument connaître le sens d'une expérience et situer cette expérience dans un environnement de vie aux dimensions multiples. Pour récolter des données et lire l'expérience, l'infirmière doit aider à faire émerger une histoire pour ensuite la partager avec ses collègues. C'est presque évident et l'on pourrait croire que les recueils de données auprès des personnes soignées servent ce projet. Mais ces recueils peuvent être structurés uniquement de thèmes qui n'ont aucune correspondance avec l'expérience décrite précédemment. Ils peuvent être définis exclusivement dans une perspective d'intervention qui doit reposer sur des besoins ou des manifestations cliniques. Les données qu'ils comportent correspondent seulement à un aspect du travail infirmier et du véritable problème.

Reconnaissons en fait que la mission de l'infirmière est aussi de se faire décrire et expliquer par la personne malade ce qui la concerne et la préoccupe. À ce titre, élaborer l'histoire de la maladie peut être une démarche pertinente. Évidemment, une histoire n'est pas l'expérience en soi. Elle est une reconstitution à partir de points de repère sélectionnés au préalable (Garro, 1994). Elle est le reflet de l'expérience vécue ou une création du malade qui s'élabore dans la narration (Kleinman, 1988). Elle est un récit qui contient notamment des actions et des séquences, une interprétation des événements par le narrateur, un regard sur la tournure des événements et une actualisation du passé au présent pour partager un vécu à une audience (Loewe, 2004). De fait, une histoire de maladie est une composition qui comporte un certain nombre de limites, puisqu'elle est infidèle au vécu, qu'elle est un construit rétrospectif, élaboré à un moment précis de l'épisode, et que les énoncés qui la composent relèvent du narrateur.

Sans nier les limites précédentes, il faut quand même rappeler avec Lamouche (2007) que raconter son histoire ne consiste pas à raconter des histoires. Davantage, le récit est d'un grand intérêt parce qu'il est un médiateur qui permet de se comprendre individuellement (Lamouche, 2007), parce que la narration dévoile des enchaînements et le caractère dynamique d'une expérience individuelle (Kaufman,

2004). Rappelons encore, avec Quinche (2005), que le récit peut être d'un grand intérêt dans l'espace clinique quand il n'est pas produit d'une manière unilatérale et ne met pas dans l'ombre des aspects d'une expérience qui sont significatifs et signifiants pour celui ou celle à qui il s'adresse. En fait, dans une relation soignante, le récit ne peut pas être l'occasion d'un repli ou devenir un texte que la personne malade s'adresse à elle-même, qui ne peut être modifié, et qui fait du lecteur un spectateur passif qui doit tout prendre, même si le tout fait l'impasse sur les moments d'une histoire qu'on voudrait aussi connaître (et qui peuvent avoir un lien direct avec la maladie). La narration et le récit doivent plutôt être un espace de partage et de négociation où le soignant se retrouve, où il est co-auteur engagé dans la production d'un sens qui doit servir la démarche de soin. Pour cela, le soignant peut poser des balises au narrateur et se servir ainsi des rapports au monde discutés plus haut pour structurer une histoire de maladie et explorer des pans de l'existence qui sont couramment en jeu dans ce type d'expérience. Cela dit, il ne s'agit pas de contrôler le fond et la forme du récit, et de le déformer en imposant une lecture idéologique. Comme le soulignait Clapier-Valladon (1984), il s'agit bien de restituer les expériences rapportées du narrateur et de traduire le récit avec des catégories thématiques aux dimensions individuelles et humaines proches de l'existence immédiate.

La narration d'une histoire, orientée et guidée pour l'occasion d'une rencontre avec des soignants, est donc un bon moyen pour donner une forme à l'expérience vécue de la maladie, pour la rendre disponible, pour aborder la vie d'une manière globale. Cet exercice comporte encore un grand intérêt, puisqu'il permet à la personne malade de garder figure humaine dans un dispositif de soins où la tendance est au réductionnisme biologique, où l'on sait trop souvent et abusivement quels sont les besoins, les priorités et les problèmes des personnes malades. Il l'est encore parce qu'il permet de se faire connaître par des soignants, à partir de ce que l'on a été, de ce que l'on est et de ce que l'on veut devenir.

Dans une rencontre soignante avec une personne atteinte de maladie grave et chronique, le récit aide à la reconstruction identitaire, à une nouvelle compréhension de soi, à trouver le sens de la vie, à espérer de nouveau (Ezzy, 2000 ; Mattingly, 2004 ; Romanoff et Thompson, 2006). Inviter alors une personne atteinte de maladie grave et chronique à produire un récit sur son expérience consiste à lui donner une occasion de se construire, de partager des informations utiles pour les soignants. Quand on sait à quel point la production du sens et la quête de sens sont à la mode dans le domaine de la santé et tout particulièrement dans le domaine des soins palliatifs et de la psycho-oncologie, il faut voir la mise en récit comme une stratégie similaire, à la différence qu'elle est d'abord une collecte de données, qu'elle s'intéresse à la globalité d'une expérience et qu'elle requiert seulement des habiletés d'interviewer pour la réaliser.

CONCLUSION SUR LA FORMATION DES SOIGNANTS

La connaissance d'une expérience vécue de maladie grave et chronique tient dans l'adoption d'une approche interprétative sensible aux dimensions de la vie ordinaire qui sont pleinement touchées par le mal. Ces dimensions renvoient à l'inscription d'un acteur dans la pratique de la vie quotidienne qui se transforme au gré d'un épisode de maladie. Et cette transformation influence un univers de sens qui soutient l'agir quotidien, et qu'on peut organiser sous la forme de rapports au monde. Pour saisir alors l'expérience de la maladie grave et chronique dans cet esprit, le soignant doit se faire enquêteur pour l'occasion. Il faut qu'il se dote de compétences pour faire une sorte d'anamnèse socio-existentielle, et pour adresser un contenu à l'endroit des rapports au monde mis à l'épreuve dans la maladie.

Pour le faire, il doit mettre de côté une lecture trop spécialisée de la maladie grave et chronique et des catégories médicales et paramédicales, pour ne pas réduire ou nier une expérience vécue. Dans ce sens, il doit pouvoir faire preuve de réflexions critiques à l'endroit d'une ontologie médicale, de son langage et de ses postures, pour mieux apprécier les multiples réalités qui s'imposent à lui dans l'accueil du sujet atteint d'une infortune. Car ses grilles de lecture dissimulent souvent une idée préconçue de ce que vit une personne malade et des besoins qu'elles devraient avoir. Rappelons à ce titre que l'enjeu pour une personne malade n'est pas toujours de se plier à une médication ou de se conformer à un rôle de malade tel qu'il est attendu par les professionnels de santé. Leur enjeu est souvent de se réinscrire dans le monde de la vie quotidienne, de pouvoir continuer à aller au centre commercial pour y faire des courses et rencontrer un groupe d'amis, de réaliser des projets qui leur tiennent à cœur, de participer entièrement aux fêtes de famille à la fin de l'année, d'accompagner les enfants au parc à la sortie de l'école, de continuer à travailler, de ne pas être exclu, de ne pas être isolé, de continuer à jouer aux quilles, à marcher du salon au jardin, de prendre son bain, se brosser les dents, d'avoir une bonne image de soi, de se reconnaître et de se retrouver.

Pour saisir ces enjeux, le soignant doit évidemment accommoder un temps d'écoute et de partage dans un environnement qui survalorise des gestes aux retombées immédiates, une logique gestionnaire, l'importance de la technique, de l'organisation et de l'administration dans les soins infirmiers. Mais il doit encore bénéficier d'une formation sur les techniques d'entretien compréhensif, sur les modalités de ces entretiens, sur le sujet du récit, de la narration, de leur usage, de leur pertinence, de leurs avantages et inconvénients dans le contexte clinique où il est question de souffrance, de vie et de mort. Cet apport pourrait d'ailleurs être compris dans un contenu d'enseignement relatif à une approche interprétativiste-phénoménologique de la maladie qui saura inscrire le futur soignant dans le projet de reconnaître et de ne pas manquer une expérience qui a du sens pour ceux qui en souffrent et qui sont personnellement concernés.

Références

Ahlström, G. (2007). « Experiences of loss and chronic sorrow in persons with severe chronic illness », *Journal of Nursing and Healthcare of Chronic Illness in association with Journal of Clinical Nursing*, 16 (3), 76-83.

Aïach, P., A. Kauffman et R. Waissman (1989). *Vivre avec une maladie grave : analyse d'une situation de crise*, Paris : Meridiens Klincksieck.

Aubert, N. (2006). « L'individu hypermoderne, une mutation anthropologique », dans X. Molénat (dir.), *L'individu contemporain*, Auxerre : Sciences humaines, 155-166.

Becker, G. (1997). *Disrupted Lives. How people create meaning in a chaotic world*, Berkeley et Los Angeles : University of California Press.

Bury, M. (1982). « Chronic illness as biographical disruption », *Sociology of Health and Illness*, 4 (2), 167-182.

Charmaz, K. (1983). « Loss of self: a fundamental form of suffering in the chronically ill », *Sociology of Health and Illness*, 5 (2), 168-195.

Chicaud, M.B. (1998). *La crise de la maladie grave*, Paris: Dunod.

Clapier-Valladon, S. (1984). « Récit de vie et analyse de cas: Approche phénoménologique », dans A. Mucchielli et A. Vexliard (dir.), *L'homme et ses potentialités. Études en hommage à Roger Mucchielli*, Paris: Les Éditions ESF, 134-138.

Derzelle, M. (2003). « Temps, identité et cancer », *Clinique méditerranéennes*, 68, 233-243.

Ezzy, D. (2000). « Illness narratives: time, hope and HIV », *Social Sciences and Medicine*, 50, 605-617.

Fife, B.L. (1994). « The conceptualization of meaning in illness », *Social Science and Medicine*, 38 (2), 309-316.

Frank, A. (1993). « The rhetoric of self-change: illness experience as narrative », *Sociological Quarterly*, 34 (1), 39-52.

Good, B. (1998). *Comment faire de l'anthropologie médicale. Médecine, rationalité et vécu*, Paris: Institut Synthélabo.

Garro, L. (1994). « Narrative Representations of Chronic Illness Experience: Cultural Models of Illness, Mind and Body Concerning the Temporomandibular Joint (TMJ) », *Social Science and Medicine*, 38 (6), 775-788.

Kaufman, J.-C. (2004). *L'invention de soi. Une théorie de l'identité*, Paris: Armand Colin.

Kleinman, A. (1988). *The Illness Narratives. Suffering, Healing, and the Human Condition*, New York: Basic Books Inc. Publishers.

Kleinman, A., et J. Kleinman (1991). « Suffering and it's professional transformation: toward an ethnography of interpersonal experience », *Culture Medicine and Psychiatry*, 15, 275-301.

Lamouche, F. (2007). « Présentation: le sujet du récit », dans M. Foessel, F. Lamouche et P. Ricœur, Paris: Éditions du Seuil, 141-152.

Loewe, R. (2004). « Illness narratives », dans C.R. Ember et M. Ember (ed.), *Encyclopaedia of Medical Anthropology: health and illness in the world's cultures*, New York: Kluwer Academic et Plenum Publishers, 43-49.

Mattingly, C. (2004). « Performance narratives in the clinical world », dans B. Hurwitz et autres (ed.), *Narrative Research in Health and Illness*, Malden: Blackwell Publishing, 73-94.

Murphy, R.F. (1996). « The damaged self », dans P.J. Brown, *Edition Understanding and Applying Medical Anthropology*, London : Mayfield Publishing Company, 322-333.

Pierret, J. (2003). « The illness experience : state of knowledge and perspectives for research », *Sociology of Health and Illness*, 25, 4-22.

Potter, P.A., et J.C. Ross-Kerr (2009). *Canadian Fundamentals of Nursing*, 4ᵉ éd., Toronto : Elsevier Canada.

PRIISME (2005). « Les maladies chroniques et la modernisation du système de santé québécois », *Problématique, prévention, gestion*, mars 2005, Saint-Laurent : GlaxoSmithKline.

Queval, I. (2008). *Le corps aujourd'hui*, Paris : Gallimard.

Quinche, F. (2005). « Récits sur la maladie », *Éthique et santé*, 2, 82-87.

Rasmussen, D.M., et B. Elverdam (2007). « Cancer survivors' experience of time – time disruption and time appropriation », *Journal of Advanced Nursing*, 57 (6), 614-622.

Robitaille-Manouvrier, J. (2005). *Notre pouvoir de guérison*, Outremont : Libre Expression.

Romanoff, B.D., et B.E. Thompson (2006). « Meaning Construction in Palliative Care : The Use of Narrative, Ritual, and the Expressive Arts », *American Journal of Hospice and Palliative Medicine*, 23 (4), 309-316.

Schütz, A. (1994). *Le chercheur et le quotidien*, Paris : Meridiens Klincksieck.

Schütz, A. (1998). *Éléments de sociologie phénoménologique*, Paris : L'Harmattan.

Tap, P., C. Tarquino et F. Sordes-Ader (2002). « Santé, maladie et identité », dans G.-N. Fischer (dir.), *Traité de psychologie de la santé*, Paris : Dunod, 135-161.

Théories et pratiques sociales à l'égard du handicap

NATHALIE BÉLANGER, MARIE-CLAUDE THIFAULT

Le handicap n'est pas univoque. Les significations et les représentations sociales et culturelles face au handicap varient dans le temps et l'espace. Les pratiques et les politiques envers le handicap varient tout autant selon les sociétés et les époques. La personne handicapée, porteuse d'un stigmate, est tantôt démonisée, tantôt vivement recherchée et déifiée, selon les époques et les lieux. Par exemple, le stigmate laissé par la poliomyélite disparaît dans les sociétés où ses membres sont de plus en plus vaccinés. Toutefois, la prévalence du poly-handicap et du traumatisme crânien augmente dans les sociétés où le parc automobile ne cesse de s'accroître. Dire cela ne revient pas à inscrire le handicap dans un relativisme réducteur ou à le nier, mais bien à l'inscrire dans un contexte, une histoire, un théâtre de l'action où il y a des rôles sociaux et des acteurs qui interagissent à partir de normes qui se transforment, se fixent et se transforment à nouveau. Dans ce chapitre, nous allons d'abord situer la mouvance des perceptions et des jugements à l'égard des marginaux, des déviants, des handicapés, des personnes jugées différentes ou anormales au tournant des XIXᵉ et XXᵉ siècles. Nous y constaterons les déplacements et les transformations des pratiques et des normes qui les sous-tendent. Ensuite, nous procéderons à un examen de travaux en sciences sociales afin d'y retracer la façon dont celles-là se sont saisies du handicap et les représentations qui y sont liées. Quelques définitions et repères seront examinés. Trois grandes approches seront exposées : d'abord, l'approche individuelle psycho-médicale qui inscrit le handicap, l'anomalie, dans la personne ; deuxièmement, le modèle social qui suggère plutôt, à partir de théories socioéconomiques, que c'est la société qui peine à répondre aux besoins de la personne et qui fait d'elle une personne handicapée et, troisièmement, la théorie liminale et le paradigme émancipatoire qui font du handicap un problème politique inscrit au plus profond des systèmes de pensée de notre civilisation et invitent à un changement de « regard ». Enfin, quelques percées dans le XXIe siècle seront tentées en examinant plus spécifiquement le cas du VIH-sida et ses répercussions sur le corps. L'idée qui guide ce chapitre est la suivante : les normes changent, se transforment et sont au cœur des processus de désignation du handicap, mais aussi des processus d'inclusion et d'exclusion qui jalonnent notre histoire du handicap. Un parcours auquel nous convions les infirmières et les infirmiers, afin de les sensibiliser aux nouvelles représentations sociales du corps et de les inviter à réfléchir au regard étonné, inquiet ou réconfortant et lucide qu'ils posent sur le corps à soigner, mais surtout sur leur attitude envers la personne avec laquelle ils interagissent.

PRISE EN CHARGE DES MARGINAUX, DES DÉVIANTS ET DES HANDICAPÉS AU TOURNANT DU XXE SIÈCLE

Dans son histoire de la folie, Foucault (1972) s'est intéressé au sort des pauvres, des oisifs, des vagabonds, des fous, des vénériens, des débauchés, des libertins, des homosexuels, de la personne jugée marginale, hors norme, que l'on enferme au XVIIe siècle étant donné que l'éloge de la raison exclut ce qui paraît s'en écarter, la déraison. Le XVIIIe siècle annonce l'internement et l'institutionnalisation de la folie, de la déviance. Le fou, le déviant est vu comme celui qui doit être soigné ; la maladie doit être guérie, domestiquée. La personne jugée déviante doit être mise à distance afin d'être traitée, soignée. C'est le début de l'asile. On en construit en Europe et en Amérique. Leur architecture est imposante et dénote la relation d'autorité qui s'inscrit entre la personne jugée normale et celle qui s'en écarte, entre soignants et patients.

C'est au tournant du XXe siècle que se précise la mise en place de procédures d'exclusion en Amérique du Nord. Elles sont basées sur l'héritage du XIXe siècle qui est caractérisé par un style de vie et des valeurs très conformistes. Les déficients, handicapés et scandaleux sont alors perçus comme étant de mauvais exemples au sein du paysage social. Les actes, les gestes et les comportements étranges attirent les regards. La différence choque et dérange. L'intolérance, le rejet, la haine et la peur sont des sentiments qui persistent au tournant du XXe siècle à l'égard de tous ceux qui affichent des attributs ou des comportements distincts de la majorité. La préoccupation d'exclure les enfants, les femmes et les hommes différents demeure une constante au sein de la collectivité. Les comportements hors norme éveillent la suspicion. Bien que les raisons de l'exclusion, tributaires du contexte socioculturel, fluctuent au cours des décennies, il n'en demeure pas moins que le regard qui se pose sur l'indésirable impose une démarcation bien définie entre ce qui est normal de ce qui ne l'est pas. Vis-à-vis de ceux qui adoptaient des comportements, des attitudes ou des paroles inacceptables, une solution s'imposait. Le désir social de maîtriser, de diriger et d'exclure les incompétents et les irresponsables, était devenu une priorité. C'est dans cet état d'esprit, au cours du XIXe siècle, aussi nommée période victorienne, qu'une attention particulière est consacrée à la législation, par exemple, de la folie. L'enfermement asilaire comme « technique assistantielle » (Castel, 1976) a été très déterminant dans l'approche communautaire des défavorisés de la société. L'institution psychiatrique que nous connaissons aujourd'hui est le résultat d'un long processus idéologique concernant les libertés et les restrictions sociales. L'émergence d'un lieu où les marginaux, les idiots et les dangereux se retrouveraient réunis est bel et bien l'aboutissement d'une pensée sociale. De nombreuses comparaisons, entre ce qui n'était pas socialement acceptable et ce qui l'est devenu, en pensant au Moyen Âge jusqu'à l'époque contemporaine (XIXe, XXe et début du XXIe siècle), sont très révélatrices de la mouvance des perceptions et des jugements à l'égard, par exemple, des marginaux, des indigents ou des déviants. Ces périodes témoignent du déplacement et de la transformation des normes. À titre d'exemple, la chasse aux sorcières au temps de l'Inquisition ou la persécution des sodomites caractérise des périodes de violence, de tyrannie et d'humiliation de personnes cibles, victimes de harcèlement et de persécutions humaines. Les croyances attribuant aux sages-femmes ou « sorcières » des capacités à soulager les souffrances faisaient naître la peur et étaient automatiquement associées à un crime réel. Même réflexe de rejet à l'égard des homosexuels considérés, encore au début du XXᵉ, comme des personnes atteintes d'une maladie mentale.

Les références au temps de l'Inquisition utilisées par Thomas Szasz (1972) illustrent de façon provocatrice et avant-gardiste le jugement social quant à la marginalité. L'approche constructiviste de Szasz suggère que « illness is metaphoric », mais ne suffit pas à expliquer qu'il y ait eu des gens dits « différents » et qu'il y en ait toujours. Les préoccupations de Szasz concernant la conception sociale de l'exclusion des indésirables (sorcières, fous, homosexuels, etc.) imposent un questionnement sur les valeurs sociales en ce qui a trait à l'acceptation du marginal au sein de la communauté. Le souci de la critique et du jugement, à l'égard de ceux que Szasz nomme des victimes, nous invite à considérer tous les torts que peut infliger une étiquette.

Au tournant du XXᵉ siècle, cette étiquette de déviant, de marginal ou d'anormal demeure lourde de conséquences, pour tous ceux et celles à qui on en attribue une. Les corps éclopés, tout comme les sourds-muets, les aveugles, les dégénérés, les déviants et les enfants épileptiques ou arriérés sont dirigés vers des institutions particulières. Ainsi, prisons, asiles, hospices, hôpitaux et établissements spécialisés deviennent le port d'attache de tous ceux et celles que la société n'est pas prête à intégrer parmi les siens. Ces normes sociales évoquent la montée de l'intolérance qui caractérise tout le XIXᵉ siècle et les premières décennies du XXᵉ siècle. En somme, cela invite le spécialiste de l'histoire des infirmités, Henri-Jacques Stiker (2005a), à considérer le « corps infirme » jusqu'en 1920 comme étant un construit social basé sur des peurs, des fascinations ou des rejets particuliers. De plus, l'étiquette de l'infirmité, mettant en évidence une anomalie dans l'apparence corporelle d'un individu, a longtemps été interprétée comme étant une manifestation évidente, également, de faiblesse mentale. Le corps déformé, infirme, mutilé, étiqueté comme étant impotent et incapable était, selon le sociologue français Robert Castel, dispensé de tout droit, puisqu'il était considéré comme dépendant, inapte à subvenir à ses besoins (cité dans Stiker, 2005a).

L'univers des exclus de la société a particulièrement retenu l'attention d'Erving Goffman dans son ouvrage intitulé *Asiles*. Il s'intéresse spécifiquement aux sentiments et aux comportements des personnes cloîtrées et soumises à un contrôle et un pouvoir très restreignant. Plusieurs institutions ont la caractéristique d'être perçues, vues ou imaginées comme étant des endroits où nul ne peut y trouver chaleur, réconfort et bien-être. L'institution totalitaire est l'une de celles-là. Qu'est-ce qu'une institution totalitaire ? Selon Goffman c'est « [...] un lieu de résidence et de travail où un grand nombre d'individus, placés dans la même situation, coupés du monde extérieur pour une période relativement longue, mènent ensemble une vie recluse dont les modalités sont explicitement et minutieusement réglées » (Goffman, 1990, p. 41). Le voyage sociologique de Goffman, au cœur de ces univers totalitaires, engage une réflexion sur la signification que peut prendre la vie de tous les jours au sein d'un environnement où les libertés sont circonscrites. Le contexte d'isolement y est saillant et le sens de l'exclusion s'interprète davantage comme étant une solution sociale au bénéfice de la communauté plutôt qu'une solution réelle, par exemple, aux handicaps mentaux des malades y étant gardés.

Se développe alors tout un savoir médical dont sont héritées nos pratiques de soins actuelles. La nosographie, la craniologie, la psychologie du développement (Lloyd-Smith et Tarr, 2000) lesquelles, à travers la théorie de l'intelligence, fixent des stades de développement et des catégorisations (Vial, 1990), tracent les frontières entre la normalité et l'anormalité (Ruchat, 2003). Tout un contingent de spécialistes bienveillants entre en jeu. Les aliénistes, bien sûr, mais, plus près de nous, des psychologues, des infirmières spécialisées, etc. Bélanger (2002) montre, par exemple, que le corps des psychologues scolaires en France se construit en suscitant une véritable demande au regard de l'« enfance inadaptée », en instituant, sous le mode de la sollicitude, une compétence reconnue envers l'« enfance inadaptée », contrairement à l'idée reçue qui veut que ce corps professionnel se soit développé à partir d'une demande sociale venant de l'école. Dans le monde médical, Ponet (2007) montre la récente émergence et la spécialisation de ces médecins en charge d'évaluer, à la suite d'accidents de la route devenus plus nombreux, ces nouveaux « dommages corporels » qui se chiffrent même en dollars. Ceux-ci représentent de nouvelles réalités sociales créées, documentées, élaborées à même le processus de reconnaissance de ces nouveaux spécialistes.

Le handicap est un objet à mesurer, à circonscrire ; la personne handicapée en est le porteur et non un sujet. Le handicap est considéré en tant que problème, tare ou déficit ancré dans l'individu porteur (Slee, 1998). Aux heures de gloire de la modernité, les différentes catégories diagnostiques de handicaps sont répertoriées et les individus censés y appartenir y sont définis à partir de protocoles plus ou moins explicites.

AUX FONDEMENTS DE L'APPROCHE SOCIALE DU HANDICAP

C'est à la fin des années 1960 dans le courant de la démocratisation des sociétés qu'émergent de nouvelles représentations sociales du handicap. Celles-ci sont rendues possibles grâce, notamment, aux mouvements sociaux et aux associations qui éclosent, mais aussi, sur un plan théorique, à la sociologie de la connaissance et à l'interactionnisme symbolique emblématique de l'École de Chicago. Examinons plus en détail ces deux courants.

La sociologie de la connaissance de Berger et Luckmann (1989) interroge la construction des connaissances et les processus par lesquels celles-ci en viennent à être admises. Pour ces auteurs qui s'intéressent à la construction sociale de la réalité, cette dernière est entendue comme une « qualité appartenant à des phénomènes que nous reconnaissons comme ayant une existence indépendante de notre propre volonté » (p. 7) et la connaissance comme « la certitude que les phénomènes sont réels et qu'ils possèdent des caractéristiques spécifiques » (p. 7-8). La construction d'un monde social ou d'un « monde de choses », produit continu des êtres humains, s'élabore par strates où les acteurs construisent d'abord un décor, typifient des actions, s'y habituent, où s'organisent enfin des connaissances cristallisées ou, selon les auteurs, « objectivées ». À partir de là, la réalité devient objective. Tout se passe alors comme si elle affrontait l'individu. Le langage est d'ailleurs le creuset où se sédimentent les traces de l'objectivation. Par exemple, l'intérêt sociologique et historique d'examiner cette réalité qu'est le handicap est de comprendre l'histoire de sa production, de défaire cette « totalité épanouie et inévitable » (p. 134), comme le disent si bien les auteurs. Le langage professionnel, les mots utilisés pour parler de « ce qui s'écarte de la norme » à travers l'histoire en sont des révélateurs. La liste est longue. Voici quelques exemples : éclopé, estropié, inadapté, infirme, amputé, difforme, grabataire, impotent, incurable, invalide.

Tel que le précisait déjà Canguilhem (1943), il n'y a pas de normes biologiques du « normal » en soi. Il n'y a que les normes de la vie, l'« infinité des allures de la vie » (cité dans Gardou, 2005). L'idée que la déviance, l'anormalité ou le pathologique soit une simple variation quantitative de phénomènes biologiques jugés normaux est fausse. Tout est affaire de relations, d'interactions. On trouve des exemples de cette infinité des allures de la vie autant dans le monde hospitalier que dans le milieu scolaire. Par exemple, dans une récente enquête, nous avons montré la diversité d'approches face au handicap et les diverses modalités d'intervention dans trois écoles de langue française en Ontario sur une période de trois ans. Plus spécifiquement, il semble que le secteur de « l'enfance en difficulté » constitue une réalité fort différente d'une école à l'autre selon le contexte, la philosophie ou la mission que se donne l'établissement. Dans l'une, le recours aux signalements à partir desquels des ressources peuvent être assurées est largement exploité, tandis que, dans une autre, le signalement d'enfants jugés en difficulté est minime. Le sens qu'accordent les acteurs à la notion de « difficulté » varie selon différentes catégories mises de l'avant par ceux-là : l'origine, le genre, la maturité, la différence, le comportement, la langue et l'encadrement familial en sont des exemples (Bélanger, Taleb et Connelly, 2005 ; Bélanger et Connelly, 2007 ; Bélanger et Taleb, 2006). À partir du même corpus de données, Taleb (2007) retrace, plus spécifiquement, les trajectoires scolaires de sept élèves jugés en difficulté et le processus qui conduit à l'identification de ces élèves. Ce processus s'instaure dans une construction au jour le jour entre élèves et enseignants, et inclut des facteurs aléatoires et cumulatifs dans un travail d'interprétation et de réinterprétation.

L'interactionnisme symbolique profondément emblématique de l'École de Chicago insiste justement sur le sens que donnent les acteurs à leurs actions, sur la nature symbolique de la vie sociale. Ce qui nous entoure, les significations sociales courantes que l'on tient souvent pour acquises résultent ou sont produites par les acteurs à travers leurs interactions en face-à-face, en situation de co-présence (Quieroz et Ziotkowski, 1994). L'interactionnisme symbolique inscrit ainsi le handicap tel un stigmate dans l'analyse du social. Inspiré des Grecs, le stigmate dont parle Goffman suppose soit un attribut d'une personne, soit une différence connue, visible de tous, ou encore une différence non immédiatement perceptible par l'entourage de la personne. Dans le premier cas, on considère alors « le sort de l'individu *discrédité*, dans le second, celui de l'individu *discréditable* » (Goffman, 1975, p. 14). Ainsi, « un individu qui aurait pu aisément se faire admettre dans le cercle des rapports sociaux ordinaires possède une caractéristique telle qu'elle peut s'imposer à l'attention de ceux d'entre nous qui le rencontrent, et nous détourner de lui, détruisant ainsi les droits qu'il a vis-à-vis de nous du fait de ses autres attributs. Il possède un stigmate, une différence fâcheuse d'avec ce à quoi nous nous attendions » (Goffman, 1975, p. 15). Mais d'emblée Goffman mentionne que, si le stigmate sert à désigner un attribut qui jette un profond discrédit, il faut analyser le tout en termes de relations et non d'attributs, car :

> la notion de stigmate implique moins l'existence d'un ensemble d'individus concrets séparables en deux colonnes, les stigmatisés et les normaux, que l'action d'un processus social omniprésent qui amène chacun à tenir les deux rôles, au moins sous certains rapports et dans certaines phases de sa vie. Le normal et le stigmatisé ne sont pas des personnes, mais des points de vue. Ces points de vue sont socialement produits lors des contacts mixtes, en vertu des normes insatisfaites qui influent sur la rencontre. Certes, un individu peut se voir typé par des attributs permanents. Il est alors contraint de jouer le rôle de stigmatisé dans la plupart des situations sociales où il se trouve [...]. Mais ces attributs stigmatisants qu'il possède ne déterminent en rien la nature des deux rôles ; ils ne font que définir la fréquence avec laquelle il doit jouer l'un ou l'autre (Goffman, 1975, p. 160-161).

Le handicap ne serait donc pas un état, mais une relation, un processus qui implique au moins deux acteurs. Un hôpital, des infirmières, des médecins ou encore une école, des enseignants et des élèves qui définissent, en bons entrepreneurs moraux, pour reprendre la terminologie de Becker (1985), des situations s'accordent, s'adaptent, créent des normes et travaillent dans ce contexte. Ces normes sociales, ajoute Becker, « sont loin d'être immuables ; elles sont continuellement reconstruites dans chaque situation » (1985, p. 216). Le petit enfant apprendra péniblement qu'il a un stigmate, qu'il est différent dans la cour de la récréation, quand il commence sa scolarité et quitte le giron familial où il était protégé. Le médecin décrétera par son diagnostic qu'une personne est invalide, handicapée. Un fonctionnaire la comptabilisera dans les statistiques. Un individu à la recherche d'un emploi apprendra qu'il possède un stigmate quand il se verra refuser un emploi. Un patient en transition d'un hôpital psychiatrique vers un logement dans la communauté fait face à son stigmate quand un logement lui est refusé. L'individu porteur de la trisomie 21 voit maintenant son espérance de vie accrue grâce au développement de soins de pointe, par contre son entrée dans la vie adulte, notamment sa vie sexuelle, et son entrée sur le marché du travail restent précaires. Comprendre le handicap nécessite une réflexion sur les rôles, les interactions en société et les normes toujours fluctuantes. En ce sens, ajoute Goffman, « il n'y a [...] rien d'étonnant à ce que, bien souvent, l'individu stigmatisé sous un aspect fasse montre de tous les préjugés des normaux à l'encontre de ceux qui le sont autrement » (1975, p. 161). Cette discrimination au sein d'un groupe de personnes supposément soudées qui partageraient des attributs jugés communs est discutée par Hill (1994). Pour cet auteur, les Noirs en situation de handicap forment une minorité discrète au sein de la minorité et font souvent face à des pratiques d'exclusion et de marginalisation au sein même des communautés de personnes handicapées.

LE MODÈLE SOCIAL DU HANDICAP

Ces interrogations au sujet de la construction des connaissances et du sens que donnent les individus aux réalités qui les entourent ont rendu possible une autre définition du handicap, une définition non plus ancrée dans la personne considérée anormale, inadaptée, déficiente, « autre », mais une définition sociale du handicap. Car rappelons que la Classification internationale des handicaps (CIH) de l'Organisation mondiale de la santé de 1980 réduisait le handicap à son aspect déficitaire, inscrit dans la structure anatomique, organique, mentale ou psychologique de l'individu qui devait être soigné, réadapté, tandis que celle de 2001 renvoie à une perspective bio-psycho-sociale qui intègre au modèle médical un modèle social qui prend en compte le contexte et la participation sociale de l'individu. Dans le modèle social, le handicap est perçu comme un problème créé par la société. Il est une relation entre des conditions de vie d'un individu (*l'infinité des allures*

de la vie), des facteurs personnels et des facteurs externes, contextuels
handicapants. Ces facteurs externes pourraient être tout autres. Ils
pourraient être habilitants si la personne handicapée était en mesure
d'exercer ses droits sans être discréditée, si elle participait pleinement à
la vie sociale.

Ce modèle social du handicap émerge en Angleterre grâce à des
chercheurs eux-mêmes handicapés, engagés dans un mouvement social
revendicatif, et aux États-Unis à travers les *minority studies* (Barnes,
Mercer et Shakespeare, 1999). L'une des critiques de ces chercheurs à
l'égard de l'approche psycho-médicale relève de la trop grande centra-
tion sur la catégorisation, l'étiquetage qui stipule que le problème réside
dans l'individu (Fulcher, 1999 ; Fougeyrollas, 1998 ; Oliver, 1990). Par
exemple, Oliver (1990) critique cette approche qui définit essentiellement le handicap comme déficit, anomalie fonctionnelle dans le corps.
Une distinction entre déficience et handicap est établie et une définition
sociale de la notion de *disability* (dont la traduction en français est
« handicap » selon l'Organisation mondiale de la santé) est adoptée,
telle qu'on la retrouve dans la Classification internationale du fonctionnement du handicap et de la santé (CIFHS). Plus précisément, dans
une perspective sociale, le handicap est entendu comme :

> Une classification procédurale, qui, au contraire de mettre l'accent sur
> quelque chose que les gens ne peuvent faire, exploite une terminologie,
> révélant ou non la déficience, mais dont la présomption en est démontrée.
> Nous devons éviter l'utilisation d'insinuations négatives à l'égard d'une
> déficience parce que celle-ci, selon le contexte socioculturel, peut être
> perçue de différentes façons (Fulcher, 1999, p. 22-23, traduction libre).

Ainsi, dans le modèle social, le handicap est différencié de la déficience (*impairment*) qu'entraîne la perte ou une anomalie d'une
structure ou fonction psychologique, anatomique ou physiologique, et
de l'incapacité (*handicap*, mot d'origine hippique) associée à la restric-
tion ou l'inhabileté à accomplir une tâche ou une activité dans les limites
de ce qui est considéré « normal ». Le handicap tel qu'il est adopté en
langue française (*disability*) renvoie plutôt aux obstacles contextuels
qui empêchent l'individu porteur ou non d'une déficience de participer
pleinement à la vie de sa communauté sur un pied d'égalité avec les
autres (Barnes, 1991 ; Barnes, Mercer et Shakespeare, 1999 ; Fulcher,

1999). Il renvoie à une situation donnée, à des acteurs qui interagissent selon des exigences données. Ces chercheurs critiquent aussi les effets de l'étiquetage et de la surveillance des individus qu'entraîne le modèle psycho-médical, et parlent de l'échec de la société capitaliste à répondre aux besoins de la personne déficiente qui fait d'elle une personne handicapée (Barnes, 1991). Un exemple éloquent des différences de perspectives entre les modèles psycho-médical et social est illustré dans la formulation alternative que propose Oliver (1990) à un questionnaire d'un organisme national de la statistique. Pour ne citer qu'une des formulations alternatives qu'il suggère, il répond à la question suivante : « Avez-vous des cicatrices ou anomalies et difformités qui limitent vos activités quotidiennes ? » en lui préférant celle-ci : « En quoi les réactions des autres face à vos cicatrices, anomalies ou difformités limitent-elles vos activités quotidiennes ? »

Avec les premières réponses sociales au handicap, on cherche d'abord des stratégies d'intervention ou de réadaptation pour que l'individu considéré hors norme s'adapte, s'insère dans la vie ordinaire. Le principe de normalisation des conditions de vie des personnes handicapées est énoncé par Nirje (1969), suivi du principe de la valorisation des rôles sociaux avancé par Wolfensberger dans les années 1970-1980 (Dupont, 2005). Encore ici, on cherche à dompter l'« autre » qui ne peut que se mouler dans l'ordre social, qui doit se parquer quelque part et, en quelque sorte, ne plus faire parler de lui.

Le modèle social du handicap fait bientôt timidement écho dans le monde francophone. Gardou (2005) mentionne toutefois que la puissance de la norme et de la codification, de la catégorisation empêche, en France, de tirer profit de l'hétérogénéité, de la diversité et de la multitude qui tiennent « l'autre à distance ». Dans sa *Lettre au président de la République sur les citoyens en situation de handicap, à l'usage de ceux qui le sont et de ceux qui ne le sont pas*, Kristeva (2003) précise en effet que le pays des droits de l'homme tarde à renouveler son discours ou son approche de l'humanisme qui pourrait, selon elle, se réactualiser en élaborant sur le *respect de la vulnérabilité* qui manque cruellement. Pour Kristeva, cette vulnérabilité que nous renvoie la personne en situation de handicap constitue notre humanité en profondeur, et devient, par conséquent, *partageable*.

UNE GÉOGRAPHIE DU HANDICAP

Ce modèle social se précise encore. Plus récemment, vers la fin des années 1990, on note des travaux de géographes sociaux ou de chercheurs des *disability studies*, tels que Gleeson (1999), Imrie (2000), Freund (2001) et Kitchin (1998). Influencés par le modèle social du handicap, ils tentent de le perfectionner en considérant la place de l'acteur, de la personne handicapée dans le modèle social, lequel, de prime abord, met davantage l'accent sur les structures handicapantes, générales, sociétales que sur les expériences et les parcours de vie des personnes elles-mêmes. Ils critiquent cette dualité ontologique de la déficience versus le handicap, dans laquelle l'importance analytique de la structure socio-spatiale est priorisée au détriment de l'acteur, largement absent de l'analyse (Allen, 2004). Ces chercheurs analysent les barrières sociales dont font l'expérience les personnes en situation de handicap. Ils suggèrent ainsi d'explorer l'exclusion socio-spatiale et le caractère handicapant des sociétés à partir d'un nouveau paradigme qui réintègre l'acteur, l'individu dans l'analyse, au lieu de le supposer passif face à un environnement handicapant (Allen, 2004). Allen a, dans la même veine, tenté de reconnaître l'existence de différences au sein même de la population en situation de handicap visuel selon la catégorie de la classe socioéconomique. Inspirée de Bourdieu, et de sa notion d'habitus, elle précise, en ce qui concerne les enfants que :

> Contrairement aux enfants de la classe ouvrière, ceux de la classe moyenne se révèlent plus enclins à résister aux conséquences tant physiques que sociales causées par leur déficience visuelle, puisque celle-ci représente pour eux un obstacle à l'espace qu'ils peuvent occuper dans le monde et limite leurs possibilités d'action (Allen, 2004, p. 492, traduction libre).

Ainsi, la perspective de l'acteur, en l'occurrence de l'enfant handicapé visuellement, est réintroduite au sein de l'analyse qui fait place aux rapports de pouvoir et aux interactions sociales. Ces analyses suggèrent des expériences sociales et des parcours de vie contrastés selon les personnes, qu'elles soient porteuses d'un handicap d'emblée visible ou non, issues d'une classe socioéconomique quelconque ou parlant une variété de langue qui se rapproche ou s'éloigne de la langue normée ou standard (utilisée par exemple par le plus grand nombre des soignants dans un hôpital). Ces attributs de la personne qui ne se cumulent ou ne se hiérarchisent pas selon une échelle de formes d'oppression, mais s'intègrent plutôt et créent l'identité de la personne, sont au cœur des processus d'inclusion et d'exclusion dans les institutions, les sociétés. Ainsi, nous pourrions analyser l'expérience de la personne en situation de handicap en visite à l'hôpital ou dans toute autre structure de soins, selon, par exemple, son handicap, sa classe socioéconomique ou sa langue. Nous pourrions nous demander quelle est l'expérience de celle-là face à des modalités d'accueil, de soins qui diffèrent selon les intervenants et qui causent parfois des discriminations ?

POUR UNE NOUVELLE THÉORIE DU HANDICAP. LA LIMINALITÉ ET LE PARADIGME ÉMANCIPATOIRE

Ces analyses en termes socioéconomiques sont cependant jugées insuffisantes par d'autres penseurs, tel Stiker (2005c) qui considère le handicap comme une réalité inscrite à la fois dans le relationnel et dans l'imaginaire. Pour cet auteur, le handicap est comme un miroir qui nous renvoie l'image de notre propre vulnérabilité et de notre mort inimaginable. Il fait partie de nous et renvoie à nos schèmes de pensée les plus anciens, les plus profonds. Ainsi :

> On ne peut se contenter de penser [la condition faite aux personnes handicapées] comme une oppression ou relevant seulement d'une organisation sociale à base libérale, capitaliste ou simplement ségrégative et excluante. Car Murphy ramène le regard sur les systèmes de pensée, voire les invariants, relatifs aux infirmités, lesquels plongent dans le fond des civilisations (Stiker, 2005c, p. 9).

Ce regard, ces systèmes de pensée aussi anciens que l'humanité, Murphy (1990) les décrit à travers le compte rendu de sa propre expérience d'anthropologue devenu handicapé. En s'inspirant de la théorie des rites de passage de van Gennep (1981), il appréhende le handicap d'une toute nouvelle façon et développe une théorie de la liminalité. Cette théorie vise à décrire la condition sociale des personnes handicapées. Elle parle de rites et, au terme du passage, de franchissements de seuils, de portes, de paliers, de stades. Franchir le seuil signifie, selon van Gennep, s'agréger à un monde nouveau. Or, selon Murphy (1990), les personnes en situation de handicap restent dans un entre-deux, n'arrivent pas à franchir le seuil. Elles ne seraient ni tout à fait dans des situations d'inclusion ni tout à fait dans des situations d'exclusion sociale. Elles sont entre les deux, à la marge, soit dans une situation liminale. Et Gardou de préciser :

> Ceux dont les facultés physiques, sensorielles, ou mentales, sont défaillantes ne sont ni malades ni en bonne santé car, si la guérison met un terme à la mise à l'écart que connaissent certains malades, les sujets marqués par le handicap, eux, passent leur vie dans un état de suspension sociale. Ils ne sont ni totalement ignorés, ni pleinement reconnus. Ni complètement en dehors de la communauté humaine, ni acceptés par elle. Ni hors jeu, ni en jeu, mais admis sous condition. Ni tout à fait déliés de la maison sociale, ni reliés à elle. Victimes des discriminations que toutes les cultures organisent en fonction d'un « plus » ou d'un « moins », ils semblent destinés à rester de l'autre côté de la vie. Sur le pas de la porte. Dans la maison, sont installés les réussis, les honorés, les privilégiés, les puissants, les intacts. Dehors, sur le seuil, restent les incapables, les pauvres, les inutiles et les « handicapés », les ratés de la nature, les sous-humains, les châtiés d'une faute natale, les exilés, les oubliés, les déracinés, les déclassés, les parqués, les exclus des grands rendez-vous de l'existence (Gardou, 2005, p. 51).

Si de nombreux décrets et lois témoignent de la participation de la personne en situation de handicap en société, force est toutefois de constater que leur mise en œuvre reste parfois inexistante ou précaire. Car, selon Stiker (2005c), « nous construisons les espaces de liminalité, mentalement, institutionnellement, politiquement » (p. 19).

Ces espaces de liminalité ne sont toutefois pas clos. « Ils sont poreux, nous y circulons nous-mêmes, nous passons le bornage. Mais ils n'en sont pas moins des objectivations d'une face de notre humanité avec laquelle nous avons le plus grand mal de vivre » (p. 19). Comment, dans ce contexte, « changer le regard », demande Kristeva (2003) ? Faut-il proposer la création de « messagers » entre ces « deux univers impitoyables », nous dit-elle, que sont les univers des handicapés et des bien portants ? La personne en situation de handicap ne peut-elle pas fournir des réponses à ces questions, devenir messager et sujet ?

Dans une perspective participative et de lutte contre les inégalités, on assiste, depuis quelques années, précise Boucher (2003), à l'émergence (encore trop timide) du paradigme émancipatoire, lequel engage les personnes handicapées elles-mêmes dans toutes les étapes de la recherche et vise « à transformer à la fois les conditions de vie des personnes handicapées et les conditions de production de la recherche » (p. 153). Le handicap devient un problème politique et de reconnaissance (Oliver, 2002 cité dans Boucher, 2003), et les personnes en situation de handicap sont des acteurs de premier plan dans la construction du savoir et la production des connaissances (Boucher, 2003). La personne handicapée est alors sujet et non plus réduite au corps objet examiné, disséqué, tel que se le rappelle François Dolsky :

> Là des hommes en blouse blanche, élucubraient, dans un jargon impénétrable, de fumeuses théories médicales et orthopédiques. Mon corps se trouvait analysé et disséqué en constats froids et coupants comme un scalpel. Tout mon être se résumait en ces histoires de muscles, tendons, nerfs et sang. On aurait parlé d'un cadavre qu'on aurait utilisé les mêmes termes, avec la même absence de considération pour l'objet étudié. Ils n'avaient pas l'air de savoir que leur faisait face un petit garçon qui comprenait tout, avide de reconnaissance et d'affection... Je me sentais vidé, nié, et abîmé. Je me savais leur proie. Une proie lucide et vivante, mais déchiquetée, piétinée (cité dans Gardou, 2005, p. 55).

CORPS ET STIGMATES AU XXIᴱ SIÈCLE

L'émergence de nouveaux modèles d'analyse du handicap, de nouveaux paradigmes et la transformation des normes sociales prônant davantage les libertés individuelles permet de constater le renouvellement de la pensée, l'émergence d'un nouveau regard. Un contraste extraordinaire avec les valeurs sociales, morales et religieuses exposées précédemment. Futile est devenu le regard des curieux qui se pose sur l'itinérant, l'ex-psychiatrisé, la personne handicapée, marginale dans les rues des grandes villes. Ceux-là font maintenant partie du paysage social. Et pourtant cette indifférence, comme la nomme l'anthropologue Courtine, entendue comme l'émergence d'une nouvelle « [...] forme de culture visuelle de l'espace urbain » (Courtine, 2006, p. 207), masque toutefois de nouveaux stigmates. Les difformités, les infirmités, les mutilations, il n'y a pas si longtemps à l'origine de sentiments de crainte et d'un réflexe de rejet, sont perçues comme étant de simples caractéristiques du corps humain. Pourtant, encore aujourd'hui, les pratiques et les réponses sociales face au handicap varient selon les contextes. Par exemple, les porteurs d'un handicap rédhibitoire sont mieux intégrés au sein de la société canadienne comparativement aux personnes handicapées en France où elles bénéficient de moins de services et sont moins présentes au sein de la population active en général (Chapoutier, 2009). À titre d'exemple, porte-parole du Défi sportif et ambassadrice de la fondation Right to play[1], la multimédaillée d'or paralympique Chantal Petitclerc est l'une des personnalités très admirées au Québec : Chantal, l'athlète avant tout[2]. Nommée meilleure athlète féminine de l'année 2009 par le Comité international paralympique (CIP), Chantal Petitclerc multiplie les occasions entre les entraînements et les compétitions pour partager, lors de conférences très courues, son parcours qui l'a menée vers l'athlétisme et son message sur la nécessité de se fixer des objectifs ambitieux. Mais est-ce bien vrai que cette mutation du regard sur le corps a annihilé toutes traces de peur ?

Il faut plutôt retenir que les catégorisations en tant que processus se déplacent, se redéfinissent à partir de nouvelles normes. Effectivement, les deux dernières décennies du XXe siècle portent ombrage à la jusque-là indéniable évolution sociétale ayant trait à la tolérance, au respect et même à l'acceptation des différences chez l'autre. C'est le spectre du SIDA qui, cette fois, atteint le corps de façon si publique, comme le précise l'historienne et médecin expert en santé publique Anne-Marie Moulin (2006). Du jamais vu depuis les défigurations causées par la lèpre et la syphilis. Ce syndrome d'immuno-déficience acquise marginalise la population marquée par les traces corporelles révélant le dérèglement du système immunitaire. Les mœurs sexuelles libérées, sérieusement à risque, soulèvent de nombreux préjugés, en particulier sur un groupe de personnes qui sont parmi les premières associées au SIDA. L'historien américain Aldrich (2006) les décrit comme les représentants d'une sous-culture qui désigne une catégorie sociale de femmes et d'hommes autrefois étiquetés comme étant des pervers, des

1. « Right to Play utilise des programmes de sports ainsi que le jeu pour améliorer la santé et les habiletés sociales des jeunes et promouvoir la paix dans des communautés qui figurent parmi les plus désavantagées du monde. » Disponible sur le site : http ://www.chantalpetitclerc.com/2008/fr/mes_causes.php. Consulté le 22 octobre 2009.
2. Revue *Châtelaine*, avril 2005, p. 68. Disponible sur le site http ://www.chantalpetitclerc.com/2008/fr/revue_de_presse_page.php ?id=31&idp=214. Consulté le 22 octobre 2009.

criminels, des malades mentaux ou des personnes « séduites ». L'univers homosexuel, qui a toujours existé, est à nouveau publiquement exposé. Une nouvelle forme de menace, le risque de contamination, engendre le retour de peurs et de rejets particuliers vis-à-vis des corps qui portent le stigmate d'une maladie chronique grave. Gagnon et Holmes (2008) lèvent le voile sur ce nouveau phénomène social qui correspond, tel que le définit Goffman (1975), à la présence d'attributs qui stigmatisent l'individu aux yeux de ses pairs et de la collectivité en général : dévalorisation corporelle, morale ou « tribale ». Ces auteurs s'intéressent à l'étude du syndrome de la lipodystrophie chez les personnes vivant avec le VIH-SIDA, plus précisément à la métamorphose du corps causée par la prise de médicaments antirétroviraux (ARV). Les complications métaboliques importantes et fréquentes du syndrome de la lipodystrophie, dans le traitement contre le VIH, précise Gagnon (2009), « [...] modifie[nt] l'apparence du visage et engendre[nt] des conséquences affligeantes au niveau de l'estime de soi, de l'image corporelle, du fonctionnement social, de la qualité de vie, et enfin en regard de l'observance au traitement » (p. 1). C'est justement par l'étude théorique des usages sociaux des handicaps qu'ils souhaitent influencer les soins infirmiers auprès de cette classe de malades. Trop nombreuses sont les études quantitatives mettant en relief, dans les cas du syndrome de lipodystrophie, tant les facteurs de risque, les manifestations pathophysiologiques, que les répercussions biophysiques comparativement aux analyses qualitatives abordant au premier plan les changements corporels stigmatisants et leur signifiance sur la vie des gens atteints du VIH-SIDA. L'approche sociale de Goffman, selon les deux chercheurs, permet de comprendre, avant tout, l'expérience de la lipodystrophie en tant que phénomène social. Ils souhaitent une conception des soins cliniques, allant au-delà d'une compréhension basée uniquement sur des données biomédicales, afin de sensibiliser les infirmières et les infirmiers, comme nous avons aussi tenté de le démontrer tout au long de ce chapitre, à l'utilité et à toute la pertinence d'explorer le large champ des sciences sociales dans le cadre d'études en sciences de la santé.

CONCLUSION

Cette présentation sur les théories et les pratiques sociales à l'égard du handicap, particulièrement au cours des XIXe et XXe siècles, a tenté de poser un nouveau regard sur le corps représenté ou dit anormal selon un contexte, une histoire, un théâtre mettant en scène les acteurs soit bénéficiaires, soit donateurs de services de soins de santé. Cette initiation aux images sociales du corps fixe le regard sur l'histoire du sensible afin que l'objet de science qu'est le corps puisse trouver un équilibre aux yeux du chercheur entre l'approche psycho-médicale et les nouvelles représentations sociales du corps, afin de faire émerger le sujet. C'est donc sous le sceau des sciences sociales et d'une histoire des représentations, mettant au premier niveau les métamorphoses du handicap, qu'ont été étudiées les attitudes devant le corps à soigner, ciblant ainsi des réalités au sujet de l'évolution des stigmates douloureux dont a fait l'objet le corps clinique, celui-là même à analyser, à manipuler, à traiter.

Sans nier ce corps clinique, notre démarche souhaite conscientiser le futur professionnel de la santé au corps handicapé et aux attitudes qu'il fait naître. Selon les époques, le corps à soigner a engendré de la peur, de la répulsion, voire de l'horreur. Le handicap est une étiquette empreinte d'une perception sociale, teinté des préjugés ou des peurs de notre temps. Il est, tel un miroir, une invite à s'interroger au sujet de la vulnérabilité et de notre profonde humanité.

RÉFÉRENCES

Aldrich, R. (dir.) (2006). *Une histoire de l'homosexualité*, Paris : Seuil.

Allen, C. (2004). « Bourdieu's habitus, social class and the spatial worlds of visually impaired children », *Urban Studies*, 41 (3), 487-506.

Barnes, C. (1991). *Disabled people in Britain and discrimination*, Londres : Hurst & co.

Barnes, C., G. Mercer et T. Shakespeare (1999). *Exploring Disability*, London : Cambridge University Press.

Becker, H. (1985). *Outsiders*, Paris : Métailié.

Bélanger, N. (2002). *De la psychologie scolaire à la politique de l'enfance en difficulté*, Paris : Éditions du CTNERHI.

Bélanger, N., et C. Connelly (2007). « The Ethics of Researching in Collaboration with Children about the Process of Identifying Children Experiencing Difficulties at School », *Ethnography and Education*, 2 (1), 21-38.

Bélanger, N., et K. Taleb (2006). « Une mise en scène du rôle des comités d'identification de l'enfance en difficulté en Ontario français », *Éducation et Sociétés*, 2, 219-236.

Bélanger, N., K. Taleb et C. Connelly (2005). *Trajectoires sociales et scolaires d'élèves en difficulté à l'école élémentaire de langue française en Ontario*, Rapport final, CREFO, OISE/UT remis au CRSH.

Berger, P., et T. Luckmann (1989). *La construction sociale de la réalité*, Paris : Méridiens Klincksieck.

Bouchard, É. (2006). « À l'ombre de la station Radisson, les cours Lafontaine », *Avenir, arrondissement Pointe-aux-Trembles–Montréal-Est*. Disponible sur le site Internet : http://www.avenirdelest.com/article-46554-A-lombre-de-la-station-Radisson-les-Cours-Lafontaine.html. Consulté le 24 mars 2009.

Boucher, N. (2003). « Handicap, recherche et changement social. L'émergence du paradigme émancipatoire dans l'étude de l'exclusion sociale des personnes handicapées », *Lien social et politiques*, 50, 147-164.

Boucher, S., N. Paré, J.C. Perry, J.J. Sigal et M.-C. Ouimet (2008). « Répercussions d'une enfance vécue en institution : le cas des enfants de Duplessis », *Santé mentale au Québec*, 33, (2), automne, 271-292.

Bourdieu, P. (1979). *La distinction*, Paris : Éditions de Minuit.

Canguilheim, G. (1966). *Le normal et le pathologique*, Paris : PUF (1ʳᵉ édition : 1943).

Castel, R. (1995). *Les métamorphoses de la question sociale*, Paris : Fayard.

Castel, R. (1976). *L'ordre psychiatrique, l'âge d'or de la l'aliénisme*, Paris, Éditions de minuit, 104-152.

Chapoutier, K. (2009). Radio de Radio-Canada. Entrevue disponible sur le site : http://www.radio-canada.ca/radio/christiane/modele-document.asp?docnumero=76232&numero=1880, consulté le 16 mars 2009.

Courtine, J.-J. (2006). « Le corps anormal. Histoire et anthropologie culturelles de la difformité », dans A. Corbin, J.-J. Courtine et G. Vigarello (dir.), *Histoire du corps 3. Les mutations du regard. Le XXᵉ siècle*, Paris, Seuil, 207.

Dupont, A. (2005). *Le principe de la valorisation des rôles sociaux*. En ligne : http://www.ad-consultants.ch/.

Foucault, M. (1972). *Histoire de la folie à l'âge classique*, Paris : Gallimard (1ʳᵉ édition : 1964).

Fougeyrollas, P. (1998). « Changements sociaux et leurs impacts sur la conceptualisation du processus de handicap ». Document téléaccessible à l'adresse : http://www.med.univ-rennes1.fr/sisrai/art/modele_conceptuel.html.

Freund, P. (2001). « Bodies, disability and spaces : the social model and disabling spatial organisations », *Disability and Society*, 16 (5), 689-706

Friedson, E. (1984). *La profession médicale*, Paris : Payot.

Fulcher, G. (1999). *Disabling Policies ? A comparative approach to education policy and disability*, Sheffield : Philip Armstrong publications.

Gagnon, M. (2009). « "Traitements réparateurs" : une urgence psychosociale », *Fréquence VIH*, texte publié le vendredi 20 février. Disponible sur le site http://frequencevih.ca/spip.php ?article1153. Consulté le 16 mars 2009.

Gagnon, M., et D. Holmes (2008). « Moving beyond biomedical understanding of lipodystrophy in people living with HIV/AIDS », *Research and Theory for Nursing Practice*, 22 (4), 228-240.

Gardou, C. (2005). *Fragments sur le handicap et la vulnérabilité*, Paris : Éditions Erès.

Gleeson, B. (1999). *Geographies of disability*, Londres : Routledge.

Goffman, E. (1990) *Asiles. Étude sur la condition sociale des malades mentaux*, Paris, Les Éditions de Minuit.

Goffman, E. (1975) *Stigmate. Les usages sociaux des handicaps*, Paris : Éditions de Minuit (1ʳᵉ version, 1963, traduit de l'anglais par Alain Kihm).

Hill, M. (1994). « They are not our brothers », dans N. Begum, M. Hill et A. Stevens (ed.), *Reflections : The views of Black Disabled people on their livres and community care*, London : CCETSW.

Imrie, R. (2000). « Disabling environments and the geography of access policies and practices », *Disability and Society*, 15 (1), 5-24.

Kitchin, R. (1998). « "Out of place", "Knowing one's place" : space, power and the exclusion of disabled people », *Disability and Society*, 13 (3), 343-356.

Kristeva, J. (2003). *Lettre au Président de la République sur les citoyens en situation de handicap, à l'usage de ceux qui le sont et de ceux qui ne le sont pas*, Paris : Fayard.

Lloyd-Smith, M., et J. Tarr (2000). « Researching children's perspectives : a sociological dimension », dans A. Lewis et G. Lindsay (ed.), *Researching Children's Perspectives*, Buckingham : Open University Press, 59-70.

Moulin, A.-M. (2006) « Le corps face à la médecine », dans A. Corbin, J.-J. Cour-tine et G. Vigarello (dir.), *Histoire du corps 3. Les mutations du regard. Le XXᵉ siècle*, Paris, Seuil, 29-32.

Murphy, R.F. (1990). *Vivre à corps perdu*, Paris : Plon.

Nirje, B. (1969-1994). « Le principe de normalisation et ses implications dans le maniement du comportement humain », *La revue internationale de la valo-risation des rôles sociaux*, 1 (1), 24-29 (article classique de 1969 ; traduction d'André Dionne). Document téléaccessible à l'adresse URL http ://www.socialrolevalorization.com/journal/E-Normalisation-1969_Nirje-fran.pdf.

Oliver, M. (1990). *The politics of disablement*, Basingstoke : MacMillan et St. Martin's Press.

Piat, M., A. Lesage, H. Dorvil, R. Boyer, A. Couture et D. Bloom (2008). « Les préférences résidentielles des personnes souffrant de troubles mentaux graves : une étude descriptive », *Santé mentale au Québec*, 33, (2), 247-269.

Ponet, P. (2007). « Remettre les corps en ordre : entre savoirs et pouvoirs. La "professionnalisation" de l'évaluation médicale du domage corporel », *Revue française de sociologie*, 48 (3), 477-517.

Quieroz, J.M., et M. Ziotkowski (1994). *L'interactionnisme symbolique*, Rennes : PUR.

Ruchat, M. (2003). *Inventer les arriérés pour créer l'intelligence*, Bern : Peter Lang.

Slee, R. (1998). « The politics of theorizing special education », dans C. Clark, A. Dyson et A. Millward (ed.), *Theorising Special Education*, London : Rout-ledge, 126-137.

Stiker, H.-J. (2005a). *Corps infirmes et sociétés. Essais d'anthropologie historique* (3ᵉ éd.), Paris : Dunod.

Stiker, H.-J. (2005b). « Nouvelle perception du corps infirme », dans A. Corbin, J.-J. Courtine et G. Vigarello (dir.), *Histoire du corps 2. De la Révolution à la Grande Guerre*, Paris : Seuil.

Stiker, H.-J. (2005c). « Pour une nouvelle théorie du handicap. La liminalité comme double », *L'Esprit du temps. Champ psychosomatique*, 45 (3), 7-23.

Szasz, T.S. (1972). *The Manufacture of Madness. A Comparative Study of The Inqui-sition and The Mental Health Movement*, London, Routledge et Kegan Paul.

Taleb, K. (2007). *La construction sociale de l'élève en difficulté : émergence et cristal-lisation des processus menant à l'identification des élèves en difficulté à l'école élémentaire de langue française en Ontario*, Thèse de doctorat inédite, Toronto : University of Toronto.

Van Gennep, A. (1981). *Les rites de passage : étude systématique des rites de la porte et du seuil, de l'hospitalité, de l'adoption, de la grossesse et de l'accouchement, de la naissance, de l'enfance, de la puberté, de l'initiation, de l'ordination, du couronnement des fiançailles et du mariage, des funérailles, des saisons, etc.*, Paris : A. et J. Picard.

Vial, M. (1990). *Les enfants anormaux à l'école. Aux origines de l'éducation spécialisée*, Paris : Armand Colin.

Vers une compréhension élargie des phénomènes liés à la santé : l'utilité des sciences sociales au regard de la maladie mentale

AMÉLIE PERRON, DAVE HOLMES

En étant à la Faculty of Nursing and Midwifery de l'Université de Sydney en Australie, pour réaliser un projet de recherche postdoctoral au cours de l'année 2009, A. Perron y a rencontré une autre postdoctorante et sociologue. Bien qu'il soit courant de travailler aux côtés d'une sociologue pour une chercheure qui a souvent recours à des perspectives sociales dans ses travaux, cette stagiaire lui rapportait régulièrement les réactions et la surprise de son entourage (issu autant de la sociologie que des sciences infirmières), suscitées par son désir de poursuivre des études postdoctorales en sciences infirmières. Ces réactions confirment malheureusement que les alliances entre sciences infirmières et sciences sociales relèvent pour plusieurs de l'insolite ou de l'inutile (voir par exemple Sharp, 1994).

Pourtant, le fait même d'employer l'expression « sciences » infirmières ou « discipline » infirmière constitue le fruit d'une réflexion solidement ancrée dans les sciences sociales. De même, la décision de déplacer en milieu universitaire la formation infirmière afin d'assurer sa base professionnelle s'appuie sur des concepts tels que la profession qui n'ont de sens que dans un cadre social. Alors que les efforts actuels de recherche et de développement s'efforcent de repousser les limites du corps et de l'esprit humain en multipliant les découvertes médicales, biotechnologiques, génétiques, neuropharmacologiques et ainsi de suite, la pertinence d'examiner la contribution et les responsabilités du personnel infirmier à travers diverses lentilles théoriques s'impose d'autant plus. Il en est de même de la nécessité de maintenir une réflexion critique au regard des débats ontologiques, épistémologiques et éthiques qui résultent inévitablement de ces avancées.

Les disciplines chapeautées par la désignation très large de « sciences sociales » incluent des disciplines telles que la sociologie, l'anthropologie, la géographie, l'histoire et les sciences politiques, pour ne nommer que celles-là. Chacune de ces disciplines permet un angle d'approche particulier pour examiner des thématiques telles que la définition et la signification de la santé et de la maladie, les codes et les rituels d'interaction entre les patients et le personnel infirmier, de même qu'entre professionnels de la santé, les rôles attendus de chacun dans un contexte de modernité, de modèle de marché et de capitalisme, ou encore le statut sociopolitique des savoirs (scientifiques, profanes, etc.) qui relèvent du vaste domaine de la santé. De même, l'interface des sphères privées et publiques constitue un espace complexe dans lequel se déploie la pratique infirmière et qui nécessite des outils théoriques raffinés permettant de déconstruire et de reconstruire autant les interactions microsociales que les structures macrosociales concernées, et d'en extraire les processus (politiques) qui les gouvernent.

L'objectif du présent chapitre n'est pas d'aborder tous ces champs mais de concentrer l'analyse sur un domaine précis où exercent les infirmières et les infirmiers, à savoir la psychiatrie, qui constitue un espace de contestation et de débats au regard des modèles de conception et d'explication de la maladie mentale. Nous viserons ainsi à montrer l'utilité des sciences sociales à dégager des perspectives alternatives au discours biomédical dominant sur lequel se fonde largement la pratique infirmière actuelle dans ce domaine.

DISCOURS BIOMÉDICAL ET MALADIE MENTALE

La pratique infirmière actuelle en psychiatrie s'est constituée au fil du temps autour d'outils (médicaux) de classification et de diagnostic. Ces outils, tels que les échelles d'évaluation et les nosographies courantes (ICD-10, DSM), présupposent que la maladie mentale est un phénomène provenant du monde naturel qui nous entoure plutôt qu'un phénomène social. Selon ce modèle, les origines des troubles mentaux se situent au niveau organique de la personne, et font d'eux un phénomène individuel. La majorité des troubles actuels (c'est-à-dire les troubles de l'humeur et les troubles psychotiques) s'expliquent couramment par un déséquilibre au niveau des neurotransmetteurs du cerveau induit par exemple par une génétique défectueuse. Tout comme les affections d'ordre physique, la maladie mentale peut donc être détectée par une observation experte (supposément « neutre ») des comportements de la personne affectée. Les signes et les symptômes ainsi relevés sont regroupés dans des syndromes formellement reconnus (Gray, 2006) tels que la schizophrénie. Ce processus d'identification et d'explication constitue le noyau d'une pratique médicale fondée sur l'empirisme. Intimement liée à une observation et une évaluation qui portent sur des phénomènes considérés comme biologiques, donc naturels, la psychiatrie s'établit comme une science universelle, qui ne serait donc pas gouvernée par des facteurs socioculturels, historiques, temporels ou politiques. Le corps de connaissances qui lui serait propre s'appuierait aussi sur des critères de scientificité rigoureux.

La maladie mentale traduirait donc un désordre (neuro) biologique qui requiert des traitements qui visent à manipuler ou à transformer la biologie humaine. Par conséquent, les médicaments psychotropes et les thérapies par électrochocs (ainsi que l'insulinothérapie et les lobotomies courantes dans les années 1950 et 1960) constituent des traitements qui interviennent au niveau du cerveau où ils doivent rétablir son équilibre biochimique. Ces interventions constituent habituellement la base de tout traitement psychiatrique. En effet, dans les institutions, la médication est souvent prescrite de manière systématique, alors que des thérapies fondées sur la « parole » en constituent un « complément ».

S'il gouverne dans une large mesure les pratiques et les institutions soignantes actuelles, le discours biomédical a toutefois suscité de

nombreuses critiques. Celles-ci remettent en question les bases scientifiques de la psychiatrie (entendue ici au sens d'un discours couplé à des
pratiques, des institutions et un corps de connaissances qui maintiennent
et renforcent sa légitimité socioprofessionnelle), son objectivité, sa
neutralité et son universalité. Ces critiques appellent plutôt à un examen
des contingences sociales et historiques qui ont permis à la psychiatrie
de s'établir comme branche formelle de la médecine. Les savoirs utilisés
en psychiatrie sont eux-mêmes remis en question ; premièrement parce
que la psychiatrie se base principalement sur de la recherche faite en
Amérique du Nord et en Europe occidentale (Kleinman, 2001) ; deuxièmement, parce qu'un examen historique de la psychiatrie révèle des
transformations de cette spécialisation qui sont congruentes avec les
changements sociopolitiques qui ont transformé la société occidentale
au fil des décennies (ex. : élimination de l'homosexualité du DSM) ; et
troisièmement, selon Bromley et Braslow (2008), parce qu'il est reconnu
que des tierces parties telles que les compagnies pharmaceutiques et les
compagnies d'assurance structurent et gouvernent de façon marquée
les savoirs psychiatriques ainsi que le répertoire d'interventions cliniques
disponibles, confirmant ainsi la dimension politique de la psychiatrie.
Ces auteurs ajoutent par ailleurs que des domaines ultra spécialisés (tels
que les neurosciences, les nanotechnologies, la génétique et la biologie
moléculaire) sont investis d'un tel « cachet culturel » (p. 1396, traduction libre) qu'ils ignorent considérablement les explications alternatives
à la détresse psychologique (reconduite effectivement comme désordre
neurobiologique dans le discours psychiatrique) en priorisant un modèle
hautement réductionniste.

Ce réductionnisme attribué au discours biomédical psychiatrique
découle du fait qu'il impose la compréhension « de phénomènes
complexes (ex. : expérience) en mettant de l'avant un ensemble de
phénomènes plus simples (ex. : critères) » (Bromley et Braslow, 2008 :
1399, traduction libre). À ce titre, les personnes qui souffrent de troubles
mentaux résistent de plus en plus au régime psychiatrique et des mouvements d'usagers se sont organisés afin de contrer la « biologisation »,
la médicalisation grandissantes de troubles quotidiens (ex. : fatigue,
deuil, anxiété, frustration) et l'emprise pharmaceutique sur les pratiques
thérapeutiques. Ces mouvements revendiquent une humanisation des
traitements et un espace propice à la collaboration fondée sur le dialogue

et la prise en compte du contexte sociopolitique et économique des patients. Ils reposent notamment sur des recherches en sciences sociales qui permettent de mettre en lumière les dimensions sociales, culturelles, économiques et politiques des troubles mentaux ainsi que les effets potentiellement néfastes de leur interprétation selon une logique strictement biologique.

PERSPECTIVES ALTERNATIVES :
SCIENCES SOCIALES COMME CONTRE-DISCOURS

La question de la maladie mentale se prête aisément à un examen théorique visant à remettre en question ses origines, ses traitements et ses représentations collectives et individuelles, tout particulièrement dans le contexte occidental. Comme on l'a vu précédemment, il s'agit d'un domaine où l'apport significatif des théories sociales a permis de remettre en question le statut hégémonique du discours biomédical et de situer le patient en tant qu'acteur réfléchi en interaction permanente avec des structures sociales complexes. Examiner toutes les approches théoriques pertinentes aux questions liées à la maladie mentale dépasse le cadre de ce chapitre. Toutefois, il convient d'en présenter trois qui ont contribué tout particulièrement à maintenir une réflexion théorique, éthique et politique au regard de la manière dont sont prises en charge les personnes qui ne se conforment pas aux cadres et aux rites sociaux dominants, et à dégager de cette réflexion des enjeux et des conséquences pour la discipline et la profession infirmières. Il s'agit de l'interactionnisme symbolique, des perspectives féministes et de la perspective de Michel Foucault.

L'interactionnisme symbolique

L'interactionnisme se fonde notamment sur les travaux du pragmatiste Mead (1934) et de Blumer (1969), qui décrivent la réciprocité inhérente aux interactions sociales comme facteur décisif dans la production de l'identité. Les normes et les valeurs constitutives de toute société structurent les attentes envers chacun et les rôles sociaux à adopter. Le soi figure donc comme un produit social et les actions d'un individu s'appuient sur les symboles et les représentations attachées aux objets et aux personnes qui l'entourent. Blumer (1969) souligne par ailleurs la dimension cognitive de l'interaction qui se manifeste par le jeu continu et réciproque d'interprétation et d'attribution de sens aux conduites d'autrui et aux phénomènes courants. Ainsi, ceux qui agissent en vertu d'un ensemble de codes et de symboles différents du groupe dominant seront plus à risque d'être étiquetés comme déviants. À titre d'exemple, nous pouvons nous situer dans l'interaction clinique d'une infirmière auprès d'une personne qui présente certains signes. Habituellement, cette dernière ne partage pas le schème de référence du personnel infirmier. Pourtant un désaccord entre les deux mène souvent l'infirmière qui exprime le discours dominant (médical psychiatrique) à attribuer chez la personne un manque d'*insight* ou d'autocritique. Cette étiquette est typiquement maintenue jusqu'à ce que la personne reconnaisse cet attribut et accepte d'y remédier au moyen d'un traitement particulier (médication, thérapie individuelle).

Le sociologue Erving Goffman (1998) a contribué à la perspective interactionniste en décrivant la maladie mentale comme le fruit de processus sociaux qui engrènent ce qu'il désigne comme la « carrière morale » du malade mental. Ses travaux ont d'abord débuté avec l'examen des rites d'interaction et des conséquences d'un étiquetage stigmatisant (Goffman, 1975). Selon Goffman, le stigmate décrit un attribut dont les représentations symboliques entraînent la *mise à l'écart social* de la personne. Un comportement tel que le fait de se parler à soi-même peut constituer un tel attribut. Le comportement en soi n'est pas le facteur déterminant de la stigmatisation, mais bien l'interprétation de cet attribut par autrui en vertu d'un schème de référence donné. Les interactions quotidiennes reposent ainsi sur un ensemble d'attentes stéréotypées envers tout un chacun, et tout décalage entre ces attentes et l'attribut en question donne lieu à un jugement moral hautement rationalisé (Goffman, 1975). Par exemple, la société occidentale ne considère pas le fait de se parler à soi-même comme un comportement attendu ou désirable, mais ce comportement ne prend aucun sens particulier en l'absence du regard d'autrui.

À cet effet, la réflexion goffmanienne est congruente avec la perspective interactionniste qui insiste sur la construction sociale de la réalité. L'appréhension des rapports entre « normaux » et « stigmatisés » peut entraîner une modification ou une dissimulation volontaire des comportements de la personne, ou encore le désir de se retirer socialement ou de se défendre de l'étiquetage dont elle fait les frais, avec ses éventuelles conséquences sur le plan psychologique (isolation, anxiété, dépression, colère) et sur sa capacité à vivre dans la collectivité. Notons que ces manifestations peuvent contribuer à renforcer le jugement initial envers la personne. Les travaux de Goffman (1975) sont utiles pour comprendre les comportements « déviants » et mettent en lumière leurs dimensions socioculturelles et politiques. Ils permettent par ailleurs un angle d'approche différent pour expliquer le parcours (social) d'un individu, qui peut le conduire à des experts en psychiatrie et éventuellement jusqu'à l'institution. Par ailleurs, le caractère souvent circulaire de ce processus d'interprétation des réactions individuelles demande qu'on examine la façon dont sont traitées certaines personnes, incluant des professionnels formés comme le personnel infirmier. Ces personnes peuvent réagir de telle sorte que leur conduite conforte les observateurs dans leur jugement, entraînant un manège subjectif excessivement marginalisant à leur endroit.

Les réactions sociales à l'égard de ceux dont les comportements se situent en marge de la norme, ajoutées aux rites et aux codes qui sont propres au régime psychiatrique, sont déterminantes dans l'éradication de la personnalité et l'émergence de comportements institutionnalisés. Une analyse de la carrière morale du patient psychiatrisé invite à faire un pont entre la sphère privée et la sphère publique. Dans le premier cas, il s'agit d'image et d'estime de soi et d'identité ; dans le second cas, il s'agit du cadre des relations sociales (Goffman, 1998). Lors de l'admission du patient en institution psychiatrique, ces deux sphères subissent de profondes transformations, si bien qu'à travers les considérations liées à la carrière morale c'est la question de la personne qui est abordée sous l'angle de l'institution. La phase hospitalière de la carrière morale se caractérise notamment par l'organisation et le contrôle de tous les aspects de la vie d'un individu. Cela implique notamment le mélange et l'absence de distinction des sphères domestiques et familiales, professionnelles et récréatives, et la reconstitution des activités normalement associées à chacune. De même, les éléments usuels sur la base desquels le patient érige sa personnalité sont éliminés en raison de leur caractère symbolique : vêtements, routine quotidienne (repas, hygiène, sorties), modes de conversation, aménagement de l'espace de vie. En bref, tout ce qui signale les attributs d'une identité et qui maintient le patient dans un fonctionnement social passé est éliminé. Le patient se voit confiné dans des activités « dont les implications symboliques sont incompatibles avec la conception qu'il a de lui-même » (Goffman, 1998, p. 65). Il va sans dire que, dans un contexte de soins psychiatriques, les infirmières et les infirmiers constituent des intervenants de première ligne dans la mise en œuvre des processus décrits ici par Goffman.

Le patient peut alors entreprendre une reconstruction de son histoire qui vise à minimiser les effets de la dépersonnalisation, voire les effets mortifères et ceux de l'hospitalisation. Les comportements évoluent alors de manière à s'inscrire dans ce nouveau cadre social, si bien que la personne devient progressivement plus fonctionnelle en institution que dans la collectivité, notamment lorsque l'hospitalisation se prolonge (Goffman, 1998). Cette situation contribue encore à renforcer le diagnostic initial. Les travaux de Goffman permettent donc de mettre en évidence les processus sociaux et politiques inhérents au régime psychiatrique et les mécanismes fondés sur le jugement (subjectif) d'agents désignés (dont le personnel infirmier) qui gouvernent la manière dont sont perçus ceux dont les émotions et les comportements ne s'inscrivent pas dans un cadre prédéterminé. Bien que les travaux de Goffman aient été réalisés dans les années 1950 et 1960, et que les institutions aient connu une certaine évolution depuis, et bien que la majorité des personnes atteintes d'un trouble mental ne seront pas forcément hospitalisées, ces réflexions demeurent largement d'actualité et pertinentes au regard des attentes collectives envers l'individu, des rôles que l'on attend aujourd'hui des patients (ex. : assentiment, collaboration, observance) et des soignants (ex. : expert, décideur), du maintien d'un fossé idéologique entre chacun et de l'institutionnalisation des comportements.

Goffman attire également l'attention sur la manière dont les activités cliniques réalisées couramment en soins infirmiers peuvent entraîner des effets contraires et maintenir la personne dans le système psychiatrique. Il ne s'agit pas ici de la prolongation de l'hospitalisation en raison d'un dérèglement biochimique persistant, mais bien de la conclusion d'un jeu complexe d'interaction sociale dans lequel le personnel infirmier saisit et interprète les conduites du patient. L'étude menée par Roseham (1973) illustre bien le fait que l'évaluation objective régulière dont les patients doivent faire l'objet constitue plutôt un rituel clinique dans lequel les idées préconçues du personnel vis-à-vis du patient et le discours psychiatrique l'emportent sur l'observation de symptômes psychologiques réels. De fait, cette étude montre comment le diagnostic initial se cristallise et comment l'on maintient alors des personnes « normales » en institution. Ce type de recherche remet effectivement en question ce présupposé d'objectivité de l'exercice psychiatrique et de l'évaluation clinique. Elle expose clairement le rôle des symboles sociaux dans l'interprétation des comportements.

Perspectives féministes : régime psychiatrique et institutions patriarcales

Les paradigmes tels que les divers courants féministes (libéral, marxiste, radical) et le poststructuralisme s'apparentent sur le plan ontologique par leur réalisme historique. Celui-là indique que la réalité est en fait le produit d'un amalgame de valeurs à caractère social, sexuel (sexe biologique), politique, ethnique, économique, éthique et juridique. La réalité est le fruit de la cristallisation de ces valeurs au sein de structures diverses (ex. : institutions, rites, etc.), considérées à tort comme des manifestations « naturelles » de processus prédéterminés (Cheek, 2000 ; Weedon, 1997). Ces approches réfutent le paradigme positiviste selon lequel une multitude d'observateurs peuvent appréhender la réalité de la même manière (empirique), la prouver, la manipuler et la prédire, et pour qui cette réalité répond à des lois universelles qui gouvernent les phénomènes courants selon un processus linéaire de cause à effet. Les défenseurs du positivisme affirment effectivement que l'objectivité et le rationalisme sont les facteurs clés d'une compréhension juste et valide des phénomènes de la vie.

Les tenants des approches critiques comme les perspectives féministes dénoncent le fait que les affirmations qui résultent de cette quête de vérité prennent la forme de prémisses universelles et « totalisantes » qui traduisent la présomption d'un mode de pensée unique (indépendant des questions liées au sexe, aux classes sociales et aux races), qui reproduisent l'idéologie (masculine) dominante et qui raffermissent les normes sociales. Par ailleurs, cet accent sur la rationalité confine automatiquement les femmes dans un rôle secondaire. En effet, les stéréotypes courants les situent sur le versant de l'irrationalité, indiquant qu'elles sont dominées par leurs émotions et leur structure biologique (hormonale), et qu'elles manquent encore d'habiletés sur le plan cognitif (Nicki, 2001 ; Davar, 2008). Les auteures féministes rejettent cette domination par la raison, appellent au scepticisme et préconisent une approche éclectique, décentralisée et pluraliste (c'est-à-dire qui accepte de multiples points de vue), en tenant compte que toute théorie n'offre qu'une vision partielle et incomplète de la réalité (Cheek, 2000). Selon elles, l'expérience subjective constitue un facteur-clé dans la construction du « réel ». Il existerait donc une multitude de réalités et non pas une réalité unique.

Les écrits féministes traitant de la maladie mentale sont unanimes quant à sa nature socialement construite. Ces auteurs soulignent dans quelle mesure les attentes de la société occidentale en regard des rôles sexués imposés aux femmes comme aux hommes mènent plus souvent à la perception de détresse psychologique ou de comportements « inadaptés » chez certains groupes plutôt que chez d'autres, notamment les femmes, les minorités ethniques, les minorités sexuelles et ainsi de suite (Cermerle, Daniels et Anderson, 2001). À titre d'exemple, le trouble de personnalité limite, qui a été reconnu formellement depuis les années 1980 comme un diagnostic en soi, utile pour décrire une difficulté à entrer en relation avec autrui, serait plus souvent attribué aux femmes qu'aux hommes (Shaw et Proctor, 2005). La nature arbitraire de ce diagnostic, couplée à son évaluation nettement partiale et subjective, en fait un diagnostic hautement controversé. Les troubles de l'humeur tels que la dépression sont également diagnostiqués principalement chez les femmes (Davar, 2008 ; Nicki, 2001 ; Wright et Owen, 2001 ; Gove, 1972). Carmen et collègues (1981) affirment ainsi que la maladie mentale constitue à la fois un reflet et une mesure des inégalités qui affectent les femmes dans les sociétés occidentales contemporaines.

Les perspectives féministes s'accordent sur le fait que les attentes et les rôles sociaux sont déterminés selon un modèle de rationalité masculin qui confine les femmes (et les hommes) dans des performances sociales rigides. Les auteurs qui s'inscrivent dans ce courant théorique estiment par ailleurs que les femmes qui évoluent dans ce type de société se voient contraintes dans un rôle plus passif et secondaire, ont un accès limité au pouvoir ou à des ressources telles que l'argent et sont plus à risque de souffrir d'abus (psychologique, sexuel ou physique) perpétré par des hommes (Nicki, 2001 ; Shaw et Proctor, 2005 ; Wright et Owen, 2001). Les stratégies qu'elles choisissent afin de résister à cette oppression seront alors plus susceptibles d'être étiquetées comme déviantes ou insensées, signalant ainsi une source de conflit intra-personnelle et individualisée, plutôt que contextualisée et dynamique, prenant en compte l'importance des expériences vécues. Par exemple, on a montré que la majorité des femmes qui recevaient un diagnostic de personnalité limite avaient subi une forme d'abus sexuel (voir par exemple Shaw et Proctor, 2005). De même, plutôt que de concentrer les efforts d'identification de traits psychiques défaillants chez une personne, il pourrait être plus utile de les lier au cadre social plus large. Davar dénonce ainsi la conversion insidieuse de problèmes de justice sociale comme la discrimination, la ségrégation et la violence en problèmes de santé :

> Il est plus simple pour les acteurs des services publics, incluant les décideurs politiques et les ONG, de s'engager dans ces situations armés d'une trousse de service de santé mentale (prévention du suicide) que de s'attaquer à la tâche formidable de rétablissement de la paix et de la justice. Le concept de la santé mentale transforme des barrières et des crimes structuraux en mesures d'aide psychiatrique (*traduction libre*) (Davar, 2008, p. 275-276).

Cette tendance a pour effet d'individualiser l'origine de divers problèmes au lieu de considérer l'interaction entre la personne et son environnement. Les auteures féministes s'entendent sur ce point et critiquent fortement le phénomène de blâme inhérent à l'activité diagnostique. Elles attaquent également sa nature autoritaire, car le professionnel de la santé se considère investi du pouvoir de juger de ce qui est « normal » et de ce qui ne l'est pas, contribuant ainsi à l'établissement d'une relation inégale et patriarcale entre le soignant et le soigné (Ehrenreich et English, 1978).

Les comportements résistants tels que la peur, la colère ou l'indifférence sont souvent « pathologisés » (et, dans certains cas, criminalisés), laissant à la femme nouvellement diagnostiquée la responsabilité et la charge (émotionnelle, financière, etc.) de réintégrer le cadre social dominant. Les écrits féministes revendiquent donc l'examen des structures sexuées (sexe biologique) et « genrées » (sexe social), de même que leur articulation complexe menant à la production d'un cadre régulateur (localisé socialement et politiquement) et à la manifestation d'émotions ou de comportements particuliers. De nombreux auteurs appellent précisément à la normalisation de comportements jugés pathologiques. Par exemple, Nicki (2001) estime que la réaction de certaines personnes ayant vécu un traumatisme constitue une réponse rationnelle, produite par un *Soi* soumis à un stress psychologique intense qui cherche à se protéger. Chesler (1972, p. 16) décrit quant à elle la maladie mentale comme « une expression de l'impuissance des femmes » (*traduction libre*) à surmonter la dépendance et la vulnérabilité féminines socialement prescrites, les poussant ainsi à assumer ces rôles de façon extrême. En somme, il s'agirait pour elles d'adopter un comportement qui traduit le paradoxe de rejeter d'un côté ces règles opprimantes tout en s'y pliant de l'autre.

En ce qui concerne la maladie mentale, la plupart des auteures féministes estiment que la source du problème n'est pas à l'intérieur de la personne, victime de facultés cognitives défaillantes, mais bien dans l'environnement social qui valorise la maîtrise totale de soi, l'affect modéré ou indifférent et la conformité aux normes dominantes – en somme l'emprise de la raison sur l'expérience humaine (Nicki, 2001). À cet égard, Wendell (1990) affirme que celles et ceux qui sont jugés irrationnels continueront à subir la punition sociale de la ségrégation et du « redressement » psychique tant que la peur de l'irrationalité perdurera.

Foucault et le pouvoir psychiatrique

Selon Foucault (2000), l'ère moderne s'est construite à partir du développement et de la mise en œuvre de nouveaux régimes de pouvoir qui se sont distingués des régimes antérieurs par des formes inédites de contrainte sociale et politique. L'institution psychiatrique (au sens d'une structure, d'un régime et d'un discours) s'inscrit tout à fait, selon Foucault (1997), dans cette optique de contrôle social en reproduisant des mécanismes de régulation fondamentalement déterministes perpétrés par des agents administratifs et sanitaires, dont le personnel infirmier fait incontestablement partie. Foucault (1997) perçoit dans la psychiatrie une forme de violence, une méthode pour contraindre par la force les personnalités non conformes à se soumettre aux règles sociales établies, en somme pour « discipliner » la folie. Il suggère que les techniques de surveillance et de soins qui sont appliquées sur des populations institutionnalisées produisent des effets d'aliénation de ces populations au nom de la raison, plutôt qu'un processus de réadaptation sociale. Sans minimiser les avancées réalisées depuis le Moyen Âge en matière de traitement des malades mentaux, et sans nier l'existence des troubles psychologiques, il estime cependant que des transformations profondes telles que l'internement des patients dans des lieux spécialisés comme l'hôpital a induit des effets pervers et même violents au moyen d'une forme de contention plus subtile et plus définitive. Il perçoit dans l'entreprise de la raison un effet de domination perpétué par l'asile et ses thérapeutes. Cette domination de la raison constitue à ses yeux, non pas un événement objectif et neutre, mais bien l'avènement historique d'une forme inédite de violence institutionnelle (Foucault, 1997).

Foucault estime que la maladie mentale et son traitement ne peuvent se comprendre en dehors du cadre sociopolitique dans lequel ils s'inscrivent. Selon lui, l'identification de personnes hors normes a permis la création d'une multitude de disciplines académiques et professionnelles comme la psychologie, la psychanalyse, la psychiatrie et le travail social. Elle a conduit à la multiplication de recherches qui visent à théoriser, expliquer et prédire les conduites déviantes, à la production d'autant de discours sur l'anormal, à l'émergence de corps de connaissances spécialisées en la matière et, enfin, à la création d'experts désignés pour reconnaître et diagnostiquer la maladie mentale. Selon Foucault, cette séquence d'événements, échelonnés du XVIIIe siècle à aujourd'hui (Foucault, 2002), a permis de conférer à la folie une certaine réalité et de créer l'illusion d'objectivité dans son évaluation et son traitement. Bien que Foucault n'ait pas traité du rôle infirmier en ce sens, on peut aisément concevoir dans quelle mesure la discipline et la pratique infirmières nourrissent à leur façon le régime psychiatrique, en produisant son propre discours en regard des malades mentaux, en calquant la pratique sur un discours dominant (ex. : discours biomédical) qui objective la personne (c'est-à-dire qui la constitue comme objet que l'on peut examiner et qualifier) et qui vise à transformer ses dimensions jugées pathologiques.

La perspective foucaldienne circonscrit la psychiatrie en tant que champ de pratique axé sur la réforme et la discipline. Les écrits de Foucault au regard des pouvoirs disciplinaire et pastoral éclairent de façon novatrice et radicale les contingences sociales, professionnelles, politiques et légales gouvernant la pratique infirmière psychiatrique. Comme on l'a vu précédemment, le régime psychiatrique ne vise ni plus ni moins que la réitération de critères de normalité sociale chez le patient. L'intervention psychiatrique s'articule autour de la transformation de conduites dysfonctionnelles. Foucault (1997, 2000, 2003) nous amène à considérer la modification de comportements sous l'angle de la docilité et de l'utilité qui incarnent des effets précis de pouvoir disciplinaire. Le patient discipliné est celui qui montre clairement une intériorisation des normes auxquelles il est soumis. Ce pouvoir implique un jugement normalisateur de la part du personnel infirmier, qui détient l'autorité nécessaire pour déterminer si le patient « collabore », est « adéquat » ou s'il prend « bien » sa médication. Le patient doit apprendre des modes de fonctionnement qui sont renforcés dans l'interaction avec le personnel soignant et qui impliquent un élément marquant de désirabilité sociale que ce dernier est en mesure de juger.

De même, le pouvoir pastoral permet de constituer la personne dans toute son individualité. Foucault désigne le pouvoir pastoral comme le soin de l'autre, un soin bienveillant qui veille et qui protège. Ce type de pouvoir porte sur une multiplicité de personnes (ex. : population d'une unité de soins) qu'il est possible de gouverner et d'organiser. Nul besoin de contentions ou de contrainte, voire de violence. En tant que thérapeute désigné, le personnel infirmier dispose de plusieurs stratégies (soignantes) afin d'obtenir l'information nécessaire à la réussite du « projet » psychiatrique. Dans sa description des techniques pastorales, Holmes (2002) mentionne la confiance comme élément-clé de la divulgation par la personne de ses confidences, ce qui permet de cibler et d'intensifier l'exercice dit « thérapeutique ».

L'examen clinique est un outil fondamental en ce sens car il crée un contexte propice à la révélation par la personne de son histoire biographique, de ses pensées les plus profondes, de la mise à nu de ce qu'elle garderait autrement secret, comme le fait d'entendre des voix ou le désir de s'automutiler. L'examen vise à ramener la sphère privée dans le domaine public (visible). Ici, le personnel infirmier joue un rôle pivot car l'observation continuelle des patients et leurs évaluations régulières (par entretien, administration de questionnaires ou session de thérapie) permet l'accumulation de données essentielles à la découverte de problèmes à corriger et à la reconduction d'interventions ciblées (Perron, Fluet et Holmes, 2005). La thérapie réussie sera celle qui a appris à la personne à procéder à son propre examen de conscience et à réguler elle-même ses pensées et ses comportements pathologiques. Ces techniques propres au pouvoir pastoral résultent en un gouvernement efficace des patients dans la mesure où ces derniers procèdent à leur propre surveillance et rendent la supervision par le personnel soignant de moins en moins nécessaire.

Les écrits de Foucault jettent une tout autre lumière sur les rôles assumés tant par le patient que par le personnel soignant et sur la complexité des interactions lors d'un traitement psychiatrique. Sa critique du projet psychiatrique a contribué à reconsidérer ses visées purement thérapeutiques et à montrer dans quelle mesure ses objectifs de réforme et de contrôle social persistent bien qu'il agisse de façon plus diffuse, c'est-à-dire que tant les experts soignants que les patients jouent un rôle actif dans l'atteinte de tels objectifs.

CONTRIBUTION DES SCIENCES SOCIALES AUX SCIENCES INFIRMIÈRES

Les approches théoriques présentées brièvement ici sont loin d'être exhaustives. Nous n'avons pas traité par exemple du mouvement anti-psychiatrique, dont se réclament notamment Szasz (1961) et Laing (1965). Toutefois, ces perspectives permettent un aperçu de la diversité des conceptualisations théoriques de la maladie mentale, de leurs recoupements et de leurs antagonismes. Elles incitent à la réflexion en regard des rationalités qui gouvernent actuellement les systèmes de santé occidentaux et des possibilités d'oppression et d'assujettissement qui en dérivent. Dans le cas du personnel infirmier, il s'agit ici de poursuivre cette réflexion et de se questionner en se demandant, d'une part, comment il contribue à maintenir le système en place (Wright et Owen, 2001) et, d'autre part, dans quelle mesure il peut réduire ces effets.

À cet égard, ces perspectives permettent d'introduire et de développer une réflexion politique portant sur le rôle infirmier et les principes déontologiques qui sous-tendent la pratique infirmière quotidienne. Les activités soignantes les plus communes prennent toutes une portée politique à la lumière de ces écrits : par exemple, la manière de documenter les interventions soignantes, de rapporter (ou non) les propos verbalisés par les patients, de présenter leur cas lors des réunions cliniques et ainsi de suite. Toutes ces pratiques peuvent à la fois être opprimantes en invalidant la perspective de la population soignée ou, à l'inverse, servir à opposer un contre-discours au modèle courant de soins (psychiatriques ou autres) et à restituer aux patients leur rôle en tant qu'acteur réfléchi et légitime dans l'interaction thérapeutique. En ce sens, nous sommes d'avis que les sciences sociales sont indissociables des sciences infirmières, et que leur mise à l'écart pose un réel danger à l'intégrité du soin dont le personnel infirmier se réclame.

Nous avons cherché à établir dans quelle mesure les sciences sociales sont utiles dans la compréhension de la santé, de la maladie et des soins infirmiers prodigués. Il nous faut toutefois souligner aussi que certaines perspectives, telles que le féminisme, sont utiles dans l'examen de la pratique infirmière elle-même et des contextes dans lesquels elle existe. C'est le cas par exemple en ce qui concerne la remise en question du système de professionnalisation au sein duquel s'inscrit l'exercice infirmier. Davies (1995) soutient que les « codes culturels » masculins dominent la sphère publique, et que le domaine de la santé n'y fait pas exception. Selon elle, ces codes valorisent l'individualisme, l'autonomie, la neutralité émotionnelle, l'autorité, la maîtrise de soi et le pouvoir, notamment sur d'autres groupes (patients, autres professionnels), ce qui subordonne et assujettit les valeurs et le travail infirmiers axés sur la relation d'aide, l'égalité, l'orientation communautaire, l'engagement et l'altruisme. Davies (1995) appelle donc les infirmières à problématiser et à critiquer les structures de sexe et de genre qui gouvernent le système des professions. Cette entreprise est notamment rendue possible par un engagement avec des perspectives critiques tel le féminisme.

Les approches en sciences sociales permettent également de contrer une opinion qui persiste en sciences infirmières, selon laquelle le personnel infirmier ne peut pratiquer qu'en vertu de lignes directrices et de critères clairs et déterminés sans qu'il ait besoin de s'interroger sur leur provenance. Par exemple, Sharp (1994) décrit une distinction entre l'habileté technique à exécuter une intervention (*knowing how*) et la possession d'une base théorique solide sur laquelle se fonder, afin de choisir les interventions à exécuter (*knowing that*). Selon cet auteur, le besoin d'une telle base théorique reste à démontrer en sciences infirmières, estimant que la pratique infirmière s'appuie sur la performance (action) et non pas sur la connaissance (cognition). Il ajoute qu'une intégration en sciences infirmières d'écrits théoriques (sociologiques, notamment) qui s'inscrivent dans une multitude de paradigmes risque d'induire les infirmières dans un état de confusion défavorable pour leur pratique. Le mouvement sur les données probantes, que nous critiquons ailleurs (Holmes, Murray, Perron et McCabe, 2008 ; Holmes, Murray et Perron, 2009), a été associé au confinement de la pratique infirmière à un cadre étroit par lequel on conçoit et réalise dorénavant la pratique infirmière. En psychiatrie et ailleurs, des lignes directrices « exemplaires » (développées selon une approche empirique-analytique) ont été élaborées afin de simplifier, structurer et systématiser les interventions infirmières, confinant celles-ci dans une logique instrumentale qui résonne avec les propos de Sharp (1994). Bien que Sharp ne l'exprime pas de façon aussi explicite, on ne peut, à la lumière des discussions développées plus tôt, passer outre une certaine affinité entre ses propos et la perspective masculine dominante (dénoncée par les auteurs féministes et poststructuralistes) selon laquelle le travail féminin, notamment le soin des autres, ne requiert aucune aptitude cognitive particulière mais une bien simple connaissance technique.

Bien que les propos des auteurs comme Sharp (1994) puissent paraître attrayants, puisqu'ils sont axés sur le déterminisme, sur la résolution de problèmes et l'atteinte d'objectifs précis, ils simplifient toutefois la pratique infirmière. Dans une perspective alternative, par exemple poststructuraliste, féministe ou néo-marxiste, la pratique est plus complexe et dissimule des relations de pouvoir qui maintiennent l'exercice infirmier dans l'invisibilité et la technicité. Par ailleurs, le domaine de la psychiatrie est un lieu où l'évaluation d'une situation et la définition des interventions cliniques constituent des exercices hautement subjectifs, et où les questions juridiques et éthiques en regard des droits civils et humains sont prépondérantes. Par conséquent, inattentif à la complexité des réalités, le personnel infirmier serait dépouillé de la rigueur intellectuelle nécessaire à sa pratique et à la réflexivité qui doit la caractériser.

CONCLUSION

Dans ce chapitre, nous avons choisi de nous concentrer spécifiquement sur le sujet des origines et des explications possibles de la maladie mentale. Il va de soi que les perspectives théoriques présentées ici ont des ramifications très nettes dans tous les autres domaines où exerce le personnel infirmier, car les questions liées aux constructions et aux significations de la santé, de la maladie et des circonstances usuelles de la vie (ex. : accouchement, ménopause, vieillissement) y sont prépondérantes. Les sciences sociales permettent donc de concevoir la santé non pas comme un état purement biologique dont le maintien repose sur la manipulation du monde naturel, mais bien comme une condition et une expérience complexe où se côtoient et s'affrontent des processus sociaux et somatiques contextuels et fluides, situés dans le temps et l'espace. Les connaissances relatives à la santé revêtent également ce caractère pluriel et changeant (Kleinman, 2001). Les études sociologiques et anthropologiques ont notamment permis d'établir les contingences de certains modèles dominants comme le modèle médical et de mettre en valeur leur incertitude quant à la gestion de certaines questions qui ne peuvent être résolues selon une approche empirique scientifique.

Toutefois, il ne s'agit pas de remplacer une perspective courante (biomédicale) par une perspective sociale constructiviste, d'en faire un nouveau discours dominant et de risquer de reproduire des effets d'oppression. L'utilisation d'outils théoriques tels que ceux qui sont proposés en sciences sociales permet plutôt une réflexion politique qui engage cliniciens, étudiants, chercheurs et décideurs à maintenir une ligne de tension constante entre les diverses perspectives en santé. Cela les amène également à se questionner de manière continue sur les effets et les relations de pouvoir en jeu et sur les discours véhiculés en matière de santé et de maladie, à problématiser les avancées technologiques et pharmacologiques rapides qui s'imposent de plus en plus comme les seuls traitements légitimes et, enfin, à construire la pratique infirmière de manière réfléchie et critique dans un système qui se complexifie sans cesse.

RÉFÉRENCES

Blumer, H. (1969). *Symbolic Interactionism : Perspective and Method*, Englewood Cliffs, CA : Prentice-Hall.

Bromley, E., et J.T. Braslow (2008). « Teaching Critical Thinking in Psychiatric Training : A Role for the Social Sciences », *The American Journal of Psychiatry*, 165 (11), 1396-1401.

Carmen, E., N. Russo et J.B. Miller (1981). « Inequality and women's mental health : an overview », *American Journal of Psychiatry*, 138, 1319-1329.

Cermerle, J.A., S. Daniels et K.L. Anderson (2001). « Defining Normal : Constructions of Race and Gender in the DSM-IV Casebook », *Feminism and Psychology*, 11 (2), 229-247.

Cheek, J. (2000). *Postmodern and Poststructural Approaches to Nursing Research*, Thousand Oaks, CA : Sage.

Chesler, P. (1972). *Women and Madness*, New York : Palgrave Macmillan.

Davar, B.V. (2008). « From mental illness to disability : Choices for women users/ survivors of psychiatry in self and identity construction », *Indian Journal of Gender Studies*, 15 (2), 261-290.

Davies, C. (1995). *Gender and the Professional Predicament in Nursing*, Buckingham : Open University Press.

Ehrenreich, B., et D. English (1978). *For her Own Good : 150 Years of the Experts Advice to Women*, New York : Anchor Press.

Foucault, M. (1997). *Histoire de la folie à l'âge classique*, Paris : Gallimard.

Foucault, M. (2000). *Power : Essential Works of Foucault, 1954-1984, Volume III* (ed. J.D. Faubion), New York : The New Press.

Foucault, M. (2002). *Histoire de la sexualité. La volonté de savoir*, Paris : Éditions Gallimard.

Foucault, M. (2003). *Surveiller et punir*, Paris : Éditions Gallimard.

Goffman, E. (1996). *Stigmates : les usages sociaux des handicaps*, Paris : Éditions de Minuit.

Goffman, E. (1998). *Asiles : études sur la condition sociale des malades mentaux*, Paris : Éditions de Minuit.

Goffman, E. (1975). *Stigmates. Les usages sociaux des handicaps*, Paris : Éditions de Minuit.

Gove, W.R. (1972). « The relationship between sex roles, marital status and mental illness », *Social Forces*, 51, 34-44.

Gray, D.E. (2006). *Health Sociology. An Australian Perspective*, Frenchs Forrest, NSW : Pearson Education.

Holmes, D. (2002). « Police and pastoral power : governmentality and correctional forensic psychiatric nursing », *Nursing Inquiry*, 9 (2), 84-92.

Holmes, D., S. Murray et A. Perron (2009). « " Insufficient " but still " necessary " ? EBPM's dangerous leap of faith : Commentary on Porter and O'Halloran », *International Journal of Nursing Studies*, 46, 749-750.

Holmes, D., S. Murray, A. Perron et J. McCabe (2008). « Nursing Best Practice Guidelines : Reflecting on the Obscene Rise of the Void », *Journal of Nursing Management*, 16 (4), 394-403.

Kleinman, A. (2001). « Why Psychiatry and Cultural Anthropology Still Need Each Other », *Psychiatry*, 64 (1), 14-16.

Laing, R.D. (1965). *The Divided Self : An Existential Study in Sanity and Madness*, Harmondsworth : Penguin Books.

Mead, G.H. (1934). *Mind, Self, and Society*, Chicago : University of Chicago Press.

Nicki, A. (2001). « The Abused Mind : Feminist Theory, Psychiatric Disability, and Trauma », *Hypatia*, 16 (4), 80-104.

Perron, A., C. Fluet et D. Holmes (2005). « Agents of care and agents of the State : Bio-power and nursing practice », *Journal of Advanced Nursing*, 50 (5), 536-544.

Roseham, D.L. (1973). « On being sane in insane places », *Science*, 179, 250-258.

Sharp, K. (1994). « Sociology and the nursing curriculum : a note of caution », *Journal of Advanced Nursing*, 20 (2), 391-395.

Shaw, C., et G. Proctor (2005). « Women at the Margins : A Critique of the Diagnosis of Borderline Personality Disorder », *Feminism and Psychology*, 15 (4), 483-490.

Szasz, T. (1961). *The Myth of Mental Illness : Foundations of a Theory of Personal Conduct*, Harper & Row.

Weedon, C. (1997). *Feminist practice and post structuralist theory* (2ᵉ éd.), Cambridge, MA : Blackwell Publishers.

Wendell, S. (1990). « Oppression and victimization : choice and responsibility », *Hypatia*, 5 (3), 15-46.

Wright, N., et S. Owen (2001). « Feminist conceptualizations of women's madness : a review of the literature », *Journal of Advanced Nursing*, 36 (1), 143-150.

Rencontre¹ et lecture schützéennes des expériences de santé dans la migration : comment considérer la souffrance identitaire

VALÉRIE DESGROSEILLIERS, NICOLAS VONARX

MAIS D'ABORD : UN PROLOGUE

... le détour

Fermez vos yeux... une fois un silence intérieur trouvé et prêt à voyager, imaginez-vous dans un monde inconnu, loin de vos repères quotidiens et de vos références sociales... Pour vous aider, laissez-vous guider un peu. Vous êtes de passage en Haïti, en pleine Caraïbe, avez d'abord échappé à la cohue de Port-au-Prince, puis traversé dix rivières pour vous retrouver en zone rurale. Vous êtes là comme soignant intéressé par les ressources de santé qui sont disponibles pour la population. On vous invite alors chez un praticien local, le jour d'un rituel destiné à une entité invisible qu'il sollicite pour ses thérapies/soins et qu'il faut honorer en vue d'entretenir une bonne relation et de conserver des précieux avantages. La fête bat son plein. Les tambourineurs s'apprêtent pour réchauffer la cour et sonner le commencement des festivités. C'est

---

1. Une grande partie de ce texte est parue sous le titre « Expérience migratoire et santé : ou comment penser l'altérité et la souffrance identitaire » dans le numéro 2, volume 2 de la revue *Aporia*.

un jour où l'on s'attend à voir quelques sacrifices de bêtes à cornes, quelques pas de danses sous une tonnelle au gré de mélopées lentes et entraînantes, rythmées et accompagnées du son de *tchatcha* (une sorte de maracas). C'est aussi le moment propice pour accueillir l'entité en question, qui devra incorporer le praticien et quelques fidèles. Dans le même sens, le temps est bon pour la guérison et les soins, pour accueillir des malades et leur offrir l'aide nécessaire. On vous convie dès lors à entrer dans une pièce de 10 mètres carrés où l'on est en train d'opérer certains gestes sur une grand-mère. Le praticien est là, s'abreuve au goulot d'une bouteille enrubannée et agrémentée de trois cornes. Il fait quelques pas dirigés par le refrain des proches de la malade, assis et alignés sur un banc. Des soubresauts surviennent alors. Le praticien est habité et l'on chante en créole qu'un « dyab » (une entité non humaine) se met au travail. Celui-là plonge alors un balai dans une cuve et frotte le corps à moitié nu de la grand-mère. Entre deux mouvements, il se retourne vers vous, vous fixe droit dans les yeux, fait mine de trébucher à droite, puis à gauche, et demande à tous de chanter et de louer le nom du praticien. Pendant trois heures, vous êtes témoin de frictions à l'aide de composés liquides nauséabonds. Vous entendez une trentaine de refrains différents, voyez les proches de la grand-mère la frotter à l'aide de feuilles, le praticien déplumer et arracher le cou d'une poule de belle taille, préparer un remède dans une bouteille, enflammer une longue ficelle mise en boule et conseiller les consultants de se rendre sur les habitations de leurs ancêtres pour y faire là quelques libations et dons divers.

Pendant ce temps, à l'extérieur, ça grouille de monde. On rit et chante. Les femmes ont revêtu leur robe de plusieurs parements et portent sur la tête des foulards d'un rouge vif. Au sortir de la pièce, on vous accueille et vous invite à prendre part à la fête. Sans savoir comment vous placer, ce qu'il faut faire, dire et ne pas dire, sans trop saisir ce qui se déroule sous vos yeux, quoi penser, vous vous laissez alors guider par l'action ! Vous vous mettez dans un coin, vous présentant comme observateur. Vient alors le temps d'un sacrifice. Un bœuf, attaché, lavé, habillé, poudré et parfumé, est soudainement pris de frénésie. Et voilà qu'un des hommes armé d'un couteau l'égorge adroitement. Le bœuf s'écroule, le praticien le monte. Une femme est prise de « convulsions » qui signalent la manifestation et la présence d'une entité non humaine.

Aspergée du sang de l'animal et le regard fier, elle se lie au praticien. On recueille ensuite le sang du sacrifié et vous dit dans le creux de l'oreille qu'il est bon pour se protéger des maladies et tenir la forme. Spontané-ment, vous recherchez la *sécurité* d'un regard complice, qui saisirait et partagerait votre ébahissement... Mais non, rien ! D'ailleurs, les autres sont à mille lieues de vos sentiments. Rien qu'une fête qui continue et, manifestement, tout semble être du ressort de l'évidence : on vient de soigner une personne et de faire un sacrifice ! Alors, aucune inquiétante étrangeté et rien d'inhabituel pour le familier des lieux !

Pour tous ceux qui vous entourent, tout semble aller de soi, fonc-tionner de manière quasi automatique, prévisible même ! Mais, de votre côté, c'est une foule de sensations étranges, insolites et inconnues qui surgissent et virevoltent dans tous les recoins de votre conscience. Ces sensations tournent autour de l'incompréhension, de l'insaisissable et du brouillé, autrement dit de la non-connaissance. Cette vague impres-sion que plus rien ne va de soi vous saisit ! Plongé au cœur de cette scène sociale, témoin de ces acteurs qui se livrent à des schèmes d'action en partie écrits, vous essayez de faire du sens avec tout ce qui s'offre à vous, mais c'est impossible, vous n'avez plus de repères, ne savez pas quel sens donner à ces productions culturelles. En fait tout ceci vous est étranger et vous n'avez ni mots ni sens commun pour l'interpréter. Rassurez-vous, vous êtes à proprement parler dans un autre ordre social du monde. Vous avez pénétré l'antre du non-familier et êtes frappé par l'étrangeté.

... de retour au familier

Quand de retour chez vous, dans l'enceinte d'un établissement hospitalier, ou tout autre lieu de prestations soignantes, vous rencontrez une personne migrante, vous êtes désormais cet Autre. Cette fois, ce sont les productions de votre monde social qui suscitent à leur tour des sensations d'étrangeté. Néanmoins, alors que vous n'étiez tantôt que de passage sur cette ancienne terre d'esclavage, le migrant vient, quant à lui, s'établir et reconduire un projet de vie dans ce nouvel ordre du monde social. Comment comprendre alors ce qui est ici en jeu ?

Pour Alfred Schütz (1899-1959) et les tenants d'une certaine sociologie phénoménologique, la réalité sociale s'offre à nous telle une scène où se jouent des manières d'être, des manières d'agir et des savoir-faire qui sont en fait le produit d'une tradition sociale. Issues d'un stock de connaissances intériorisées, répétées et transmises par des acteurs au fil d'une histoire sociale, ces pratiques donnent en quelque sorte lieu à des règles d'actions et de conduites partagées qui se voient structurer et baliser la vie quotidienne des personnes ayant grandi dans cet espace-temps. Ce faisant, ce système de recettes agit alors comme repère pour les membres du groupe et leur permet de s'orienter et de guider leurs actions actuelles et celles des possibles. On pourrait comparer ce système de recettes éprouvées à une trame où se trouvent des « empreintes » laissées par les gens au fil de l'histoire : marcher dans ces empreintes nous convierait à la reproduction de modalités déjà établies et permet-trait de reproduire une routine sociale. Ce cadre procure à celui qui le connaît un refuge du familier et suppose une certaine banalité du quoti-dien au cœur de l'action.

Pour l'*Étranger*, le scénario est tout autre. Confronté à de nouvelles pratiques sociales et soumis à de nouvelles structures et institutions, à de nouvelles règles communes et partagées, il se retrouve à son tour dans l'antre du *non-familier* : il rencontre en quelque sorte une zone brouillée et peut traverser une crise. De fait, un peu à l'image du « social-bègue », il ne possède pas le stock de connaissances nécessaires pour déchiffrer la réalité sociale qui s'offre à lui. C'est ainsi que le migrant se retrouve à son tour hors d'un cadre rassurant du chez-soi. Pour lui, c'est tout un système de recettes et de pratiques sociales qui s'est écroulé. Il fait ainsi l'expérience de l'*étrangeté*, une sorte de décalage devant de nouvelles manières d'être et d'agir qui ne sont pas le produit d'une tradition que lui ont léguée ses ancêtres.

C'est ainsi que le migrant peut aisément souffrir de cette déshar-monie, qu'il est appelé à se réapproprier de nouveaux éléments en vue de maîtriser ce nouveau champ d'action et de retrouver des sensations identitaires qui lui permettent de se reconnaître, d'être reconnu, de reconnaître le monde autour de lui, autrement dit, de se repérer. En définitive, pour toute personne ayant réalisé la traversée des ponts, c'est un chemin de « destruction » et de reconstruction de soi qui s'annonce, en vue de se réinscrire dans un nouvel ordre du monde.

MIGRATION ET SANTÉ : LECTURES COURANTES DU RISQUE ET DE L'ALTÉRITÉ

Bien que les migrations ne soient pas l'apanage exclusif de nos sociétés, on n'a jamais observé, dans le monde[2], un phénomène migratoire d'une telle ampleur. Le contexte mondial actuel étant profondément ordonné et animé par les divers processus liés à la mondialisation, on assiste à l'émergence d'une sorte d'espace-monde, dominé par des marchés économiques internationaux et transnationaux[3], et à la mise en place de réseaux globalisés. Sur cette toile de fond, de manière intrinsèquement liée, les migrations se profilent et deviennent une réalité désormais incontournable (Sassen, 2009). Influencé par cette dynamique mondiale, le phénomène migratoire devient pour ainsi dire l'une des dimensions centrales et structurantes des sociétés contemporaines, voire la « condition de l'homme moderne » (Mahieu et Reca, 2007). Davantage, cette condition est nécessairement appelée à s'intensifier et à se complexifier, comme en témoignent la rapidité et la facilité avec lesquelles les nombreux flux migratoires se produisent à l'heure actuelle dans cet espace-monde (Sassen, 2009). Les multiples pressions occasionnées par la mondialisation produisent ainsi de nouveaux caractères propres au phénomène migratoire. Telles qu'elles se déploient actuellement, les migrations se présentent sous des canevas de mobilité de plus en plus multiformes, donnant lieu à autant de types migratoires que de trajectoires et d'histoires de migrations[4]. Par ailleurs, la globalisation des marchés a pour effet de stimuler une diversité des provenances des migrants, tout en monopolisant, pour des motifs économiques principalement, des destinations de pays dits développés (Piché, 2005 ; Sassen, 2009).

On le sait, cette dynamique mondiale rebondit nécessairement au niveau local, dans le champ de la santé notamment. Un grand nombre d'études ont alors porté sur la santé des personnes en contexte migratoire.

---

2. 3,1 % de la population mondiale vit actuellement hors de son pays de naissance (OIM, 2009). Au Canada, c'est 19,8 % de la population qui est née à l'extérieur du pays (*ibid.*).

3. Il mérite de mentionner que, bien souvent, l'émergence de ces plateformes est fondée sur d'anciens liens coloniaux et militaires (Sassen, 2009).

4. Allant des migrations nationales et internationales aux migrations forcées et au trafic de migrants, en passant par les migrations de refuge, les demandes d'asile, les migrations illégales et clandestines ainsi que par les migrations de retour et les remigrations.

À l'heure d'aujourd'hui, la plupart le font en se concentrant sur les multiples effets que l'ensemble du processus migratoire peut entraîner sur la santé physique et mentale des migrants (voir par exemple Baubet et Moro, 2003 ; Koehn, 2006 ; Suárez-Orozco et Suárez-Orozco, 2001). Ainsi, en vue de dresser des portraits de santé en relation avec la migration, on a privilégié des lectures épidémiologiques et de santé publique, ou des lectures issues de la psychopathologie et de la psychiatrie. Ce faisant, on a repéré des facteurs de risque et dégagé des déterminants sociaux de la santé qui seraient à l'œuvre dans la vie des migrants, ou au sein des environnements qu'ils fréquentent et qui compromettraient pour ainsi dire leur santé. En relevant des symptômes, on s'est aussi affairés à constituer des « syndromes culturellement conditionnés » qui permettent de mettre en valeur l'existence de savoirs populaires propres à différentes cultures (Massé, 1995). Enfin, en voulant toujours mieux saisir la santé de populations migrantes, des chercheurs en santé publique ont adapté des outils de mesure de la santé ou encore établi des indicateurs de santé distincts en fonction de l'appartenance ethnique ou de la provenance de personnes migrantes (Kandula et autres, 2004 ; Stronks, 2003).

Dans cette optique et toujours en vue d'évaluer les effets variés de la migration sur la santé, de nombreuses études ont réalisé des comparaisons d'états de santé entre migrants et natifs de leur pays d'origine, ou encore entre différents groupe dits « ethniques » au sein d'un même pays (Stronks, 2003). D'autres se sont penchés sur les différents temps de la migration et sur ses expériences afférentes. On s'est par exemple intéressé à documenter les effets sur la santé d'un vécu prémigratoire comportant des violences extrêmes (Rousseau et Drapeau, 2004) ou encore d'un climat d'accueil hostile, pouvant générer l'expérience du racisme (Suárez-Orozco et Suárez-Orozco, 2001). D'autres études ont par ailleurs porté sur les nouvelles conditions de vie (sous-emploi), des habitudes de vie changées (alimentation plus riche en gras) ou encore sur tout un ensemble de facteurs sociaux (séparation familiale), culturels (barrières linguistiques), psychosociaux (stress acculturatif) et environnementaux (accès aux services de santé) susceptibles de générer un certain nombre d'obstacles et de difficultés au cours de la phase dite d'intégration des migrants, et d'influencer de ce fait l'état de santé des personnes concernées (Battaglini et autres, 2007 ; Berry, 2006).

En définitive, ces travaux ont surtout permis de mettre au jour et de documenter les différentes pathologies qui surviennent dans la vie des personnes migrantes (Fassin, 2000). Autrement dit, il s'agirait de pathologies de migrants que Fassin (2000) décline en trois classes : 1) les « pathologies d'importation », en référence aux maladies parasitaires et héréditaires qui émigrent avec les personnes, comme les thalassémies, le paludisme, les amibiases, la tuberculose, le VIH-sida, la drépanocytose et le saturnisme. Ensuite, 2) les « pathologies d'acquisition » liées aux nouvelles conditions environnementales qui peuvent favoriser le développement de certaines maladies infectieuses, cardiovasculaires ou même chroniques et de dépendance. À cet effet, on peut penser aux cardiopathies, au tabagisme, à l'obésité ainsi qu'à la consommation de drogues et d'alcool. Et enfin, 3) les « pathologies d'adaptation » qui seraient liées à un ensemble de difficultés, réelles ou perçues, pouvant être vécues par les personnes migrantes alors qu'elles s'établissent dans leur nouveau milieu de vie. À cet effet, on peut penser à différentes formes de détresse psychologique comme la dépression ou le stress acculturatif, ainsi qu'à certaines formes de délinquance et de violence.

C'est ainsi qu'une préoccupation sociosanitaire et d'ordre public a progressivement vu le jour à l'endroit des personnes migrantes. Cette préoccupation a graduellement pris une ampleur multidisciplinaire, étant donné l'importance croissante du phénomène migratoire et de la complexité de ses enjeux sur les plans de la santé. Désormais, un savoir couramment employé est né de ce champ multidisciplinaire : 1) pour appréhender et comprendre, d'une part, les risques et les conditions de vulnérabilité soi-disant associés à la migration (Crenn, 2000) ; et d'autre part, 2) en vue de saisir les facteurs de protection et les facteurs dits « culturels », qui sont soi-disant associés à certains comportements de santé. À cet effet, il est commun de se référer à la « problématique santé-immigration » qui a donné naissance à un dispositif de soins et de services, lequel désigne *a priori* la santé des migrants comme un objet autonome (Fassin, 2000). Avec le bagage culturel qu'ils transportent et la différence qu'ils paraissent incarner, les migrants constitueraient pour ainsi dire une clientèle en soi. Et cette différence semble être largement établie et organisée autour de tout caractère qui nous paraît étonnant, marquant, voire étranger. Ce faisant, la différence est définie et instituée autour de caractéristiques qui sont évidentes et qui se démarquent en quelque sorte d'une norme comme l'apparence physique, certaines pratiques langagières et corporelles, certaines conduites sociales, certaines pratiques religieuses, etc. (Fassin, 2000).

Des soins et de l'intervention fondés sur la différence

Au vu de cette différence et parce qu'il faut « dorénavant » respecter des libertés et des droits (quels que soient l'appartenance religieuse, l'origine ethnique, l'appartenance culturelle, la couleur de la peau ou d'autres critères identitaires), énoncés dans des articles de lois[5] réservés aux services de santé, à l'accessibilité et à la qualité des soins, on privilégie de plus en plus des approches de soins[6] et d'accompagnement dites interculturelles et transculturelles. Celles-ci sont observées dans certaines écoles d'ethnopsychiatrie et de psychiatrie transculturelle qui offrent des services cliniques spécialisés pour les migrants, fondés principalement sur le décentrage de soi et sur l'idée de s'approprier et de mettre en action des cadres de références autres. Ces approches mettent de l'avant des démarches fondées sur une logique d'altérité, dont le souci est de saisir et de comprendre l'Autre dans toute sa complexité et dans le respect de ses assises culturelles. On les retrouve encore dans des disciplines professionnelles comme les sciences infirmières où l'on constate des problèmes dans la considération du fait culturel au sein de la pratique et, pour y répondre, on cherche ainsi à transformer la situation (AIIC, 2004) – même si les articulations entre culture et soins infirmiers (entendues sous l'angle d'un « nursing transculturel ») sont élaborées depuis les années 1970 (Ryan et autres, 2000).

À cet effet, d'une approche à une autre, on développe des modèles de soins dont la visée est de tenir compte de la spécificité culturelle de la personne en face du thérapeute ou du soignant, en considérant un certain nombre de facteurs culturels qui auront été soigneusement relevés lors du recueil de données cliniques (Hervé-Désirat, 2007). Ces facteurs culturels doivent permettre de mettre au jour un certain nombre

---

5.   Voir par exemple au Québec la Loi sur les services de santé et les services sociaux de 2006, ou l'article R4312-25 du code de la Santé publique en France.
6.   Au sens très large, incluant des activités qui s'inscrivent dans la promotion et l'éducation à la santé.

de valeurs, de croyances et de pratiques qui semblent importantes à connaître (Campinha-Bacote, 2002). Au final, l'objectif est d'adapter des prestations de soins en fonction des données culturelles pertinentes.

Certains de ces modèles sont un peu comparables à des lunettes puisqu'ils nous amènent, au moyen de données dites culturelles, à visualiser une personne dans sa réalité culturelle. Le modèle en sciences infirmières de Leininger (voir Leininger et Farland, 2002) illustre très bien cette orientation en suggérant aux soignants de s'intéresser à un ensemble de dimensions qui structureraient de manière universelle toutes les réalités de soins. Il fait ressortir notamment l'influence de diverses dimensions sociales sur les situations de santé, comme les facteurs économiques, religieux, politiques, les valeurs, des savoirs soignants domestiques et populaires... Dans le même champ et tout aussi populaire, celui de Purnell et Paulanka propose de resituer la personne dans ses différents cercles d'appartenance, tout en considérant 12 « domaines culturels » qui traverseraient l'être humain (voir Coutu-Wakulczyk, 2003). Et à ces lunettes se greffent encore l'idée de préparer et de travailler le regard de ceux et celles qui les portent, en développant chez eux une certaine compétence culturelle. Cette compétence culturelle, selon Campinha-Bacote (2002), propose de regarder l'Autre en s'outillant de dispositions qui permettent d'être conscient de l'existence de différences culturelles, d'avoir la motivation de comprendre l'autre, d'être en mesure d'entrer en contact avec des personnes issues de « groupes ethniques différents », d'être capable de reconnaître l'existence d'autres valeurs culturelles et, enfin, de les recueillir et de les interpréter.

En somme, le soignant ainsi « constitué » lors de sa formation devrait pouvoir négocier intelligemment des situations de soins où il est question de relations interculturelles. La plupart de ces approches s'articulent donc autour de démarches qui stimulent des efforts de décentrage, d'ouverture, de communication sensible à l'autre, d'appropriation de ses cadres de références, de même que des efforts de médiation et de négociation culturelles (Cohen-Émerique, 2000). Le décentrage de soi permet de s'écarter par exemple des stéréotypes, des préjugés et des visions ethnocentriques qui font couramment irruption dans la conscience des uns et des autres avec pour conséquences l'émergence de regards dévalorisants, réducteurs et généralisants. L'appropriation des cadres de référence autres permettent de pénétrer d'autres rationalités et d'avoir accès ainsi à une variété d'interprétations, de traditions soignantes et de logiques de recours aux soins qui visent à aller dans le sens de l'Autre. Par ailleurs, on valorise des stratégies de communication sensibles à l'Autre et des démarches de négociation et de médiation en vue de se rapprocher d'une compréhension mutuelle et de permettre un espace de soins ouvert à la co-construction et aux partenariats.

Dans cette préoccupation à l'endroit de l'Autre et toujours avec le souci d'assurer la continuité et la permanence d'une certaine identité dite culturelle dans le pays hôte, on s'affaire, parfois maladroitement, à déployer des dispositifs de soins que l'on dit adaptés à des besoins particuliers, voire culturels, de migrants. En fait, considérer les coulisses culturelles des expériences de santé et de maladie requiert nécessairement du temps et de l'intérêt. Or, on peut très bien se simplifier la tâche en recourant à des énoncés généralistes relatifs à des groupes sociaux, ethniques, religieux et culturels (comme les jeunes, les Maghrébins, les Juifs, etc.) et utiliser les modèles précédents en défiant toute singularité, et en considérant les domaines culturels des uns (Purnell et Paulanka, 2003) ou les influences structurelles de l'autre (Leininger) à l'identique chez les soignés. C'est ainsi que certains auteurs comme Phaneuf (2009) pensent l'intervention de soins en faisant par exemple allusion à la douleur telle qu'elle est vécue chez « les islamistes », chez « les boudd- dhistes » et dans « la religion juive ». D'autres, comme Tison (2007), évoquent des thèmes de santé telles « les conduites à risque chez les adolescents d'Afrique noire » ou encore « la sexualité en Islam ». C'est aussi sur la base d'un tel savoir que des instituts de soins spécialisés comme l'Institut Paoli-Calmettes (2004), un centre de lutte contre le cancer, établit des lignes directrices de soins aux défunts en fonction de leur appartenance religieuse.

De cette manière, on constate que des efforts sont faits en vue de faciliter la reprise de pratiques ou de conceptions dites traditionnelles autour de la religion, du corps, d'habitudes de vie, de relations sociales et de certains temps forts de la vie comme la grossesse, la naissance, l'adolescence et la mort, etc. En privilégiant cette approche fondée sur l'altérité, on prétend se référer à certains savoir-faire dit traditionnels...

quitte à réifier la culture et à nier, du coup, les transformations et les contestations identitaires qui peuvent avoir lieu dans un contexte de mondialisation partagée.

Critique et limites de ces lectures : l'enfermement identitaire

Bien que le souci central de ces approches réside dans une fine compréhension de l'Autre et qu'il est fondé sur le respect et la tolérance à l'endroit de la différence, il n'en demeure pas moins qu'au nom de cette différence, voire de la culture, elles présentent un risque réductionniste considérable, celui d'emmurer toute la complexité de l'expérience migratoire vécue dans une « catégorie grossière d'identité ethnique » (Cognet, 2007). Ainsi, dans l'univers des soins et de la clinique des migrants, le risque s'annonce lorsque la condition de santé de la personne migrante (voire son expérience de souffrance et de bienêtre) est réduite à sa seule altérité culturelle, comme si son état s'expliquait et s'interprétait *a priori* au moyen d'un savoir ethnomédical, concentrant un certain nombre de données culturelles issues d'une culture d'origine (Rechtman, 2000).

Cette opération intellectuelle conduit à penser la culture comme une chose, voire un déterminant, extérieur à soi, figé, objectivé, que l'on va imposer à l'autre, et poser sur l'Autre. À ce titre, Fassin (2000) parle de « surinterprétation culturelle » pouvant faire violence aux soignés. Effectivement, ces discours véhiculent l'idée de logiques collectives culturelles, qui donneraient lieu à l'existence de productions culturelles prétendument cohérentes et homogènes, et qui, tantôt territorialisées, tantôt mondialement partagées, conserveraient toujours leur caractère uniforme. Or, sous le prétexte de ces logiques collectives, on gomme, voire sacrifie, toute la dimension subjective et singulière de la personne qui forge une large part de son expérience.

Outre le risque de violence identitaire, l'idée de ne pas pouvoir définir avec justesse et finesse ce qu'est la « culture » demeure encore. De la même manière, il semble difficile de l'opérationnaliser en des termes relativement précis, concis et concrets qui puissent transcender le domaine de la subjectivité et des valeurs. Or, c'est pourtant cette opération logique qui est communément menée dans le but ultime d'établir des correspondances toutes faites, entre des prétendus besoins ou problèmes d'un côté, et des soins prétendument appropriés de l'autre. Imposer cette surinterprétation culturelle correspond aussi à l'idée de nier que la migration invite par ailleurs à faire un certain nombre de choix sélectifs. Ces choix témoignent d'une part d'un certain degré d'adhésion aux valeurs d'origine ayant bercé le migrant, et s'apparentent d'autre part à ce qu'Appadurai (1996) nomme la déterritorialisation des identités, largement influencée par tout le processus de créolisation à l'œuvre au cœur de la mondialisation. De ce fait, user d'une surinterprétation culturelle, c'est aussi ignorer toute l'existence de localités qui meublent les nouveaux paysages « culturels », et qui se forment au gré des imaginaires non plus seulement territoriaux, mais aussi transnationaux (Appadurai, 1996).

En définitive, en privilégiant la dimension culturelle dans les soins et comme déterminant de la santé des personnes, on en vient à concevoir la migration ou le statut de migrant comme un risque en soi (Cognet, n.d. ; Fassin, 2000). On ethnicise encore des états d'être et des pathologies que l'on croit exclusives à la réalité de certains migrants. C'est ainsi qu'à partir de ces risques il importe selon nous d'éviter de se cantonner dans un paradigme de « santé des migrants », car cet « usage inflationniste de la culture » ou ce que l'on nomme cet « essentialisme de l'Autre » (Cognet, 2007 ; Fassin, 2000) a pour effet de l'enfermer dans sa culture, de le couler dans des moules identitaires (Boula, n.d.), en le privant de tout le caractère dynamique et processuel qui relève, en fait, de toute construction de soi ; autrement dit, de l'identité.

Par conséquent et en dépit du souci de l'Autre qu'elles véhiculent, nous avançons que ces lectures, fondées sur l'altérité, ont leurs limites. En fait, elles méritent un regard complémentaire en vue de considérer toute la complexité à l'œuvre dans la vie quotidienne des personnes migrantes, en privilégiant notamment une lecture du singulier et de l'individuel. Toutefois cette lecture devra encore être replacée dans ses conditions d'existence actuelles, sans jamais oublier que ces dernières s'inscrivent dans un contexte de mondialisation où il est question de métissages, d'hybridation et de créolisation.

DE L'EXPÉRIENCE MIGRATOIRE À LA RUPTURE IDENTITAIRE

D'un point de vue anthropologique, la migration suppose plus qu'un simple déplacement géographique. De fait, elle donne lieu à des trajectoires spatiale et temporelle toutes plus différentes les unes que les autres. Ces trajectoires peuvent comprendre plusieurs points de transit et comporter du reste un grand nombre de situations d'échanges, d'interactions et d'emprunts. D'un cas à l'autre, les migrations peuvent viser une installation définitive, temporaire ou encore inconnue. Elles peuvent comporter de ce fait des situations d'attente et d'incertitude, comme générer des conditions de vulnérabilité et de fragilité.

Malgré leur horizon planifié de bien-être, toutes les histoires migratoires possèdent leur lot de ruptures. La première correspond certainement à un déracinement. Derrière elles, les personnes migrantes laissent tout un univers de références et de repères, soit un système de représentations, de communication, de croyances, de valeurs, de pratiques, mais aussi des liens sociaux, voire un réseau d'identification qui donnait sens à leur vie. Certes, nombre de ces éléments migreront avec les personnes. Mais d'autres seront tout simplement oubliés ou encore délaissés. De manière volontaire ou involontaire, ces choix seront bien souvent faits en raison d'impératifs liés à l'intégration et en vue de prévenir des formes de stigmatisation ou de marginalisation.

Arrivées dans leur nouveau pays, les personnes entrent en fait dans ce que Schütz (2008) nomme un nouvel « ordre du monde social ». Meublé de structures et d'institutions, cet ordre s'avère en fait un lieu de repères pouvant se traduire par des pratiques sociales, entendu ici, hérités des manières d'être, d'agir et des savoir-faire d'une tradition sociale.

Alors que ces savoirs permettent aux personnes qui les maîtrisent de se définir et de signer leur projet de vie, ils ne soutiennent pas encore l'agir de l'Étranger[7]. Alors qu'ils sont des vecteurs de cohérence et d'unité pour les familiers des lieux, ils peuvent être pour l'Étranger de l'ordre de la nébulosité et de la complexité, et figurer comme des objets

---

7. Ici, l'*Étranger* est utilisé dans le sens que Schütz lui prête lorsqu'il fait référence au « social-bègue », c'est-à-dire celui qui a perdu ses repères sociaux dans la banalité du quotidien (Tellier, 2003).

d'appréhension, d'interrogation et de compréhension qui sont portés à la conscience. Par exemple, baignant dans un nouveau monde, il pourrait émerger chez l'Étranger des questionnements aussi banals que « comment et où voir un médecin ? », « comment m'adresser aux thérapeutes et aux soignants ? », « pourquoi est-ce que la présence de ma famille semble déranger ou ne pas convenir dans ma chambre d'hôpital ? » En bref, pour la personne familière de ces lieux, « tout va de soi » (Schütz, 2008). Mais pour l'Étranger, tout est à reconquérir dans ce « monde autre » : c'est bien là une condition d'existence ébranlant l'identité des personnes.

Dans cette perspective, la migration peut être comprise comme un événement marquant de l'histoire personnelle, voire une rupture biographique. Et, comme toute rupture, elle peut donner lieu à une crise et susciter un moment de transition qui peut être marqué par une perte de repères ou, pour le dire dans les termes de Schütz, qui peut être marqué par la non-connaissance, voire par le brouillé. Ainsi, dans ces lieux où le nouveau venu aura rencontré une certaine discontinuité et incohérence, le défi sera de trouver des éléments qui lui permettent de rechercher une unité des « soi » et de reconsolider les assises à partir desquelles s'élabore et s'édifie tout projet de vie. Il devra alors choisir entre négociations, choix et efforts en vue de se réinscrire dans ce nouvel ordre de références. On comprend alors, au même titre que Messu (2006), que la migration s'accompagne d'un certain nombre de transformations et de reconfigurations identitaires. Celles-ci peuvent ainsi donner lieu à des conditions sociales d'existence potentiellement génératrices de souffrance qui invitent justement à une reconstruction de soi. De fait, ce qui est mis à rude épreuve lors du parcours migratoire, c'est justement le mouvement identificatoire.

Des conditions d'existence à la souffrance identitaire

Toujours vécue dans une dialectique avec autrui, la rupture identitaire peut engendrer des sentiments d'identité subjectifs marqués par 1) la discontinuité. À cet effet, on peut par exemple avoir le sentiment de ne plus être le même, de ne plus trouver ce qui nous permet d'être ce qu'on est d'habitude, ou encore de penser que rien ne nous permet plus d'exister comme à l'habitude ; 2) par l'incohérence. Ainsi, on peut avoir le sentiment de ne plus se reconnaître, de ne plus agir en correspondance avec nos repères familiers, de s'être perdu en cours de route ; 3) par une dévalorisation de soi. À la suite de ce sentiment, on peut, par exemple, ne plus s'aimer comme on se retrouve, sentir qu'on ne convient plus dans le rapport aux autres ou encore sentir que les autres nous considèrent toujours comme étant différent.

Ces sentiments de discontinuité, d'incohérence et de faible estime de soi peuvent en réalité faire écho à certains manques et certaines carences. Ils peuvent aussi correspondre à une perte de référents, voire un effondrement de repères, qui permettaient aux personnes de s'inscrire dans un ordre du monde social et de mener tant bien que mal leur projet de vie. Dans ce sens, on peut comprendre que c'est l'identité qui est en souffrance et que ces sentiments traduisent alors une souffrance identitaire, entendue sous l'angle de pertes, d'attentes, de ruptures, d'incertitudes, en dépit du fait que les migrants sont encore appelés à se reconstruire et à reconduire un projet de vie.

Par conséquent, lors des soins et de l'accompagnement des personnes migrantes, nous proposons de comprendre les effets que la migration peut avoir sur la santé, en resituant les personnes ayant migré dans leur trajectoire de vie. Il s'agit aussi de penser la santé en termes de bien-être et de souffrance qui émergent au gré des conditions d'existence des personnes et en relation avec les ruptures et les déplacements, les manques et les pertes, les transformations et les remaniements qui surgissent au cours de la trajectoire de vie, notamment sur le plan de l'identité[8].

La trajectoire fait référence en quelque sorte à une trame temporelle et spatiale où le projet de vie des personnes se dessine, prend forme et s'édifie aux confluents des circonstances et des conditions concrètes et subjectives d'existence – qui peuvent être matérielles, politiques, sociales, économiques, psychologiques, etc. Ainsi, tout parcours migratoire

---

8. À ce titre, Moro (2002) a déjà souligné toute l'importance du sujet de l'identité à travers le « travail de la migration ». Sa lecture privilégie toutefois une approche dite complémentariste de la santé mentale du migrant, c'est-à-dire qui met en perspective l'ensemble des structures culturelles et psychiques à l'œuvre au cours de la restructuration identitaire des migrants. Et, son analyse se concentre largement sur les mouvements psychiques qui accompagnent la quête identitaire des migrants, notamment celle s'organisant autour des processus de filiation et d'affiliation (Idris, 2005).

devient singulier et donne lieu à une expérience personnelle en soi. Pour sa part, bien qu'elle soit « vécue et ressentie dans l'intimité d'un corps-esprit individuel », la souffrance s'avère une expérience profondément sociale étant donné qu'elle révèle une altération du rapport à soi (Blais et autres, 2008) et des différents rapports qui unissent les personnes à leur monde, soit le rapport aux autres, au temps, à l'espace et au corps.

Plus précisément, les carences ou pertes identitaires peuvent émerger au sein de ces différents rapports au monde qui, dans la vie quotidienne, organisent la pensée et l'action des personnes. Concrètement, ces pertes peuvent référer à des bouleversements de rôles et de statuts sociaux ou encore à des rapports de genre à redéfinir en fonction de nouvelles valeurs dominantes : à cet endroit, les personnes feront alors face à une perte d'images sociales ou encore à un brouillage des modèles sociaux qui alimentaient pourtant une image de soi dans le temps pré-migratoire. C'est ainsi qu'une personne, n'occupant plus les rôles sociaux qui la définissaient dans son rapport aux autres avant la migration, peut ressentir une dévalorisation de soi et une perte d'image sociale en face des autres. Il pourrait aussi s'agir de pertes d'habitudes quotidiennes précieuses dans le temps pré-migratoire comme de se rendre au café à la fin de chaque journée de travail, pour causer de choses et d'autres avec des ami(e)s et prendre le thé : dans ce cas-ci, les personnes seraient alors confrontées à une perte de repères spatiaux et relationnels qui alimentaient pourtant leur réflexion, leur bien-être et leurs relations amicales. En définitive, la souffrance identitaire est celle d'un soi qui n'est plus celui qui, jusqu'à hier, permettait à une personne de s'inscrire dans le quotidien.

CONCLUSION : LE RÉCIT POUR INTERVENIR AU CŒUR DE LA SOUFFRANCE IDENTITAIRE

Cette lecture nous montre que la question identitaire occupe une place considérable dans l'expérience de santé des personnes migrantes. Mais, par-dessus tout, elle nous permet de comprendre comment la souffrance et le bien-être méritent d'être compris hors des sentiers organisés autour d'une pensée purement biomédicale, ou encore au-delà d'approches de soins fondées sur la différence culturelle. Ainsi, pour mettre au jour les conditions sociales d'existence qui président à l'émergence de souffrance et de bien-être, notamment sur les plans identitaires, et particulièrement lors de transitions majeures de l'existence, nous pensons que, dans l'antre des soins et de l'accompagnement, il s'avère profitable de faire écho au vécu des personnes en leur permettant tout simplement de se raconter (Charron et Wyer, 2008). À ce titre, la mise en récit d'une trajectoire et de ses rebondissements dans des rapports au monde peut être ici très utile. Pour le soigné, le récit de vie permet explicitement un retour sur soi, de se dire et de se faire. Il offre une occasion de mieux se comprendre, de chercher d'où l'on vient et où l'on va, de faire le point et de s'approprier de nouvelles données, tout en procédant à des réconciliations (Mercier, 2009). Tout en permettant à la personne de ne pas rester cantonnée dans le cercle de sa souffrance (Mercier, 2009), il offre aussi une portée émancipatoire. Pour le soignant, cette approche permet de mettre en œuvre une partie de son art trop souvent négligée : celle d'être témoin de la souffrance du patient (Charon et Wyer, 2008) et de mieux comprendre comment peuvent être vécues les différentes ruptures sur les plans de l'existence.

Dans l'espace de soins, cette démarche requiert pour le soignant une écoute attentive de l'Autre, principalement pour saisir et recueillir les lieux où émerge la souffrance identitaire des personnes. Comprendre alors ce qu'est la souffrance identitaire invite le soignant à aborder les conditions d'existence en menant son entendement au-delà d'une catégorie prédéfinie de ce que c'est que la souffrance, la maladie et la santé. À cet effet, Clément (2008) rappelle de laisser aux personnes le soin d'exprimer elles-mêmes leur souffrance, de ne pas les enfermer dans des catégories qui ne sont pas les leurs et dans lesquelles elles ne se reconnaissent pas. De cette manière, au moment où il est question de laisser parler la personne à propos des ruptures et des décalages qu'elle vit dans l'ordre de son quotidien, s'entendront dans certains cas des énoncés qui font référence à des relations interpersonnelles, des relations amicales, des réseaux d'entraide et d'écoute, et peut-être des liens avec des humains comme des non-humains qui ne sont plus à l'ordre du jour. Dans d'autres, on verra se déployer à travers le sujet de l'esthétique, de l'habillement, de la gestuelle et de la parole un rapport au corps mis à l'épreuve d'un changement impératif. Et se discuteront encore, et pourquoi pas, le rythme de la vie quotidienne et un agenda qui s'imposent aux migrants, les déplacements dans des espaces nouveaux, trop étroits pour les uns, trop encombrés ou trop aérés, impliquant nécessairement une nouvelle esthésie[9], une nouvelle mobilisation du corps et de nouvelles cartes de navigation (Le Breton, 1990).

Au fil de la découverte de ces lieux de souffrance et de négociations, le récit peut participer encore à la reconstruction d'un soi. Cette approche peut permettre la réinscription des personnes dans une « histoire plus large » et, le cas échéant, produire de nouvelles fondations (Mercier, 2009). Au-delà de l'intervention concrète, elle peut s'avérer bénéfique lorsqu'il s'agit de paver de re-co-naissance les chemins que les personnes migrantes emprunteront alors qu'elles sont appelées à se redéfinir. Car il est bien question 1) d'en arriver à une nouvelle naissance, sociale et symbolique, à prendre sa place dans un nouvel ordre du monde et à se redéfinir dans l'apprentissage du familier ; 2) de découverte et de redéfinition de soi qui ne se passent pas d'un Autre, soignant et accompagnant, qui sert d'éclaireur dans le monde des soins et de la maladie, et qui collabore en partie à cette naissance (co-naissance) ; 3) d'un soignant qui se rend disponible pour une reconnaissance de ce qui est à l'œuvre chez le migrant, de ce à quoi il adhère, veut et ne veut plus adhérer, ce qu'il affirme et valorise à propos de lui-même, de ses détachements, ses émancipations, ses résistances et ses choix à propos de ce qu'il ne veut et ne peut pas entretenir comme rapports au monde.

Évidemment, pour y arriver, les soignants doivent être disposés à toutes ces démarches et s'abreuver de connaissances diverses, utiles à la compréhension des réalités vécues, singulières et partagée à la fois. Sans devoir forcément s'abreuver de certains grands crus des sciences sociales, comme nous l'avons fait avec Alfred Schütz, il est question de conditions minimales. Celle d'abord de se méfier des prêts-à-penser et de considérer la dimension anthroposociale des expériences de santé des migrants, et celle ensuite de se frotter de près à des contenus de sociologie et d'anthropologie. En partageant ces contenus, sans oublier de considérer le contexte des pratiques de soins et de promotion de la santé, tout comme

---

9. Au cœur de la vie sociale, l'esthésie se comprend comme un ensemble de sensations et de perceptions, voire une sorte de courant sensoriel meublant les conditions de vie ordinaires. Lorsque ces conditions de vie sont enracinées dans une trame solide d'habitudes et de routines, elles procurent des sensations de refuge et agissent comme des repères sécurisants, donnant lieu à une sorte de monisme du quotidien (Le Breton, 1990).

les rôles des intervenants en santé, on devrait pouvoir renforcer des regards critiques, parvenir à nuancer des certitudes et inviter les soignants à revenir sur leurs modes de faire et de voir quand ces derniers sont imparfaits.

Références

Anderson, L.M., et autres (2003). « The Task Force on Community Preventive Services. Culturally competent healthcare systems : a systematic review », *American Journal of Preventive Medicine*, (24), 68-76.

Appadurai, A. (1996). *Modernity at Large : cultural dimensions of globalization*, Minneapolis : University of Minnesota Press.

Aries, N.R. (2004). « Managing Diversity : the Differing Perceptions of Managers, Line Workers, and Patients », *Health Care Management Review*, 29 (3), 172-180.

Association des infirmières et infirmiers du Canada (2004). Énoncé de position. *Le développement des soins adaptés sur le plan culturel* (Ottawa), mars.

Battaglini, A., et autres (2007). *L'intervention de première ligne à Montréal auprès des personnes immigrantes : estimé des ressources nécessaires pour une intervention adéquate*, 11 pages.

Baubet, T., et M.-R. Moro (ed.) (2003). *Psychiatrie et migrations*, Paris : Masson.

Berry, W. J. (2006). « Acculturative stress », dans Wong et Wong (ed.), *Handbook of Multicultural Perspectives on Stress and Coping*, New York : Springer, US.

Blais, L., E. Corin et J. Lamoureux (2008). « Présentation », dans L. Blais (ed.), *Vivre à la marge. Réflexions autour de la souffrance sociale*, Québec : PUL, 1-36.

Boula, J.-G. (n.d.). *Nécessité du détour anthropologique dans les soins médicaux*. Disponible sur http:3www.gfmer.ch/Presentations_Fr/Detour_necessite. htm. Consulté le 5 février 2010.

Campinha-Bacote, J. (2002). « The Process of Cultural Competence in the Delivery of Healthcare Services : A Model of Care », *Journal of Transcultural Nursing*, 13 (3), 181-184.

Charon, R., et P. Wyer (2008). « The art of medicine. Narrative evidence based medicine », *The Lancet*, 371, 296-297.

Clément, M. (2008). « D'un regard à l'autre : La souffrance sociale entre compassion et impuissance », dans L. Blais (ed.), *Vivre à la marge. Réflexions autour de la souffrance sociale*, Québec : PUL, 243-246.

Code de la santé publique. Le service public de la diffusion du droit. Disponible sur : http://www.legifrance.gouv.fr/affichCode.do ?cidTexte=LEGITEXT0 00006072665&dateTexte=20100317. Consulté le 15 février 2010.

Cognet, M. (2007). « Au nom de la culture : le recours à la culture dans la santé », dans M. Cognet et C. Montgomery (ed.), *Éthique de l'altérité. La question de la culture dans le champ de la santé et des services sociaux*, Québec : PUL, 282.

Cognet, M. (n.d.). *Ethnicité et santé : des pistes de recherche à explorer*. Disponible sur http://www.uhb.fr/sc_humaines/ceriem/documennts/cc6/cc6cognet. htm. Consulté le 25 août 2008.

Cohen-Émerique, M. (2000). « L'approche interculturelle auprès des migrants », dans G. Legault (ed.), *L'intervention interculturelle*, Montréal : Gaëtan Morin Éditeur, 161-184.

Coutu-Wakulczyk, G. (2003). « Pour des soins culturellement compétents : le modèle transculturel de Purnell », *Recherche en soins infirmiers*, 72, 34-47.

Crenn, C. (2000). « Une consultation pour les migrants à l'hôpital », *Hommes et migrations*, (1225), 39-45.

Donnelly, P.P. (2000). « Ethics and Cross-cultural Nursing », *Journal of Transcultural Nursing*, 11 (2), 119-126.

Fassin, D. (2000). « Repenser les enjeux de santé autour de l'immigration », *Hommes et migrations*, 1225, 5-12.

Hervé-Désirat, E. (2007). « Formation à l'approche des cultures », dans B. Tison (ed.), *Soins et cultures*, Issy-les-moulineaux : Elsevier Masson, 152-161.

Idris, S. (2005). « La quête d'identité : les enfants de migrants entre les prisons dedans et celles de dehors », *Le journal des psychologues*, mai, 227, 46-49.

Institut Paoli-Calmettes (2004). Centre régional de lutte contre le cancer. Provence-Alpes-Côte d'Azur. *La mort et les soins au corps du défunt*, 2010. Disponible sur http://test02.iis6.domicile.fr/pro/intranet/strategies/ soins_palliatifs_2004/mort.pdf. Consulté le 3 mars 2010.

Kandula, N.R., M. Kersey et N. Lurie (2004). « Assuring the health of immigrants : what the leading health indicators tell us », *Annual Review of Public Health*, (25), 357-376.

Koehn, P.H. (2006). « Globalization, migration health, and educational preparation for transnational medical encounters », *Globalization and Health*, 2 (2).

Le Breton, A. (1990). *Anthropologie du corps et modernité*, Paris : PUF.

Leininger, M., et M. Farland (ed.) (2002). *Transcultural Nursing Concepts, Theories, Research and Practice*, New York : McGraw-Hill.

Loi sur les services de santé et les services sociaux. L.R.Q., chapitre S-4.2 Gouvernement du Québec. Disponible sur : www2.publicationsduquebec.gouv.qc.ca/dynamicSearch/telecharge.php ?type=2&file=/S_4_2/S4_2.html. Consulté le 1er mars 2010.

Mahieu, E., et M. Reca (2007). « Exil et migration », *L'information psychiatrique*, 83 (9) : 733-735.

Massé, R. (2005). *Culture et santé publique*, Montréal : Édition Gaëtan Morin.

Mercier, L. (2009). « Le récit de vie : outil fécond à une étape de transition », *Les Cahiers francophones de soins palliatifs*, 10 (1) : 63-71.

Messu, M. (2006). *Des racines et des ailes. Essai sur la construction du mythe identitaire*, Paris : Hermann.

Moro, M.-R. (2002). *Enfants d'ici venus d'ailleurs. Naître et grandir en France*, Paris : La Découverte.

Organisation internationale pour les migrations. *À propos de migrations*. Disponible sur : http://www.iom.int/jahia/Jahia/about-migration/lang/fr. Consulté le 11 janvier 2010.

Phaneuf, M. (2009). *L'approche interculturelle, les particularismes des immigrants et les obstacles à la participation aux soins*, 2e partie. Disponible sur http://www.infiressources.ca/fer/depotdocuments/Les_particularismes_des_immigrants_et_obstacles_participation_aux_soins-2epartie.pdf. Consulté le 12 février 2010.

Piché, V. (2005). « Immigration, mondialisation et diversité culturelle : comment "gérer" les défis ? », *Les Cahiers du GRES*, 5 (1), 7-28.

Purnell, L.D., et B.J. Paulanka (2003). *Transcultural Healthcare : a culturally competent approach*, Philadelphia, PA : F.A. Davis.

Rechtman, R. (2000). « De la psychiatrie des migrants au culturalisme des ethnopsychiatries », *Hommes et migrations*, (1225), 46-61.

Rousseau, C., et A. Drapeau (2004). « Premigration Exposure to Political Violence among Independent Immigrants and its Association with Emotional Distress », *The Journal of Nervous and Mental Disease*, 192 (12), 852-856.

Ryan, M., K.H. Carlton et N. Ali (2000). « Transcultural Nursing Concepts and Experiences in Nursing Curricula », *Journal of Transcultural Nursing*, 11 (4), 300-307.

Sassen, S. (2009). *La globalisation. Une sociologie*, Paris : Gallimard.

Schütz, A. (2008). *Le chercheur et le quotidien*, Paris : Klincksieck.

Stronks, K. (2003). « Public Health research among immigrant populations : still a long way to go », *European Journal of Epidemiology*, (18), 841-842.

Suárez-Orozco, C., et M.M. Suárez-Orozco (2001). *Children of Immigration*, Cambridge, MA : Harvard University Press.

Tellier, F. (2003). *Alfred Schütz et le projet d'une sociologie phénoménologique*, Paris : PUF.

Tison, B. (2007). *Soins et cultures. Formation des soignants à l'approche interculturelle*, Issy-les-moulineaux : Elsevier Masson.

La dimension culturelle
de la douleur et sa relation aux soins

DAVID LE BRETON

LA DOULEUR EST TOUJOURS AUSSI DU SENS

Parce que la douleur n'est pas un fait objectif réductible à l'usage d'un antalgique approprié mais un fait éminemment personnel et marqué par l'histoire de l'individu, elle implique une prise en compte de la parole du patient, une reconnaissance de sa singularité, donc, une accommodation particulière de la part des soignants.

La douleur n'est pas seulement une histoire de système nerveux. Même si l'identification de ses « causes » par le médecin s'appuie sur une interprétation fondée sur une discipline de pensée et une observation clinique, et qu'elle est essentielle, elle ne recouvre que partiellement la douleur du patient qui la vit. Il n'y a pas de douleur « objective » attestée par l'examen médical, mais une douleur singulière perçue et marquée par le degré de l'atteinte et l'alchimie de l'histoire individuelle à l'intérieur d'une appartenance sociale et culturelle. G. Canguilhem le disait avec force : « L'homme fait sa douleur – comme il fait une maladie, ou comme il fait son deuil – bien plutôt qu'il ne la reçoit ou ne la subit » (Canguilhem, 1966 : 56-57). Entre la sensation et l'émotion, il y a une perception, c'est-à-dire un mouvement de réflexivité et de sens attribué par celui qui la ressent, une affectivité en acte. Comme les autres perceptions sensorielles, la douleur n'est pas l'enregistrement d'une donnée physiologique, mais une interprétation en termes personnels d'une altération pénible de soi. Simultanément éprouvée et évaluée, intégrée en termes de significations et d'intensité, toujours tamisée par des catégories de pensée, elle ne traduit pas dans la conscience une effraction organique. Elle mêle corps et sens (Le Breton, 2006).

La douleur efface toute dualité entre physiologie et conscience, corps et âme, physique et psychologique, organique et psychologique. Elle montre l'enchevêtrement de ces dimensions seulement distinguées par une longue tradition métaphysique de nos sociétés occidentales (Le Breton, 2004, 2010). Elle n'est pas celle d'un organisme. Elle ne se cantonne pas à un fragment du corps ou à un trajet nerveux. Elle marque un individu et déborde sur son rapport au monde. Elle est donc souffrance et aucune mesure régulière d'une altération d'un organe ou d'une fonction ne peut correspondre à la douleur ressentie. La douleur n'est pas la traduction mathématique d'une lésion, mais une signification, c'est-à-dire une souffrance. Elle est ressentie selon une grille d'interprétation inhérente à l'individu. La définition de l'International Association for the Study of Pain (IASP) efface toute ambiguïté. Elle surmonte le dualisme en faisant de la douleur une expérience sensorielle et émotionnelle désagréable associée à une lésion tissulaire réelle ou potentielle, ou encore décrite en des termes évoquant une telle lésion. Cette définition insiste sur le ressenti du sujet, adopte son point de vue et valide sa parole.

La douleur brise l'évidence de la relation au monde. Elle dépersonnalise et rend étranger à soi-même. Elle imprègne l'existence sur le mode de la violation. Quand la souffrance se fait chronique et trop aiguë, elle anéantit ou diminue presque tout intérêt envers le monde et les autres. L'homme souffre dans toute l'épaisseur de son être. La douleur n'écrase pas seulement le corps, elle écrase l'individu. Elle est donc simultanément souffrance. Elle « ne donne plus goût à rien ». Elle arrache l'homme à ses anciens usages et contraint à vivre à côté de soi sans pouvoir se rejoindre, dans une sorte de deuil de soi. Les céphalées ne sont pas dans la tête. Elles imprègnent la vie tout entière, altèrent toutes les activités de l'homme, même celles qu'il affectionne. Mais, si la souffrance est inhérente à la douleur, elle est plus ou moins intense selon les circonstances. Un jeu de variations existe de l'une à l'autre. La souffrance est une fonction du sens que revêt la douleur. Elle est en proportion de la somme de violence subie, peut être infime ou tragique, et n'est jamais mathématiquement liée à une lésion (Le Breton, 2004 et 2010).

La signification conférée par l'individu souffrant à l'épreuve endurée détermine son rapport à la douleur. L'homme réagit moins à l'entaille de la blessure ou à sa maladie qu'au sens qu'elles revêtent pour lui. Par exemple, H.K. Beecher a observé une population de soldats blessés sur le front italien lors de la Seconde Guerre mondiale. Même gravement atteints, un tiers seulement des blessés demandaient de la morphine pour soulager une douleur trop aiguë. Cette tolérance ne devait rien à l'état de choc, car elle se prolongeait par la suite. Plus tard, Beecher a comparé l'attitude de ces soldats à celle de patients civils, qui avaient subi une intervention chirurgicale. Leurs lésions tissulaires étaient infiniment moindres que celles affectant les soldats, mais leur demande d'analgésiques était nettement plus insistante et les plaintes, sans commune mesure. La signification et la valeur des douleurs n'étaient pas les mêmes dans ces deux situations. La blessure d'un soldat « habitué » à se battre et à voir ses camarades blessés, ou abattus, revêtait une signification honorable. En bref, il avait fait son devoir. Pris sous les feux de l'ennemi, il n'avait rien à se reprocher et, surtout, il était encore vivant. La blessure signifiait un retrait des combats et une évacuation, avant le retour à la vie civile, avec une éventuelle pension et peut-être une médaille, une aura de héros. Le militaire blessé souffrait moins d'un état de fait, qu'il était accoutumé de longue date à considérer comme une conséquence possible de son activité, que l'employé renversé par une voiture ou l'ouvrier dont le bras avait été percuté par la machine qu'il manipulait. Loin du théâtre de la guerre, et rarement confronté à l'adversité, le civil était atteint au cœur de sa vie quotidienne. Rien ne l'avait jamais préparé à affronter une telle situation, purement néfaste, qui relevait au contraire de l'impensable (Beecher, 1956). Aucun récit glorieux ne viendra rehausser cette situation de prestige ou en atténuer le côté malheureux. Celle-ci est associée au « manque de chance », au « malheur ». Elle ne possède rien d'honorable, et produit un terrible rappel de précarité. Elle alimente la crainte de se retrouver avec un corps altéré et de ne pas pouvoir retourner au travail, de ne plus pouvoir contribuer à l'économie familiale, payer les études des enfants... On comprend dans ce cas que le coefficient de souffrance soit nettement plus élevé que dans le premier cas. Des altérations éventuellement proches peuvent ainsi produire des intensités algiques radicalement différentes.

Au-delà de la pure organicité, les variations de la souffrance inhérentes à un accident ou à une maladie chez un même patient sont bien connues des soignants. Selon les présences qui se succèdent à son chevet, les moments du jour, les nouvelles qu'il reçoit sur son état, le malade ne souffre pas de la même manière. La nuit accroît sa sensibilité et son angoisse, alors qu'une présence attentive à son chevet la diminue. Souvent, une main sur un front et une parole d'apaisement sont aussi nécessaires que les antalgiques. De même, les ressources personnelles d'imagination, de diversion, la détermination du caractère, contribuent à sa modulation. À l'aide de techniques de transformation du sens de l'expérience, comme l'hypnose, la relaxation, la sophrologie, l'imagerie mentale, l'écriture, etc., maints individus sortent du cycle de la douleur chronique en apprenant à vivre avec une douleur délestée en partie de la connotation de souffrance. D'autres trouvent en eux les ressources de sens pour repousser la souffrance et continuer à vivre sans en être trop affectés (Le Breton, 2010).

L'évaluation de la douleur repose sur les déclarations du patient et sur l'intuition du médecin ou des proches. Au-delà de la plainte, on n'en voit jamais que les traces, le tremblement furtif d'un visage, les yeux fatigués qui ne soutiennent plus le regard, un corps étonnamment immobile, une main crispée sur un drap, une immense lassitude... Si certains signes ne trompent pas, une douleur, même cruelle, proclamée par l'individu, n'apparaît pas toujours d'emblée aux yeux des témoins. L'homme souffrant connaît parfois le drame que sa douleur ne soit pas reconnue ou son acuité mise en doute. De nombreux malades chroniques font cette expérience (Kleinman, 1988). Et nulle preuve ne peut être apportée à la sincérité d'un supplice enfoui dans la chair et invisible au regard. La douleur n'a pas l'évidence du sang qui coule ou du membre brisé. Elle exige une sagacité d'observation ou la confiance dans la parole du malade. Le sujet en souffrance est le seul à connaître l'étendue de sa peine, lui seul est en proie au supplice. La douleur ne se prouve pas, elle s'éprouve. Sa force de frappe est propre à l'individu qui la ressent. Si l'homme dit l'intensité de sa douleur, il sait par avance que nul ne la ressent à sa place ou ne la partage avec lui. Les mots se désagrègent pour nommer une réalité fuyante malgré ses affres dans les replis de la chair. Pour saisir l'intensité de la douleur de l'autre, il faut devenir l'autre. La coupure des corps, la séparation nécessaire des identités rend impossible la pénétration de la conscience douloureuse de l'autre, rivé à son mal, comme à sa liberté et à sa personne. La douleur est toujours une expérience de la solitude.

LA QUESTION DE LA CULTURE

D'une condition sociale et culturelle à une autre, et selon leur histoire personnelle, les hommes ne réagissent pas de la même manière à une blessure ou à une affection identique. Leur expressivité n'est pas la même, ni leur seuil de sensibilité. Toutes les sociétés définissent implicitement une légitimité de la douleur qui anticipe sur des circonstances réputées physiquement pénibles. Une expérience cumulée du groupe amène d'emblée à une attente de la souffrance coutumière imputable à l'événement. Une intervention chirurgicale ou dentaire, un accouchement ou une blessure suscitent les commentaires avertis de ceux qui sont déjà passés par là ou qui ont entendu les témoignages de leurs proches ou d'une autre source. Chaque expérience, chaque maladie, chaque lésion est associée à une marge diffuse de souffrance dont l'expression individuelle se coule au sein de formes ritualisées. Quand une souffrance affichée paraît hors de proportion avec la cause et déborde le cadre traditionnel, on soupçonne la complaisance ou la duplicité. Là où il est de rigueur d'endurer sa peine en silence, l'homme qui donne libre cours à la plainte encourt la réprobation. Cette entorse à la discrétion habituelle suscite des attitudes opposées à celles qui sont souhaitées par le malade : la compassion cède le pas à la gêne. Le malade risque de perdre la face et de sortir amoindri de l'épreuve, sa réputation mise à mal. À l'inverse, là où la ritualisation de la douleur appelle la dramatisation, on comprend mal celui qui intériorise sa peine et ne souffle mot à personne. On lui reproche de ne pas se confier, de se retirer en soi comme si les autres ne comptaient plus et ne pouvaient l'aider. Si la plainte traduit la souffrance, elle a aussi valeur de langage qui confirme l'entourage dans le bien-fondé de sa présence. La capacité du malade à affronter seul son épreuve, sans montrer sa peine, tranche avec les pleurs ou l'anxiété habituellement de rigueur. L'entourage est frustré dans son souci de prodiguer consolation et soutien. La douleur a ses rites d'expression que l'on ne transgresse pas sans le risque d'indisposer les bonnes volontés (Le Breton, 2004).

Les conditions d'existence modèlent les comportements jusqu'à un certain point mais il ne faut pas les transformer en stéréotypes venant occulter la singularité du malade. On ne peut verser la douleur et ses manifestations au seul crédit de la culture ou de la condition sociale. Celles-ci n'existent qu'à travers les hommes qui les vivent et les significations qu'ils donnent à leur expérience. La culture ne s'impose pas comme une structure massive à des acteurs conditionnés. D'autres influences introduisent des ruptures et des continuités : cultures régionales et locales, rurales et urbaines, les différences de générations, de sexe, les croyances religieuses, etc. Chaque homme s'approprie les données de sa culture ambiante selon son histoire personnelle et les rejoue selon son style. Ce qui importe n'est pas tant l'appartenance culturelle, mais ce que l'individu en fait. En outre, toute culture possède ses zones d'ombre. Par exemple, une subordination radicale de la femme pourrait l'empêcher d'avoir accès à ce dont elle a le plus besoin. Parfois, l'individu méconnaît aussi ce qui lui serait profitable. La relation intime à la douleur ne met pas face à face une culture et une lésion, mais immerge dans une situation douloureuse particulière un homme dont l'histoire est unique, même si la connaissance de son milieu, de son appartenance culturelle et de sa confession donne des indications précieuses sur le style de ses réactions. En éprouvant sa douleur, l'homme n'est pas le réceptacle passif d'un organe spécialisé obéissant à des modulations impersonnelles dont seule la physiologie pourrait rendre compte. La manière dont il intériorise sa culture, les valeurs qui sont les siennes, le style de son rapport au monde et les circonstances particulières où il est plongé composent un filtre particulier. Face à la douleur, les différences observées au sein d'une même culture sont parfois plus marquées que celles qui distinguent les cultures entre elles sous ce même rapport.

Le progrès des analgésiques a transformé l'expérience de la douleur et sensiblement atténué également ce qui restait encore d'actif dans les influences culturelles. Dès lors que celle-ci pouvait être supprimée ou diminuée grâce à des traitements facilement accessibles, les anciennes défenses culturelles sont devenues désuètes, relayées par des procédures techniques. En conséquence le seuil de tolérance a diminué. L'expérience de nombreux médecins ou infirmières exerçant leur métier de longue date le confirme aisément. Elle révèle simultanément des négligences, des interventions qui paraissent aujourd'hui barbares avec le recul. L'endurance à la douleur s'efface en même temps que se fait jour chez l'individu le sentiment qu'elle peut être anéantie d'une simple prise de médicament ou par une action médicale efficace. Perçue comme inutile, stérile, la douleur est aujourd'hui une scorie que le progrès doit dissoudre, un anachronisme cruel qui doit disparaître. Elle est devenue un scandale à l'image de la mort ou de la précarité de la condition humaine. Les sondages révèlent que la peur de souffrir suscite un effroi nettement supérieur au fait même de mourir. La douleur est aujourd'hui un non-sens absolu. Elle serait l'irruption du pire que la mort dans une société qui n'intègre plus ni la souffrance ni la mort comme des données de la condition humaine. La médicalisation de la douleur a simultané-ment atténué ou déraciné le sens qu'elle pouvait avoir pour l'individu. Versée sur le compte d'une organicité défaillante, elle conduit souvent les malades à attendre de manière passive le soulagement de la seule démarche médicale.

La tâche des soignants consiste ainsi à répondre à la plainte sans présumer de son intensité, sans projeter leurs propres valeurs et leurs comportements pour juger de l'attitude de leurs patients. De nombreux travaux pointent à cet égard une fréquente sous-évaluation de la douleur par les soignants. L'homme en bonne santé et actif tend à projeter sa psychologie propre au détriment du patient. Il se convainc volontiers qu'il ne souffre pas autant qu'il le dit. Il importe de soigner l'homme en tant qu'homme, dans sa singularité. La qualité des soins ne saurait être diminuée sous prétexte que certaines catégories sociales seraient plus endurantes que les autres. Tous les usagers doivent bénéficier des recours antalgiques appropriés, selon l'intensité et la nature de leurs maux. Le stéréotype culturel empêche parfois d'entendre et de soulager la douleur. La tendance des soignants à sous-évaluer la douleur de leurs patients et à minorer les traitements antalgiques s'appuie parfois sur ces préjugés (le « syndrome méditerranéen », par exemple). Or, ce ne sont pas seulement les malades qui intègrent leur douleur dans leur vision du monde, mais également les médecins ou les infirmières qui projettent leurs valeurs, et souvent leurs préjugés, sur ce que vivent les patients dont ils ont la charge. À ce propos, une expérience classique menée auprès de 554 infirmières de même spécialité, homogènes en expérience, en âge, des États-Unis, du Japon, de Taïwan, de Thaïlande, de Corée et de Puerto Rico, avait évalué la somme de douleur et de détresse psychologique associées à une même série de symptômes ou de lésions connues. Les moyennes obtenues par les groupes respectifs avaient varié considérablement. Convaincue pourtant de se référer à un savoir objectif, chacune avait réagi à son insu selon ses traditions culturelles. Les infirmières japonaises et coréennes avaient vu une forte souffrance là où, à l'inverse et pour les mêmes maux, les infirmières américaines avaient été bien moins sensibles (Davitz et autres, 1976). L'évaluation des symptômes et de l'intensité algique, la compassion et les soins prodigués s'enracinent ainsi dans des visions du monde distinctes les unes des autres (Zborowski, 1969; Le Breton, 2004). Sur sa douleur, le patient a toujours raison. Comme l'écrivait autrefois René Leriche, la seule douleur supportable, c'est la douleur des autres. Mais il n'est pas toujours facile de se faire entendre à l'hôpital.

HOSPITALISATION ET HOSPITALITÉ

Pour la plupart des individus, l'hospitalisation est l'équivalent de l'entrée en une terre étrangère dont ils ne parlent pas la langue et dont ils ignorent les usages. Celui qui franchit le seuil de l'hôpital se voit dépouillé de ses propres valeurs, de son rapport intime à soi et de ses manières traditionnelles d'être avec les autres. Éloigné de sa famille et de ses repères coutumiers, mis à nu, en position horizontale, privé d'une large part de son autonomie, de sa liberté de mouvement, souffrant ou angoissé par ses maux, il est contraint à un compromis avec son sentiment d'identité. En ce qui concerne la conduite de son existence, il doit s'en remettre à l'institution qui le transforme dans l'ensemble de ses faits et gestes en « patient », qui lui impose un emploi du temps et des interactions dont il n'a pas la maitrise. L'hospitalisation ne signifie pas seulement une diminution considérable de l'autonomie personnelle de la conduite ou le dépouillement des rôles successifs qui jalonnent d'ordinaire la vie quotidienne. Elle implique surtout un mode de gestion totale de l'individu pendant la durée de son séjour. Même si l'institution hospitalière n'est pas une institution totale comme le décrit E. Goffman

(1968), elle n'en est pas loin et modifie en profondeur le statut social de l'individu. La langue est imprégnée d'un jargon qui lui échappe. Les règles et les usages s'imposent à lui à la manière d'une culture hermétique dont les éléments se dévoilent avec difficulté tant les soignants les tiennent pour acquis et se dispensent la plupart du temps de toute explication : solennité et hiérarchie des relations entre les professionnels, jargon de métier, difficultés à distinguer la fonction des différents professionnels, complexité des procédures de soins et d'examen, langage hors de portée de la compréhension ordinaire, imposition d'un emploi du temps dictant son rythme indépendamment de la volonté du patient, etc. Pris dans leur routine, les soignants oublient les codes élémentaires d'une civilité d'autant plus essentielle pour des patients vulnérables en situation de dépendance. Une succession de professionnels se relaient à son chevet dont ils peinent à déterminer la fonction. Ils sont amenés à décrire plusieurs fois les mêmes symptômes à des interlocuteurs différents, à subir les mêmes examens, avec un irritant manque de coordination. Leurs questions restent souvent sans réponse malgré leurs enjeux et l'anxiété que les réponses des soignants pourraient dissiper d'un mot. Les ritualités de l'hôpital obligent l'usager à un apprivoisement malaisé de son organisation et de son langage, à la manière dont le voyageur ou l'ethnologue entrent peu à peu en contact avec une communauté humaine dont ils ignorent les usages et les mœurs.

L'hospitalisation fait entrer l'ensemble des patients, indépendamment de leur origine ou de leurs références sociales et culturelles, dans un lieu et une durée hors de toute familiarité. Elle les plonge au sein d'un groupe social dont ils ignorent largement les codes. L'ésotérisme de la culture médicale ajoute un supplément d'appréhension contraignant à la nécessité de préserver une identité menacée (ou présumée telle). L'hôpital est une sorte de huis-clos structuré autour de la logique médicale, et fonctionnant avec ses repères propres fortement éloignés des significations de la majorité des usagers. Indifférent aux références sociales, culturelles, religieuses ou personnelles des patients, l'hôpital tend à uniformiser les soins, à négliger ou à sous-estimer les singularités liées à l'histoire ou à l'origine du malade. Cet environnement amène le malade à développer des accommodations identitaires visant à maintenir le sentiment de dignité, d'estime de soi, de continuité, etc.

L'hospitalisation impose également au malade une situation régressive de prise en charge susceptible de l'incommoder (partager une chambre avec un autre malade, recevoir des visites en étant couché ou en pyjama, sans offrir une image de soi favorable, être destinataire de soins intimes, etc.). Le malade met en place un mode de défense, de modulation de son identité, pour ne pas se laisser entamer, alors que chacune des situations évoquées ci-dessus risquerait de lui faire perdre la face dans la vie ordinaire. Le patient doit se rappeler le contexte dans lequel il est plongé, et faire l'hypothèse que les professionnels qui l'entourent, qui réalisent parfois des soins intimes, les proches et ses amis qui le visitent, tiennent compte de ces circonstances. L'hôpital est une structure symbolique qui ritualise l'inconvenance, qui l'intègre dans ses routines et préserve ainsi les modes de défense de l'individu. Par exemple, la nudité n'y est pas, en principe, vécue comme une violation de l'identité si elle est exigée par un soin ou un examen, alors qu'elle impliquerait un sentiment de honte dans un contexte différent. Si la logique hospitalière favorise la protection de l'identité du malade hors de son environnement et de ses repères familiers, elle mise aussi sur ses capacités d'adaptation, sur sa patience, voire sur son impuissance ou sa peur de représailles plus ou moins imaginaires. Cependant, la série d'interactions nouées avec les professionnels hospitaliers peut déboucher sur des malentendus ou des tensions, voire sur des conflits déclarés avec des patients qui ne supportent pas une situation dans laquelle ils ont eu l'impression d'être niés dans leur identité propre, bafoués dans leurs droits de malades. L'hôpital est un lieu fertile en malentendus. Le rapport à la différence y est une question clé. Chacun a pu le vivre au moins une fois, quelle que soit sa condition sociale et culturelle (Le Breton, 2002). Sur ce point, l'écrivain Georges Perros note dans son journal :

> Aucune parole d'homme à homme. Vous n'êtes plus un homme. Un semblable. Mais sous le coup d'un décret qui vous a retiré votre identité, comme si les douaniers vous avaient dépouillé de tout papier. Ou, quand ils condescendent à quelque rapport, une gentillesse pour demeurés, une énorme plaisanterie d'avant-garde. Il faut bien rire un peu. Le moral. Ce mot pour concierge. Mais nous ne sommes plus récupérables. Ce qu'on est, ce qu'on a été, sera – espérons ! – tout le monde s'en fout. Le corps. Il n'y a que le corps. Vos entrailles, toute cette usine sanguinolente, leur affaire... (*Papiers collés, III*, 1978).

Cette situation de ghetto culturel soulève le souci pour chaque malade d'être reconnu et soigné dans le respect de sa singularité et davantage, sans doute, pour les membres de milieux populaires, plus désarmés que les autres pour s'approprier les clés d'un tel système et moins enclins à revendiquer des droits en rappelant les devoirs de l'hôpital. Mais le migrant incarne sans doute la pointe extrême de l'éloignement avec la culture hospitalière. Il est celui qui risque le plus de voir son sentiment d'identité mis à mal par les conditions de l'hospitalisation du fait de l'écart culturel. Souvent originaire d'un milieu rural, il appartient à une culture dominée. Il est imprégné de valeurs culturelles différentes de celles qui sont les plus courantes du pays d'accueil dont, en outre, il manie mal la langue. Il est souvent adepte d'une religion qui lui impose des devoirs précis que le contexte hospitalier n'est pas toujours enclin à favoriser. La crainte du racisme alimente parfois une prévention contre le milieu d'accueil, car le migrant y est livré apparemment sans défense, hors du groupe au sein duquel il est immergé, hors de sa famille. Les conditions de soins et d'hébergement dans lesquelles il vit (fortement contrastées d'un service ou d'un hôpital à l'autre et sous la dépendance de facteurs interindividuels imprévisibles) renforcent ses craintes et son repli sur lui-même ou, à l'inverse, l'amènent à nuancer ses préjugés et à s'ouvrir aux interactions qui le sollicitent. Dans toute relation soignants-migrants s'interpose un écran de fantasmes plus ou moins favorables. « Ce qui est apparu avec l'époque moderne n'est pas le besoin de reconnaissance, mais les conditions dans lesquelles la tentative, pour être reconnue, peut échouer » (Taylor, 1994 : 53). Aujourd'hui, l'hôpital est particulièrement un lieu où cette reconnaissance est problématique, non par une intention délibérée, mais par l'effet de pesanteur d'une institution amenée à prendre en charge de nombreux acteurs, souvent dans l'urgence.

MÉDECINE DE LA DOULEUR ET ÉTHIQUE DES SOINS

La médecine de la douleur implique une sagacité de l'attention et du diagnostic au regard de la singularité de l'expérience de souffrance qu'elle implique et des disparités individuelles, sociales et culturelles de son expression orale et physique. Une équipe médicale et soignante doit pouvoir évaluer les logiques de comportement d'individus issus de cultures différentes de celles de la société d'accueil ou porteurs de rationalités différentes dans le rapport au corps ou aux soins, afin de ne pas leur imposer par routine un fonctionnement institutionnel stéréotypé qui leur fait violence ou méconnaît leurs exigences élémentaires. Parfois, cette indifférence aboutit à un manque d'explication sur ce qui semble évident au médecin ou à l'infirmière, et provoque l'anxiété chez le patient.

L'indifférence aux origines sociales et culturelles du malade n'est pas une erreur moindre que celle de le réduire à un stéréotype de sa culture ou de sa classe sociale : manière commode et brutale d'élaguer la complexité des choses en une poignée de recettes, ou en un répertoire de prêts-à-penser. Erreurs redoutables et communes nées l'une et l'autre d'une égale bonne conscience. On ne peut soigner un homme dans l'indifférence ou la violation des valeurs fondatrices qui constituent son existence. Lorsqu'un heurt se produit, le refus d'un soin par exemple, la solution emprunte la voie d'un échange prenant en compte la personne du malade, son avis, la raison de son objection, etc. La compréhension de son comportement est l'attitude première, sinon rien n'est possible, hormis une action mécanique, indifférente à la volonté du malade. À travers l'éventuelle médiation d'un interprète, le dialogue se noue, le médecin ou l'infirmière expliquant le niveau de nécessité du soin refusé, ses conséquences, etc. Le malade fait lui-même la part de ses craintes et explique son attitude. Le respect de la différence, l'éthique des soins en situation interculturelle, n'est pas une question unilatérale. Elle implique une sorte de négociation informelle qui laisse au soignant et au malade le sentiment mutuellement partagé d'avoir été compris et reconnu. Le rapport à l'altérité appelle une modulation des soins et de la relation. Elle demande plus qu'un savoir ou un savoir-faire. Elle exige un savoir-être, une inventivité (Le Breton, 2007).

Cette qualité de présence auprès des malades migrants ne se fonde pas nécessairement sur une connaissance érudite des cultures dont ils sont originaires. La simple conscience pour le soignant de la relativité de ses valeurs personnelles et le sentiment que tout comportement est rattaché à une signification, même la plus surprenante, ouvrent la voie à un accueil propice. Le soignant doit être ouvert à un élargissement constant de son horizon de sens. Une différence, un malentendu est un appel à la curiosité et non un motif de tensions face à un patient démuni.

Les conditions d'un tel échange tissent l'égale dignité des interlocuteurs. Il est rare qu'une solution ne s'impose pas dans le sentiment mutuel d'avoir su surmonter un obstacle. Quand la communication s'établit sur ce mode, les difficultés s'effacent ou se rétablissent à hauteur d'homme et le motif initial de tension ou d'incompréhension perd son acuité. La demande de reconnaissance formulée par le patient reçoit un écho auprès de l'équipe soignante. La souffrance ayant trouvé une écoute, souvent le soin est admis sans réserve, ou un aménagement est accepté. Si la délibération commune prend la place de l'imposition, tout un univers de solutions se présente.

À l'inverse, le soignant réagissant avec impatience ou agressivité, ne cherchant pas à comprendre mais jugeant, enkyste la demande implicite du malade d'être pris en considération. Il fixe des positions difficiles à modifier ensuite. La capacité de modulation personnelle du soignant, l'intuition de la différence de l'autre, amène à une communication où les appartenances culturelles deviennent secondaires. Le soignant atteint alors la dimension anthropologique du soin. Dans la pratique soignante plus qu'ailleurs, un professionnel doit être convaincu que ce qui est humain ne peut lui être étranger. Il doit accepter qu'il peut être cet autre dont il a la charge, et qu'il faut de tout pour faire un monde, c'est-à-dire deux notions essentielles de la démarche anthropologique sur le plan de la connaissance et surtout de l'éthique. Nul n'est en position de déterminer la vérité des représentations ou des pratiques par une sorte de grâce divine lui permettant d'échapper à l'histoire ou aux cultures. En ce sens, la tâche de l'anthropologie appliquée aux soins médicaux ou infirmiers consiste à rappeler inlassablement la cohérence des comportements des individus quand ils viennent d'ailleurs, ou même simplement quand leur histoire de vie les amène à avoir une opinion différente de ce que les autres veulent à ce propos. Il ne s'agit nullement de naturaliser les différences culturelles ou les singularités individuelles. Aucun individu ne se réduit seulement à une appartenance culturelle ou à une poignée de représentations. Soigner l'autre dans la reconnaissance de ce qu'il est, implique de se déprendre de soi, tout en étant capable de se mettre un instant à la place de l'autre pour effectuer un va-et-vient entre ses propres connaissances et les bonnes raisons de l'autre. En outre, toutes les représentations culturelles ne sont pas également dignes de respect dans nos sociétés : la prise en compte univoque des traditions, outre qu'elle enferme le migrant dans un carcan qui n'est plus ou pas forcément le sien, peut amener à reconduire des inégalités sociales, par exemple entre le mari et sa femme ou ses enfants. On connaît à cet égard certains hommes crispés la plupart du temps sur des valeurs recomposées en contexte migratoire, qui refusent absolument que leur femme ou leur fille soit examinée par des hommes soignants, même dans un contexte d'urgence. L'exigence de reconnaissance est plus inspirée à prendre en considération l'individu singulier que le fait qu'il appartienne à un groupe. S'il participe d'une communauté, il ne s'y dilue jamais tout entier, et peut même en être un dissident ou un marginal, être ouvert à d'autres dimensions du monde, et peut-être adopter une position critique sur ce groupe. Un relativisme critique, engagé, est de mise (Massé, 2003, 2000).

ACCOMPAGNEMENT DU MALADE

Une douleur qui ne serait que de « corps » est une abstraction, comme le serait une souffrance qui ne serait que « morale ». La douleur touche l'individu, brise l'écoulement de la vie quotidienne et altère la relation aux autres. Elle est souffrance. Si douleur est un concept médical, souffrance est le concept du sujet qui la ressent. La médecine se focalise sur le corps organique (le *körper* allemand) et tend à oublier l'individu de chair immergé dans le monde (*lieb*). Au moment où le médecin accueille le malade, il le voit encore comme une personne. Par contre, quand il commence son examen, il ne voit plus que l'organisme et, s'il ne tourne pas régulièrement son visage vers celui de son patient, il le manque.

Le soulagement efficace de la douleur implique une médecine de la personne (Boureau, 1986 ; Le Breton, 2004 ; Melzack et Wall, 1989). Citons une étude menée à Bâle (Sleptsova, Wössmer et Langewitz, 2009[1]) sur une population de migrants de première origine, venus de Turquie (des hommes et des femmes, 55 % d'origine turque et 42 % d'origine kurde), gravement handicapés par une douleur (lombaire,

---

1. L'article paru en 2009 porte un titre un peu ambigu probablement dû à la revue, l'enquête dans son intégralité est nettement plus complexe et passionnante.

dorsale, cervicale ou céphalée) depuis au moins 6 mois. La population est divisée en un groupe de contrôle et un autre groupe sur lequel les efforts des médecins vont porter. Les membres du premier groupe reçoivent un traitement standard en physiothérapie ; ceux du second groupe sont engagés dans une démarche multiple à l'aide d'un interprète. Ces derniers sont informés sur leur pathologie, sur les modalités de perception de la douleur, sur des stratégies actives qu'ils peuvent mettre en œuvre par eux-mêmes ; certains traits culturels sont abordés (mais aux yeux du lecteur ils paraissent totalement anecdotiques, hormis la présence de l'interprète), dont les facteurs de stress liés à la migration et au statut de migrant ainsi qu'une motivation à une meilleure intégration en Suisse. Les patients sont initiés aux techniques de relaxation musculaire, à l'imagerie mentale, et ils reçoivent un traitement en physiothérapie. Bien entendu, comparativement aux patients du premier groupe, une nette amélioration est observable chez eux. En fait, il est clair qu'une population bâloise traditionnelle, urbaine, protestante… bénéficiant des mêmes prestations connaîtrait la même amélioration de son état. Dans ce protocole, il s'agit de prendre en charge des hommes et des femmes en souffrance et de les accompagner dans leurs soins, de leur donner les moyens de devenir actifs dans le processus de leur guérison ou de leur amélioration (ou à une meilleure adaptation si la douleur perdure). Les patients entrent dans un univers de reconnaissance, probablement d'autant plus efficace qu'ils sont en situation marginale en Suisse, s'exprimant dans une autre langue. Leur appartenance culturelle est un levier qui permet de les rejoindre plus efficacement. En d'autres termes, l'efficacité de cette expérience tient aux conditions de prise en charge, et au souci également de rompre chez les patients le sentiment de fatalité (qui implique souvent une passivité) en rassurant ces hommes et ces femmes, en leur donnant dans leur langue des repères pour mieux comprendre leur maladie, en les transformant en acteurs de leurs soins à travers le soutien permanent des professionnels. Une telle démarche induirait une amélioration pour des patients de n'importe quelle origine sociale et culturelle.

Évoquons rapidement deux expériences anglaises allant dans ce sens. Elles concernent la douleur post-opératoire et touchent des populations locales. Des patients devant subir une opération chirurgicale lourde étaient divisés en deux groupes. Les uns avaient reçu une information précise sur leur intervention et ses conséquences. On leur avait rappelé le caractère obligatoire de la venue de certaines douleurs, leur avait enseigné quelques méthodes de soulagement simple (relaxation, etc.) en insistant sur la difficulté d'obtenir un soulagement complet. On leur avait rappelé que l'équipe soignante était là pour les aider de toute façon, et leur avait proposé d'autres solutions s'il y avait lieu. L'autre groupe avait été livré à la routine de l'hôpital, glanant çà et là quelques renseignements. Bien entendu, l'ensemble des patients avaient reçu les mêmes antalgiques. Finalement, la comparaison des résultats auprès deux groupes montrait que les premiers s'étaient nettement moins plaints, qu'ils avaient demandé peu de médicaments et qu'ils étaient sortis plus rapidement de l'hôpital que les seconds (Egbert et autres, 1964).

Dans une autre enquête touchant cette fois des enfants hospitalisés pour une ablation des amygdales, une population de mères accompagnantes avait été divisée en deux groupes. Dans le premier groupe, une infirmière les accueillait et s'efforçait de créer d'emblée un climat de confiance avec elles. On donnait à ces femmes les renseignements qu'elles réclamaient, on leur expliquait les séquelles de l'opération et les rassurait sur le fait que tout allait bientôt rentrer dans l'ordre. On leur demandait d'exprimer leur crainte et de poser les questions qu'elles souhaitaient. L'enfant était présent sans être sollicité directement. Les autres mères étaient simplement prises dans les routines de l'hôpital. Tous les enfants recevaient les antalgiques appropriés. Bien entendu, les mères ayant bénéficié des explications détaillées étaient moins anxieuses que les autres. Leurs enfants paraissaient nettement moins stressés que ceux de l'autre groupe. Ils faisaient moins de cauchemars et ne pleuraient pas la nuit. Leur température et leur pression artérielle étaient normales. Ils retrouvaient vite un sommeil régulier et étaient hospitalisés moins longtemps. L'étude était accablante pour les services qui mettaient en œuvre des soins routiniers (Skipper et autres, 1968).

Ces deux exemples montrent combien s'imposent l'accompagnement du malade, une réponse à ses questions, une reconnaissance de sa plainte en matière de soin, une information sur ses troubles et sur des techniques simples de maîtrise de la douleur (Boureau, 1986). L'angoisse avive la douleur et rend l'individu plus vulnérable en le démobilisant de l'usage de ses ressources de volonté dans sa lutte pour la guérison. Le ressenti de la douleur va donc bien au-delà de son ancrage physiologique.

Ce ne sont pas les nerfs qui souffrent, mais l'individu dans la signification que possède pour lui son expérience. Le sentiment d'être bien entouré, soigné efficacement, reconnu comme personne, avec un horizon propice devant lui, est un antalgique puissant qui rend les traitements plus efficaces (Le Breton, 2010).

À ce titre, la demande d'euthanasie s'enracine sur une douleur mal prise en compte par la médecine. Elle naît aussi de l'abandon du malade face à une fin de vie sans signification, privé de la reconnaissance des autres, face à l'indifférence ou à la réprobation des soignants. L'expérience des soins palliatifs atteste que, là où le malade trouve la compassion, une écoute et un soulagement efficace de ses douleurs, la demande d'euthanasie disparaît presque toujours. La dignité n'est pas une nature, mais une relation sociale, le résultat de « la symétrie de relation qui s'établit entre les membres d'une communauté qui s'adressent les uns aux autres des commandements ou des interdictions subjectivement reconnus » (Habermas, 2002 : 55). Il n'y a pas d'état indigne, surtout lorsqu'il s'agit de malades ou de mourants. Il y a surtout des regards indignés, des regards qui jugent et disent le mépris ou l'indifférence. Si le malade ressent la gêne que suscite chez les soignants l'ennui de devoir répondre à ses demandes, il éprouve alors le sentiment de son insignifiance, souffre physiquement. Sa maladie est ainsi sans espoir, la mort devient un appel, une manière de retrouver sa dignité quand les autres la lui refusent. Mais, lorsque le malade se sent reconnu dans les yeux et les gestes des soignants, quand sa douleur est convenablement traitée par les antalgiques nécessaires, il n'y a pas de demande d'euthanasie. Au moment ultime de l'existence, le traitement médical ne suffit pas si l'individu est livré à la routine des soins. Une enquête anglaise montre que, soumis aux mêmes analgésiques, des patients en fin de vie soignés dans un service de soins palliatifs, et accompagnés, ne ressentent aucune douleur classée par eux comme « terrible et désolante », alors que 10 % des malades soignés en chambre individuelle et 13 % des malades soignés en salle commune s'en plaignent (Melzack et Wall, 1989).

Dans le soulagement de la douleur, la technicité médicale et le recours judicieux aux antalgiques vont de pair avec une écoute de la plainte et une qualité de présence au chevet du malade. L'apaisement de l'angoisse qui s'attache à toute douleur et à l'évolution de la maladie et l'instauration d'un climat de confiance avec l'équipe soignante sont autant de données qui concourent à l'efficacité des morphiniques. La technicité des soins médicaux et infirmiers appelle l'attention à la singularité d'un malade qui est le seul à pouvoir témoigner de ce qu'il éprouve. Le soulagement efficace de la douleur sollicite une médecine centrée sur la personne et non plus seulement sur des paramètres biologiques. La reconnaissance du malade en tant que sujet est une condition de l'efficacité plénière des soins reçus.

Références

Beecher, H.K. (1956). « Relationship of significance of wound to the pain experienced », *Journal of American Medical Association*, 161, 1609-1613.

Boureau, F. (1986). *Contrôlez votre douleur*, Paris, Payot.

Canguilhem, G. (1966). *Le Normal et le Pathologique*, Paris, PUF.

Davitz, L.L., et autres (1976). « Suffering as viewed in six different cultures », *American Journal of Nursing*, 76.

Egbert, L.D., et autres (1964). « Reduction of postoperative pain by encouragement and instruction of patients : a study of doctor-patient rapport », *New England Journal of Medicine*, (270).

Goffman, E. (1968). *Asiles. Études sur la condition sociale des malades mentaux*, Paris, Minuit (trad. fr.).

Habermas, J. (2002). *L'avenir de la nature humaine. Vers un eugénisme libéral*, Paris, Gallimard.

Kleiman, A. (1988). *The Illness Narratives : suffering, healing and the human condition*, New York, Basic Books.

Le Breton, D. (2010). *Expériences de la douleur. Entre destruction et renaissance*, Paris, Métailié.

Le Breton, D. (2008). *La chair à vif. De la leçon d'anatomie aux greffes d'organes*, Paris, Métailié.

Le Breton, D. (2007). « Éthique des soins en situation interculturelle à l'hôpital », dans E. Hirsch (dir.), *Éthique, médecine et société. Comprendre, réfléchir, décider*, Paris, Espace éthique-Vuibert.

Le Breton, D. (2006). *Anthropologie de la douleur*, Paris, Édition Métailié.

Le Breton, D. (2004). *Anthropologie de la douleur*, Paris, Métailié.

Le Breton, D. (2002). « Hôpital et communication », *Soins*, (670).

Massé, R. (2003). *Éthique et santé publique. Enjeux, valeurs et normativité*, Québec, Les Presses de l'Université Laval.

Massé, R. (2000). « Les limites d'une approche essentialiste des ethnoéthiques. Pour un relativisme éthique critique », *Anthropologie et Sociétés*, 24, (2).

Massé, R. (1995). *Culture et santé publique. Les contributions de l'anthropologie à la prévention et à la promotion de la santé*, Boucherville, Gaëtan Morin éditeur.

Melzack, R., et P. Wall (1989). *Le défi de la douleur*, Paris, Vigot.

Metzger, C., A. Muller, M. Schwetta et C. Walter (dir.) (2000). *Soins infirmiers et douleur*, Paris, Masson.

Morris, D.B. (1991). *The Culture of Pain*, Berkeley, University of California Press.

Skipper, K. Jr, et R.C. Leonard (1968). « Children stress and hospitalization : a field experiment », *Journal of Health Social Behavior*, (9).

Sleptsova, M., B. Wössmer et W. Langewitz (2009). « Les migrants ressentent les douleurs d'une manière différente », *Forum med Suisse*, 9 (17), 319-321.

Taylor, C. (1994). *Multiculturalisme. Différence et démocratie*, Paris, Champs-Flammarion.

Zborowski, M. (1969). *People in pain*, San Francisco, Jossey Bass.

Thématique 2

INTERROGATIONS ET PROPOSITIONS SUR LE PRENDRE-SOIN

En raison d'une domination de la médecine scientifique orientée vers la guérison au sein du système médical, d'un grand intérêt pour le développement de technologies diagnostiques/thérapeutiques et d'une médicalisation croissante des populations très attentives et réceptives à l'idée de réparation des corps et aux catégories savantes, la dimension médicale des soins est souvent considérée comme la plus importante. Or, les soins médicaux sont conjoints à d'autres dans un projet général de prendre soin qui s'entend, selon Collière[1], comme « une pratique qui engendre, génère et régénère la vie », qui permet aux gens « de trouver ou de continuer à exister ». Considérer de cette façon le soin invite nécessairement à revoir les hiérarchisations qui sont à l'œuvre dans nos sociétés, à rapporter les risques et les dessous de ces hiérarchisations, à reconnaître encore l'existence d'un grand nombre d'acteurs engagés dans le soin, même s'ils n'en font pas un métier, n'adressent pas forcément leurs gestes et leur attention à des personnes ou travaillent dans l'ombre des institutions officielles où sont dispensés les soins les plus évidents.

Le soin est ainsi comme une scène sociale où différents acteurs agissent en vue d'atteindre des modes d'existence redoutés et de fournir de l'aide à ceux qui y sont plongés. De fait, la scène et les décors des lieux de soins, les attributions des rôles, les modes de faire, les techniques des uns et des autres, ce qu'on relève de préoccupants, ce qu'on réserve à chaque acteur dans les pratiques, etc., peuvent être soumis à une analyse anthropologique et sociologique susceptible d'en livrer les formes, le sens, de les situer dans le temps et dans une société.

---

1. Marie-Françoise Collière (2001), *Soigner… le premier art de la vie*, Paris, Masson, p. 13.

À ce titre, et dans le premier texte de cette thématique sur le prendre-soin, Francine Saillant revient sur des formes d'essentialisme et de réduction qui ont eu lieu sur le terrain des soins en Occident. Discutant par exemple de la place des femmes dans les soins du corps, de cette association rapide entre infirmière et soin, de cette tendance à réduire le soin au corps-objet, de ce présupposé qu'il n'y a pas de technique là où il y a relation, et du sentiment que le soin relève toujours du devoir et qu'il est toujours bon en soi, l'anthropologue nous invite à revoir le soin en comprenant le corps d'une manière plus large, en plus de réfléchir sur les formes et les termes de la relation à l'autre qui soutient le prendre-soin.

Le texte de Walter Hesbeen répond très bien à cette invitation. Sa distinction entre le soin et le prendre-soin rappelle d'abord l'exigence de tenir compte de la singularité d'une personne et d'une trajectoire, de s'inscrire comme soignant dans un rapport à l'autre qui ne le fait pas apparaître comme un objet et d'éviter alors de s'engager dans une action qui consiste à donner ou à faire des soins. La perspective soignante que soutient Hesbeen s'adresse à tous les professionnels du soin à travers l'idée d'une certaine intelligence des situations à développer. Intelligence de la complexité des réalités à travers, dirons-nous, des sciences sociales susceptibles de fournir le sens que les individus donnent à leur trajectoire au sein d'un monde de vie qu'il faut savoir décrypter. Intelligence qui conduit encore à rester humain devant l'autre qui est considéré comme une source de savoirs, à ne pas se transformer en opérateur qui dispense des soins en étant totalement inspiré par des modèles scientifiques par exemple, en étant finalement dans la proximité de ce qu'il expérimente.

Cette proximité est bien évoquée dans le texte de Cécile Lambert et Chantal Doré qui se situent en droite ligne avec les travaux de l'anthropologue Collière en nous présentant une manière de convoquer l'anthropologie dans les sciences infirmières. Proximité à chercher avec les étudiantes en dépassant d'abord l'ignorance et des attitudes négatives habituellement véhiculées à propos de groupes d'individus qui évoquent explicitement une différence culturelle. Et proximité encore dans les soins en produisant une connaissance à partir de relations qu'il faut être capable de tisser entre différents aspects significatifs des situations, afin de mettre en forme le soin. Finalement, pour les auteures, les situations de soins sont des situations anthropologiques, mettant en jeu du culturel qu'il faut décoder et identifier pour nourrir la pratique.

Nicolas Vonarx et Paméla Farman vont dans le même sens en proposant cette fois aux soignants de comprendre la culture sous l'angle de systèmes de représentations et de valeurs essentielles aux soignés pour composer avec la maladie et affirmer ce à quoi ils tiennent à un moment où ils en sont souvent privés. Réfléchissant sur l'interculturalité dans les soins, soulignant d'abord qu'elle est une préoccupation en sciences infirmières et que de nombreuses situations cliniques témoignent d'un manque de sensibilité à ce sujet, ils reviennent sur un prendre-soin des référents identitaires, prétextant que l'entretien de la vie consiste aussi à reconnaître et à renforcer ce qui fait vivre et les manières de vivre qui nous constituent. Dans un contexte de pluralité culturelle, les soignants sont ainsi invités à se familiariser avec les approches anthropologiques et les anthropologues pour réfléchir sur les systèmes de représentations qui les animent comme individus et comme experts, et pour accéder à des systèmes qui se présentent du côté des personnes soignées.

Enfin, le cinquième texte témoigne de la pluralité qui existe dans le domaine des soins en abordant l'intégration des approches complémentaires et alternatives de soins qui sont couramment retrouvées dans les itinéraires des personnes malades. Sans faire l'apologie des alternatives et discuter de l'intégration sous l'angle de l'efficacité, Nicolas Vonarx propose plutôt une réflexion sur les véritables enjeux de cette intégration en abordant les présupposés théoriques qui soutiennent les pratiques et les thérapies médicales en général. De là, et considérant un intérêt clairement affiché pour ce sujet dans la discipline infirmière, l'auteur revient sur l'intégration de thérapies et de pratiques dans les soins infirmiers, en l'appuyant de correspondances qui existent entre les pratiques infirmières et des pratiques alternatives.

Penser l'humanisme
et l'humanisation des soins

FRANCINE SAILLANT

En sciences infirmières et au-delà des différences qui existent entre les écoles et les théories, la réflexion scientifique a été largement soutenue par une certaine vision de l'humanisation des soins, qui oppose traditionnellement le savoir intuitif au savoir scientifique, le *care* au *cure*, et l'humain à la technique. Ce chapitre vise à repenser les soins et les savoirs infirmiers par un examen critique de la question des soins et des relations avec ces termes que sont l'humanisme, l'humanisation et la technique. Il s'organise en trois parties. La première introduit la question des relations entre humanisme, humanisation et *caring*, qui sont considé-rées par un grand nombre d'infirmières comme nécessaires et fondatrices de l'identité infirmière. La deuxième partie est consacrée aux diverses significations que prend la notion de soins. La troisième explore le sujet du corps dans les savoirs sur les soins et le problème inhérent au langage que nous tenons sur le corps. Tout au long des deuxième et troisième parties, je procéderai à la déconstruction critique de la relation humanisme, humanisation et *caring*. La conclusion comprend une série de propositions au sujet des savoirs à prioriser.

HUMANISATION, HUMANISME ET *CARING*

Parmi les professions de l'aide et des soins, la profession infirmière se situe au croisement du scientifique et du compassionnel. Cette position s'est parfois traduite par des tensions dans les modèles de pratiques, par des polarisations et divers jeux d'exclusion que je résumerais très succinctement. Retenons d'abord que certaines théoriciennes ont mis l'accent sur le pôle scientifique, à travers leur appropriation de théories héritées de la psychologie et de la psychologie sociale, de la biologie, des sciences de l'éducation, de l'épidémiologie et de la médecine, incluant la médecine sociale et la santé communautaire. D'autres ont plutôt mis l'accent sur la psychologie clinique de type humaniste, sur la sociologie et l'anthropologie, sur la philosophie. En embrassant plusieurs disciplines, les sciences infirmières ont hérité de multiples savoirs, de visions du monde et de l'humain, de la vie et du bien propres aux disciplines, sans doute parce que ce partage de savoirs faisait aussi écho à leurs conditions de pratique. De fait, elles ont reproduit les polarités et les tensions que l'on connaît entre les sciences de façon plus générale.

Par l'intermédiaire d'une formation de plus en plus poussée et appuyée de plus en plus sur la science, les infirmières ont aussi désiré se faire reconnaître et faire reconnaître leur savoir de plusieurs manières. Elles ont cherché à maîtriser des outils techniques[1], ont accru leur savoir spécifique et interdisciplinaire et ont affirmé leur spécificité professionnelle. Toutefois, puisque leurs savoirs scientifiques sont largement inspirés de multiples disciplines, il n'est pas simple de départager le savoir interdisciplinaire de quelque chose qui serait un savoir propre. En ce qui concerne alors la spécificité professionnelle, et pour se dégager entre autres de l'emprise et surtout de l'image médicale, elles ont insisté sur les aspects relationnels de la profession, sur l'accompagnement et le compassionnel. « L'accompagnement compassionnel », faut-il le rappeler, serait cette part du *care* dans une pratique oscillant entre le *care* et le *cure*.

---

1.   Par exemple, les outils techniques leur viennent généralement de la science médicale, du *medical engineering* et *du social engineering*. Ils ne leur sont pas forcément spécifiques, mais elles ont à les utiliser.

Toutefois, même si la plupart des théories de l'accompagnement ont été incorporées dans le paradigme du *caring*, il ne faudrait pas imaginer pour autant que la dimension de l'accompagnement soit exactement équivalente au paradigme du *caring* (bien que les théoriciennes du *caring* aient soutenu cette position). Le paradigme du *caring* – paradigme d'inspiration humaniste – a été marqué par une vision surtout duale (en dyade) et hospitalo-centriste de la relation soins-soigné-soignante, faisant du soigné et de la soignante les acteurs principaux de la relation. Bien que de forts débats sur la place que devrait véritablement occuper le paradigme du *caring* dans la profession soient toujours en cours, on ne trouve pas beaucoup de gens qui réfuteraient le caractère central de la dimension relationnelle dans les soins, car c'est là une question d'identité et de reconnaissance. C'est même autour de ce thème que convergent maintenant des intérêts scientifiques, éducatifs, cliniques, syndicaux et corporatifs. Se faire reconnaître dans sa singularité, sa valeur et son identité est une quête personnelle et collective légitime et essentielle pour avoir le sentiment d'exister et, surtout, pour compter aux yeux des autres.

J'indique donc ici que le paradigme du *caring*, bien qu'il ne soit pas adopté par toutes, a joué le rôle d'un catalyseur identitaire pour le monde infirmier. Il a servi à nommer et surtout à affirmer la part du relationnel dans les soins et, par là, à fournir un cadre pour penser ce que l'on voulait être particulier, unique, singulier et le moins possible enchevêtré dans la pensée technique ou soumis à son envahissement hégémonique. Le paradigme du *caring* et ses nombreux dérivés ont donc permis aux infirmières de lutter symboliquement contre l'envahissement de la technique dans leur pratique et de développer un langage transposable dans l'humanisation des soins.

Humaniser les soins pour les infirmières a voulu dire le plus souvent réduire la part du *cure* et du technique, ou en adoucir les applications de façon à laisser de la place aux dimensions expressives des soins, à placer l'être au devant du corps-machine, tout en sachant que celui-là était inévitable. Dans cette veine, humanisation a été associée à humanisme et humanisme à *caring*. Prenant la figure du *care*, la technique a, pour sa part, été représentée comme l'envers du *caring*.

LES SOINS : RETOUR CRITIQUE SUR UNE NOTION PLURIELLE

Examinons maintenant le sujet des soins dans sa dimension philosophique à travers diverses formes d'essentialisme. Par la suite, situons les soins dans un horizon étymologique et sémantique, puis dans un horizon historique et socio-anthropologique. Enfin, voyons quels sont les rapports que ces derniers entretiennent avec diverses institutions et professions, notamment avec la profession médicale et les professions de l'aide (en particulier féminines).

Soins et essentialismes

Les soins ne sont pas exempts de tentations essentialistes. L'une des formes les plus courantes d'essentialisme associe les femmes aux soins. Une telle association est née de la division sociale du travail entre les hommes et les femmes et de l'assignation des femmes aux rôles de soignantes dans les groupes domestiques. Cette division s'est reproduite dans les métiers et les professions, laissant aux femmes les métiers relationnels associés aux soins du corps, et aux hommes ceux qui sont techniques et associés à la réparation des corps. Au fil du temps et de façon plus au moins consciente, les sociétés occidentales ont eu recours à l'apport naturel des femmes aux soins et à l'énergie de leur travail. En raison de l'essentialisme femmes-soins, de la division socio-sexuelle du travail et de la position d'assujettissement des femmes en tant que groupe dans les sociétés occidentales, les soins ont été placés dans l'informel, dans le banal et le quotidien, en même temps qu'ils ont été jugés essentiels à la reproduction biologique.

Dans l'essentialisme femmes-soins, il y a cette idée que les soins s'inscrivent nécessairement dans la vie banale et ordinaire. Pour cette raison, leur valeur serait plus faible. Nous savons pourtant que cette part du banal dans les soins et, pourquoi pas, de l'attribution d'une faible valeur n'est que le fruit de l'idéologie marchande qui réduit le productif et l'économique à la production des choses plutôt qu'à la production de la vie. Les soins sont donc frappés d'un paradoxe et cet essentialisme gomme les autres formes de rapports sociaux auxquels pourraient donner lieu les soins. Pensons effectivement à la responsabilité des hommes dans les soins, et aussi à diverses formes de responsabilité collective[2]. La responsabilité des soins déborde de fait la dyade soignante-soigné.

Une autre tentation essentialiste est celle d'associer les soins à la santé et à la maladie. Les soins sont alors susceptibles d'être marqués par l'institution médicale qui en pervertit le langage et la symbolique. Cette association met dans l'ombre d'autres formes de pratiques, de savoirs et d'éthique relatives à cette responsabilité discutée plus haut, notamment ces autres relations qui proviennent de divers domaines, comme ceux du religieux, de l'esthétique ou de l'écologie. Réduire le soin à l'univers de la maladie, c'est en confiner l'espace éthique et relationnel, alors que ses possibilités sont plurielles et polysémiques.

Une troisième forme d'essentialisme est celle de la relation des soins que l'on conçoit comme un devoir. Ici, il faut relever l'affirmation que posent les sociétés occidentales à l'endroit des soins comme une obligation morale. Nourrie par l'attachement judéo-chrétien au caractère sacré de la vie, cette affirmation porte des intentions élevées dont nos sociétés ne sont pas toujours à la hauteur. Effectivement, nous pouvons nous demander si cette obligation morale vaut pour tous, en toutes circonstances, si nous prenons soin de tous de manière égale et si nous ressentons ce devoir comme applicable pour tous ? En fait, il semble opportun de distinguer le « penser à l'autre », issu de l'éthique de la responsabilité de type lévinassien, du devoir chrétien auquel le croyant ne saurait échapper à moins d'être pris en faute. Cette autre forme d'essentialisme relègue au second plan deux expressions problématiques des soins : celle qui conduit au contrôle et à la violence symbolique par les soins, comme c'est le cas dans les formes d'institutionnalisation les moins réussies, et celle qui nous situe sur le terrain de l'abandon de soins ou de l'indifférence. Que peuvent alors signifier la responsabilité et le devoir des soins pensés au-dehors de la doctrine judéo-chrétienne ? Dépasser les diverses formes d'essentialisme qui ont historiquement marqué les soins nous paraît donc essentiel et nous ouvre à une véritable anthropologie des soins déployés au cœur de diverses ontologies.

---

2. Par exemple, les responsabilités d'une génération à une autre, des institutions face aux personnes, des communautés face à leurs membres.

Étymologie et sémantique

Parler des soins nous situe spontanément dans le registre des innombrables expressions courantes qui font partie de l'habitus langagier dans les pays francophones. Des expressions telles que « soins de santé », « système de soins », « modèle de soins », « philosophie de soins », « personnel de soins » cachent le caractère problématique de cette notion qui est trop souvent enchâssée dans les modèles de pratiques qui dominent des institutions de santé en Occident et de plus en plus ailleurs, et qui relèvent tout particulièrement de l'institution médicale. À première vue, les mots « soins » et « soigner » paraissent désigner une série d'actions qui découlent de décisions et de cadres de pratiques conçus par l'institution médicale. Ainsi, on « soignerait » un patient avec les moyens de « la » médecine (entendue ici la médecine occidentale). Il s'agit là d'une vision ethnocentrique, puisque toutes les sociétés ont développé des systèmes de médecine et de soins plus ou moins élaborés, qui sont basés sur des traditions orales ou écrites, étudiés par les historiens et les anthropologues et qui se transforment aujourd'hui dans un contexte de rencontre et de pluralité. Les membres des divers groupes ethnoculturels du Canada et des Premières Nations le savent, tout comme les personnes intéressées aux pratiques alternatives dans les soins et ceux qui ont connu les soins familiaux de nos aïeules. Malgré ce sens commun, il existe une vision plurielle des soins et nous évoluons dans un monde pluraliste au niveau des systèmes de soins et des médecines, et ce, en dépit d'une médecine occidentale qui continue de dominer socialement le champ et les institutions de la santé.

Ensuite, même si le mot soin est largement relié au domaine des professions de la santé et élevé au niveau de concept dans la profession infirmière, d'autres groupes professionnels en font usage, faisant référence par exemple à l'esthétique ou aux thérapies corporelles de bien-être (je pense ici aux soins de la peau, à l'aromathérapie, à la massothérapie) et à diverses formes d'aide[3]. Enfin, dans le contexte de la vie domestique, tout un ensemble de gestes mis en œuvre par les femmes et faits selon leur

---

3. Les psychologues et les travailleurs sociaux font de l'accompagnement dans des lieux de plus en plus diversifiés, dans les cliniques et nos institutions, bien sûr, mais aussi dans la rue, dans des camps de réfugiés et des bidonvilles.

habitus de genre et la division sociale du travail doivent être aussi considérés dans le domaine des soins. C'est le cas du maternage des enfants, du soutien aux personnes adultes non malades, aux malades eux-mêmes, aux handicapés, aux personnes âgées autonomes ou en perte d'autonomie. Nous avions un peu oublié tout cela durant les années d'or du système de santé canadien qui paraissait tout entier réservé aux professionnels. Mais la crise des années 1990 a fait réapparaître la « part des femmes dans les soins de santé » à partir notamment des soins domestiques qui constituent, en effet, la part invisible de l'ensemble des actions de soins dans la société, qui sont naturalisés parce qu'ils sont considérés comme une dimension normale et attendue des rôles féminins.

Je suis consciente d'affirmer un point de vue inhabituel en sciences infirmières tant on a recherché à associer le mot soin à la profession infirmière jusqu'à en faire un équivalent, en laissant alors dans l'ombre le fait que les soins, par leur caractère multidimensionnel et pluriel, s'expriment dans divers lieux et sphères de la société. Il est toutefois utile de se défaire de cette association. Outre le peu de cas fait au pluralisme médical et des soins, un usage trop étroit du mot soins réduit à une épistémologie ou à un seul cadre culturel, en évacue l'étymologie. Pourtant, celle-ci nous renvoie à l'idée de souci, de préoccupation et de relation à un autre fragilisé par une condition donnée, une maladie ou une situation de vulnérabilité. Il est intéressant de rappeler les étroites relations entre les mots soins, préoccupations et responsabilité, l'idée de préoccupation se trouvant en quelque sorte dans une position médiane entre soins et responsabilités (Saillant, 2000). Le mot responsabilité a en effet une connotation de préoccupation, tout comme le mot soin. En anglais, le terme *care*, qui signifie « prendre soin », a deux sens : *care of* et *care about* qui distinguent les idées de prise en charge (*care of*) et de préoccupation (*care about*).

L'étymologie du mot soin est primordiale et ne saurait être évacuée ici. Il semble en effet juste de situer l'horizon éthique de l'action de soin en avant-plan de tout confinement à une pratique particulière, à une profession ou à une science. Les soins ne se détachent pas de la notion de « prendre soin ». Notons, par exemple, qu'on s'occupe d'une personne proche dont l'état de santé se détériore, mais on entretient aussi la mémoire d'une personne décédée, prend soin d'un environnement dans lequel on vit, prend soin d'une chose dotée d'une valeur parce qu'elle porte une mémoire. En tant que don ou souvenir, parce qu'on ne veut pas perdre l'esprit d'un être, d'un événement, d'une relation, on l'entretient. Prendre soin se fait envers une personne et dans une relation à cette personne, qu'elle soit professionnelle, familiale, amicale, qu'elle soit vivante ou décédée. Mais on prend soin aussi d'autres éléments, qui ne sont pas nécessairement humains et qui sont reliés à nous. C'est le cas de certaines catégories d'objets, de milieux et d'états d'être. Le « prendre-soin » concerne la maladie et la santé, mais s'étend aussi à d'autres sphères de la vie.

Dans la pensée de bien des systèmes de médecine et de soins qui ne sont pas biomédicaux, cette vision est tout à fait habituelle. Prendre soin des éléments non humains, comme les esprits et les animaux, compte énormément pour les Inuits et pour les membres des Premières Nations du Canada. Ce que nous devons comprendre ici, c'est qu'il y a cette idée fondamentale de relation dans cette idée de prendre soin. On ne peut soigner sans un autre, sans la relation à l'autre, et toute action de soin ne peut avoir du sens que dans un espace relationnel. Aller au bout de cette idée, c'est affirmer que les soins ne peuvent pas se définir seulement par leurs actions et leurs techniques. Ils se définissent aussi par les formes et les termes mêmes de la relation entre ceux et celles qui soignent, et les êtres et les autres éléments dont on prend soin. C'est donc par cet esprit du souci et de la préoccupation pour quelqu'un ou quelque chose qui nous est étranger, qui est extérieur à soi, que les soins prennent forme. Mais, entre le souci et la préoccupation (pour l'autre), et le fait que les soins sont nécessairement bienfaisants, qu'ils répondent à une certaine idée que nous nous sommes faites de l'humanisation, il y a tout un chemin. On ne peut pas présumer à l'avance du souci et de la préoccupation pour l'autre, de la direction de ce souci et de cette intention.

Les soins sont multiformes, variés, n'appartiennent pas à une profession ou ne sont pas le propre d'une seule épistémologie. Ils sont d'emblée pluriels. Ils prendront sans doute d'autant plus de valeur que leur reconnaissance en matière de dissémination et de diversité sera accrue. C'est trop souvent lorsqu'ils sont manquants que leur valeur apparaît. Ils sont aussi largement relationnels. Mais le fait d'affirmer leur caractère relationnel ne suffit pas, puisque le terme « relation » ne dit rien du sens de la relation et des termes mêmes de la relation. De plus, les soins comme la relation ne sont pas la propriété de personnes. Peut-être que c'est dans une configuration particulière des soins, de la relation et d'autre chose, plutôt que dans un dualisme qui enferme trop le sens de l'agir des soins, qu'il faut chercher de nouvelles lignes de partage.

Horizon historique, socio-anthropologique, professionnel et institutionnel

Il convient ici de se référer à la place des soins dans l'espace socio-thérapeutique qu'on ne peut pas limiter aux institutions de santé. L'espace thérapeutique ne se situe pas dans une institution ou dans un lieu donné. Il renvoie à l'ensemble des gestes qui engagent des individus et des groupes pour le travail de soutien de la vie d'autrui, lequel est disséminé dans l'espace social. Il englobe le travail infirmier, mais ne s'y restreint pas. Le travail de soutien de la vie passe par le corps, au sens le plus global de cette idée de corps, et par diverses techniques du corps, pour rejoindre des personnes singulières et des groupes particuliers. Tous les gestes de soutien de la vie ne conduisent pas nécessairement à un mieux-être, voire au maintien de la vie et à sa qualité, ou à une vie signifiante pour soi et pour les autres. Dans la pensée humaniste ou de l'humanisation, les soins ont été vus comme nécessairement bienfaisants. Il y avait d'une part (si l'on caricature quelque peu) la technique, mauvaise, médicale, abusive, intrusive et, d'autre part, les soins qui devaient corriger la technique et la rendre humaine en ramenant la priorité vers l'être plutôt que vers la machine. Dans cette vision des choses, très influencée par le modèle médico-hospitalier, la technique était en fait la machine. Mais on sait que les techniques, par exemple infirmières, ne sont pas que machinales. Elles sont aussi socio-comportementales (le travail pour changer les comportements de santé) et administratives (la gestion touche la vie et les corps). Elles sont également repérables par des routines (le contrôle rituel de la température et des excréta tous les matins dans les hôpitaux). Ainsi, les techniques de soins sont de divers ordres. Par exemple, elles peuvent être qualifiées de coercitives[4] et de punitives quand elles visent la normalisation. Il y a

---

4. C'est le cas dans le domaine pénal et psychiatrique. L'histoire de la psychiatrie regorge de pratiques d'enfermement et les réalités actuelles dans le domaine de la santé mentale sont parfois questionnables.

également les techniques de soins qui peuvent prendre des formes contrôlantes, entraînant la désocialisation et le redressement. Que penser encore de la médicalisation extrême des patients psychiatriques et vieillissants et du médicament qui est une micro-technologie aux allures un peu trop anodines ? Que veut-on redresser chez ces trop nombreux vieillards et ces fous à l'ombre de nos cités ? Que refusons-nous de voir, et à quelle idée d'ordre et de perfection nous référons-nous ? La tendance véritablement techniciste, comme c'est le cas lors de l'acharnement thérapeutique en fin de vie ou lors de certaines pratiques néonatales, est bien une autre façon de voir s'exprimer des techniques couramment rencontrées dans les soins infirmiers. Dans certains milieux de soins, on allonge de plus en plus le temps de la vie et redéfinit constamment les bornes du vivre et du mourir. Mais les techniques peuvent encore prendre un visage de techniques facilitatrices, comme lors de l'accompagnement à la naissance, à l'accouchement ou au mourir. Elles peuvent être inclusives de personnes ou de groupes, comme dans le soutien aux personnes en perte d'autonomie à travers les soins de base (les techniques de soins de base servant aussi de moment d'échange, de parole et de vie, et de maintien dans le lien social). Mais certaines techniques maintiennent au contraire le corps mort dans une demi-vie, en fait un mort vivant dont les organes serviront ensuite à des greffes, comme dans les cas de transplantations d'organes[5].

Il convient finalement de souligner le caractère ambivalent de bien des techniques de soins, lorsqu'elles sont mises en relation avec des rôles particuliers. Ainsi, les soins parentaux peuvent être marqués de la constance et de la surveillance bienveillante ou bien, à l'inverse, de négligence et de non-engagement. Les thérapies anticancéreuses utilisent les technologies de radiation qui ont servi également à la fabrication de la bombe atomique. La chirurgie permet de sauver des vies, mais certains de ses usages clandestins rendent possibles des pratiques de prélèvement sauvage d'organes sur les individus pauvres des pays du Sud à des fins de transplantation sur d'autres individus de pays riches. On voudrait

---

5. Dans son ouvrage *Twide Dead*, l'anthropologue Margaret Lock (2002) a décrit comment les infirmières prennent soin des machines comme s'il s'agissait d'humains, le corps humain étant dans ce contexte complètement chosifié, dans ces salles où sont prélevés, puis mis en condition de conservation, les organes.

que le dépistage génétique sauve des vies mais on ne se demande pas s'il peut conduire à l'eugénisme. Les techniques associées aux soins de santé ne sont pas bienfaisantes en soi. Vouloir humaniser, vouloir faire primer la relation sur la technique, l'être sur la machine, n'est pas suffisant, car les questions qu'il faut savoir se poser sont : des soins, mais quels soins ? De la relation oui ! Mais quelle relation et à quelle fin ? De la technique ! Mais quelle technique ? Une infirmière qui prend soin d'un malade schizophrène *et* qui lui tient la main lors d'un électrochoc est dans une position ambivalente de contrôle et de bienveillance ; une autre qui suggère une alimentation saine à une famille pauvre est dans une position normative *et* bienveillante. Les résultats de ces gestes sont incertains et ne conduisent pas nécessairement au bien-être.

L'étymologie du mot soin, en tant que souci et préoccupation (pour l'autre), devrait également rappeler, par l'inclusion de son contraire, le problème de l'indifférence et celui du choix d'agir pour certains groupes vulnérables et fragiles au détriment d'autres, mettant en cause la justice dans l'accès aux ressources de santé. Ainsi, l'insistance sur l'humanisme et l'humanisation par les soins a rendu difficile de penser les soins comme manque, absence, refus. Il faut ici considérer toute la question de la privation (de soins, de techniques) pour certains groupes dans les arrière-cités et les arrière-pays de ce monde, et pour lesquels la santé est devenue un enjeu de droits humains et de citoyenneté. Il faut aussi penser les soins en relation avec l'importance que peuvent prendre sur la scène sociale certains groupes au détriment d'autres. Par exemple, la problématique du sida a finalement gagné en action de soins par le travail d'activistes disposant de moyens que n'auront jamais des groupes comme les déficients intellectuels, les réfugiés, les toxicomanes, les personnes atteintes de la maladie d'Alzheimer, les gens les plus éloignés des réserves indiennes. Il faut savoir penser les soins dans leurs expressions de refus (de soigner), d'indifférence (face à des groupes). Sans que l'on s'en rende compte très clairement, « se préoccuper de » suppose qu'on « ne s'en préoccupe pas ».

Un autre point est celui de la réflexivité personnelle et sociale dans les actions de soins. En effet, jusqu'à quel point le souci et la préoccupation pour l'autre dans les soins renvoient-ils à une vision limitative de l'altérité, effaçant la personne qui soigne et son existence en tant que sujet de la relation de soins ? Ce problème devient particulièrement crucial dans le contexte du déclin de l'État-providence et de la place de plus en plus importante qui est faite à « l'aide naturelle » et aux soins profanes et domestiques (donc à l'engagement physique et moral d'une bonne part de la population féminine envers les personnes dépendantes). On ne peut plus effacer complètement de la dyade soigné-soignante la figure et la subjectivité de celle qui soigne. L'autre n'est pas que celui vers qui sont dirigées des actions supposées bienveillantes (ce qui rigidifie les identités de soigné, comme celle de psychiatrisé, celle de personne handicapée, celle de malade en lourde perte d'autonomie). L'autre n'est pas la propriété d'un soi, de celle qui soigne, et celle qui soigne expérimente aussi sa part d'altérité. Qui est l'autre quand l'infirmière est autochtone en milieu autochtone ? Qui est l'autre quand l'infirmière est issue d'un groupe ethnoculturel et œuvre dans Côte-des-Neiges ? Qui est l'autre quand l'infirmière prend soin d'un proche chez elle et en prend soin dans une institution ? Qui est l'autre quand l'infirmière est une Blanche dans un village inuit ? Qu'est-ce qui nous constitue donc en tant que « autre » ? La préoccupation pour l'autre, c'est au fond cette part de l'autre que nous portons tous en nous.

Dans les sociétés occidentales et dans l'espace thérapeutique, on ne saurait négliger que les soins ont été principalement le travail des femmes, si l'on considère leur place dans les groupes domestiques et leurs obligations de soins, la part qu'elles ont jouée dans le développement, la mise en œuvre et la transmission des savoirs populaires sur le corps et la santé, leurs responsabilités dans le déroulement de la grossesse et de l'accouchement, en tant que matrones ou sages-femmes. Elles ont aussi été nombreuses dans les diverses professions et groupes agissant dans les soins du corps, en particulier les soins infirmiers à partir du XIXe siècle. Leur place a toutefois été contestée dans l'accès au savoir médical. Généralement, elles n'ont été admises dans les facultés de médecine qu'au XXe siècle. Par exemple, durant l'époque victorienne, les médecins les jugeaient trop faibles pour supporter la vue du corps malade à une époque où l'intelligence des femmes était encore une donnée incertaine pour la science et son idéologie andro-centrique. Outre sa dureté et sa fermeté envers les femmes désireuses de vouloir s'approprier ce type de savoir, l'institution médicale fit longtemps la chasse aux supercheries des savoirs populaires (entendre ici : féminins, profanes et domestiques) et aux charlatans (incluant les sages-femmes formées par la tradition orale et les guérisseuses qui faisaient usage de plantes). Longtemps inaccessible aux femmes, le savoir médical fit d'elles un objet privilégié d'élaborations de perspectives sexistes et pseudo-scientifiques à propos de leur corps. En parallèle, la profession infirmière n'a eu de cesse de s'acharner à produire un savoir propre et autonome, en s'inspirant des théories anthropologiques sur la différence entre le *cure* et le *care* dans les actions de soins, et plus précisément sur les fonctions expressives et les techniques de soins, mais cela avec des postures critiques fort variables face au médical et au *cure*. Le *caring* est devenu une forme de rationalisation de la part affective et expressive des soins érigée en système autonome de pratiques.

Peu de travaux anthropologiques peuvent valider une distinction claire entre soins et médecine dans les sociétés non occidentales, puisque les systèmes de médecine traditionnelle n'effectuent pas cette séparation héritée de la tradition occidentale entre l'expressif et le technique. Cette difficulté de validation rend difficile et quasi impossible d'argumenter dans le sens d'une autonomisation forte et assurée du domaine des soins au sens qu'on lui a donné dans les théories du *caring*. Il est probablement plus facile de contrôler l'acte technique associé à une machine (comme le font les médecins lors des actes professionnels) que de contrôler l'acte relationnel (la relation et le relationnel n'appartiennent à personne)[6]. C'est sans doute aussi pour cela que les relations sont plus difficilement marchandables et que les professions basées sur des relations et sur la primauté des relations, sur les fonctions de médiation, comme dans l'enseignement et les soins de santé, sont des lieux de résistance à la marchandisation du monde et des corps. Mais c'est aussi en cela que le relationnel est fragile et qu'il est difficile d'en faire un point d'appui unique quant à l'identité de toute une profession, comme on a tenté de le faire avec le *caring*. Aussi, on ne peut considérer le relationnel comme donné d'avance, puisque toute relation ne peut être en soi humanisation et compassion, et que même la compassion est douteuse dans certains contextes (où se mêlent l'humanitaire et la guerre par exemple).

---

6.   Pensons aux difficultés des psychologues de contrôler le champ des psychothérapies, l'épisode Mailloux nous l'a bien rappelé.

ANTHROPOLOGIE DU CORPS ET DES SOINS

Faisons maintenant un détour vers l'anthropologie, pour parler de l'anthropologie du corps, afin d'aborder d'autres aspects des soins. Je veux par ceci affirmer l'importance de trouver un langage pour parler du corps dont il est question dans les soins, langage qui, à mon avis, n'a pas encore été vraiment trouvé. C'est pourtant par le détour du langage, de la façon de nommer et de dire les « affaires du corps », que se trouve une possibilité de rupture par rapport à la pensée technicienne et au *cure*. Sans cette rupture épistémologique par rapport au naturalisme médical, l'abord des soins restera imprégné de cette pensée technicienne, étant donné la nature même de la pratique infirmière, faite entre autres de cette rencontre obligée entre le corps sensible, le corps biologique, la machine et l'agir soignant, de cette oscillation entre le *cure* et le *care*. Cette proposition ne signifie pas de sortir la technique et les machines des soins, ce qui serait irréaliste, mais de trouver plutôt un langage des soins qui ne soit pas déterminé, au sens d'emprisonné, par la pensée technicienne, dans son sens le plus large. Cette proposition signifie également que la seule affirmation du caractère relationnel des soins, de leur composante humaniste et expressive, comme on l'a longtemps soutenu à travers le doublet *cure-care*, ne saurait suffire pour toutes les raisons évoquées précédemment, car elle piège les soins dans une essence figée et un idéalisme qui ne résout pas les contradictions dont la profession souhaite historiquement sortir. Je veux ici aussi souligner que ce travail sur le langage n'est pas une opération cosmétique et esthétique, mais une opération forte de la pensée qui mérite recherche et approfondissement. Le chemin emprunté par une anthropologie du corps au cours des 30 dernières années est un exemple de ce qui pourrait être fait pour trouver un langage des soins qui ne soit ni le *care* du relationnel, ni le *cure* du technique, mais un langage de la rencontre et de la relation avec un sujet ou une collectivité, dotés de corps, et surtout de corps sensibles. Comme objet de *préoccupations* dans les soins, ce sujet-corps (ou collectivité-corps) a une histoire et évolue dans un environnement de sens. S'il est sujet, il est sujet de langage incarné dans un corps.

Y aurait-il un autre corps à nommer dans les soins ? Comment nommer toutes les actions teintées du souci pour l'autre et imbriquées dans l'engagement moral, ayant pour objet le corps sensible ? Ce corps des soins est en soi implicite parce qu'il est découvert lors des interactions en face-à-face ou des actions de proximité dans les communautés. Le temps de nommer ce corps, qui n'est pas le corps bio-somatique de la technique, exige de fines observations, de l'écoute et le goût de dire autrement, pour dire de façon plus juste et appropriée. Cet autre corps dit et représenté sortirait le corps du langage unique (de la pensée unique) du *cure*, et peut-être aussi du *care*, pour s'intégrer à une vision plus unifiée (unifiante ?) et incarnée « de ce qui est engagé dans les soins ». Le naturalisme médical n'est que l'une des expressions de la technique et de la machine aujourd'hui. On le trouve aussi dans la pensée instrumentale du type « chaque problème sa solution », « chaque fin ses moyens », dont les professions usent largement et sont demandeuses.

Chacune des étapes clefs de l'anthropologie du corps a constitué un moment supplémentaire pour construire une idée somme toute assez simple : la société est toute dans le corps et le corps est social, à travers les rapports sociaux, la culture et le pouvoir. Le corps n'est pas une enveloppe étanche sur laquelle s'imprime des influences sociales ; il est tout entier social, surtout lorsqu'on pense à l'être humain en tant que sujet doté d'un corps et non au corps comme contenant et articulation d'organes. Le corps des soins, s'il est bien sûr social, est un corps fait de traces. L'anthropologie du corps (Saillant, 2005) a effectivement mis à jour un langage pour nommer le rapport corps-société avec le texte célèbre sur les techniques du corps de Marcel Mauss (1968 [1934]), et les travaux d'auteurs comme Bourdieu[7] (1997), Csordas[8] (1990) et Foucault[9] et ses collaborateurs (2001). On a ainsi opéré une rupture avec le naturalisme médical. On est sorti de l'héritage du dualisme cartésien et s'est dégagé d'une image physiciste et pathologisante du corps, pour entrer pleinement dans les différentes catégories d'expériences associant corps, sensorialité, monde social et symbolique.

---

7.   Dont les travaux sur l'habitus rappellent que le corps est le produit des structures sociales et des rapports sociaux, par exemple de classe et de genre.
8.   Qui nous fournit le concept d'*embodiment* (incarnation), montrant que l'être humain ne peut exister dans un environnement donné sans un processus d'individuation mettant en jeu les émotions et la culture.
9.   Autour des concepts de biopouvoir et de biopolitique, suggérant que tout rapport de pouvoir passe par le corps et le prend pour objet.

Le corps de la médecine n'est donc pas le corps des sciences sociales. Il existe finalement plusieurs catégories de corps. En opérant une rupture avec le langage dominant de la pensée technicienne, l'anthropologie du corps a permis de sortir des représentations dominantes du corps pour nommer des réalités inaccessibles à la pensée technicienne. En ce qui concerne les soins, l'importance de trouver ce langage est primordial. Ce langage avait été partiellement trouvé dans le paradigme du *caring*, mais dans une version qui ne donne pas au corps et au corps souffrant une place centrale. Le langage du *caring*, tout entier tourné sur la relation, et qui plus est sur une relation déterminée dans son sens et sa direction, obligatoirement compassionnelle, a essentialisé les soins tout en les enfermant dans un dualisme pas très loin de la reproduction du dualisme corps-esprit. Ce qu'il faut, c'est sans doute de replacer la pensée relationnelle dans son horizon éthique : on soigne parce qu'on va vers un être, vers des êtres. La préoccupation est inscrite dans un mouvement et s'engage dans l'agir en direction d'un sujet-corps, d'un sujet fait corps, dont la souffrance, l'inconfort, la maladie et l'exclusion s'inscrivent dans une histoire et dans une biographie, individuelle et collective. Le corps sensible des soins est avant tout un corps de sensations, de mémoire et d'expériences. Encore faudrait-il savoir nommer ces sensations, ces mémoires, ces expériences et les placer dans l'horizon du savoir.

CONCLUSION : DES SAVOIRS À REVISITER

Tout au long de ces pages, j'ai cherché à clarifier les significations données aux termes humanisation et soin, et les usages qui ont été faits de la perspective humaniste. J'ai voulu reprendre et commenter la dichotomie *cure-care* et prendre de front cette question qui se pose au monde infirmier, en ce qui concerne la base des savoirs. Au terme de cette réflexion, je veux rappeler que :

–   L'**humanisme** est une philosophie qui place l'être humain au cœur de l'agir. Il me semble important de réaffirmer chaque fois, et pour chaque génération, ce choix qui ne peut se restreindre toutefois à affirmer la part relationnelle des soins, le *care* et le *caring*. L'humanisme, entendu au sens de cette définition très générale, est d'abord et avant tout un choix de valeur. Il permet de combattre des valeurs trop souvent contraires qui s'expriment dans les mondes techniques, administratifs, gouvernementaux et politiques. L'humanisme doit aussi inclure les divers groupes qui soignent et qui sont soignés. Je veux dire leur voix et leur place. Il faut ainsi se demander à quelle catégorie d'êtres nous pensons nous adresser. Cet être humain n'est pas abstrait. Il existe dans un monde de plus en plus diversifié et pluriel. Il serait alors utile de s'inspirer de l'apport d'autres philosophies de l'homme et de l'humain pour développer une perspective humaniste qui corresponde véritablement à notre monde métissé et pluriel. Également, il me semble utile de revoir la vision de l'être que nous avons privilégiée, en nous rappelant que cet être est un être de corps et de langage.

– L'**humanisation** a longtemps voulu dire affirmer l'adoucissement des formes technologiques dans les soins, un usage et une gestion prudente et critique de la technique, une sorte d'impulsion de sagesse dans l'agir. Quoique cette vision ait toujours sa place, eu égard à l'avancée et à la puissance des technologies, il faut se rappeler que la technique est quelque chose de beaucoup plus large que la machine, et que notre regard doit aussi prêter attention aux formes de la technique dans ses expressions de tous les jours, qui sont si présentes dans les tendances instrumentalisantes de notre monde. Les plus petits gestes sans l'apport de machines peuvent être tout aussi techniques que les machines elles-mêmes, s'ils font de l'être humain une chose dont on dispose à des fins qui lui sont en grande partie étrangères. Il importe de se poser quelques questions : qu'est-ce que nous voulons humaniser, de quels avatars de la technique parlons-nous, et quelles sont surtout les directions de nos actions ? Dans ce cas, il faut savoir reconnaître que la perspective de l'humanisation des soins a toujours sa place dans les milieux hospitaliers, mais qu'elle peut s'appliquer sans doute à des contextes beaucoup plus variés si l'on prend la machine comme l'une des expressions de la technique parmi d'autres.

L'hospitalo-centrisme ne saurait non plus guider la pensée de l'humanisation. Il faut aussi se demander ce qu'il advient des groupes de malades à domicile, de soignés d'un jour, de malades chroniques désinstitutionnalisés. Les formes prises par la déshumanisation ne touchent plus désormais uniquement ce malade agressé par trop de technologies. La déshumanisation touche des groupes de malades dont l'hôpital ne veut plus, les groupes de malades que notre système de santé rejoint très mal ou ne rejoint pas. La pensée de l'humanisation doit et peut rejoindre la pensée des droits, par les idées de pleine citoyenneté, d'accès et de droits aux soins. L'échelle de l'idée d'humanisation doit changer parce que l'échelle des soins change aussi.

Le *care* et le *cure*, d'où nous viennent toutes une série de catégories et bien sûr, parmi elles, le *caring*, ne sauraient continuer de mettre dos à dos les aspects relationnels de soins et les aspects dits de techniques ou, dit autrement, l'instrumental et l'expressif. On enferme alors l'identité dans la relation (*caring*) et les savoirs hybrides des instruments et techniques dans une sorte d'ailleurs qui ne permet pas de penser ensemble l'agir, la relation et l'être sensible. Ce qui compte davantage, c'est la direction de l'agir et les finalités qui concernent l'être sensible dont on prend soin. Il manque donc à ce doublet un terme tiers et médiateur, qui est celui du corps, et un langage pour penser le corps dans les soins. C'est peut-être dans cette voie que les paradoxes de l'identité, des savoirs propres et du langage (ou des mots pour les dire) trouveront toute la place qui leur revient. C'est peut-être là également que la science et la compassion pourraient se réarticuler.

RÉFÉRENCES

Bourdieu, P. (1997). *Méditations pascaliennes*, Seuil, Paris.

Csordas, T.J. (1990). « Embodiment as a Paradigm for Anthropology », *Ethos*, 18, (1), 5-48.

Foucault, M., D. Defert, F. Ewald et J. Lagrange (2001). *Dits et écrits I, 1976-1988*, 2ᵉ éd., Gallimard, Paris.

Lock, M. (2002). *Twice Dead: Organ Transplants and the Reinvention of Death*, University of California Press, California Series in Public Anthropology, Berkeley.

Mauss, M. (1968 [1934]). « Les techniques du corps », *Sociologie et anthropologie*, PUF, Paris.

Saillant, F. (2000). « Identité, altérité, invisibilité sociale : expérience et théorie anthropologique au cœur des pratiques soignantes », *Anthropologie et Sociétés*, 24, (1), 155-171.

Saillant, F. (2005). « Corps, médiations, socialités », *Communautés et socialités*, Montréal, Liber, 169-186.

Le soin dans la relation humaine

WALTER HESBEEN

Lorsque la santé d'une personne est défaillante, des professionnels sont requis en vue, notamment, de lui donner des soins. L'action des professionnels de la santé s'inscrit chaque fois dans une relation humaine où une vie singulière se présente à eux sous l'angle de la maladie, de la souffrance, de l'appréhension de ce qui pourrait advenir, c'est-à-dire sous l'angle d'une personne qui présente un risque accru de fragilité, de vulnérabilité, et qui vit ce qui lui arrive de manière particulière comme l'est sa trajectoire de vie. Outre le bagage scientifique, les expériences professionnelles et personnelles, les habiletés techniques et les compétences relationnelles de chaque professionnel, leurs manières de faire et d'être seront déterminées par la capacité de chacun d'accueillir la singularité de l'autre, c'est-à-dire : **de déployer une *intelligence soignante* – ou intelligence du singulier – ancrée dans la considération pour l'humain qui habite, qui anime le professionnel.**

LE SOIN QUI PEUT ÊTRE MIS DANS LES SOINS

Nous pouvons aisément faire une distinction entre les soins qui se font, qui se donnent et le soin porté à la personne. Cette distinction est fondamentale. Elle est au fondement de l'orientation donnée à une pratique. Ne pas procéder à cette distinction ou ne pas la nommer conduit à un *malentendu fondamental*, malentendu par lequel les professionnels risquent de ne pas se comprendre, ce qui n'est pas sans conséquences sur l'organisation des soins, le choix des outils de la pratique et de son évaluation, la gestion des équipes, la formation des professionnels et les travaux de recherche menés. C'est de la visibilité même de la pratique qu'il est question, ou de cette pratique qui se donne à voir d'elle-même, donc de la compréhension plus ou moins éclairée qu'en auront la population en général et les acteurs politiques en particulier. Retenons que *ce qui n'est pas nommé n'existe pas*. Si la distinction entre les soins et le soin n'est pas nommée, c'est comme si cette distinction était inexistante, comme si le soin se confondait dans les soins, comme s'il y avait une forme d'automaticité entre les exigences associées aux uns et celles qui sont associées à l'autre.

Si nous dressons une forme de tableau comparatif à deux colonnes, nous pouvons poser, d'un côté, que l'expression « les soins » englobe l'ensemble des actes, des gestes qui ponctuent le quotidien des professionnels. Il ne s'agit pas seulement d'actes ou de gestes techniques ; un entretien d'accueil, par exemple, relève d'un acte professionnel. Cette expression désigne ainsi « tout ce qui se fait ». De la sorte, les soins sont contenus dans des expressions telles que « faire des soins » ou « donner des soins ». On distingue, généralement, les soins directs des soins indirects. Les premiers sont effectués directement en présence des patients alors que les seconds désignent tout le reste, depuis la préparation et le rangement du matériel jusqu'aux transmissions d'informations ou encore aux réunions d'équipe. La somme des soins directs et indirects équivaut à 100 % du temps de travail. En règle générale, en France, le taux de soins directs des infirmières et des infirmiers se situe entre 30 % et 40 %. Il s'agit donc d'un temps de travail infirmier qui se déroule largement en dehors de la présence du patient. À titre de comparaison, la répartition des soins directs et indirects des aides-soignants montre une distribution exactement inverse. Ces derniers passent ainsi plus de temps en présence des patients qu'ils n'en sont éloignés. Bien qu'elle mériterait d'être affinée, cette comparaison indique que plus le niveau de qualification dans les soins infirmiers est élevé, plus la distance avec le patient est grande. En matière de qualité, il s'agira ici d'évaluation de la qualité des soins, c'est-à-dire l'appréciation du degré d'excellence – ou de conformité aux exigences – des actes et des gestes posés.

Si nous regardons maintenant la seconde colonne du tableau, nous pouvons y observer l'expression « le soin ». Le soin n'est pas seulement

le singulier des soins. Il a une signification propre. Le soin indique
« porter une attention particulière à quelqu'un ou à quelque chose ».
Pour le dire autrement, le soin équivaut à exprimer « tu es important
pour moi et c'est parce que tu es important pour moi que je vais te porter
une attention particulière ». À titre d'exemple, lorsque nous tenons
entre les mains un livre qui n'a pas d'importance à nos yeux, nous n'allons pas le manier avec soin, du moins pas avec le même soin que s'il
était pour nous un ouvrage important. Le soin tient ainsi dans l'expression « prendre soin ». Notons ici, pour éviter une éventuelle confusion,
que « prendre soin » n'équivaut pas à l'étrange mais très répandue
expression « prendre en charge ». Vouloir prendre l'autre en charge
c'est, d'une part, désigner cet autre comme une charge et, d'autre part,
lui demander de se laisser faire, de se mettre en retrait de ce qui le
concerne. On peut ainsi observer que l'on peut « faire des soins » de
bonne qualité sans « prendre soin » de la personne à qui se destinent
les soins, c'est-à-dire sans porter à cette personne une attention particulière, une attention qui témoignerait de l'intention du professionnel
de tenter de prendre en compte la singularité de cet autre, l'existence à
nulle autre pareille qui est la sienne. Par ailleurs, on peut « prendre
soin » sans avoir à « faire des soins », et l'on peut, également et fort
heureusement, faire des soins tout en prenant soin, ou prendre soin en
faisant des soins. En matière de qualité, nous sommes là dans le registre
de l'évaluation de la qualité du soin qui ne saurait être confondu avec
celui de l'évaluation de la qualité des soins. Si l'une n'est pas incompa-
tible avec l'autre, elle ne se confond pas néanmoins avec. Par l'évaluation
de la qualité du soin, il s'agit d'apprécier la qualité, certes complexe et
subtile, de l'attention particulière portée à la personne, ce qui est différent de l'appréciation incontestablement utile de la qualité des actes ou
des gestes destinés à cette personne.

Bien des professionnels trouvent exigeante cette distinction entre
les soins et le soin et me rétorquent que « le temps manque ou que
l'organisation n'est pas propice à mettre du soin dans les soins ». Nous
assistons ainsi à une forme d'envahissement de la « frénésie du faire »
ne laissant parfois qu'une place secondaire à l'attention réelle portée à
la singularité du sujet. Nous pouvons ainsi constater qu'il n'est pas
souvent aisé de « simplement » faire ce qu'il y a à faire ; alors, en plus,
« prendre soin » pour aller au-delà du « faire des soins », n'est-ce pas

une exigence démesurée plus proche de l'impossible que de la réalité ? La question qui se pose est : « pourquoi prendre soin ? »

Cette question s'inscrit dans un contexte professionnel qui est bien différent du contexte familial ou amical. Constatons qu'il n'est pas trop difficile de prendre soin d'un proche que l'on aime et qu'il est même parfois difficile de faire des soins à cette personne car elle est justement aimée. En revanche, le contexte professionnel nous place, à longueur de journées, face à des personnes que l'on n'aime pas ; cela ne veut pas dire qu'on les déteste ou qu'on les ignore, mais bien que le professionnel n'est pas relié à ces personnes par un lien affectif fort, un lien de personne aimante à personne aimée. La question qui se pose est, dès lors : « pourquoi prendre soin d'une personne que je n'aime pas, c'est-à-dire pourquoi dire à cette personne "tu es importante pour moi" alors que je ne t'aime pas ? »

Il serait tentant de brandir ici la valeur « respect » telle une évidence absolue qui mettrait fin à toute discussion. Une valeur « respect » si souvent proclamée mais dont la vivacité et les pourtours restent flous et fluctuants. Le respect proclamé – ce qui est déjà appréciable lorsqu'il l'est avec sincérité – n'équivaut pas néanmoins à être capable de dire à cet autre, malgré le respect qui est ainsi proclamé, « tu es important pour moi et c'est parce que tu es important pour moi que je vais tenter, dans ma pratique du quotidien, de prendre en compte ta singularité. » Nous rejoignons ainsi le constat que posait Alexandre Lhotellier dans un de ses articles intitulé « Le service à la personne » :

> Ce qui est intéressant, dans le vocabulaire usuel, c'est quand apparaît le terme personne. En général, dignité, respect ne sont pas loin. Mais on ne peut prendre en considération la personne seulement quand elle risque de n'être plus : risque d'assassinat politique, prise d'otages, risque de mort (accident, catastrophe, maladie grave). Pour que la personne ait un sens, elle n'apparaît pas seulement à certains moments de la vie. Elle existe tout le temps ou elle n'est pas. Ce n'est pas seulement dans la réunion d'un comité d'éthique que la personne surgit. Ou alors, c'est comme si chacun vivait avec un mythe de la personne. Une sorte d'idéalisme naïf, à brandir dans tous les discours, dans toutes les manifestations, mais oublié dans les pratiques.

> La personne serait-elle une fiction éthique ou métaphysique dont nous aurions besoin pour survivre ? Un alibi ?

Nous avons à rétablir, par la critique du mythe, la personne comme pratique, comme fait quotidien ordinaire. La mort de la personne n'arrive pas qu'une fois. C'est nous qui tuons la personne tous les jours. Le tragique, c'est cette banalisation de l'oubli de la personne tout en la célébrant dans nos discours. La personne n'est pas une entité douée d'un certain nombre de caractères abstraits. Valoriser la personne, ce n'est pas majorer l'individualisme, le subjectivisme, le juridisme. C'est tout simplement essayer de considérer l'être humain dans sa totalité[1].

La réponse à la question « pourquoi prendre soin ? » réside ainsi dans cette prise en compte pratique, concrète, dans les actes et les gestes qui ponctuent le quotidien, de la singularité de cet homme ou de cette femme malade, de cette personne qui, car elle est à notre contact pour des raisons professionnelles, c'est-à-dire pour des raisons qui ont un lien avec sa santé, se présente à nous avec une souffrance ou, à tout le moins, avec un risque accru de vulnérabilité, de fragilité. La question n'est pas épuisée pour autant et devient : « Pourquoi tenter de prendre en compte la singularité de cet autre ? » Notons ici avec insistance la présence du verbe « tenter » ; il s'agit bien d'une intention qui se traduit par une tentative qui aboutira parfois mais qui pourra également échouer, car il s'agit tout simplement, chaque fois, de la relation d'un humain avec un autre, et parce qu'une telle relation ne peut être ni programmée ni prédéterminée, malgré toute l'énergie et la bonne volonté du professionnel. Cette prise en compte de la singularité est chaque fois nouvelle, requérant, de ce fait même, une intelligence du singulier. Oublier qu'il s'agit d'une tentative chaque fois renouvelée – rien qu'une tentative mais toute une tentative – pourrait conduire le professionnel à s'obstiner, donc à faire courir au sujet le risque de son instrumentalisation, celui de sa banalisation. Dès lors, pourquoi tenter de prendre en compte la singularité de cet autre dans un contexte qui pousse davantage à la systématisation, à la performance et aux prouesses ? La réponse n'est pas seulement contenue dans le respect qui lui est dû, mais se prolonge, s'affine et se complexifie dans la considération qui lui sera témoignée, considération qui s'exprime, se concrétise, sans distinction, sans hiérarchisation, à l'occasion de chacun des gestes ou des actes posés, et au sein

---

1.   Alexandre Lhotellier, « Le service à la personne », dans *Perspective soignante*, n° 3, décembre 1998, p. 8-20.

de chacune des situations relationnelles mettant en présence deux humains, l'un qui est professionnel et l'autre à qui se destine son action.

Il s'agit d'une question de *perspective*, perspective que nous avons nommée *soignante*, non de par le statut de celles et ceux qui donnent ou font des soins, mais de par la perspective même qui est donnée à leur action. C'est ainsi que, si la profession infirmière peut se présenter comme une profession soignante du fait que les professionnels qu'elle regroupe donnent des soins, il ne faudrait pas que l'ambiguïté de cette appellation, cette manière de se présenter, induise, voire entretienne, la confusion au risque d'une désillusion. En effet, si les soins infirmiers peuvent être prodigués de manière professionnelle par des professionnels courtois et bienveillants, cela n'indique nullement que ces professionnels inscrivent leurs actions dans une perspective soignante, ou perspective d'attention particulière portée à la personne, c'est-à-dire dans une *perspective qui s'offre pour horizon le soin dans les soins*. Une distinction se doit ainsi d'être précisée entre la *perspective soignante* et la *perspective infirmière*. En effet, pour professionnelle qu'elle soit, la perspective infirmière n'est pas la perspective soignante. D'une part, car la perspective infirmière – perspective de l'infirmière ou donnée par l'infirmière – peut se montrer plus soucieuse d'une action conforme aux règles et aux savoirs infirmiers qu'à la personne même à laquelle les pratiques infirmières se destinent ; d'autre part, car la perspective soignante ne saurait être contenue dans la seule pratique infirmière car la perspective soignante – celle qui s'offre pour horizon l'attention particulière portée à la personne – est résolument accessible à chaque humain, sans distinction de qualification et de statut. Il en résulte que la perspective infirmière et la perspective soignante résultent de visions et d'intentions qui ne sont pas forcément identiques et, bien qu'elles ne soient nullement incompatibles, elles ne sauraient néanmoins être confondues.

LA CONSIDÉRATION POUR L'HUMAIN

Regarder dans la direction de l'humain singulier pour exercer sa pratique quotidienne de professionnel de la santé procède, en premier lieu, d'une prise de conscience de laquelle découle un choix, c'est-à-dire un *parti pris*, une prise de position. Cette prise de conscience n'est ni innée ni spontanée. Elle s'acquiert car elle se travaille, c'est-à-dire qu'elle se fait grandir en vue d'advenir, et, au gré des situations et des prises de conscience, elle s'affine et s'affirme dans la vie quotidienne, tant professionnelle qu'extraprofessionnelle. Ce choix n'est ni aisé ni automatique en regard de tel ou tel métier. Mais cette prise de conscience et ce choix se situent au fondement d'une orientation nouvelle de la pratique, d'un renouvellement de la complémentarité des différents acteurs d'une équipe. Notre propos pourra sembler naïf ou tellement évident, mais il s'agit bien de prendre conscience, comme nous le mentionnons régulièrement, de la merveille de l'humain, de chaque humain sans distinction aucune, car nous pouvons constater que *chaque humain est un être unique, exceptionnel et irremplaçable qui va, seul, parcourant son chemin qui le conduit irrémédiablement à la mort*. Que nous apprécions ou non cet autre, il est précieux, il est rare, il est merveilleux, car il est unique. À ce titre là, chacun est une exception et personne ne peut être remplacé. Que nous ne soyons pas capables de voir la merveille d'un humain, n'empêche qu'il recèle une merveille. Personne, ainsi, n'est réductible à ses actes, à son âge, à sa pathologie, à son statut ou à un sentiment de sympathie ou d'antipathie. Chaque humain est précieux car il est unique ; et le fait de ne pas percevoir sa merveille intrinsèque, de ne pas l'aimer ni même l'apprécier, ne nous autorise pas à ne pas le respecter en niant sa singularité et la valeur unique de son existence.

C'est parce que chaque humain est rare (donc précieux car unique) que la considération qui lui est témoignée, dans chacun des actes posés, requiert, dans le comportement du professionnel, ce que nous nommons une *élégance relationnelle*, c'est-à-dire l'expression, dans les manières d'être et de faire du professionnel de son sens de la *délicatesse*, de son goût pour l'*esthétique dans les rapports humains*, goût qui se traduit dans la façon de toucher, de regarder, de parler, d'écouter, d'être tout *simplement* présent à cet autre. Dans son ouvrage intitulé *Cinq méditations sur la beauté*, l'académicien français d'origine chinoise, François Cheng[2], nous expose que, pour lui, « la beauté, c'est tendre vers la plénitude d'une présence », et qu'une telle beauté n'est pas à confondre avec la joliesse. Elle est celle qui se dégage, se perçoit d'une manière d'être présent *à* l'autre, ce qui est bien éloigné de la manière que l'on peut avoir

2. François Cheng, « Cinq méditations sur la beauté », Paris, Albin Michel, 2006.

parfois d'être *chez* l'autre. Cette élégance relationnelle et le goût de l'esthétique dans les rapports humains qui la sous-tend peuvent sembler des préoccupations désuètes ou encore secondaires dans un contexte professionnel marqué par la rigueur et la frénésie du « faire ». Y a-t-il néanmoins la possibilité de témoigner à l'autre la considération sincère que l'on a pour lui sans se montrer soucieux de la délicatesse de nos manières d'être et de faire, de ce goût pour l'esthétique, de l'élégance qui s'en dégage ? L'écrivain Paul Valéry y voyait une forme de poésie :

> Soigner. Donner des soins, c'est aussi une politique. Cela peut être fait avec une rigueur dont la douceur est l'enveloppe essentielle. Une attention exquise à la vie que l'on veille et surveille. Une précision constante. Une sorte d'élégance dans les actes, une présence et une légèreté, une prévision et une sorte de perception très éveillée qui observe les moindres signes. C'est une sorte d'œuvre, de poème (et qui n'a jamais été écrit), que la sollicitude intelligente compose[3].

C'est à partir d'un travail de considération pour l'humain, travail de considération mené dès le début de la formation dans toutes les filières composant les métiers de la santé et du social, que pourront évoluer, s'élever et se renouveler les pratiques professionnelles afin de s'inscrire de manière plus permanente dans une perspective soignante. Il ne s'agit pas, par ce propos, de proposer une augmentation du volume d'enseignement des « sciences humaines ». Quels que soient le volume et les modalités pédagogiques, la considération pour l'humain procède nécessairement d'une prise de conscience personnelle et de l'engagement, tout autant personnel, qui pourra en résulter.

Ainsi, à partir de ce constat, notre conviction est que la pratique soignante, quelle qu'elle soit – infirmière, médicale, paramédicale, etc. –, n'est pas réductible à des actes, si sophistiqués soient-ils. La pratique soignante n'est pas réductible à des actes car chaque acte posé par ces professionnels s'adresse chaque fois à un humain singulier qui va sa vie et qui vit ce qu'il a à vivre de manière particulière et qui ressent, appréhende ou espère quelque chose qui lui est particulier. Chaque acte s'inscrit ainsi dans une histoire, une trajectoire de vie unique, incomparable, sans égale et à nulle autre pareille. C'est parce que la pratique

---

3.   Paul Valéry, « Politique organo-psychique », bibliothèque de La Pléiade, Paris, Gallimard, 1957.

de chaque professionnel s'inscrit dans une histoire de vie, une trajectoire de vie si particulière que cette pratique est également particulière. Elle est complexe car elle agit au cœur de la complexité de l'humain et cette complexité est irréductiblement présente quels que soient le statut du professionnel, sa qualification et la nature des outils qu'il manie ou des gestes qu'il pose. Il n'y a donc pas de comparaison ni de hiérarchisation possible entre ces complexités car chacune est unique. Il n'y a dès lors aucune comparaison ni hiérarchisation possible entre les actes, les gestes posés, car chacun de ceux-ci, du plus simple au plus sophistiqué, s'inscrit dans une complexité singulière, présente en chaque situation et chaque fois renouvelée. Il n'y a donc pas de situations de soins plus complexes que d'autres voire de plus en plus complexes ; il y a des situations complexes, intrinsèquement et nécessairement complexes. Vouloir les hiérarchiser, c'est confondre les actes de soins et les difficultés qu'ils peuvent poser, avec la personne, l'humain singulier, à qui ces actes se destinent.

DÉPLOYER UNE *INTELLIGENCE SOIGNANTE*[4]

C'est lorsque les professionnels veulent résolument inscrire leur pratique soignante dans la prise en compte de cette irréductible singularité de l'autre, cette irréductible complexité de l'humain, que la pratique peut être qualifiée d'intellectuelle. Non par orgueil ou goût prononcé d'élitisme, mais par nécessité ! La pratique soignante est intellectuelle, car elle requiert une intelligence humaine de situation. Une telle intelligence n'est pas celle qui se propose de mesurer des échelles en vue d'établir un quotient. Une telle intelligence est l'*intelligence soignante* ou *intelligence du singulier*. Elle est celle qui accompagne et enrobe les actes de soins et qui donne à chacun d'eux un relief particulier, une importance singulière, une perspective chaque fois renouvelée. C'est de l'intelligence soignante que pourra se dégager une saveur soignante au sein des structures de soins. L'intelligence soignante est celle qui permet d'inscrire les actes de soins dans une action soignante. Elle est celle que déploie un humain professionnel pour entrer en

---

4. À partir de notre ouvrage *Dire et écrire la pratique soignante du quotidien – Révéler la quête du sens du soin*, Walter Hesbeen (dir.), Éditions Seli Arslan, Paris, mai 2009.

intelligence avec un autre humain qui vit ce qu'il a à vivre, là où il en est dans son histoire, dans sa trajectoire de vie. Mentionner cette intelligence soignante ne relève pas d'une conception que l'on pourrait être tenté de qualifier trop hâtivement de théorique, ni d'une préoccupation abstraite d'intellectuels plus ou moins éclairés ou inspirés, car l'intelligence soignante est une nécessité pour toute pratique soignante résolument porteuse de sens et respectueuse de la personne. Pour illustrer cette nécessité, a-t-on suffisamment réfléchi à l'intelligence humaine que doivent déployer les soignants pour procéder à la toilette d'une personne dépendante ou pour changer une personne incontinente sans l'humilier ? De même, a-t-on suffisamment mis en exergue la nécessaire sensibilité des professionnels, sensibilité entravée par une forme d'interdit professionnel qui semble, bien souvent, confondre la sensibilité avec sa pathologie qui se nomme la sensiblerie. Telle l'éducation de certains garçons à qui l'entourage dit « un homme ne pleure pas », combien de fois n'avons-nous pas entendu les aînés, voire les enseignants, exposer auprès des étudiants : « un véritable professionnel n'exprime pas d'émotions », « la première fois c'est difficile, après on s'habitue », ou alors « il faut apprendre à se blinder », ou encore « on est prié de laisser ses problèmes personnels au vestiaire », etc. ? Ne pas exprimer d'émotions, laisser sa personne au vestiaire, se blinder, s'habituer à la souffrance humaine pour s'y montrer insensible... alors que l'intelligence soignante requiert subtilité, délicatesse et élégance relationnelle. On ne peut prendre soin d'un homme ou d'une femme malade en tentant d'accueillir sa singularité sans se sentir concerné par sa situation, sans se laisser toucher par ce qui arrive à cet humain et ce qu'il vit ou a à vivre. On ne peut, pour le dire autrement, prendre soin de l'humain et déployer son intelligence du singulier sans être sensible à la situation et à la sensibilité de l'autre. La sensibilité est au cœur du soin. Elle est le moteur de l'attention particulière portée à cet homme ou à cette femme malade, qui souffre, ou qui est vulnérable, fragile.

Ainsi, quel message délivre-t-on de manière explicite ou insidieuse lorsque la sensibilité est réprimée ou raillée pour finalement être refoulée ? Quel humain professionnel animé d'une intention soignante peut ainsi se comporter, se transformer, si ce n'est celui qui s'est « dépersonnalisé » en se laissant envahir, chosifié, instrumentalisé par un système qui n'hésitera pas, d'une part, à exhorter et à « placer le patient au centre des préoccupations », alors que, d'autre part, l'expression de la sensibilité y sera découragée ? Cela ne conduit-il pas le professionnel à ne plus habiter en personne sa pratique et, dès lors, à ne plus pouvoir faire preuve de l'intelligence soignante qu'en chaque situation elle requiert ?

On le voit, déployer, enrichir, exercer l'intelligence soignante repose sur un choix dont la conscience requiert une conviction, celle que la pratique des soins ne se réduit pas, ne se résume pas, aux seuls gestes visibles, observables et mesurables si souvent présentés pour qualifier et évaluer la pratique des différents soignants.

LA VISIBILITÉ DES PRATIQUES SOIGNANTES : UN « MALENTENDU FONDAMENTAL »

La visibilité des pratiques est ce qui va servir de fondement à leurs modalités d'organisation. Néanmoins, lorsqu'il est question de visibilité, se pose d'emblée la question : que souhaitons-nous donner à voir ? Cette question montre qu'il s'agit d'un choix. Selon que nos propos et nos écrits mentionnent et développent tel ou tel aspect de la pratique, la visibilité de cette même pratique sera de telle ou de telle nature.

Nous devons insister sur le verbe « choisir ». En effet, il s'agit bien d'un choix, choix qui reflète la manière qu'a l'auteur d'un écrit ou d'un exposé de concevoir la pratique des soins en général ou des soins infirmiers en particulier, manière qu'il a de se représenter cette pratique. Comme nous l'avons déjà mentionné plus haut, un choix est un *parti pris*, c'est-à-dire une *prise de position*, elle-même ancrée dans une conviction. Selon que la conviction de l'auteur d'un écrit sur les soins infirmiers soit de telle nature ou de telle orientation, l'écrit ne dira pas la même chose alors qu'il traite d'une pratique invariablement nommée « soins infirmiers ». Ainsi, si la dimension intellectuelle qui permet de penser, de situer chaque acte dans la perspective de la singularité de l'humain n'est pas nommée, c'est comme si elle n'existait pas. Rappelons-le à nouveau : *ce qui n'est pas nommé n'existe pas*. Si elles ne sont pas nommées, cette dimension du soin et l'intelligence soignante sur laquelle elle se fonde ne peuvent pas être mises en lumière, en évidence, valorisées. Dès lors, cette dimension ne peut pas être prise en compte réellement dans tout ce qui concerne la pratique, depuis la compréhension qu'en ont les politiques, jusqu'à la mise en œuvre dans la quotidienneté des structures, en passant par la pensée et l'organisation de la formation. Insistons à nouveau : l'intelligence soignante ne se décline pas en différentes formes de savoirs qui se juxtaposent ; elle est celle d'un humain professionnel au contact d'un humain qui requiert des soins. À ce titre, elle comporte autant le recours aux savoirs théoriques et pratiques qu'une compétence relationnelle de situation. Cette compétence relationnelle conjugue les mots subtilité, délicatesse et élégance qui, ensemble, reflètent le goût de l'esthétique dans les rapports humains dont veut faire preuve le soignant. Un tel goût de l'esthétique donne à voir la beauté d'une pratique. Si une telle intelligence n'est pas nommée, tout ce qu'elle requiert ne peut être valorisé. Ce qui n'est pas nommé n'existe pas et ce qui est mal nommé peut nous conduire à un malentendu, que je nommerai un « malentendu fondamental ». Le « malentendu fondamental » est ce qui surgit lorsque l'on s'entend mal, voire lorsque l'on ne s'entend pas, ne se comprend pas sur ce qu'est la nature profonde de la pratique soignante, donc sur l'organisation concrète qu'elle requiert comme support à la pratique quotidienne des soignants ainsi que sur la formation qui y conduit.

On a ainsi pu observer, depuis plusieurs années, des orientations parfois très envahissantes, voire autoritaires, fondées sur un type de représentation de la pratique soignante et dont les effets se font toujours largement sentir aujourd'hui. Citons, ici, à titre d'exemples, les outils de la charge de travail qui donnent l'illusion que la pratique soignante est mesurable par les actes posés. Ne sous-estimons pas le fait que cela induit insidieusement, y compris auprès des professionnels soignants qui côtoient quotidiennement des hommes et des femmes malades, l'idée que la pratique soignante est un ensemble d'actes laissant dans l'ombre la distinction entre l'acte et l'action. Le manque, voire l'absence de distinction entre l'acte et l'action, conduit à imaginer que l'acte existe en tant que tel, indistinctement, d'une situation professionnelle à une autre. Ignorer la distinction entre l'acte et l'action équivaut à ignorer que l'acte est posé par un acteur, c'est-à-dire un humain professionnel qui a une sensibilité propre et une capacité de penser. Cela conduit, également, à négliger la singularité et la sensibilité de l'humain desti-nataire de l'acte. C'est ainsi qu'ignorer la distinction entre l'acte et l'action conduit, ni plus ni moins, à mettre entre parenthèses toute l'intelligence soignante du professionnel, tout son engagement personnel pour tenter d'accueillir la singularité du patient afin de ne pas le réduire à un individu « objet de soins ». S'engager pour tenter de voir en chacun un sujet de soins nécessite une démarche personnalisée et, à ce titre, créative et chaque fois renouvelée. C'est ainsi que la véritable charge de travail réside dans le poids que porte le soignant lorsqu'il s'engage pour inscrire chacun des actes qu'il pose, chacun des soins qu'il donne, dans la perspective de la singularité de l'autre, dans la prise en compte de la complexité particulière de sa situation et dans la subtilité et la délicatesse qu'une telle complexité requiert. Ignorer la distinction entre l'acte et l'action débouche sur la banalisation de l'humain dans les pratiques professionnelles, banalisation tant de l'humain qui donne des soins que de celui à qui il s'adresse.

Un autre exemple de ce « malentendu fondamental » qui tend à orienter ou à réorienter la pratique soignante au risque de la dénaturer réside dans le recours, parfois imposé, à une théorie de soins servant de référence unique à tous les professionnels d'un établissement ou à tous les étudiants d'un même centre de formation. Cela conduit, chez les uns, à l'illusion que l'être humain est « fait » d'un certain nombre de besoins fondamentaux identiques chez chacun ou, pour d'autres, que l'on peut fonder toute la complexité de la pratique soignante en ayant recours à une et une seule théorie qui donnerait la ou les réponses aux questions qui se posent face aux situations humaines rencontrées. Ce « prêt-à-penser » provoque un « arrêt de la pensée ». Au nom de l'uniformisation organisationnelle, la singularité est délaissée. Dès lors, l'esprit critique ne peut être développé, stimulé, favorisé. Il en est de même du regard chaque fois singulier que le soignant pourra porter sur des situations de soins qui, elles, sont irréductiblement singulières. Regarder l'humain par l'intermédiaire d'une théorie, c'est ne plus voir l'humain puisque c'est regarder la théorie et le degré de conformité de cet humain au contenu de ladite théorie. C'est poser un filtre identique pour chacun empêchant d'observer, d'identifier et de prendre en compte les particularités. On peut ici se rappeler ce proverbe attribué aux Japonais : « Celui qui n'a qu'un marteau voit tous les problèmes en forme de clous. » On l'aura compris, le propos ici n'est pas de nier l'intérêt des théories et des conceptions diverses, mais bien de rappeler que la pratique soignante ne consiste pas à être conforme à une théorie, si élaborée soit-elle. Les théories ne sont pas faites pour s'appliquer aux situations de soins. Elles ne sont pas faites pour y « faire entrer un patient », mais bien pour venir en aide au soignant dans sa quête d'un agir sensé. C'est ainsi que leur portée est bien plus grande et intéressante que des données à appliquer, car elles sont de la « matière à penser » ; elles sont, à ce titre, nourricières de l'intelligence soignante que déploie le professionnel lors de sa démarche personnalisée. Les théories ne sont donc pas la finalité de l'action, mais en sont des moyens, parmi d'autres, pour venir en aide au professionnel qui pense son action dans la perspective de la prise en compte de la singularité du sujet. C'est la raison pour laquelle on ne peut raisonnablement demander aux soignants de fonder leurs pratiques sur une théorie de soins – ou quelque théorie que ce soit – car c'est d'une multitude de références théoriques qu'ils ont besoin pour mener et créer leurs actions.

Les théories ne pensent pas et ne sont pas la pensée du soignant. Elles proposent des éléments, des ingrédients pour alimenter l'intelligence soignante que requiert chaque situation. Les théories ne sont pas l'intelligence soignante, l'intelligence du singulier.

Citons, encore, les outils de la pratique du quotidien, tels les dossiers de soins, démarches de soins, méthodes de transmissions d'informations, protocoles et autres procédures qui, sous forme papier ou informatique, ont troublé plus d'un professionnel. Ce trouble n'est pas seulement celui que chacun peut exprimer face à la nouveauté ou au changement. Il est aussi celui qui est éprouvé par des professionnels qui percevaient que ces outils n'étaient pas faits pour leur pratique ou ne leur procuraient pas une aide efficace à leur pratique du quotidien ou, parfois insidieusement, les conduisaient à modifier, voire à dénaturer, cette pratique. De quelle vision de la pratique soignante cette orientation est-elle le reflet et le prolongement concret ? Sur quel type de visibilité une telle vision débouche-t-elle et quelles modifications profondes une telle vision et une telle visibilité entraînent-elles tant pour la pratique quotidienne des soignants que pour la représentation qu'ils élaborent de leur métier, que pour la formation qui y conduit ainsi que pour les messages que cette vision et cette visibilité adressent à la population et aux responsables de l'action politique ? Aussi, rappelons-nous qu'un outil n'est pas qu'un outil, car chaque outil est élaboré à partir d'une représentation de la pratique. Il est associé à une philosophie et, à ce titre, influencera la pratique même de ceux qui y auront recours. Dès lors, lorsque des outils sont utilisés pour dire et écrire la pratique soignante, pour rendre compte de son contenu, une vigilance extrême s'impose : les outils sont-ils le reflet juste et pertinent de la réalité ou réduisent-ils, au risque de la dénaturer, la pratique soignante du quotidien et la prise en compte des exigences d'une telle pratique pour l'organisation même des professionnels et la considération que l'on a pour eux ? Si des outils réducteurs donnent la visibilité principale de la pratique soignante, cette visibilité donnera une représentation et nourrira une vision erronée.

UNE QUESTION ÉTHIQUE

Par rapport à ce « malentendu fondamental », il y a, dans les faits, une véritable question éthique dans les choix qui sont faites en matière de formation, d'organisation et d'outils de travail. Cette question éthique repose, comme le rappelle Raymond Gueibe dans son article au sujet des paradigmes dans le soin[5], sur la clarté du choix des paradigmes de référence. En effet, le paradigme scientifique n'est pas le paradigme humaniste. Ces deux paradigmes ne s'opposent pas, ont chacun leur utilité et ne sont pas identiques. C'est ainsi que les responsables de l'orientation et de l'organisation, tant du système de santé que des structures de soins ou des centres de formation, doivent faire preuve d'une vigilance particulière, car il n'est pas éthiquement acceptable de tenir un discours exhortant à l'approche humaniste des soins tout en imposant aux professionnels et aux étudiants des théories, des références et des outils issus principalement du seul paradigme scientifique. Que des responsables choisissent de donner la préférence au paradigme scientifique ne pose pas de problème en soi : il s'agit de leur choix vraisemblablement issu de leurs valeurs. Le problème surgit et, avec lui, la question éthique, lorsque ce choix est travesti par des propos humanistes, c'est-à-dire lorsque le contenu du paradigme scientifique servant de référence à ces responsables est déguisé en paradigme humaniste pour tenter d'en prendre l'allure et de donner l'illusion de l'importance qu'ils lui accordent. Proclamer son attachement au paradigme humaniste tout

---

5.   Raymond Gueibe, « L'interrogation des paradigmes dans le soin, une exigence éthique », *Perspective soignante*, n° 33, décembre 2008, p. 6-30.

en dotant les professionnels de modalités d'organisation et d'outils issus du paradigme scientifique conduit à les déstabiliser, voire à les désemparer ou les déboussoler, ce qui n'est pas étranger à la désillusion professionnelle et à ses effets pathologiques, tels un stress exacerbé, l'épuisement professionnel, voire le *burn-out*.

Néanmoins, l'espoir réside aujourd'hui dans la tension de plus en plus perceptible entre un discours dominant issu des paradigmes scientifiques, organisationnels et économiques, et le constat que proclament de plus en plus souvent les soignants – mais assez discrètement – d'une forme d'incompatibilité avec leur intention soignante. Depuis un siècle, le système de soins a été dominé par la médecine technoscientifique, oubliant, parfois, que c'est à des humains singuliers qu'elle s'adresse. Aujourd'hui, des voix de plus en plus nombreuses se font entendre pour dire que la performance technoscientifique, pour importante qu'elle soit et que je ne souhaite en rien minimiser, ne peut mettre entre parenthèses la parole du sujet, donc la personne même de l'humain auquel elle s'adresse. Un point d'équilibre est en train de se chercher et permettra, à terme, de corriger les excès du paradigme scientifique. Le paradigme humaniste n'est donc pas derrière nous. Il se propose comme une prochaine destination qui devrait permettre de donner toute sa place à l'humain dans la pratique des soins. La patiente préparation de ce paradigme humaniste dans les soins requiert, dès aujourd'hui, de donner une visibilité de la pratique soignante qui met en relief toute la subtilité et la délicatesse en son fondement. Une telle perspective se profilera et se mettra en œuvre dès lors qu'une conviction réussira à réunir et à solidariser les professionnels de la santé, quels qu'ils soient, celle que les différents métiers des soins requièrent, outre l'acquisition de connaissances et d'habiletés tant gestuelles que techniques et relationnelles, une intelligence de situation que nous nommons *intelligence soignante* ou *intelligence du singulier*. Une telle intelligence n'est pas celle que mesure une échelle en vue de donner un quotient. Une telle intelligence, quels que soient les actes ou les gestes posés, est celle par laquelle un professionnel réussit, avec subtilité et sensibilité, à saisir les particularités d'une situation humaine donnée. C'est l'intelligence soignante qui donne aux métiers des soins toute l'envergure et toute l'ampleur de leur pratique et la dimension intellectuelle sur laquelle elle se fonde.

Anthropologie et sciences infirmières : une rencontre qui enrichit le sens de l'acte de soin

Cécile Lambert, Chantal Doré

L'intervention infirmière est avant tout une action soignante qui s'inscrit dans la recherche de sens pour la personne soignée et la personne soignante. Il est donc nécessaire de ne pas faire des codes de déontologie l'unique référence en matière d'agir professionnel. L'intervention infirmière étant également le fruit d'une alliance entre la pensée et le geste, il importe de cerner les assises de son enracinement et, par le fait même, de faire valoir les fondements qui éclairent le jugement et l'agir de la personne soignante. Pareille préoccupation mène inévitablement vers un questionnement quant à la nature des disciplines aptes à fournir les bases recherchées pour ancrer les fondements de l'agir professionnel. En réponse à ce questionnement, lors d'activités pédagogiques destinées à des personnes inscrites dans un programme de baccalauréat en sciences infirmières, nous avons développé une approche qui fait appel à la philosophie du soin, à l'anthropologie du soin et à l'éthique du soin. Cette triade qui comporte trois activités de 45 heures offre un éventail de moyens qui s'avèrent complémentaires dans le développement des compétences que suppose la rencontre entre la personne soignée et la personne soignante. Ainsi, l'apport de la pensée infirmière, la perspective de l'anthropologie pour interpréter des situations de soin et les exigences du vivre ensemble pour un agir éthique se conjuguent dans le but d'enrichir la signification de l'acte de soin. Dans ce contexte, le recours à la philosophie et aux sciences humaines nous fournit les assises que requiert la recherche de sens dans un monde qui s'accommode trop facilement d'explications qui relèvent essentiellement de la raison instrumentale. Pensé de cette façon, l'agir professionnel s'insère dans l'effort du vivre ensemble et devient source d'humanité. Vu la nature de cet ouvrage, ce chapitre portera sur les enjeux qui éclairent la rencontre entre l'anthropologie et la pratique soignante dans le contexte de l'intervention infirmière. Se percevoir comme un être de culture conscient des dimensions universelles et des marques de diversité qui caractérisent la condition humaine, et de ce fait l'acte de soin, en est le fil conducteur. Les quatre parties de ce chapitre abordent tour à tour la pensée infirmière et les courants qui ont participé à son évolution, la nature du regard anthropologique, une présentation des thèmes utilisés pour éclairer la rencontre entre l'acte de soin et le regard anthropologique et enfin, les défis pédagogiques posés par une approche qui vise l'élargissement des horizons de l'agir professionnel.

MISE EN PERSPECTIVE DE LA PENSÉE INFIRMIÈRE

La pratique des soins précède de beaucoup la pensée infirmière, car « prendre soin de la vie pour qu'elle puisse demeurer » remonte au début de l'humanité (Collière, 1982 : 23), tandis que la pensée infirmière prend son essor au début de la seconde moitié du XXe siècle. Jusqu'alors, nous dit Collière, les pratiques soignantes assumées par les femmes sont identifiées au rôle social qu'elles exercent. Pendant des siècles, ce rôle était façonné autour de la fécondité. Puis, du Moyen Âge au XIXe siècle, il était « prescrit par les règles conventuelles de la femme consacrée » pour devenir celui de la femme auxiliaire du médecin (1982 : 22). Ainsi, pendant très longtemps, les pratiques de soin ont découlé des rôles confiés à la femme à l'intérieur des limites que la société lui attribuait, plutôt que d'un savoir affranchi de ces pratiques. C'est sans doute ce qui explique encore aujourd'hui la prépondérance de la « culture du faire » sur la pensée infirmière. Pendant plus d'un siècle, la formation infirmière était en grande partie sous la responsabilité des établissements hospitaliers qui y trouvaient une source de main-d'œuvre à bon marché.

Pour les stagiaires de St. Thomas à Londres – la première école pour infirmières et redevable au Fonds Nightingale pour son existence –, l'entraînement à l'obéissance tenait lieu de formation (Baly, 1993). Cette naissance augurait mal pour la pensée infirmière, car, paradoxalement, la professionnalisation des pratiques soignantes dévolues aux femmes était asservie aux besoins des établissements hospitaliers et de la profession médicale. Au début du XXᵉ siècle, des infirmières américaines et canadiennes, dont Isabel Hampton-Robb et Adelaide Nutting, plaidaient déjà pour un niveau de formation qui assure l'autonomie professionnelle (Baer, 1985). Si quelques-uns de leurs adeptes ont continué de réclamer une formation fondée sur le savoir, les personnes qui prônaient une formation axée sur la tâche ont eu gain de cause. Il a fallu attendre encore une cinquantaine d'années avant que des infirmières comme Henderson et Peplau se retournent vers les pratiques soignantes pour en dégager la nature et ouvrir la voie au développement de la pensée infirmière.

Ainsi, lorsque s'amorce la professionnalisation des pratiques soignantes, les sources du savoir pour l'infirmière auxiliaire du médecin étaient d'ordre biomédical et rattachées aux tâches qui découlaient de l'intervention médicale. Les connaissances entourant la structure du corps humain, son fonctionnement et ses agresseurs biologiques à travers l'anatomie, la physiologie et la microbiologie, ont fourni la base pour la compréhension des désordres qui entraînent la maladie et l'hospitalisation. La valorisation de l'objectivité et de l'approche scientifique est alors devenue le cœur du projet pédagogique. Toutefois, les courants humaniste et relationnel qui ont émergé dans les années 1950 ont capté l'intérêt d'infirmières qui voyaient dans les approches proposées par des chercheurs comme Carl Rogers le chaînon manquant à l'approche scientifique, soit un souci pour la relation interpersonnelle. La psychologie s'est donc ajoutée comme discipline aux fondements de l'intervention infirmière. À ce jour, elle constitue une source de savoir qui éclaire les relations entre les individus, les familles et les groupes. Plus tard, des infirmières comme Roy, Leininger et Collière ont proposé un regard sur les situations de soin qui prenait en considération la contribution particulière des sciences sociales, dont la sociologie et l'anthropologie. Néanmoins, l'apport de ces disciplines n'a pas atteint le niveau d'imprégnation obtenu par la psychologie. Comme l'indique

Collière, la distinction entre « entrer en relation » et « mettre en relation s'impose » (Collière, 2001 : 153). D'ailleurs, faire apparaître la dynamique structurante d'une situation permet de dégager le sens qui oriente la relation avec autrui. Plus récemment, des préoccupations éthiques, qui soulèvent souvent des questions auxquelles la science ne peut pas répondre, ont suscité un intérêt pour la discipline philosophique qui introduit la notion de sagesse pratique, et qui, comme en témoignent les travaux de Benner, Hooper-Kyriakidis et Stannard (1999) dans le domaine des soins critiques, est une voie qui enrichit le sens de l'agir professionnel.

Le geste est toujours au cœur des pratiques soignantes, même lorsqu'il ne se manifeste que par un regard. Comme tout élément de culture, il est transmis de génération en génération, mais demeure invisible tant que le savoir qui y est rattaché demeure implicite. De ce fait, ce savoir, dit silencieux, ne participe pas au dialogue que requiert le développement des connaissances. Fournir des savoirs et des clés de lecture est le propre d'une discipline. À cet effet, Collière nous rappelle que les personnes qui ont fait émerger la pensée infirmière « ne prétendaient pas les imposer en modèle pour former les infirmières ». Elles cherchaient plutôt à nous donner « des clés pouvant servir à mieux cerner la nature des soins et expliquer leur contenu » (Collière, 2001 : 9). Finalement, si l'année 1860 marquait le début de la professionnalisation des pratiques soignantes, ce mouvement, qui a maintenant 150 ans d'histoire, a atteint le stade où la diversité des savoirs nourrit la pensée infirmière, où, en retour, celle-ci fait émerger un savoir qui éclaire le sens des pratiques soignantes.

NATURE DU REGARD ANTHROPOLOGIQUE

L'organisation pédagogique d'une activité est intimement liée au choix des stratégies d'apprentissage. Ainsi l'utilisation de l'Approche par situation clinique (APSC) à l'intérieur du programme d'études oriente le choix des activités qui favorisent l'acquisition du regard anthropologique. Dans ce type d'approche, les situations choisies véhiculent les éléments qui sous-tendent les apprentissages visés, en l'occurrence l'utilisation du regard de l'anthropologie pour interpréter des situations de soin dans des contextes variés en faisant appel à la sensibilité et aux compétences propres à la compétence culturelle. C'est donc à travers les situations proposées que s'acquiert le regard de l'anthropologie qui fournit le langage et le questionnement pour l'enrichissement du sens de ces situations et le recadrement de l'acte de soin. L'approche de l'anthropologie et l'utilisation qu'en fait Collière (2001 : 147-172) étant les fils conducteurs de cette activité, il est opportun d'en dégager les aspects qui éclairent les situations qui découlent des thèmes abordés à l'intérieur de cette activité de 45 heures.

Approche de l'anthropologie

La notion de culture est centrale en anthropologie. D'ailleurs, l'aphorisme « nous sommes des êtres de culture » est au cœur de notre enseignement. Dans le contexte de l'acte de soin, « nous sommes des êtres de culture » concerne tout autant la personne soignante que la personne soignée. C'est un fait anthropologique en soi que de se percevoir comme a-culturel. Pour paraphraser Sartre, nous pourrions dire que « la culture, c'est les autres », ce qui explique pourquoi les étudiantes et étudiants considèrent leurs propres référents culturels comme allant de soi. Autrement dit, dans un contexte relationnel, on se veut à l'écoute de la culture d'autrui tout en se percevant comme étant exempts d'attributs culturels. Par exemple, l'autre est Pakistanais ou Congolais alors que nos propres attributs sont les critères de référence. Il y a donc lieu de mettre l'accent sur la traversée du miroir qui permet la rencontre entre les uns et les autres.

Devenu alors incontournable, le regard anthropologique exige la contextualisation culturelle de toute situation de soin. Il sert à se représenter l'Autre dans sa spécificité culturelle et identitaire. Cette notion est ensuite investie dans la représentation de soi en tant qu'Autre pour l'Autre, invitant alors à une prise de conscience nécessaire pour se représenter en tant qu'être culturel et reconnaître que l'Autre nous perçoit aussi de cette manière. Toute personne et toute culture sont naturellement ethnocentriques au sens où nous sommes la référence à laquelle l'Autre doit se rapporter en termes identitaires. Évidemment, les écarts folkloriques sont bien acceptés. On apprécie, entre autres, la nourriture, les fêtes, certains symboles, certaines manières d'être. Mais les écarts qui portent atteinte à nos valeurs et à notre identité, les écarts qui mettent en question ce que nous sommes en relativisant nos ancrages culturels les plus profonds, peuvent naturellement, encore une fois, être perçus comme une menace à notre soi culturel.

Le rapport à l'Autre et à Soi induit par la culture nous conduit à considérer les concepts qui permettent d'appréhender et de comprendre ce rapport, soit ceux de culture proprement dit, d'universalité et de diversité. Ces derniers sont conjugués à l'intérieur d'un refrain qui devient le message central de l'activité pédagogique : « **Nous sommes des êtres de culture ayant une humanité commune dont l'expression se manifeste dans la diversité.** » Le retour sur le message central du cours dans chacune des situations cliniques proposées rappelle que « toute situation de soins est en soi une situation anthropologique » (Collière, 2001 : 152).

Vu la nécessité de cerner le concept de culture, le caractère englobant de la définition que propose Helman s'avère des plus pertinents :

> [La culture est] un ensemble de balises (explicites et implicites) dont héritent les individus en tant que membres d'une société particulière et qui leur disent de quelle façon voir le monde, l'expérimenter émotionnellement et s'y comporter en relation avec les autres, les forces surnaturelles, les dieux et l'environnement naturel. Elles offrent aussi à ces gens une façon de transmettre ces balises à la génération suivante – par le recours à des symboles, un langage, l'art et le rituel (Helman, 1990 : 2. Traduction française dans Massé, 1995 : 16).

Cette définition souligne le caractère hérité de la culture et sa dimension spatio-temporelle. Elle renvoie au partage de références sur la vision du monde et l'expérience émotionnelle, une manière commune de se comporter avec le monde des individus, le monde surnaturel et l'environnement à l'aide de symboles, du langage, de l'art et des rituels. Ainsi, dans le cours, chaque référence à la culture dans les situations cliniques est contextualisée à l'aide de cette définition. La culture renvoie par conséquent à ce qui est commun, à l'universel, et à ce qui est différent, à la diversité, dans la condition humaine, particulièrement dans la sphère du soin. L'universalité renforce la dimension liée à la dignité humaine et rappelle notre condition humaine commune. La diversité inscrit le respect de la culture, celle de l'Autre et la nôtre, dans le rapport constitutif du lien social qui fonde la société.

Perspective anthropologique de Collière
pour aborder les situations de soin

Dans la littérature américaine, Leininger et McFarland (2002) ainsi que Purnell et Paulanka (2003) ont fait valoir l'intérêt de l'anthropologie pour les sciences infirmières. Toutefois, la pensée de Collière rejoint davantage notre propos. Les dimensions de l'approche de Collière que nous souhaitons considérer sont se rendre proche, saisir les liens de significations et faire ressortir la dynamique structurante dans la situation de soin. Ces aspects ne constituent pas des étapes à l'intérieur d'un modèle, ils se conjuguent plutôt dans une mise en relation des divers aspects de la situation.

Pour Collière, « l'approche anthropologique consiste à se rendre proches des gens en laissant venir à soi ce que l'on peut saisir, ce que l'on peut apprendre d'eux à partir de ce qu'ils révèlent d'eux-mêmes. Elle est une rencontre [...]. Elle oblige à se distancer de ce que l'on sait *a priori* » (2001 : 152). Un *a priori* est une lecture de la réalité spontanée qui s'impose d'elle-même et qui s'appuie sur des données antérieures à l'expérience. Autrement dit, c'est la première interprétation de la réalité qui nous vient à l'esprit et qui s'impose à nous comme lecture de la réalité. Le terme « a priori » ne comprend pas nécessairement, et nous insistons là-dessus, la connotation négative associée au terme préjugé. Les *a priori* sont souvent un obstacle à la rencontre et constituent un aspect qui intervient presque immédiatement dans la situation de soin, d'où l'importance de développer une attitude qui nous incite à nous interroger sur l'origine de nos réactions spontanées.

Apprendre à mettre en relation ce qui est significatif dans la situation constitue également une dimension de l'approche anthropologique. Collière considère que, dans les situations de soin, le sexe, l'âge et la maladie sont les aspects autour desquels se construisent les liens de signification. Pour aborder et éclairer une situation de soin, il importe également de découvrir ce qui insère la personne dans son milieu et de décoder les signifiés du langage. La « mise en relation » des divers aspects d'une situation de soin, autrement dit la mise en forme de sa dynamique structurante, est fondamentale. Collière insiste sur la « mise en relation » des éléments qui structurent la situation, une méthode qui est propre aux sciences sociales. De son point de vue, l'approche anthropologique permet donc d'enraciner le projet d'action soignante, d'en dégager le sens et la signification pour la personne soignée en vue d'orienter le projet de soin.

RENCONTRE ENTRE L'ACTE DE SOIN ET LE REGARD ANTHROPOLOGIQUE

Les situations choisies pour illustrer la rencontre entre l'acte de soin et le regard anthropologique proviennent de quatre grands thèmes, soit l'immigration, le passage à la modernité des peuples autochtones, l'âge et le genre comme indicateurs culturels, et la culture dans les milieux de soin. Généralement, les aspects qui sont propres à chacun de ces thèmes sont véhiculés par une situation clinique correspondante et, à l'occasion, de situations complémentaires. Chaque thème comporte donc des enjeux particuliers qui doivent émerger de ces situations. Ceux-ci étant clairement identifiés, il est possible de varier les éléments contextuels de la situation pour tenir compte d'événements courants. La partie qui suit résume les enjeux particuliers propres à chaque thème.

L'immigration

L'immigration représente généralement le fer de lance des discussions sur la diversité culturelle. Elle renvoie à des représentations liées à des *a priori* souvent ethnocentriques et à des dimensions proprement anthropologiques que sont la diversité et l'universalité. Depuis quelques décennies, le passage d'une immigration occidentale, principalement de tradition judéo-chrétienne, à une immigration caractérisée par des diversités d'origine et d'affiliation religieuse révèle des préoccupations citoyennes à l'égard de coutumes qui confrontent la société d'accueil et ses attentes en regard de l'intégration de la population immigrante. À cet effet, le port de signes religieux est susceptible d'entraîner une confrontation sur le plan des mœurs. De plus, les événements politiques sur les scènes internationale et nationale peuvent freiner le processus d'intégration. Ainsi, dans la foulée des événements du 11 septembre 2001, les personnes appartenant à la communauté musulmane sont souvent perçues avec méfiance, et cela, indépendamment du moment de leur arrivée en sol québécois. Dans le domaine national, le débat entourant les accommodements raisonnables reflète les attentes parfois divergentes entre la société d'accueil et la population immigrante. Ce débat nous renvoie également aux politiques multiculturelle de l'État canadien et interculturelle de l'État québécois (Bouchard et Taylor, 2008).

Dans l'univers des soignants et des soignés, les principales sources de tension sont d'ordre pratique et idéologique. Les premières incluent, entre autres, la tenue vestimentaire, les coutumes et les savoirs liés au corps et à la santé, le rapport au temps et le langage. Les secondes concernent notamment la définition de l'espace public (le laïc et le religieux), les rapports entre les hommes et les femmes et entre les enfants et les adultes. Ces référents que Cohen-Émerique qualifie de « zones sensibles » (2000 : 167) reflètent des conflits de valeurs et indiquent l'intensité et la profondeur des enjeux en cause. Parmi ces enjeux, l'égalité entre les hommes et les femmes préoccupe les soignants au plus haut point et fournit l'occasion de saisir comment s'opère le jeu entre ce qui est acceptable, ce qui ne l'est pas et ce qui peut être négocié. Comprendre une situation n'est pas automatiquement la justifier ou l'accepter. Comment faire la part des choses ? Comment s'ouvrir à l'autre et en même temps affirmer son identité culturelle ? Il y a ici une exigence de clarification de l'utilité du regard anthropologique afin de mieux évaluer la situation de soin et de mieux intervenir en faisant appel à la responsabilité professionnelle de l'infirmière et de ne pas verser dans un relativisme culturel à tous crins.

Se rendre proche, vocable si riche de sens dans la perspective de Collière, annonce d'abord une rencontre entre le soignant et la personne soignée, « première source de connaissance » dans la situation de soin. Cette rencontre est porteuse de sens si on « [laisse] venir à soi ce que l'on peut saisir, ce que l'on peut apprendre d'eux à partir de ce qu'ils révèlent d'eux-mêmes » (2001 : 153). Le récit d'une infirmière qui a fait un stage au Sénégal illustre la pertinence du lien de proximité. S'étant retrouvée devant un patient dont le nom avait une résonance sénégalaise, elle s'est risquée à l'accueillir en wolof, une des langues les plus utilisées dans ce pays. Le patient lui a répondu avec un plaisir évident. Elle devait donc l'interrompre pour lui dire que sa connaissance du wolof ne lui permettait pas de poursuivre la conversation. Qu'importe, la rencontre entre soignant et soigné était déjà établie. Dans cette situation, le nom du patient a été le lien de signification qui, par la reconnaissance de ce qu'il est, a permis au patient d'accéder au statut de sujet.

Le thème de l'immigration permet d'élargir la portée anthropologique des préoccupations en lien avec ce que Cohen-Émerique a si bien nommé les « immigrés de l'intérieur » (2000 : 162). Des personnes de souche québécoise, faisant partie de cultures particulières comme les itinérants, les homosexuels, les personnes très pauvres, les personnes de milieu rural sont à la marge de la culture dominante urbaine de classe moyenne et, en quelque sorte, des immigrés de l'intérieur.

Les autochtones

Connaissons-nous les autochtones ? À cette question, les étudiantes et étudiants répondent non, très peu ou trop peu. Les connaissances se limitent généralement à ce que les médias veulent bien rapporter, soit les informations associées à la pauvreté, au chômage, à l'alcoolisme et à la violence. En résumé, les connaissances s'avèrent bien minces et, de plus, sont acquises à travers un discours médiatique sensationnaliste et peu reluisant pour ces personnes qui ont été les premiers occupants du territoire nord-américain. Vu cet état de fait, la pertinence d'un thème qui nous invite à explorer la situation des peuples autochtones s'impose.

Le passage d'une société traditionnelle à la modernité constitue l'ancrage pédagogique utilisé pour discuter du contexte historique, social et politique dans lequel se sont élaborées les relations entre les autochtones et les États québécois et canadiens. La Loi sur les Indiens, ses répercussions politiques, sociales et culturelles, les revendications territoriales, la confrontation entre tradition et modernité et le rapport à la santé offrent une lunette anthropologique sur des visions du monde différentes qui sont souvent en opposition. Les autochtones sont donc à la fois partie prenante de notre société et en périphérie territoriale et politique de celle-ci. Chacun possède une vision du monde qui influe sur un ensemble de facteurs dont le rapport au politique, à l'économie, à l'espace, à l'histoire, et bien sûr à tout ce qui entoure la santé et la maladie. L'attitude générale face à la vie et l'interrogation sur l'existence découle de la vision du monde (Dortier, 2004 : 847), qui est la source des croyances reliées à l'origine de la vie, à la transcendance et à l'existence d'une puissance suprême. La vision du monde influence donc de manière diffuse mais prégnante les représentations culturelles liées au corps, à la santé et à la maladie tant physique que mentale. Qu'elles soient animistes, religieuses ou évolutionnistes, les visions du monde sont explorées afin de conscientiser celle qui nous est propre et qui sert de référent culturel inconscient.

Dans la situation clinique qui concerne les autochtones, l'intérêt de l'approche émique est mis en valeur. Les apprentissages reliés à la distanciation de ses *a priori* et la mise en relation des aspects qui les causent dans une situation sont réinvestis. Il est étonnant de constater, et les étudiantes partagent cette observation, à quel point sont méconnus ces peuples avec lesquels nous partageons, certes de manière inégalitaire, le territoire québécois. Le but de cette partie du cours est d'éveiller la sensibilité et l'intérêt des soignants envers les populations autochtones du Québec. Connaître la situation géographique, les caractéristiques sociodémographiques de l'ensemble des communautés autochtones, leur développement socioéconomique ainsi que les services et les ressources dont elles disposent contribue à l'éveil de la sensibilité culturelle à leur égard. Nous ciblons l'influence des enjeux politiques sur la relation de soin, tant historiques que contemporains. Qu'il s'agisse de relations entre soignés et soignants ou de relations entre nations, la discussion de ces enjeux renforce le concept de reconnaissance culturelle. Son exploration à des échelles microsociale et macrosociale illustre l'apport de cette reconnaissance.

Le sexe et l'âge comme indicateurs culturels

Dans le langage populaire, le terme culture est généralement associé aux notions d'ethnie et d'appartenance religieuse, comme en témoigne le sens donné à l'expression « c'est sa culture ». Il est rarement question des autres caractéristiques qui expriment également en quoi nous sommes des êtres de culture. Pourtant, comme le relève Collière, « le sexe et l'âge sont les marques culturelles les plus fondamentales inhérentes à toute personne [car] elles induisent un réseau d'effets secondaires vis-à-vis de tout ce qui nous arrive » (2001 : 154). De plus, le vieillissement de la population, un phénomène qui n'est pas étranger à l'écart grandissant entre l'âge des soignants et celui des soignés, ainsi que la présence accrue d'hommes dans un métier traditionnellement réservé aux femmes nous incitent à porter une attention particulière à l'âge et au sexe comme indicateurs culturels. Le thème qui aborde ces questions est intitulé *Vieux patients, jeunes soignants*. Les situations utilisées visent une meilleure compréhension de la réalité dans laquelle se tient la rencontre entre soignés et soignants, les uns étant souvent affaiblis par la maladie et les marques du temps, les autres étant de jeunes adultes remplis d'espoir et de projets.

Favoriser le statut de sujet à l'intérieur de l'acte de soin suppose que le soignant est en mesure de reconnaître que la personne soignée a une histoire autre que celle de son problème de santé. Prendre connaissance des contextes sociohistoriques des hommes et des femmes qui ont maintenant 90 ans, 75 ans, ou 55 ans, est un premier pas pour reconnaître que la personne soignée a une histoire et qu'elle est toujours habitée par les événements qui ont jalonné sa vie. Dans un de ses écrits, l'écrivain Ray Bradbury rappelle que les traces parfois ingrates du vieillissement n'effacent pas pour autant l'image que l'on a de soi (1957). Dans une petite communauté de l'État de l'Illinois, un jeune journaliste prend le thé régulièrement avec une dame de 95 ans dont l'esprit est fort vif. Un jour, il apprend que la photo utilisée sur l'affiche qui annonce le bal annuel ne change jamais et que cette photo est celle de sa vieille amie à l'âge de 20 ans. « Vous aviez la silhouette d'un cygne », lui dit-il. Sans hésiter, elle lui répondit « mais le cygne est toujours à l'intérieur de moi ». Cette femme devenue nonagénaire était encore habitée par la grâce et l'élégance de ses jeunes années. Ainsi, si le passage des années transforme notre apparence, il n'efface pas nécessairement l'histoire que chacun porte à l'intérieur de soi.

L'approche anthropologique qui nous invite à faire de la personne soignée la première source de connaissance favorise la découverte de ce qui nourrit l'histoire de vie. À cet effet, une jeune infirmière racontait qu'elle demandait à sa patiente âgée de 85 ans si elle avait déjà exercé un métier. Celle-ci l'informa qu'elle avait déjà été mannequin. Et l'infirmière de rapporter : « Un peu étonnée je l'ai regardée à nouveau et je me suis mise à voir la finesse de ses traits et à découvrir le visage que cette personne nous présentait. » Prendre connaissance de ce qui insère la personne à sa trame de vie s'inscrit dans la recherche des liens de signification que la personne soignante doit apprendre à décoder pour que la personne soignée maintienne son statut de sujet et faire ressortir ce que Levinas nomme le surgissement d'autrui (1978).

Devant la maladie, la vieillesse n'est pas toujours l'âge d'or que font miroiter les magazines, les voyagistes et les promoteurs immobiliers pour résidence d'aînés. Même en santé, vieillir comporte des pertes successives. C'est alors que le décodage des liens de signification nous entraîne inévitablement à poser un regard sur la signification du phénomène du vieillissement dans une société qui glorifie la jeunesse. Dans une société qu'elle qualifie de postmortelle, Lafontaine remarque que « la vieillesse est devenue une maladie qu'on espère vaincre ». Elle utilise l'expression « vivre sans vieillir » pour capter l'orientation sous-jacente (2008). Dans son essai sur la vieillesse, Simone de Beauvoir souligne l'écart entre les pratiques de la société à l'égard des personnes âgées et les discours qui les concernent. À ces « sages vénérables », nous dit-elle, le minimum est souvent refusé. Ainsi, l'adulte est incité « à voir dans le vieillard non pas son semblable, mais un autre » (1970). C'est un danger qui guette les jeunes soignants, car, à travers l'écart générationnel qui les sépare des personnes âgées, il arrive que les différences entre les uns et les autres masquent notre humanité commune qui constitue la dimension universelle qui nous relie les uns aux autres. Toutefois, à partir d'un éclairage fourni par une approche anthropologique, le décodage des signifiés du langage, des symboles et des croyances nous offre un tremplin pour mettre en évidence ce qui est significatif dans l'expérience humaine. Par exemple, relativement au désarroi d'un homme de 94 ans qui vient d'apprendre qu'il ne pourra obtenir le renouvellement de son permis de conduire, la jeune soignante pourra aller à la rencontre de son patient seulement si elle est en mesure de saisir la portée symbolique de ce permis. Dans une société motorisée, comme la société nord-américaine, son acquisition est un rite de passage vers la vie adulte. Le retrait de ce même permis entraîne non seulement une perte d'autonomie, mais un sentiment d'exclusion et de détresse. À ce sujet, Collière nous dit avec justesse que « c'est la signification décodée qui est porteuse du projet de soin » (2001 : 162), car l'autre ne peut pas devenir mon semblable tant que le lien qui nous unit n'a pas été établi. Saisir les liens de signification suppose donc que, tout en étant à l'écoute de la personne soignée, la personne soignante soit également en mesure de décoder les sources de son discours et de ses gestes.

Le regard tourné vers les jeunes soignants englobe également les 15-30 ans et les représentations du corps. En faisant valoir l'influence de la logique de la consommation sur les nombreuses pratiques qui entourent la transformation du corps, Le Breton explique que le corps est devenu un accessoire de la personne, qu'il convient de prendre en main, « de hausser le brouillon au niveau d'une œuvre » (2004 : 62). Revendiquer sa singularité dans la société est le propre des jeunes aux abords de la vie adulte. Les façons de se coiffer et de se vêtir sont des signatures utilisées depuis toujours pour marquer sa différence. Toutefois, des pratiques comme le perçage et le tatouage, qui étaient réservées autrefois à des groupes considérés marginaux, sont maintenant répandues. Les augmentations mammaires avant le vingtième anniversaire sont également des interventions possibles. Ce thème interpelle bon nombre de jeunes soignants. Il est par conséquent important de maintenir le cap sur les compétences visées, soit de saisir l'origine et la portée symbolique des pratiques qui entourent la transformation du corps, de considérer également l'influence de ces pratiques sur l'acte de soin. Dans cette veine, on peut questionner des pratiques qui marquent l'appartenance à soi, et qui peuvent être troublantes pour des patients plus âgés.

La diversité culturelle dans les milieux de soin

Apprendre à cerner la culture d'un milieu de soin est un exercice qui renforce l'intégration des notions de diversité et d'universalité. À cet effet, les questions soulevées concernent, entre autres, les comportements attendus vis-à-vis des patients, les interdits (dits et non-dits) et la hiérarchisation des rapports dans l'unité de soins. La façon d'accueillir un nouveau membre à l'intérieur de l'unité de soin, la façon d'accueillir les personnes qui sont occasionnelles, le niveau de discours utilisé avec les soignants et avec les autres membres de l'unité, ou encore la façon de souligner les anniversaires nous renseignent sur les us et coutumes à l'intérieur de l'unité. Reprendre l'exercice pour chaque quart de travail donne parfois des résultats étonnants. Le statut accordé à son unité à l'intérieur de l'établissement et de l'établissement à l'intérieur de la communauté comporte également des informations pertinentes. La hiérarchisation à l'intérieur du système de soin est souvent un miroir des valeurs de la société. La haute technologie d'une unité qui accueille des personnes polytraumatisées fascine davantage que les efforts renouvelés dans la quotidienneté pour des personnes atteintes de maladies dégénératives. Mais, indépendamment du milieu de soin, porter attention à la culture de son environnement de travail offre la possibilité d'un choix éclairé en regard du milieu dans lequel on souhaite s'investir à titre de soignant. À ces préoccupations d'ordre pratique, s'ajoutent deux considérations plus générales qui méritent notre attention.

La première porte sur le milieu naturel qui nous sert de milieu de vie et qui a été pendant très longtemps le cadre dans lequel s'exerçaient la presque totalité des pratiques soignantes, celles qui visaient la promotion de la vie autant que le recul de la mort. Un retour historique indique qu'avant la fin du XIXe siècle la plupart des hôpitaux étaient des asiles qui accueillaient les pauvres et les déshérités de la société. Tout comme les progrès techniques et scientifiques, les réformes entourant la formation médicale au début du XXe siècle ont participé à la transformation des établissements hospitaliers qui sont devenus des lieux où l'acquisition et le développement du savoir sont des enjeux de taille. Jusqu'à la Deuxième Guerre mondiale, les médecins et les infirmières occupaient le territoire des soignants de façon quasi exclusive, mais l'éclatement ultérieur des connaissances a entraîné la création de nouveaux corps professionnels. Travailleurs sociaux, psychologues, nutritionnistes, physiothérapeutes, ergothérapeutes et inhalothérapeutes (pour ne nommer que ceux-là) ont rejoint les infirmières et les médecins au chevet du patient. Les établissements de soin sont donc devenus des lieux de foisonnement culturel, et cela, même dans des milieux où les soignés et les soignants ont des appartenances ethniques et religieuses semblables. La sensibilisation à la dimension culturelle des origines professionnelles des uns et des autres s'avère alors un passage obligé pour la collaboration entre des professionnels qui, tout en ayant un but commun, ont une histoire et des traits culturels qui leur sont propres.

La seconde considération porte sur la formation des professionnels de la santé qui ont en commun une formation de clinicien qui les habilite à poser des jugements cliniques, et qui constitue d'après Voyer « la capacité d'entrer en intelligence avec le malade » (1996 : 63). Cette manière de faire est aussi une manière d'être et suppose un accompagnement fondé sur le souci d'autrui et sur la possibilité de mettre en œuvre ce qui est jugé souhaitable. Pour les cliniciens, saisir ce qu'il y a de particulier et de singulier chez la personne soignée exige un contexte où la culture du prendre soin est prédominante. Toutefois, la transformation des milieux de soin en organisations dont la gestion relève d'un courant culturel issu des écoles de management a changé les patients en clients et le personnel en effectifs. « À l'appareil de la charité s'est substitué celui de la gestion économique de la santé » (Abdelmalek et Gérard, 2001 : 258). La culture de la gestion est trop souvent une tierce partie qui s'insère dans la relation entre le soignant et le soigné. Cet aspect étant généralement occulté, la formation des futurs cliniciens ne tient pas compte de la présence de cette autre culture, si ce n'est pour dénoncer les limites qu'on lui impose. Les futurs cliniciens ne sont donc pas préparés à faire face aux injonctions souvent paradoxales qui résultent de la tension entre deux cultures qui ont des conceptions différentes de l'organisation. Quand la culture du prendre soin est au service de la culture du management, l'injonction « Humaniser les soins dans un milieu qui s'avère déshumanisant » devient paradoxale. Elle peut aussi engendrer de l'épuisement professionnel ou encore des comportements d'intimidation qui sont l'œuvre de soignants ou d'un supérieur vis-à-vis d'un autre soignant. Favoriser le décodage des injonctions paradoxales à partir d'une perspective anthropologique permet toutefois de recadrer l'agir clinique et de trouver des moyens pour réaffirmer le sens du prendre soin à l'intérieur d'une organisation sans pour autant renier les exigences d'efficacité de la maîtrise des coûts.

La recherche de sens : enjeux et défis pédagogiques

Les fenêtres que nous offre l'anthropologie aident à comprendre que la recherche de sens est inséparable de la recherche de liens. La lecture anthropologique d'une situation de soin fournit les cadres explicatifs et la méthode pour aller au-delà de la situation immédiate qui est à l'origine de la requête de soin. Avec la recherche de sens, les réponses ne sont pas prédéterminées. La manière de procéder s'appuie essentiellement sur la présentation d'un message central qui constitue le noyau de l'activité. Présenté plus tôt dans la partie qui aborde la nature du regard anthropologique, il a l'allure d'un refrain qui réitère les liens entre culture, universalité et diversité. Chacun des thèmes en offre des perspectives distinctes et, de ce fait, favorise un ancrage progressif de la compétence culturelle. La notion même de message central ou de refrain suppose une économie de mots. Cette économie implique la nécessité de capter l'essence qui est source de sens. L'approche réflexive, la mise en contexte et une intégration soutenue font alors partie des stratégies éducatives utilisées pour établir les liens à l'intérieur de l'activité et l'ensemble du projet de formation. La recherche de sens à partir de ce que révèlent les situations de soin est une approche exigeante, car il faut « beaucoup de rigueur, de précision, d'exactitude pour cerner l'influence de chaque fait dans leur interrelation » (Collière, 2001 : 166).

Il s'ensuit qu'une approche éducative qui vise la recherche de sens comporte un certain nombre de défis. En premier lieu, le caractère intangible de la recherche de sens s'avère souvent déconcertant pour des soignants qui baignent dans des réalités cliniques où la rapidité des décisions est un enjeu considérable. Si apprendre à distinguer les bruits respiratoires est perçu comme étant un geste utile, se demander en quoi l'événement qui a entraîné des bruits respiratoires anormaux est lié à des enjeux culturels l'est beaucoup moins. Voir en quoi le cadre explicatif d'une autre discipline peut enrichir son regard de soignant requiert non pas des explications, mais des simulations ou, encore mieux, des démonstrations tirées de la pratique des soignants. Un deuxième défi pour une pédagogie orientée vers la recherche de sens réside dans le choix des stratégies éducatives. Savoir lâcher prise à l'endroit des approches traditionnelles qui consistent à transmettre de l'information pour mettre l'accent sur les questions plutôt que les réponses ne va pas de soi. Les présentations avec ordinateur étant devenues la norme dans les salles de classe, les étudiantes et les étudiants s'attendent à avoir des notes de cours qui résument l'objet de leur future évaluation. La recherche de sens à partir d'une lecture anthropologique d'une situation se fait à partir des questions qui émergent de la situation, c'est-à-dire qui sont propres à ce type de lecture. Dans quel cadre culturel cet événement prend-il son sens pour les personnes en cause ? En quoi véhicule-t-il un sens lié à la culture ? En quoi est-il particulier ? En quoi fait-il appel à un sens universel ? En quoi peut-on rattacher cet événement au fait de vivre en société ? De façon générale, les étudiantes et les étudiants se prêtent bien à ce type d'exercice. Toutefois, ces questions qui visent l'accès à l'éclairage de la discipline de l'anthropologie atteignent la cible visée seulement si les assises propres aux sciences infirmières sont relativement solides, ce qui n'est pas toujours le cas en début de formation.

Le brassage des certitudes aux niveaux intellectuel et moral en pleine période de mouvance comporte un autre type de défi lorsque la recherche de sens est un enjeu déterminant. Les jeunes soignants et ceux qui aspirent à le devenir sont dans une période critique en regard de leur développement intellectuel et moral. Sur ce point, les travaux de Perry (1998) nous ont appris que le passage vers une certaine maturité était tributaire des stratégies et des sujets traités durant la formation. L'interrogation de ses *a priori* en regard des thèmes abordés durant l'activité entraîne souvent des remises en cause, qui ne se font pas toujours sans heurt. Entre l'éclatement d'une vision dualiste où blanc et noir sont nécessairement en opposition et le passage à une prise de position qui admet la complexité des enjeux et un espace de dialogue, le chemin est parfois ardu.

Savoir accompagner la transition souhaitée fait partie du défi que représente la recherche de sens. À cette fin, le travail de session qui s'appuie sur le modèle systémique contextuel d'analyse du rapport santé-migration développé par Massé (1995 : 391-416) s'est avéré des plus pertinents. La prise en compte des facteurs de protection et des facteurs de fragilisation en ce qui a trait aux conditions prémigratoires et postmigratoires d'une communauté particulière met en évidence les multiples dimensions en cause, mais surtout se révèle un exercice d'ouverture vers autrui et la prise de conscience de ses propres référents culturels. Vu l'intérêt accordé aux communautés autochtones, nous nous sommes inspirés de ce modèle pour élaborer une grille qui examine également les facteurs de protection et de fragilisation à l'intérieur d'une communauté mais à partir de l'examen des conditions de vie d'une société traditionnelle et celles d'une société moderne.

En conclusion, rappelons que l'utilisation de l'anthropologie pour aborder et éclairer les situations de soin élargit les horizons de l'agir professionnel et participe à une conception renouvelée de l'acte de soin. Le partage d'une humanité commune qui s'exprime au singulier est une considération qui enrichit la portée de l'acte de soin. Invités à se considérer également comme des êtres de culture, les soignants ne peuvent faire abstraction de ce qui, en compagnie des personnes soignées, les insère dans la situation de soin. La recherche de sens à travers la mise en relation de ce qui est significatif dans la situation de soin nous rappelle que l'acte de soin est un art qui se nourrit des savoirs que lui procurent, entre autres, ceux qui sont générés par les sciences humaines et, en particulier, par l'anthropologie.

Références

Abdelmalek, A.A., et J.L. Gérard (2001). *Sciences humaines et soins*, Paris : Masson.

Baer, E.D. (1985). « Nursing's Divided House : A Historical View », *Nursing Research*, 43 (1).

Baly, M. (1993). *Florence Nightingale à travers ses écrits*, Paris : InterÉditions.

Benner, P., P. Hooper-Kyriakidis et D. Stannard (1999). *Clinical Wisdom and Interventions in Critical Care*, Philadelphia : W.B. Saunders.

Bouchard, G., et C. Taylor (2008). *Fonder l'avenir. Le temps de la conciliation*, Rapport abrégé de la Commission de consultation sur les pratiques d'accommodement reliées aux différences culturelles, Gouvernement du Québec.

Bradbury, R. (1957). *Dandelion Wine*, Bantam Books.

Cohen-Émerique, M. (2000). « L'approche interculturelle auprès des migrants », dans G. Legault (dir.), *L'intervention interculturelle*, Boucherville : Gaëtan Morin éditeur, 161-184.

Collière, M.-F. (1982). *Promouvoir la vie*, Paris : InterÉditions et Masson.

Collière, M.-F. (2001). *Soigner... le premier art de la vie*, Paris : Masson (1re éd. 1996).

De Beauvoir, S. (1970). *La vieillesse*, Paris : Gallimard.

Dortier, J.-F. (2004). *Le dictionnaire des sciences humaines*, Auxerre : Sciences humaines Éditions.

Helman, C.G. (1990). *Culture, Health and Illness*, Oxford (Royaume-Uni) : Butterworth-Heineman.

Lafontaine, C. (2008). *La société postmortelle*, Paris : Seuil.

Le Breton, D. (2004). « Le piercing », *Le Nouvel Observateur*, 55, numéro hors-série, 62-63.

Leininger, M., et M.R. McFarland (2002). *Transcultural Nursing. Concepts, Theories, Research, and Practice* (3ᵉ éd.), New York, McGraw-Hill (1ʳᵉ éd. 1978).

Levinas, E. (1978). *Autrement qu'être, ou au-delà de l'essence*, coll. « Phaenomenologica », (54), La Haye : M. Nijhoff.

Massé, R. (1995). *Culture et santé publique*, Montréal, Gaëtan Morin éditeur.

Perry, W.G. (1998). *Forms of Intellectual and Ethical Development during the College Years*, San Francisco : Jossey-Bass Publishers.

Purnell, L.D., et B.J. Paulanka (2003). *Transcultural Health Care. A Culturally Competent Approach* (2ᵉ éd.), Philadelphia, F.A. Davis Company (1ʳᵉ éd. 1998).

Voyer, G. (1996). *Qu'est-ce que l'éthique clinique ?*, coll. « Catalyses », Montréal : Artel, Fides.

Soignés, soignants et représentations au pluriel : de la reconnaissance dans l'approche interculturelle de soins[1]

NICOLAS VONARX, PAMÉLA FARMAN

L e sujet de la culture est couramment abordé à l'intérieur des sciences infirmières. Il l'a d'abord été à travers la théorie de la diversité et de l'universalité du soin culturel proposée par Leininger (1991). Il se trouve encore d'actualité dans le modèle de Purnell et Paulanka (2003), couramment évoqué, qui structure la réalité des soignés autour de dimensions culturelles de la santé. On le retrouve dans les travaux de Campinha-Bacote (2002) qui conceptualise le développement de la compétence culturelle ou dans l'approche de Srivastava (2007) qui inscrit la compétence culturelle dans un dispositif global composé de l'individu, des équipes de travail, de l'organisation des soins et du système de soins. Ce sujet de la culture ou des soins dispensés dans une approche interculturelle est une préoccupation pour les infirmières dans un contexte de mondialisation marqué par le déplacement des popula-tions, des idées et des objets. Ce déplacement transforme des réalités sociales et complexifie les situations auxquelles ces soignants sont confrontés en produisant du pluriel dans le champ de la maladie. Il met

---

1. Ce texte est paru dans la revue *Perspective soignante*, n° 32, septembre 2008, Éditions Seli Arslan, Paris.

en présence une pluralité d'idées et de valeurs qui sont engagées dans des expériences de maladie, qui guident les conduites pour y faire face et permettent d'inscrire le mal dans la vie des personnes souffrantes. Ces idées et ces valeurs se remarquent dans l'intimité d'une expérience de maladie vécue de personnes et des itinéraires thérapeutiques. Partagées par un ou plusieurs groupes d'individus, elles forment un contenu représentationnel très vaste qui porte sur divers objets et qu'on peut définir comme un système de représentations (Bonte et Izard, 2002). Ce système de représentation accompagne donc la personne malade dans les institutions de soins, dans sa chambre d'hôpital et se présente lors de sa rencontre avec les soignants. Là, il est individuel et émerge quand on aborde l'histoire de la maladie d'une personne à soigner et à comprendre, quelle que soit son appartenance culturelle. Il invite les soignants à adapter leurs soins en fonction de leur clientèle à qui ils s'adressent, à rendre flexible leur prise en charge, à l'accommoder et à innover.

La complexité des situations qui s'imposent *de facto* aux infirmières conduit à des lignes de conduite et des stratégies qui peuvent permettre d'adapter les soins à la culture du soigné et de produire des rencontres interculturelles favorables à cette adaptation. Plusieurs organisations professionnelles nord-américaines qui partagent cette idée depuis les années 1990 (Canales et Bowers, 2001) en proposent quelques-unes. C'est le cas au Canada où l'on suggère de dispenser des soins de qualité à chacun en tenant compte de systèmes de représentations multiples qui se valent tous en théorie. Dans ce contexte, Santé Canada (2000) précise que les professionnels de la santé ont de nombreux défis à relever et qu'ils doivent faire preuve de sensibilité culturelle dans la prestation des soins. L'Association des infirmières et infirmiers du Canada (AIIC, 2004) recommande aux infirmières, aux membres des associations professionnelles, organismes de réglementation, milieux de soins, établissements d'enseignement et gouvernements d'envisager ensemble des stratégies pour adapter les soins sur le plan culturel. Soucieuse de l'impact de la diversité culturelle sur le système de santé, l'AIIC souligne que les infirmières ont la responsabilité d'acquérir, de maintenir et d'améliorer continuellement leur compétence culturelle afin d'offrir des soins qui répondent aux besoins des différentes clientèles. Elle propose que les programmes de formation en sciences infirmières fassent la promotion de la recherche sur le soin dans un contexte interculturel et qu'ils intègrent les enjeux de la diversité culturelle afin de susciter chez les étudiantes le développement de connaissances, d'habiletés et d'attitudes culturelles (AIIC, 2004). En bref, plusieurs recommandations générales visent les soignants, l'environnement des organisations de soins et le contenu des programmes de formation destinés aux soignants.

Malgré tout, des situations problématiques subsistent en Amérique du Nord. Effectivement, Donnelly (2000) montre au moyen de cas concrets comment des problèmes de communication interculturelle et de sensibilité culturelle violent les principes d'autonomie, de respect et la dignité des soignés. Aries (2004) note encore que des personnes qui ne connaissent pas la langue des soignants bénéficient de traitements et d'expériences de soins de moins bonne qualité. Des stéréotypes sociaux négatifs à l'endroit de clientèles influencent aussi les décisions et les comportements de professionnels et entraînent des disparités en matière de service de soins (Institute of Medicine, 2002). Des erreurs médicales dans la pratique infirmière sont dues au manque de compréhension et de connaissances culturelles (Anderson et autres, 2003). Aussi, une mauvaise communication ou un manque d'attention à l'endroit de systèmes de représentations rendent les bénéficiaires moins assidus aux traitements et aux régimes prescrits (Eunice, 2004). Enfin, nous pouvons parler en notre nom d'une mauvaise gestion de la douleur de certains soignés par manque de considération des variations culturelles dans la façon de l'exprimer et de la partager, de mauvais diagnostics posés parce qu'on néglige une lecture de théories culturelles relatives à la maladie, de l'intolérance envers le manque de participation de certains hommes animés par une identité de genre culturellement normée qui ne participent pas à la gestion d'un événement lié à la santé (comme l'accouchement ou le soin des nouveau-nés), de manque de considération de certaines conceptions culturelles du corps et de l'intime qui indiquent de choisir son interlocuteur soignant, de réactions négatives envers des conceptions islamiques de la pureté qui privilégie la douche plutôt qu'un bain, d'une gêne des soignants à l'endroit d'un entourage trop nombreux dans la gestion de l'hospitalisation, etc.

Évidemment, ces constats, ou la difficile application des lignes directrices précédentes, s'expliquent par un certain nombre de facteurs qui limitent l'approche interculturelle dans les soins. Parmi ceux-là, on relève des dispositions individuelles qui contraignent cette rencontre et une ouverture à des systèmes de représentations multiples. Nous parlons ici d'attitudes qui s'expriment sous la forme générale d'un ethnocentrisme chez des soignants qui ne sont pas encore familiers de la diversité culturelle et qui imposent aux soignés l'adoption d'un système de représentations dominant. Ceux-là hiérarchisent et déclassent des systèmes de représentations en valorisant le(s) leur(s), marquent la rencontre interculturelle de préjugés sur une scène sociale plus large où des rapports de pouvoir historiques et un imaginaire collectif les informent depuis longtemps sur les barbares et les civilisés. Bien sûr, cet ethnocentrisme ne se manifeste pas forcément brutalement dans les soins. Il s'insinue dans un rapport paternaliste qui déclasse les savoirs et les traditions de soins des soignés, ou se dissimule tout simplement dans une attitude condescendante ou dans un manque d'intérêt à leur endroit, à leur histoire et leur vécu.

De la même manière, d'autres barrières relèvent d'une tradition biomédicale qui domine le système de santé et pose un regard particulier sur la maladie et la personne malade. À ce sujet, il faut retenir que la réalité biologique, dont cette tradition est la spécialiste en matière de diagnostic et de guérison, relève d'un fait de nature et non de culture. Son intérêt pour ce type de réalité universelle la rend susceptible d'ignorer des phénomènes qui relèvent du particulier, du local et du culturel. En reposant sur une ontologie du monde strictement réaliste, sans considération *a priori* pour les faits de culture, en guidant les soins à dispenser, en fournissant les critères pour évaluer la pertinence des pratiques, pour les hiérarchiser, en privilégier, en exclure ou définir leur efficacité, la tradition biomédicale ne laisse pas forcément de place à la culture du soigné dans les soins. On comprendra ainsi qu'un manque d'intérêt pour la réalité vécue du soigné, pour les dimensions socioculturelles de sa maladie et pour son système de représentations n'est pas en contradiction avec le mandat de la biomédecine. Un regard sur le soigné comme sujet n'est donc pas forcément au menu de soins qui répondent *stricto sensu* à des présupposés ontologiques biomédicaux alors qu'il est fondamental dans une rencontre interculturelle qui s'inscrit dans un contexte de relations, d'entente et de respect mutuels.

Ces quelques barrières nous rappellent que plusieurs systèmes de représentations entrent en jeu dans une situation de soin, notamment ceux du soigné, d'une tradition de soins et des soignants qui ne sont pas sans appartenance culturelle. Quand la cohabitation de ces systèmes est conflictuelle, elle pose inévitablement le problème d'une rencontre interculturelle mal négociée. Dans ce cas, c'est souvent le système de représentations de la personne soignée qui ne trouve pas la place qui devrait lui revenir dans le dispositif soignant. L'imposition d'un régime de représentations propre à la biomédecine ou propre à des soignants est alors à l'œuvre. Elle conduit à des situations problématiques comme celles que nous avons présentées plus haut.

Par contre, dans le cas où il s'agit de dépasser ces conflits et d'avancer sur le terrain de la négociation et de l'entente, l'approche interculturelle dans les soins relève d'une reconnaissance et d'un prendre-soin des identités mises en jeu dans les processus de gestion de la maladie. Les sections suivantes développent cette idée en proposant deux détours : un premier par les expériences de la maladie grave et chronique qui montre l'importance des systèmes de représentations dans ces épisodes extrêmes ; et un second par les systèmes de soins aux dimensions symboliques qui montre comment la culture peut être au service du soin et de la guérison.

DES SYSTÈMES DE REPRÉSENTATIONS INCONTOURNABLES ET TRÈS UTILES DANS LES EXPÉRIENCES DE MALADIE

Selon nous, l'absence de dispositif soignant attentif à la diversité culturelle et à la pluralité des systèmes de représentations soulève un enjeu identitaire. Effectivement, en acceptant que l'identité individuelle est un ensemble de représentations et de sentiments qu'une personne développe à son sujet (Tap, 2004), que l'identité sert à l'individu pour se singulariser, s'unifier, assurer la continuité dans sa durée biographique et donner du sens à sa vie (Kaufman, 2004), la culture trouve ici un espace de prédilection pour se manifester. Effectivement, les œuvres de la culture influencent le contenu et l'organisation de ces représentations et ces sentiments qui relèvent d'une construction de soi (Ricœur, 2007). Des aspects de la culture se retrouvent même dans une identité mise en scène à travers une conception de sa personne et de son corps, une conception de sa maladie, une manière de faire, d'être, de parler, de manger, de souffrir et de mourir, etc. En situant la culture à ce niveau individuel, les registres culturels fondés sur une origine ethnique particulière (trop étroits pour le singulier) sont dorénavant des bases de données secondaires à celles que partage une personne.

Inspiré par des aspects d'une culture qui nourrit l'existence d'un individu, le système de représentations est lié à l'identité véhiculée par la personne soignée. L'ignorer revient à nier une partie de son identité, et la rejeter consiste à hiérarchiser ou à gommer des identités. L'impossibilité, ou la difficulté de se réaliser alors comme un sujet ancré culturellement, en affirmant et en assumant son système de représentations à travers le partage de son vécu, à travers des choix, des préférences, des comportements et des attitudes, est une forme de violence de l'institution et des soignants à l'endroit du soigné. En confrontant l'idée véhiculée par une personne à son sujet dans un environnement de soins animés par des codes, des repères, des règles, des représentations, etc., il faut retenir, avec Giust-Desprairies (1996), que la foi en soi, la possibilité de se reconnaître soi-même et de s'aimer sont mises à dure épreuve. Dans cet environnement ou cet espace social, ce que le soigné peut comprendre, ce que l'on suppose et véhicule à son sujet (dissimulé ou explicite dans les soins), peut fournir une représentation de soi trop éloignée d'une identité à laquelle il tient, et provoquer ainsi une certaine souffrance. Même si elle paraît symbolique et si le mal qu'elle produit est difficilement mesurable, la violence qui émerge de ce dispositif n'est pas à négliger.

Pour mieux nous rendre compte des conséquences du manque de sensibilité culturelle dans les soins, faisons un détour par les expériences de maladie grave et chronique qui mettent en danger la vie de personnes. Ce détour vers des situations extrêmes met en évidence l'importance et l'usage d'un système de représentations individuel. Il montre que le système de représentations de la personne malade est mobilisé dans la gestion de la maladie et de la vie, dans une quête de bien-être, et donne un bon aperçu de cette violence potentielle. Effectivement, en adoptant une approche phénoménologique de l'expérience de la maladie, on remarque que le vécu de la maladie grave et chronique est indissociable d'une connaissance du monde que possèdent les personnes malades. Ce vécu est indissociable de ce qu'elles en perçoivent, de la façon dont elles s'inscrivaient dans le monde avant la maladie, et de la façon dont elles doivent encore s'y inscrire. Parce qu'une maladie de ce type défait l'inscription de la personne dans la vie quotidienne, elle lui impose d'en négocier une nouvelle (voir Bury, 1982 ; Franck, 1993). Les soignants attentifs à ce vécu constatent alors un effort de recomposition des systèmes de représentations individuels qui s'inscrit dans une stratégie d'adaptation à la maladie. Ils peuvent témoigner qu'il se trame dans cette expérience de la maladie grave et chronique une reconstruction identitaire déclenchée par des ruptures successives et répétées au sein de rapports au corps, de rapports sociaux, d'une conception de soi, du monde, du temps, des espaces de vie et du sens de l'existence.

Quoi qu'il en soit, la mobilisation d'un système de représentations assiste ce processus de reconstruction identitaire dans la mesure où son contenu aide à formuler des réponses existentielles et à redéfinir des assises ontologiques individuelles d'une existence troublée par le mal. Le produit de cette mobilisation consiste à guider ce qui doit être vécu dorénavant, et la façon dont il doit l'être, à effacer une certaine souffrance et à garantir un mieux-être dans un épisode de maladie qui dure. Avec Kaufman (2004), nous parlons ici d'une réinvention de soi ou d'une nouvelle identité opératoire qui permet de se réinscrire comme sujet dans le monde, malgré les effets de la maladie, ou de continuer à s'inscrire dans un quotidien, des espaces communs et des relations avec les autres. En fait, il s'agit de poursuivre une existence et de négocier un futur en s'inspirant d'une réponse à la question « qui suis-je ? », que la personne malade élabore à partir d'un système de représentations disponible et malléable.

En comprenant ainsi la fonction et l'importance d'un système de représentations, on accepte que les personnes soignées tiennent à ces systèmes comme on tient à une boussole en plein désert. Leur négation au sein d'une prise en charge négligente revient donc à défaire l'individu d'un instrument essentiel à sa vie, et à produire une mort symbolique et sociale dans le pire des cas.

PRENDRE SOIN DES IDENTITÉS VALORISÉES

Avertis maintenant de certains des effets possibles et pervers de la négation culturelle et de l'incontournable attention qu'il faut porter au vécu de la maladie et au système de représentations qui modèle ce vécu, réfléchissons sur la nature des soins à dispenser pour ne pas porter préjudice aux soignés. Cette fois, et puisque nous sommes dans une logique de soins interculturels qui doit aussi nous informer sur la diversité des traditions de soins, un détour par certaines dimensions soignantes présentes dans d'autres médecines du monde peut éclairer notre lanterne. Tout particulièrement quand on trouve dans celles-là des soins qui correspondent pleinement avec les systèmes de représentations des soignés. C'est le cas notamment dans des médecines aux dimensions magico-religieuses et symboliques, et dans des thérapies issues d'une catégorie qui suppose une relation entre le corps matériel et des entités immatérielles. Dans ces stratégies de guérison, on dispense des soins en inscrivant la maladie dans une réalité socioculturelle où sont explicités une organisation du monde matériel et immatériel, des rapports sociaux et une définition singulière de l'existence humaine. Ici, l'enracinement socioculturel de la maladie indique qu'il faut prendre soin de rapports au monde, de rapports que le malade ou son entourage doit entretenir avec ses pairs, ses contemporains, ses ancêtres, ses ascendants, ses descendants, ses morts, des esprits ou avec d'autres éléments qui font office de figures actives dans sa réalité et qui apparaissent dans des modèles explicatifs de maladie. En bref, la guérison, l'absence de maladie ou la meilleure santé dépendent en partie de rapports harmonieux avec ces éléments, ou d'un mode de présence dans un monde informé par certaines indications culturellement signifiantes.

En se préoccupant de ces rapports au monde définis par une ontologie propre à chacune des médecines, les démarches des thérapeutes qui servent à les élaborer ou à les rendre de meilleure qualité sont des actes de soins. Qu'il s'agisse effectivement de rituels religieux qui renforcent une relation avec des entités non humaines, d'un comportement alimentaire qui s'adapte à des interdits, de rôles sociaux à emprunter en fonction d'identités de genre normées, d'un code vestimentaire à respecter ou d'autres conduites fortement conseillées par un ordre socioculturel précis, ces gestes sont investis dans la gestion de maladies, dans leur prévention et leur guérison. La culture sert ainsi de ressource soignante et les thérapeutes soignent des représentations puisqu'ils s'intéressent (entre autres choses évidemment) à l'inscription adéquate de la personne malade dans une vie qu'ils se représentent favorable pour être en bonne santé ou pour retrouver la santé.

Sans considérer que les soignants des établissements de soins occidentaux doivent agir à l'identique[2], il convient de se demander si leurs soins ne doivent pas aussi porter sur une inscription dans le monde valorisée par le soigné en fonction de représentations qu'il a du monde et de lui-même, en fonction de croyances, de relations sociales et de relations symboliques qui constituent, à ses yeux, ce qu'il est important de réaliser dans l'existence pour bien vivre et maintenir une qualité de vie. En bref, on peut se demander si le soignant ne doit pas remettre en question ces dimensions pour connaître son interlocuteur soigné et pour adapter ses soins. Dans les faits, il s'agirait d'identifier une vision du monde, de chercher à comprendre comment la personne s'inscrit dans le monde et comment elle s'y conduit à travers certaines activités sociales, certains rituels religieux, de comportements alimentaires particuliers, dans l'usage d'une langue, une identité de genre et des rapports de genre, une façon de dormir, une façon de prendre soin de son corps, d'organiser sa journée, de communiquer avec ses proches, etc., qui sont indispensables à sa vie de soigné.

En faisant cet exercice, nous acceptons d'abord que la personne soignée n'est pas enfermée dans une identité de malade prédéfinie, mais qu'elle est une personne dans un monde singulier, que la maladie l'en retire parfois, et que l'institutionnalisation l'en retire toujours. En faisant cet exercice, nous sommes invités à planifier des soins qui doivent permettre l'expression d'une façon de vivre entre les murs étroits de l'établissement ou de la chambre d'hôpital. Nous sommes invités à laisser s'exprimer et s'affirmer une identité culturelle en dépit de nos avis personnels, de certaines exigences organisationnelles de soins, de certaines attentes et de certaines directives du système de soins. Il s'agit

---

2. C'est-à-dire rappeler aux soignés comment le monde est constitué, comment il y est inscrit et en relation avec ses éléments, comment son existence et sa maladie trouvent du sens dans cette organisation, et comment son bien-être et sa guérison dépendent de son inscription harmonieuse dans ce monde.

d'encourager la personne malade et son entourage à mettre en scène concrètement son identité, d'accueillir favorablement des rituels religieux, d'accompagner leur réalisation, d'ouvrir les portes de l'institution à des acteurs qui vont prendre soin de certaines représentations, qui vont prendre soin d'une relation à Dieu ou à d'autres entités, etc. Dans ce sens, c'est faire de l'hôpital un lieu où l'on peut vivre un quotidien, où l'on peut accueillir des proches à sa façon, où l'on peut s'y vêtir et y manger en fonction d'une identité valorisée dont on ne veut pas se défaire et qui nous est essentielle dans la gestion de notre mal.

Évidemment tout cela doit se faire dans le cadre de négociation et de compromis avec une équipe de soins qui comprend la nécessité de vivre ainsi, qui laisse en partie au soigné la tâche de définir ce qui est bien en matière d'existence, qui reconnaît son influence dans la construction identitaire du soigné au moment d'une prise en charge, et qui mesure combien le bien-être et la qualité de la vie dépendent d'une identité affirmée à laquelle on tient. D'un autre côté, prévenir la violence envers des soignés ne doit pas se retourner contre les soignants dans la perspective d'une rencontre interculturelle. C'est pourquoi accorder à l'autre le droit d'exister dans un espace de soin en fonction d'une identité qu'il partage avec des interlocuteurs doit être pesé à partir de certaines valeurs. Ces valeurs relèvent si possible d'une éthique transculturelle. Elles transcendent donc les individus et les groupes culturels (Kikuchi, 1996), sont communément acceptées dans le monde des soins et peuvent être nuancées dans un processus de discussion entre plusieurs parties (Massé, 2003) quand des situations provoquent des dilemmes éthiques. Mais l'affirmation d'une identité à travers des comportements, des habitudes de vie, des choix et d'autres manifestations met rarement à l'épreuve des valeurs ou des principes éthiques qui supportent les soins dans une perspective humaniste. Néanmoins, quand c'est le cas, ce droit d'exister dont nous faisons la promotion ne doit pas répondre à un relativisme radical et à une tolérance extrême dont Massé (2000) nous met en garde dans sa définition d'une éthique critique.

S'INTERROGER SUR UNE CONCEPTION DES SOINS DANS LA RENCONTRE INTERCULTURELLE

En soulignant qu'une rencontre interculturelle est souvent mal négociée en raison de dispositions individuelles ethnocentriques et de barrières relatives à une ontologie biomédicale, nous devons rappeler que des changements sont à l'œuvre. Ils concernent surtout les dispositions individuelles des soignants et leur ouverture à la diversité culturelle. Effectivement, la formation proposée dans certaines facultés de sciences infirmières délivre à leurs étudiants un contenu relatif à l'interculturalité dans les soins et leur propose un cheminement pour approfondir ce sujet. C'est le cas[3] au Québec, à la Faculté des sciences infirmières de l'Université Laval qui a élaboré un cours obligatoire d'« approches interculturelles en santé » afin de favoriser le développement de connaissances, d'attitudes et d'habiletés chez les étudiantes qui vont accompagner des soignés d'origines culturelles et ethniques différentes. Dans cette faculté, on offre encore aux étudiants la possibilité de réaliser un stage professionnel international et interculturel pendant dix semaines pour approfondir le sujet des interfaces entre la culture, le soin et la maladie d'une personne, d'une famille ou d'un groupe culturel. Ce stage vise également à saisir la place des professionnels au sein d'un système de santé et d'une équipe soignante interdisciplinaire pour faciliter le développement d'une pratique interprofessionnelle.

En proposant aux étudiants d'intégrer des concepts en lien avec l'interculturalité dans les soins et en favorisant leur immersion dans des contextes culturels étrangers, ces stratégies éducatives permettent d'acquérir une plus grande conscience, des habiletés, des connaissances culturelles, et favorisent encore une croissance personnelle et professionnelle. Elles permettent de confronter les apprentis soignants et les futures équipes de soins à la différence culturelle et de les engager progressivement dans un dialogue interculturel. Les chocs issus de la confrontation avec l'autre, avec la différence évidente et « étrange »,

---

3.   Précisons ici que les facultés de sciences infirmières du Québec ne proposent pas toutes à leurs étudiantes un contenu identique sur le sujet d'une approche culturelle dans les soins. En 2007, leurs sites Web affichaient de grandes différences. Certains n'affichaient aucune référence à ce contenu et d'autres proposaient un cours optionnel ou obligatoire sur l'arrimage qui existe entre les soins, la culture et la santé.

impliquent inévitablement une prise de conscience du système de représentations de l'apprenti soignant et permettent un exercice de réflexivité critique sur sa propre identité, ses appartenances culturelles, sur la vision du monde qui l'anime et qu'il véhicule dans les soins. En plus de rendre commune et acceptable la différence, de la rendre féconde en matière de construction individuelle, l'outillage théorique et pratique délivré dans ses formations rend plus formelles la rencontre culturelle et la prise en charge qui en découle.

Néanmoins, en dépit de ces perspectives favorables, une conception des soins trop étroite rend les futurs soignants uniquement spectateurs de la diversité culturelle et du système de représentations des soignés. Il faut donc aller plus loin et profiter de l'émergence de systèmes de représentations dans une relation soignante afin de penser aussi des soins qui vont dans le sens d'une affirmation identitaire. Nous entendons ici qu'il faut faire un accueil à cet autre soigné au sens de recevoir, de rassembler les aspects d'une vie, d'en faire la lecture et de les protéger même s'ils nous paraissent étranges. L'accueil du soignant et de l'institution suppose ainsi une hospitalité qui fait du soigné un sujet de qui l'on apprend, et avec qui il faut partager. Dans cet esprit d'accueil, les soins n'ont pas de portée matérielle, ne sont pas dirigés vers un corps physique, un symptôme, un signe ou toute autre catégorie diagnostique engendrée par la maladie et véhiculée dans des manuels scolaires. Ces soins s'insi-nuent plutôt dans une rencontre pour limiter des effets de subjectivation imposés par un modèle de lecture de la réalité influencé par la biomé-decine. Ils sont contestataires d'un mode de prise en charge couramment accepté dans une institution qui retire aux personnes malades ce qu'il y a de commun dans leur quotidien, et qui ne les reconnaît pas comme des sujets à part entière. Ces soins consistent à accompagner une façon d'être et de vivre qui est singulière et peut-être originale dans l'institu-tion de soins.

Finalement, l'objet des soins est simplement défini et considéré dans l'expression d'un « qui suis-je ? », formulée par le soigné et entendue par les soignants au moment d'une rencontre et d'une prise en charge. Il émerge donc par la parole donnée et partagée, dont on reconnaît l'importance dans les soins infirmiers relationnels qui entretiennent la vie, favorisent des sources de vie et permettent de continuer à exister (Collière, 2001). En d'autres mots, il s'agit de soins qui s'inscrivent dans le registre soignant de la reconnaissance, déjà mobilisé dans les milieux de soins. Effectivement, on tente déjà d'y faire la promotion de la reconnaissance d'un soigné aux figures humaines qui exclut les dérives d'une conception biomédicale de la personne. On apprend aux soignants à reconnaître les potentiels des personnes soignées, à accepter leur participation et à appuyer leur quête d'autonomie, à reconnaître les comportements positifs d'une gestion de la maladie et à revenir sur ces comportements avec des jugements positifs explicites. À ces aspects d'une reconnaissance familière, nous ajoutons des actes de reconnaissance qui ciblent l'affirmation et le maintien d'une identité qu'il faut d'abord connaître quelles que soient les appartenances ethniques et culturelles des personnes soignées. À ce titre, la présence de passeurs culturels comme des anthropologues, au sein des institutions de soins pourrait garantir ce préalable et permettre une meilleure compréhension des identités et des systèmes de représentations qui apparaissent dans les soins.

EN CONCLUSION

En portant sur une connaissance et une reconnaissance du soigné et de son identité, et en s'orientant vers une pratique utile à l'affirmation d'une identité valorisée, la reconnaissance dont nous parlons rejoint les travaux de Charles Taylor (1992). L'auteur considère effectivement la reconnaissance comme un besoin essentiel puisqu'elle entretient et forge l'identité. Il ne s'agit pas de la limiter à une politesse ou de s'en servir pour masquer une condescendance envers autrui. Davantage, la reconnaissance s'arrime à une politique[4] de la différence dans laquelle les partisans du multiculturaliste accordent une valeur à chaque culture, acceptent les distinctions culturelles individuelles et collectives et toute quête d'authenticité ou revendication identitaire animée par une appartenance culturelle. Une adhésion des soignants à ce dispositif politique est donc une première condition au projet de soins que nous proposons.

---

4.   Charles Taylor distingue cette politique de la différence avec une politique d'égale dignité qui reconnaît chez chacun un ensemble de droits et de privilèges, qui accueille la différence, qui limite sa reconnaissance dans ce qu'il y a d'universel et ne peut accepter des projets individuels ou collectifs animés par une revendication culturelle et identitaire qui vont à l'encontre de l'égalité première qu'elle défend.

Cette adhésion se situe toutefois dans un contexte de maladie où le soigné est vulnérable et bénéficiaire de soins, et doit être nuancée en fonction de valeurs et de principes éthiques relatifs aux soins. Nous le rappelons.

Notre idée des soins dans une rencontre interculturelle suppose une conception des soins très souple qui tient compte du vécu et de l'histoire des personnes souffrantes. Elle propose de considérer les soins en fonction de finalités multiples qui se concentrent toutes vers l'entretien de la vie (Collière, 2001). Elle demande évidemment à ce que les soignants soient disposés pour s'intéresser à la singularité du soigné, à son identité, à son appartenance culturelle et aux systèmes de représentations éloignés des leurs. L'arrangement de programmes de formation en soins infirmiers doit satisfaire cette exigence. Mais, en plus d'attendre des soignants qu'ils incarnent ces dispositions individuelles dans leurs façons d'être et leur présence auprès des soignés, notre idée suppose qu'ils soient outillés pour penser des actes de soins qui vont dans le même sens. À ce sujet, on ne peut pas rester silencieux sur l'apport de l'anthropologie de la santé dans les programmes de formation en sciences infirmières. Car, en plus de fournir une boîte à outils intéressante pour investiguer des réalités vécues qui se situent au carrefour de l'individuel, du social et du culturel, cette orientation disciplinaire offre aux soignants des approches interprétatives et phénoménologiques capables de mettre à jour des systèmes de représentations sur le terrain des expériences de maladie. Enfin, l'orientation des soins suggérée ici demande que le plan de soins soit structuré, afin qu'il comporte une avenue de recherche ou un intérêt relatif à l'expérience vécue du soigné, afin qu'on puisse y inscrire une épreuve de son expérience et relever des éléments importants de son identité qui puissent guider certains aspects de la prise en charge gracieusement proposée.

En bref, des soins planifiés dans une rencontre interculturelle exigent, à plusieurs niveaux, des réformes et des enrichissements dans les programmes de formation et dans l'élaboration des outils qui servent aux soignants dans leurs activités. Ils exigent un préalable réflexif et critique de nature politique, qui se prolonge encore sur la nature et la pertinence des soins infirmiers à dispenser pour être des soignants attentifs à la singularité des personnes malades et à la pluralité des réalités culturelles.

Références

Anderson, L.M., S.C. Scrimshaw, M.T. Fullilove, J.E. Fielding, J. Normand et le Task Force on Community Preventive Services (2003). « Culturally competent healthcare systems : a systematic review », *American Journal of Preventive Medicine*, 24, 68-76.

Aries, N.R. (2004). « Managing Diversity : the Differing Perceptions of Managers, Line Workers, and Patients », *Health Care Manage Review*, 29 (3), 172-180.

Association des infirmières et infirmiers du Canada (2004). *Énoncé de position : le développement des soins adaptés sur le plan culturel*. Disponible en ligne : http:// recherche.cna-aiic.ca/cgi-bin/ts.pl.

Becker, G. (1997). *Disrupted Lives. How people create meaning in a chaotic world*, Berkeley et Los Angeles : University of California Press.

Bonte, P., et M. Izard (2002). *Dictionnaire de l'ethnologie et de l'anthropologie*, Paris : Presses universitaires de France.

Bury, M. (1982). « Chronic illness as biographical disruption », *Sociology of Health and Illness*, 4 (2), 167-182.

Campinha-Bacote, J. (2002). « The process of cultural competence in the delivery of healthcare services : a model of care », *Journal of Transcultural Nursing*, 13 (3), 181-184.

Canales, M.K., et B.J. Bowers (2001). « Expanding Conceptualizations of Culturally Competent care », *Journal of Advanced Nursing*, 36 (1), 102-111.

Collière, M.-F. (2001). *Promouvoir la vie*, Paris : Masson.

Donnelly, P.P. (2000). « Ethics and Cross-cultural Nursing », *Journal of Transcultural Nursing*, 11 (2), 119-126.

Eunice, E. (2004). « The Model of Cultural Competence through an Evolutionary Concept Analysis », *Journal of Transcultural Nursing*, 15 (2), 93-102.

Frank, A. (1993). « The rhetoric of self-change : illness experience as narrative », *Sociological Quarterly*, 34 (1), 39-52.

Giust-Desprairies, F. (1996). « L'identité comme processus, entre liaison et dé-liaison », *Éducation permanente*, 128, 63-70.

Institute of Medicine (IOM) (2002). « Unequal treatment : What healthcare providers need to know about racial and ethnic disparities in healthcare ». Disponible en ligne : http://www.iom.edu/CMS/3740/4475.aspx.

Kaufman, J.-C. (2004). *L'invention de soi. Une théorie de l'identité*, Paris : Armand Colin.

Kikuchi, J.F. (1996). « Multicultural Ethics in Nursing Education : A Potential Threat to Responsible Practice », *Journal of Professional Nursing*, 12, 3, 159-165.

Leininger, M. (1991). *Culture Care Theory : The relevant theory of nursing*, New York : National League for Nursing Press.

Massé, R. (2000). « Les limites d'une approche essentialiste des ethno-éthiques. Pour un relativisme éthique critique », *Anthropologie et Sociétés*, 24, (2), 13-33.

Massé, R. (2003). *Éthique et santé publique. Enjeux, valeurs et normativité*, Québec : Presses de l'Université Laval.

Purnell, L.D., et B.J. Paulanka (2003). *Transcultural Health Care : a culturally competent approach*, 2ᵉ éd., Philadelphia, PA : F.A. Davis.

Reynolds, D. (2004). « Improving care and interactions with racially and ethnically diverse populations in healthcare organizations », *Journal of Healthcare Management*, 49 (4), 237-247.

Ricœur, P. (2007). *Anthologie*, Paris : Seuil.

Santé Canada (2000). *Certaines circonstances : équité et sensibilisation du système de soins de santé quant aux besoins des populations minoritaires et marginalisées*. Disponible en ligne : http ://www.hcsc.gc.ca/hppb/soinsdesante/pubs/circumstance/partie4/doc1.html.

Srivastava, R. (2007). *The Healthcare Professional's Guide to Clinical Cultural Competence*, Toronto : Mosby Elsevier Canada.

Tap, P. (2004). « Marquer sa différence. Entretien avec Pierre Tap », dans C. Halpern et J.-C. Ruano-Bordelan, *L'identité. L'individu, le groupe et la société*, Paris : Sciences humaines.

Taylor, C. (1992). *Multiculturalisme. Différences et démocratie*, Paris : Flammarion.

Des pratiques alternatives-complémentaires aux pratiques infirmières : réflexion ethnomédicale sur une rencontre inévitable

Nicolas Vonarx

Malgré le développement important de la biomédecine en Occident depuis deux siècles, l'existence contemporaine de nouvelles technologies médicales toujours plus performantes, une organisation des systèmes de santé toujours plus sophistiquée et un accès à des services de santé en augmentation, les médecines alternatives et complémentaires (MAC) sont toujours très présentes dans les itinéraires des personnes malades. Dans une étude réalisée en 2006 sur l'usage des MAC auprès de 2 000 Canadiens, Esmail (2007) avance que 74 % de la population a utilisé ces offres de soins. Il estime encore que 67 % de la population québécoise a eu recours à une pratique alternative et complémentaire, et qu'une personne sur deux a sollicité un praticien issu de ce champ d'activité.

En ce qui concerne le profil médical des personnes qui utilisent ces services, retenons que les personnes atteintes de problèmes chroniques, de maux de dos, de maladie de Crohn, de problèmes pulmonaires, de diabète, de migraine et de problèmes articulaires sont de grands consommateurs. En fait, plusieurs études statistiques confirment un engouement pour les MAC dans des épisodes de maladie dont on n'arrive pas à voir la fin (voir par exemple, Page et autres, 2003 ; Rickhi et autres, 2003 ;

Braganza et autres, 2003). Cela dit, toutes les personnes ne consomment pas les mêmes ressources alternatives et complémentaires dans leur itinéraire. La variété des techniques, des médecines et des thérapies alternatives et complémentaires existantes sur le marché des soins, le type de maladie, les problèmes occasionnés par la maladie, la gravité du mal, son évolution, le profil des personnes malades (socioéconomique, culturel, etc.), leur affinité avec un type de pratiques et d'autres facteurs guident l'usage d'une thérapie ou d'une autre.

Même si tous cherchent à améliorer leur santé, à faire disparaître ou atténuer des symptômes, et même à guérir, le profil des utilisateurs est différent. Effectivement, en lisant Wunenburger (2006), on comprend que certaines personnes se dirigent vers des alternatives de soins et des soins complémentaires parce qu'elles sont tentées par des options exotiques qui véhiculent une forme de sagesse, qui invitent à un retour vers des traditions qui ont su prouver leurs bienfaits pendant des millénaires, et qui éloignent les malades d'une époque moderne, trop riche en technologies et trop pauvre en « rêverie ». Pour d'autres, il s'agit de contester une certaine rationalité médicale centrée sur le corps biologique qui délaisse une part de réalité immatérielle qui compte pour beaucoup, qui limite la participation des personnes malades dans la gestion du mal. À la limite, il s'agit de remettre en question la domination de la biomédecine sur d'autres formes de pratiques médicales et soignantes basées sur des ontologies du monde à forte teneur religieuse et magique. Enfin, pour ceux qui sont souvent les plus malades et pour qui il est souvent question de pallier les effets d'une maladie grave dont l'évolution conduit au pire, les offres alternatives et complémentaires permettent de compenser le manque et l'impuissance du côté de la biomédecine, de bénéficier de thérapies souvent plus douces et moins iatrogènes, d'entretenir l'espoir et de chercher tous les moyens pour vivre ou survivre au mieux.

La rencontre de MAC est donc incontournable chez un grand nombre de personnes malades dans notre société, et notamment chez des personnes qui ont bénéficié d'une prise en charge biomédicale qui s'est déjà soldée par un échec, qui a eu des conséquences difficiles à supporter, ou qui pensent que la biomédecine ne s'adresse pas aux véritables causes de leurs problèmes. Par conséquent, il est important de revenir sur la place des MAC dans le système de soins et sur le rapport que certains professionnels de la santé peuvent entretenir avec celles-là. Ce chapitre va dans ce sens et propose une réflexion inspirée par une anthropologie qui s'est longtemps préoccupée des médecines du monde. Il pose quelques repères sur un sujet assez controversé et revient sur l'accueil des MAC dans la pratique des infirmières.

UNE PLURALITÉ DE MÉDECINES, DE THÉRAPIES ET DE PRATIQUES

Chaque société a élaboré au cours de son histoire un système médical dans le but de garantir à sa population une meilleure santé et de lutter contre des infortunes qui l'accablent. D'une manière générale, ces systèmes apportent des éléments pour expliquer et classer les maladies, proposent des pratiques thérapeutiques, donnent des indications sur les modalités de recourir aux soins, indiquent des comportements préventifs et proposent des façons pour gérer la mort et les maladies chroniques (Kleinman 1978). En plus d'assurer ces fonctions principales, les systèmes médicaux se composent généralement d'un contenu particulier. On y trouve notamment des traditions de soins, des médecines ou des systèmes de soins, des thérapeutes, des espaces de soins et de guérison, des théories et des savoirs sur la maladie, des pratiques de soins et médicales, des valeurs relatives à la santé, des conceptions relatives à la personne et aux corps, des espaces d'enseignement du savoir médical, des matériaux, techniques et technologies. Évidemment, chaque système a ses propres particularités et s'inscrit dans un contexte socioculturel qui donne un sens à l'ensemble des éléments qui le composent.

Avec du recul, on note rapidement que les systèmes médicaux et leurs secteurs se transforment, que certains contenus disparaissent et que d'autres apparaissent ou sont remis au goût du jour après être restés dans l'ombre un certain temps. En ce qui concerne cette transformation, on sait par exemple que les systèmes médicaux des sociétés occidentales sont maintenant dominés par une biomédecine qui s'est intensément développée au cours des XIXe et XXe siècles, et qui est devenue le point de repère ou la médecine-étalon pour juger toutes les pratiques et les savoirs médicaux qui sont issus d'une autre tradition de soins. On constate encore que cette médecine occidentale s'est insérée dans la plupart des systèmes médicaux dans le monde à travers un dispositif international intimement lié à des rapports de domination, au système esclavagiste et au colonialisme dans certaines régions du monde. Avec cette « colonisation biomédicale », des traditions de soins se sont éteintes ou ont été disqualifiées.

Des transformations ont lieu encore dans un contexte de mondialisation où les rencontres interculturelles sont monnaie courante, où les idées et les pratiques relatives à la santé circulent avec les populations et à travers un système de communication et d'échange transnational de plus en plus perfectionné. Le pluralisme médical devient ainsi la règle au sein des systèmes médicaux. C'est le cas au Québec où de nouvelles médecines, thérapies et pratiques sont offertes dans de nouveaux centres de formation, où de nouveaux thérapeutes traversent nos frontières pour une courte durée ou comme immigrants (praticiens haïtiens vodou par exemple), où des thérapeutes locaux, québécois et canadiens, vont se nourrir ailleurs de traditions médicales et rapportent avec eux quelques nouveautés (des pratiques médicales d'Asie notamment).

La pluralité au sein des systèmes médicaux fait encore ressortir un mélange des genres. C'est évident quand on analyse de près les offres de soins où l'on remarque par exemple que des pratiques et des espaces religieux sont reconnus comme tels. Il faut dire d'abord que les espaces religieux sont souvent des lieux de recours aux soins où les malades viennent chercher de l'aide dans la gestion de leurs épisodes de maladie et d'autres infortunes. Certains mouvements religieux acquièrent même leur popularité en affichant leur préoccupation pour la santé et la maladie, pour la guérison et la prévention (voir Déricquebourg, 1997). Il faut dire ensuite que certaines médecines du monde et thérapies sont empreintes de motifs religieux, que des rituels religieux ont des vocations thérapeutiques, ou que des savoirs relatifs à la maladie sont inextricables d'une vision du monde, de théories religieuses, cosmologiques ou de philosophies spirituelles.

La liste des médecines et thérapies complémentaires et alternatives est donc très longue. Elle risque encore de s'allonger dans une société où la quête de santé est la grande préoccupation chez des consommateurs qui cultivent le souci et le soin de soi, où toutes les ressources susceptibles d'améliorer la qualité de vie et de conduire au bonheur trouvent facilement pignon sur rue. Ainsi, quand on parle de MAC ou d'approches complémentaires et alternatives, on fait généralement référence à un ensemble[1] très hétérogène de pratiques diagnostiques, thérapeutiques et préventives, qui sont distinctes des pratiques biomédicales traditionnelles, et qui se situent souvent en dehors d'un système de santé officiel et réglementé. Plus concrètement, on parle de techniques de détente, de relaxation et de méditation, de diètes et de régimes particuliers, de techniques de massage et de manipulation corporelle, de pratiques de guérison spirituelles, de techniques et de médecines ancestrales, chinoises, indiennes, chamaniques, d'exercices et de gymnastiques corporelles, d'art-thérapie, etc.

DES REPÈRES THÉORIQUES DANS LE CHAMP DES MAC

Pour mettre de l'ordre dans cette panoplie hétéroclite de pratiques, pour dépasser une distinction trop rapide et maladroite avec la biomédecine qui offre une variété de pratiques qui ne se distinguent pas toujours de certaines qui sont inscrites dans le registre des MAC, on propose de les classifier en différents groupes. Par exemple, Jones (2005) les répartit en fonction de leur mode d'action (biochimique, biomécanique, énergétique, psychologique) et le Centre national de médecines complémentaires et alternatives aux États-Unis propose cinq catégories de MAC à partir de critères qui ne sont pas forcément apparentés (les systèmes médicaux complexes, les interventions de l'esprit sur le corps, les thérapies basées sur des fondements biologiques, des méthodes de manipulation corporelle et des thérapies énergétiques). Tataryn (2002) propose quant à lui quatre groupes de MAC en mettant le corps au centre, et en classant les pratiques en fonction d'un aspect particulier de la personne. On retrouve dans le premier groupe les pratiques qui mettent en scène un corps-machine et mécanique, anatomique et physiologique, matériel et visible, comme les diètes, les manipulations, les physiothérapies, les thérapies thermiques ou les thérapies biomédicales (chimiothérapie, radiothérapie). Le second fait référence au corps physique dans sa relation à l'esprit. Les thérapies et les pratiques s'adressent alors à cette relation et visent un esprit qui devrait pouvoir agir sur

---

1.   Voir le site du Centre national de médecines complémentaires et alternatives aux États-Unis et le site de passeport-santé au Québec pour se faire une idée du nombre et des types de médecines, thérapies et pratiques alternatives.

un corps et sur la globalité de l'être (comme les pratiques de visualisation, les art-thérapies, les psychothérapies, la méditation). Dans le troisième se trouvent les thérapies qui se concentrent sur les énergies liées directement ou non au corps, comme le reiki, le qi gong, le yoga. Et le quatrième renvoie à une expérience transcendantale qui peut faire ressortir un lien avec une entité non humaine, et qui est supportée par des pratiques et des rituels à dimensions religieuses et spirituelles. Évidemment, cette catégorisation est imparfaite, puisque les catégories ne sont pas étanches, et que cette division entre corps, corps-esprit, corps-énergie, corps-spiritualité ne renvoie pas forcément à une théorie sur la personne qui est partagée par tous ceux qui soignent et se font soigner dans le champ des MAC.

Cela dit, cette division permet de déceler sur quoi porte la pratique et donne quelques détails sur les présupposés ontologiques qui guident le thérapeute (ou la pratique) et qui fondent la façon dont celui-ci ou la personne malade agit. Ces présupposés théoriques se rapportent effectivement à la notion de personne et de corps. Dans des systèmes de soins plus complexes, ils donnent encore une idée sur la place qu'occupe une personne dans le monde, et indiquent encore en quoi consiste ce monde et quelle est la façon de l'habiter pour être en santé. Évidemment, ces présupposés peuvent ne pas être connus par le praticien et par ceux qui bénéficient de ces pratiques. Ces théories peuvent être plus ou moins élaborées, explicites et homogènes. Mais, dans tous les cas, elles guident et accompagnent les soins et les stratégies. Une comparaison, un regroupement ou un classement de médecines et de thérapies doivent donc porter sur ces théories et ne peuvent pas être basés sur des modes d'action, sur des techniques, ou des critères d'ordre juridique.

Des présupposés relatifs à la personne

Comprendre une pratique ou une thérapie nécessite donc une connaissance de ce qu'elle suppose d'abord à l'endroit de la personne, et à quoi elle s'intéresse à cet endroit. On sait par exemple que la biomédecine s'est constituée sur la connaissance d'un corps matériel, anatomo-physiologique et qu'elle a tendance à concevoir le corps sous cet angle au prix souvent de perdre le sujet qui l'habite. Des savoirs propres à ce type de corps, à ses composants et à son fonctionnement

conduisent ainsi le regard du thérapeute, sa quête d'informations qui
serviront l'énoncé d'un diagnostic en fonction de repères de même
nature, et qui indiquent un fonctionnement et un état biophysiologique,
chimique et physique normal. Et de là seront encore mis en jeu des
moyens et des réponses qui viseront le rétablissement de cette normalité
en fonction de logiques d'actions diverses. En se déplaçant maintenant
dans le champ des MAC, nous remarquons que certaines partagent cet
intérêt pour le corps matériel, pour certains éléments qui le composent
et pour son fonctionnement. Elles sont toutefois ici plus sélectives. Par
exemple, les manipulations physiques (massage physiothérapie chiropractie) considèrent la personne sous un angle musculo-squelettique et
mécanique. Les régimes, diètes et thérapies centrées sur des substances
chimiques, naturelles ou de synthèse, considèrent le corps comme un
organisme vivant où s'opère un métabolisme complexe sur lequel on
peut agir. Dans les premières (aromathérapie, hydrothérapie, phytothérapie et régime macrobiotique par exemple), on met l'accent sur des
apports naturels. Dans les secondes (thérapies minérales, vitaminiques,
homéopathie, chimiothérapie, thérapie par chélation, ozonothérapie),
on s'intéresse de près à des phénomènes biochimiques corporels qu'on
cherche à influencer. Notons encore que certaines MAC comprennent
le corps comme un lieu où se concentrent et circulent des énergies, et
que ces énergies peuvent faire l'objet d'une maîtrise et d'une gestion.
C'est tout spécialement le cas dans l'acupuncture, le yoga ayurvédique,
le reiki, le qi gong, le taï-chi, le toucher thérapeutique et d'autres pratiques (les thérapies magnétiques, la réflexologie, les thérapies hypo et
hyperthermiques, les thérapies par polarité).

D'autres MAC ne s'intéressent pas tant au corps physique tel qu'il
est décrit précédemment. Effectivement, certaines conçoivent surtout
qu'une personne existe dans la relation qu'elle entretient avec elle-même
et qu'une thérapie doit porter sur cette relation. Les MAC qui renvoient
à un travail sur l'esprit sont de cet ordre. On trouve ici les pratiques de
visualisation, l'art-thérapie, les pratiques méditatives, les psychothérapies, et plusieurs autres. Celles-ci reposent sur l'idée que l'esprit est une
composante essentielle de chaque être humain et, par-dessus tout, que
cet esprit est intimement lié au corps matériel au point où il est capable
d'influences bénéfiques ou maléfiques. Les MAC aux dimensions religieuses sont encore plus éloignées de ce corps physique. Effectivement,

ces thérapies conçoivent d'abord la personne comme un des éléments d'une cosmologie. Elles le font souvent exister dans les liens qui se nouent entre les éléments qui composent le monde. Dans ce cadre, un rapport à une figure divine et sacrée, à une entité surnaturelle, naturelle visible ou invisible, est souvent le cœur de la pratique. Les prières, les cérémonies, les pratiques magico-religieuses à vocation thérapeutique, certaines pratiques chamaniques amérindiennes, des pratiques vodou haïtiennes, par exemple, se préoccupent pleinement de ces liens. Ces liens sont ici au premier plan, à la différence des MAC vues plus haut, qui enferment la personne sur elle-même, qui la tiennent isolée du monde, ou qui la considèrent dans un rapport à un environnement naturel et cosmique sans faire de ce rapport la cible explicite et première de leurs interventions.

Le sens du mal au pluriel

Aux théories et aux savoirs sur la personne s'ajoutent encore des présupposés relatifs à la maladie et notamment à ce qui la provoque. Pour reprendre l'exemple de la biomédecine avec laquelle nous sommes très familiers dans notre société, les logiques de causalité sont multiples, mais se rapportent au corps anatomophysiologique. Dans cette médecine, la maladie relève surtout de lésions et de dysfonctionnements anatomiques et organiques, d'agents étrangers qui perturbent le bon fonctionnement de l'organisme, d'excès, d'insuffisances ou de déséquilibres relatifs à certains éléments. Signifiée ainsi, la maladie est dans un corps-objet défectueux sur lequel il faut agir ou, plus précisément, agir sur un méca-nisme causal ou sur un agent indésirable. Plusieurs MAC partagent en partie ces logiques interprétatives, puisqu'il est aussi question de méta-bolisme, de chimie et de matière organique (par exemple dans les pratiques de chélation, le drainage lymphatique, les pratiques diététiques, l'organothérapie). La nature des maladies auxquelles elles s'intéressent est donc du même acabit et fait référence à des dysfonctionnements ou à des déséquilibres. Ces derniers sont encore ici des mécanismes en cause dans la perte de santé ou l'apparition de problèmes.

Par contre, d'autres MAC s'éloignent considérablement de ce type d'étiologie en s'intéressant à l'origine du problème. Elles peuvent mettre en évidence une situation particulière ou une expérience vécue qui aurait déclenché la maladie. Dans ce cas, la maladie ne se résume pas à un désordre biologique et physique. Effectivement, quand les significations du mal véhiculées par les MAC font voir au premier plan une sanction divine, le rôle d'un proche, une émotion, un mode de vie, une hygiène de vie, un ordre de priorités, un rapport à soi ou un rapport à Dieu, un manque de foi, un comportement ou une attitude, la maladie est d'abord un désordre personnel, social et relationnel.

Ainsi, il faut comprendre que les MAC se distinguent beaucoup les unes des autres par l'interprétation qu'elles font de la maladie et par leur conception de la personne. C'est d'ailleurs à partir de ces postulats et de ce qu'ils entraînent sur le plan des pratiques que l'on va dire de certaines MAC qu'elles proposent une approche globale, à la différence d'une médecine scientifique qui privilégie un désordre bio-corporel, et qui ignore une dimension sociale et personnelle du mal.

INTÉGRATION ET RECONNAISSANCE DES MAC

Une question d'intégration

Si nous parlons de présupposés théoriques qui permettent de distinguer les MAC et de ne pas en rester à une pratique ou une thérapie sans en connaître les fondements, c'est aussi pour discuter et mieux comprendre leur possible et éventuelle intégration au sein du système de santé officiel. Nous savons effectivement que le sujet de l'intégration des MAC est à la mode. Il l'est d'abord dans les pays du Sud depuis 50 ans, depuis qu'on s'est préoccupé de la santé ailleurs, et qu'on a accepté qu'il existait des systèmes médicaux dans chaque société, qu'il fallait les connaître et tirer un maximum de profit de ces ressources matérielles et humaines dans l'organisation des services de santé. Aujourd'hui, la politique de l'Organisation mondiale de la santé (2002) est claire. Il faut chercher à intégrer les médecines dans les systèmes de santé, à les inclure ou, au moins, tolérer ses praticiens et ce type de pratiques. La première option suppose une entière participation de ces médecines dans les systèmes, une agrémentation et une reconnaissance officielles de ses thérapeutes, des pratiques et des savoirs, l'organisation de ces médecines (à travers la mise sur pied d'associations, d'ordres de thérapeutes, de comités, de règles ou d'un code de déontologie) et un enseignement de ces pratiques et savoirs au sein d'institutions de recherche et d'enseignement. Les réussites de cette intégration sont rares et se rencontrent essentiellement dans certains pays d'Asie comme le Bhoutan, la Malaisie, le Vietnam et la Chine (Bodeker, 2001). La seconde option propose qu'on mette en parallèle les offres de soins. Elle exclut la réglementation, l'organisation et l'enseignement. Elle suppose une reconnaissance et une inclusion de certains aspects qu'il faut évidemment sélectionner. En lisant attentivement la grande ligne de l'OMS à ce sujet, on comprend qu'il faut surtout inclure des pratiques qui s'inscrivent dans une approche matérialiste de la santé, comme l'usage de remèdes naturels et des pharmacopées locales, et permettre à certains praticiens comme les accoucheurs traditionnels ou des herboristes d'exercer librement et de façon sécuritaire. Même si les médecines traditionnelles sont aussi des « [...] thérapies non médicamenteuses qui sont administrées principalement sans usage de médicaments, comme dans le cas de l'acupuncture, des thérapies manuelles et des thérapies spirituelles » (OMS, 2002 : 1), il n'empêche que les médecines et les pratiques à fortes composantes symboliques et magico-religieuses ne font pas partie de cette stratégie d'intégration. Enfin, la troisième option est de tolérer les médecines et les praticiens, de ne pas les sanctionner et de ne pas interdire leurs activités.

Cette idée d'intégration n'est pas uniquement l'apanage des systèmes de santé du Sud qui souffrent d'organisation et de ressources. Elle est aussi discutée dans les pays riches où plusieurs stratégies d'intégration sont à l'essai. On tente par exemple d'assimiler certaines MAC à partir de professionnels déjà reconnus qui les utiliseront dans leur pratique. On cherche à mettre sur le marché des produits reconnus officiellement et à professionnaliser et réglementer certains thérapeutes, ou à mettre en place des espaces de soins composés de multiples thérapeutes au service de clients qui choisissent librement des services (Leckridge, 2004). La tendance est pensée en matière de médecine intégrative qui devra reposer notamment sur une conjugaison des approches au sein des prises en charge, sur des données probantes, sur les différentes dimensions de l'être humain, sur l'ensemble de son mode de vie et sur sa participation dans la gestion de son problème de santé, et qui ne pourra pas exclure la subjectivité, les savoirs et la culture du malade pour apprécier les effets des thérapies (Pélissier-Simard et Xhignesse, 2008). Dans les faits, cette intégration comprend plusieurs niveaux : celui des consommateurs, celui des praticiens, de la clinique, des institutions de santé, le niveau juridique et le niveau politique (Tataryn et Verhoef, 2001). Au niveau des consommateurs, l'intégration des thérapies est clairement réussie. Les chiffres avancés au début de ce chapitre en témoignent. Au niveau des praticiens, l'intégration se fait surtout chez des médecins, des pharmaciens, des physiothérapeutes, des ergothérapeutes et des infirmières (De Bruyn, 2001 ; Rousseau et autres, 1989) en ce qui concerne certaines thérapies comme l'acupuncture, l'homéopathie, la réflexologie et la phytothérapie. Par contre, l'intégration dans la pratique clinique et les institutions est plus rare parce qu'on ne dispose pas de données fiables relatives à l'efficacité de certaines MAC ou de données positives sur un type d'efficacité. Enfin, puisque l'intégration des MAC dans les réglementations dépend beaucoup de résultats de recherche relatifs aux bienfaits, méfaits, risques, avantages et coûts des MAC, on comprend qu'elles sont quasiment absentes à ce niveau, et que la légalisation de certaines pratiques médicales alternatives et la reconnaissance[2] officielle de thérapeutes le soient encore moins.

Une question de légitimité

Il reste ainsi beaucoup à faire pour que cette médecine intégrée puisse voir le jour. Toutefois, il ne faut pas oublier que le sujet est relativement nouveau dans les sciences de la santé. Il ne passe plus inaperçu et nous remarquons une attitude de plus en plus favorable à l'endroit des MAC. Effectivement, les instituts de formation et de recherche, les chaires et les centres[3] de recherche intéressés par ce thème sont maintenant nombreux. Il semble encore qu'une approche psychosociale ou

---

2. À ce sujet, notons que l'acupuncture est une approche médicale reconnue au Québec depuis 1994, que les approches comme l'homéopathie, l'ostéopathie et la naturopathie ne le sont pas légalement, que l'Office des professions du Québec est frileux à l'idée de créer de nouveaux ordres professionnels, que l'article 31 de la Loi médicale du Québec réserve le diagnostic et le traitement aux seuls médecins, et que cette loi empêche les médecins et les pharmaciens de prescrire des thérapies alternatives (Girard et Leduc, 2009).

3. Notons, par exemple, le Tzu Chi Institute for Complementary and Alternative Medicine à Vancouver, le Calgary Research Center for Alternative Medicine, le Canadian Research Institute of Spirituality and Healing de Vancouver, la Chaire de recherche en médecine complémentaire de l'Université de Calgary, la Chaire Lucie-et-Andrée-Chagnon au Québec qui doit promouvoir l'enseignement et la recherche sur les

une approche holiste de la santé soit à présent incontournable depuis que le domaine de la santé tente de s'affranchir d'un modèle biomédical trop réducteur. Aussi, les attentes et les besoins des consommateurs de soins sont mis au centre des services de santé et l'on cherche à leur proposer des réponses significatives. On développe une conscience critique à l'endroit de la biomédecine, de ses effets et de ses échecs (réduction de la personne et ignorance de ses expériences subjectives, surmédicalisation, coûts élevés des prises en charge et des technologies médicales, nombre grandissant de personnes atteintes de maladies chroniques) et l'on cherche des réponses moins coûteuses et des stratégies qui s'adressent à la qualité de vie. En outre, les médecins sont de plus en plus séduits par les MAC. Ils croient à leur efficacité et certains dirigent même leurs patients vers des thérapeutes comme des acupuncteurs, des homéopathes, chiropraticiens et masseurs (Barrett, 2003). Il faut dire qu'ils bénéficient en Amérique de Nord de formation sur le sujet, en plus d'être sensibilisés à des approches globales de promotion de la santé. Par exemple, toutes les facultés de médecine proposent aux États-Unis des programmes de formation sur les MAC (Bhattacharya, 2000), et quelques-unes abordent le sujet au Canada (Crouch et autres, 2001). Pour constater cet intérêt des médecins au Québec, il suffit de lire les revues[4] cliniques qui leur sont destinées et qui ne cessent d'aborder le dossier des médecines complémentaires et alternatives.

Le contexte montre ainsi une attitude favorable aux MAC. Néanmoins, les obstacles et les dilemmes relatifs à leur introduction officielle dans un système de santé ne sont pas minces. La légitimité de ces pratiques ne tient pas uniquement aux grandes lignes précédentes, à l'accueil et aux compromis que fera le corps professionnel le plus puissant du

---

médecines alternatives et complémentaires, et qui a un pied à l'Université Laval, à l'Université de Sherbrooke et l'Université de Montréal.

4. Par exemple, on constate que le numéro de janvier 2008 du *Médecin du Québec* portait sur la médecine intégrative. L'actualité médicale réserve souvent quelques pages à ce propos. Depuis février 2007, on y trouve les dossiers suivants : *Arrêter de fumer. Bien des alternatives, mais une efficacité réduite* ; *Le yoga : questions et réponses* (février 2007) ; *Mettre à profit des processus d'auto-guérison* (mars 2007) ; *Ostéopathes compétents ou charlatans : comment faire la différence ?* (mai 2007) ; *La pleine conscience ouvre les portes de la santé* (mai 2007) ; *Utile la méditation en oncologie ?* (janvier 2008) ; *Face aux médecines alternatives et complémentaires. Trop tard pour jouer à l'autruche* (novembre 2008) ; *La spiritualité a-t-elle sa place en médecine ?* (mars 2009).

système. Elle repose encore et tout spécialement sur la démonstration d'une certaine efficacité et sur une rencontre ontologique acceptable.

De l'efficacité

Effectivement, au sujet de l'efficacité, il faut reconnaître que l'engouement populaire pour les MAC n'empêche pas un certain scepticisme à l'endroit de leurs effets (Richardson, 2005). Même si des malades soi-disant incurables témoignent de guérison ou partagent les effets bénéfiques de pratiques sur leur santé, une certitude fondée sur une démonstration éloignée de toute subjectivité, et appuyée par des données chiffrées, doit servir à statuer sur ces pratiques, à distinguer celles qui sont bénéfiques et efficaces de celles qui le sont moins. La reconnaissance officielle de MAC, la légitimité de ses praticiens, l'intégration de pratiques et de techniques dans des institutions, ou le fait de diriger des patients vers ces alternatives dépendent du traitement réservé aux MAC dans le champ de la recherche scientifique et du discours qu'on tient ici à leur endroit.

L'intention est donc de faire en sorte que les personnes malades profitent de services sécuritaires et bienfaisants. Il est bien difficile de contredire ce projet. Par contre, on peut discuter les moyens qui sont mobilisés pour y arriver. À ce sujet, Crouch et ses collègues (2001) soulignent que la distribution des ressources financières en recherche est partiale et sélective, qu'elle favorise pleinement des recherches biomédicales alors qu'elle devrait répondre aux besoins et aux désirs des consommateurs, qui sont par ailleurs très favorables aux MAC. Sur un autre plan, il faut rappeler que les questions d'efficacité empruntent souvent la voie de la mesure à l'endroit de dimensions précises, isolées et réduites en variables très préoccupantes dans une gestion biomédicale des problèmes. Nous parlons notamment de variables relatives au corps biologique, à un fonctionnement physiologique ou psychologique, comme la douleur, la pression artérielle, des problèmes respiratoires, le niveau de fatigue, des problèmes cutanés, l'état dépressif, un niveau d'anxiété et d'autres données cliniques et symptômes liés à un désordre biologique précis et à des traitements biomédicaux. En bref, les effets que doivent avoir les MAC sont définis d'avance et, peu importe qu'elles en aient d'autres, qu'elles puissent même guérir, il faut compter sur un type de stratégies d'évaluation pour démontrer les effets qu'on attend d'elles. Ces stratégies consistent à employer des devis d'étude randomisée en comparant des résultats et des changements obtenus auprès d'un groupe d'étude et d'un groupe contrôle. La base de données Cochrane a d'ailleurs répertorié depuis 2009 plusieurs milliers d'essais comparatifs randomisés. Et l'on dispose depuis 2004 de L'*Evidence-based complementary and alternative Medicine* comme journal scientifique qui doit diffuser des données probantes au sujet de l'efficacité des MAC.

Fortement marquée par une lecture particulière et très réduite des changements que provoque une thérapie acceptable, cette avenue comporte des limites considérables. Comme le rappellent Kelner et Wellman (2000), certaines thérapies ne peuvent être déracinées d'un contexte social et interpersonnel, ou ne peuvent être simulées à des fins de contrôle dans des études randomisées, puisqu'elles se fondent sur ce contexte, sur un lien thérapeutique et sur les attitudes et les croyances de la personne malade pour faire des effets sur son expérience de maladie. De la même manière, on ne peut mesurer leurs effets en fonction d'un effet placebo, puisque certains praticiens se servent de cet effet pour améliorer la santé de leur consultant. Et les pratiques ne peuvent être réduites et standardisées pour les besoins d'une intervention puisqu'elles sont souvent individualisées et flexibles (Verhoef et autres, 2005). En agissant d'une manière trop stricte pour mesurer des effets, en délimitant cette mesure par un terme précis et souvent trop réduit, en privilégiant une causalité linéaire qui fait fi de facteurs multiples et complexes qui font partie de la vie, on finit par hiérarchiser des pratiques en favorisant celles qui peuvent se plier à ces devis, et notamment celles qui se réduisent à une substance physique ou à un élément naturel qu'on administre. On comprend alors aisément que l'utilisation de produits de santé naturels et l'usage de pharmacopées diverses bénéficient d'une grande attention, sans ignorer encore ici tous les avantages que pourraient en tirer des industries pharmaceutiques si les effets se révélaient positifs.

D'un autre côté, et sans exclure totalement ce type d'approche dans la connaissance des effets des MAC, on ne peut pas limiter ces derniers à une dimension de la maladie pour qualifier ou disqualifier les thérapies et les médecines dans le système. Favoriser l'emploi de méthodologies quantitatives pour mesurer, lier et corréler des variables entre elles ne doit pas mettre dans l'ombre d'autres dimensions qui sont transformées par le recours aux MAC, qui renvoient cette fois à la réalité vécue de la personne, et qui nécessitent une approche qualitative et compréhensive pour être connues. Trop près du singulier et inextricable d'une subjectivité, certains phénomènes ne sont pas suffisamment accessibles à des observations, et ne sont pas suffisamment éloignés de l'interprétation et de l'imagination des sujets malades pour devenir des variables et se prêter à des devis de recherche quasi expérimentaux. En d'autres mots, on ne peut pas sous-estimer ou ignorer des effets du recours à certaines MAC à l'endroit d'une tranche de vie touchée par la maladie qui n'est pas réductible à une réalité biologique et clinique. En tout cas, des recherches et les conclusions vont dans ce sens. Elles montrent par exemple que certaines MAC peuvent augmenter le sentiment de contrôle et de sécurité de la personne malade, renforcer son sens du contrôle personnel, permettre aux personnes en fin de vie d'avoir plus de pouvoir et de se sentir plus sereines, permettre de développer une meilleure conscience de soi, diminuer le sentiment d'anxiété existentielle et l'insécurité ontologique chez les personnes en fin de vie, etc.

En d'autres mots, il y a des effets qui peuvent être importants parce qu'ils ont gagné la subjectivité des personnes malades et qu'ils induisent une transformation que le sujet considère positive dans son histoire. L'efficacité doit ainsi être abordée en termes de changements. Quant à la guérison qui est toujours une préoccupation essentielle, il faut considérer qu'elle renvoie encore à une délivrance des maux qui accablent, et que les guérisons peuvent être atteintes quand certaines dimensions de l'existence sont pansées dans la thérapie, quand une personne se défait d'une image d'elle-même qui est source de souffrance et quand elle renouvelle cette image ; quand elle transforme un ordre de valeurs et de priorités qui ne sont plus significatives et qui supportent la souffrance ; quand elle gagne un sentiment de contrôle, quand elle se débarrasse d'une situation de désespoir, etc.

Du choc des représentations

Dans un autre ordre d'idées, la question de la légitimité des MAC renvoie encore à la pluralité des représentations et à leur acceptabilité dans un système de santé qui tient sur certaines vérités. Comme nous l'avons dit plus haut, les MAC véhiculent un certain nombre de représentations à l'endroit de la personne, du corps, de la maladie et du monde. Comment les accueillir favorablement, quand certaines d'entre elles soutiennent que le corps est multiple, qu'il se compose de corps célestes, astral, vibratoire, invisible, ésotérique et que le corps est lié au cosmos, à l'univers, à des entités non humaines et des sources d'énergie diverses ; quand d'autres rapportent que des relations à soi, à d'autres, à la nature ou à Dieu sont en cause dans l'apparition de la maladie ; quand elles présentent la maladie comme un événement bénéfique et la mort comme une opportunité ou un commencement ; alors que nous baignons en pleine modernité scientifique qui divise le corps de l'esprit, qui nous apprend à nous replier sur nous-mêmes, à habiter un corps-machine, à rompre avec un ordre du monde qui déborde de l'individu, ou à déconsidérer les croyances et les incertitudes ? Parler de légitimité des MAC consiste alors à considérer un choc de représentations et une rationalité dominante. Penser une véritable intégration revient finalement à concilier une pluralité de représentations.

Le projet actuel est évidemment plus modeste et peut être plus réaliste. Il consiste surtout à greffer des éléments compatibles en fonction d'un système de sens qui fait office de vérités dans l'espace conventionnel. On favorise ainsi des pratiques orientées sur le corps matériel comme la chiropractie, la physiothérapie ou le massage, et celles qui sont orientées sur l'esprit, comme la méditation, la psychothérapie, l'hypnose. Quant aux pratiques énergétiques qui jouissent d'une bonne popularité comme le qi gong, le reiki, le taï-chi, le yoga et l'acupuncture, elles ont encore bonne presse et semblent raisonnables parce qu'elles sont issues de cultures millénaires qui ont longtemps nourri l'Occident de découvertes et qui l'abreuvent aujourd'hui de spiritualités. Quant aux pratiques et aux médecines fortement inspirées de traditions religieuses et magiques, comme le sont les médecines chamaniques, vodou et africaines, ou des pratiques basées sur la foi et des entités surnaturelles ou invisibles, elles sont moins susceptibles de faire partie d'un projet d'intégration. En plus de s'éloigner considérablement d'un système de sens dominant, elles sont encore associées à la société et à la culture d'où elles proviennent, Ainsi, elles ont de bonnes chances d'être inscrites dans la catégorie des « pratiques primitives » dans l'imaginaire occidental. Il faudra attendre bien longtemps pour qu'elles soient officiellement considérées et que leurs effets soient questionnés. En tout cas, juger la présence des MAC et réfléchir sur leur reconnaissance dans le système de santé est périlleux, car l'exercice renvoie fondamentalement à des enjeux et des questions relatives à la possibilité, au droit et à la liberté individuelle et collective d'imaginer et de se représenter le monde, la vie, le corps et l'existence dans le champ de la santé.

DES INFIRMIÈRES ET DES MAC

En dépit des dilemmes précédents, il faut se satisfaire du projet d'intégration qui est pensé actuellement et voir notamment quelles sont les mesures à prendre auprès des professionnels qui sont concernés par les MAC. Des professionnels, nous retiendrons que les infirmières ont une place de choix et un rôle considérable à jouer dans ce projet d'intégration, puisqu'elles doivent notamment se renseigner sur les pratiques complémentaires offertes aux personnes pour les aider à composer avec leurs maladies chroniques, et qu'elles vont devoir collaborer dans le futur avec des praticiens des MAC (AIIC, 2005). Par souci de la personne soignée, de son itinéraire, de son expérience et de ces choix thérapeutiques, les infirmières doivent évidemment inventorier les MAC auxquelles les patients recourent, comme elles doivent apprécier les répercussions de ces options sur leur état de santé et sur les autres traitements dont ils bénéficient. Conscientisée encore sur l'importance des MAC pour un grand nombre de personnes malades qui peuvent éventuellement dissimuler ce type de recours pour de multiples raisons, l'infirmière doit pouvoir guider le choix de la personne qu'elle accompagne, donner des informations sur ces recours au malade et à sa famille, les conseiller ici et les mettre parfois à l'abri de certaines pratiques qui peuvent leur nuire et qui peuvent ne pas être sécuritaires. Pour être en mesure de se situer comme telle dans une relation soignante, l'infirmière ne peut pas être sceptique, ambivalente, s'asseoir sur une croyance personnelle, douter d'emblée de l'efficacité des MAC ou, pire, considérer les consommateurs comme des personnes crédules et déraisonnables. Elle doit plutôt faire preuve d'ouverture et d'intérêt pour le sujet afin que le recours alternatif et complémentaire de ceux qu'elle soigne puisse lui être partagé. Des informations de base doivent donc apparaître systématiquement dans des programmes de formation en sciences infirmières comme ça l'est déjà aux États-Unis et au Royaume-Uni (Baer, 2008).

Sachant que l'intégration des MAC se fait encore par assimilation de pratiques complémentaires et alternatives au sein d'une pratique professionnelle, des infirmières peuvent aussi se spécialiser sur le sujet et embrasser une ou plusieurs pratiques, techniques, thérapies ou médecine. L'assimilation n'est pas réservée aux médecins et l'on aurait tort d'attendre une autorisation de leur part pour adopter des démarches alternatives et complémentaires. La nature des soins infirmiers se prête d'ailleurs à l'assimilation de certaines MAC pour plusieurs raisons.

Premièrement, il est convenu que la pratique infirmière s'inscrit dans une approche biopsychosociale ou encore dans une approche globale où la personne est une entité entière qui ne peut être divisée. Entendue ainsi, la pratique infirmière s'adresse aux dimensions psychologiques et spirituelles de la personne, et doit tenir compte d'une expérience subjective vécue ou s'inscrire dans une réalité singulière en mouvement et perpétuellement négociée, au sein de laquelle se trouvent des acteurs (personne malade et entourage) animés par des significations personnelles et des valeurs impossibles à ignorer. En cela, les infirmières sont bien placées pour accueillir dans leurs pratiques certaines MAC qui reposent sur une idée similaire de la personne.

Deuxièmement, la pratique infirmière considère pleinement la place d'une personne dans des environnements et les influences de ces environnements sur sa santé. Travailler alors sur ces environnements ou sur le rapport qu'entretient une personne avec des environnements multiples, qui sont partagés ou non, s'inscrit dans une logique soignante qui correspond pleinement à ce que proposent certaines MAC.

Troisièmement, le rôle principal de l'infirmière est encore de soigner, de se tenir dans une relation de proximité avec ceux qu'elle accompagne dans leur expérience de santé et de se lier à ceux-là dans un toucher perpétuel, même si ce toucher commence trop souvent par l'acte technique à réaliser, et même si l'infirmière a tendance à laisser de côté cet aspect pour gérer et administrer des soins et des dossiers. Quand l'infirmière est encore soignante et qu'elle ne côtoie pas les malades pour collecter des données ou évaluer des interventions, sa proximité indispensable dans l'acte de soin la dispose à accueillir et à utiliser des pratiques complémentaires et alternatives qui sont fondées sur une interaction personnelle, sur la collaboration et la co-élaboration de sens, sur la confiance, sur des paroles et des gestes attentionnés. Enfin, dans l'absolu et en théorie, le rôle de l'infirmière n'est pas assujetti à la thérapie biomédicale. Souvent revendiqués en regard d'une subordination et d'une hiérarchisation des professions couramment rencontrées dans le système de santé, cette autonomie de l'infirmière et son rôle propre les disposent à embrasser des voies thérapeutiques alternatives et complémentaires à la biomédecine. L'assimilation de MAC pourrait même servir de levier à l'affirmation d'une pratique infirmière qui n'est pas assujettie à la pratique biomédicale et témoigner ainsi de l'autonomie de la discipline infirmière au sein du système de santé.

Considérant la diversité et la pluralité des MAC sur le marché, il ne faudrait pas non plus disperser l'infirmière, comme ne pas tenir compte de la nature de sa pratique et des tâches qu'elle doit réaliser. Il faut penser à la former au sujet des MAC en mettant l'accent sur des pratiques qui lui correspondent comme soignantes. Sur ce point, retenons que les MAC susceptibles d'être enseignées en sciences infirmières et celles qui sont offertes dans les espaces cliniques de soins palliatifs, d'oncologie et de gériatrie sont l'art-thérapie, la zoothérapie, la musicothérapie, l'humour (clown-thérapie), le massage, le toucher thérapeutique, les techniques de relaxation, la méditation, les pratiques de visualisation, l'hypnothérapie, l'aromathérapie, la réflexologie, le yoga, le qigong, le reiki et le taï-chi. Intégrées par l'infirmière, certaines visent tout particulièrement un rapport avec l'environnement, un rapport à soi, une actualisation de soi, une façon d'habiter le monde, de se retrouver, de s'éveiller ou de le rester, et de se renouveler à travers la récréation ou des exercices. D'autres s'adressent tout spécialement au corps physique, et se concentrent sur un rapport au corps enduré, vécu et représenté.

CONCLUSION

Sans se réduire aux MAC précédentes capables de s'enraciner aisément dans sa pratique actuelle, l'infirmière peut encore se nourrir d'autres pratiques susceptibles de guérir et d'apporter du confort aux personnes qui souffrent, et cela, en tenant compte du contexte socioculturel dans lequel elles se trouvent, de connaissances scientifiques, de décisions politiques et corporatives relatives au MAC, et de recherches réalisées sur l'arrimage entre discipline infirmière et pratiques alternatives-complémentaires. Dans tous les cas et pour les nombreuses raisons exposées plus haut, il est temps de réfléchir sur cet arrimage dans les programmes de formation dont bénéficient les infirmières sans se cantonner à un répertoire de MAC avec mode d'emploi à la clef, comme s'il s'agissait de techniques supplémentaires à inscrire dans des protocoles relatifs à certains problèmes. Il faut plutôt aborder le sujet en tenant compte :

- des enjeux reliés à la pluralité culturelle et à la construction d'un sujet moderne libre et autonome ;
- des enjeux liés au pluralisme médico-religieux et notamment à l'éclatement des systèmes de sens dans la postmodernité et à la diversité des imaginaires qui circulent et qui sont relatifs aux corps, à la maladie et aux soins ;
- des enjeux liés à la surmédicalisation et à la domination de la biomédecine dans les systèmes de santé.

Bien sûr, il faut discuter et présenter ce contenu en fonction d'une pratique et d'une identité professionnelles attendues et normalisées, qui doivent aussi s'adapter au gré des changements sociaux. Dans tous les cas, ce contenu de formation convoque inévitablement les sciences sociales à la table des programmes de formation en sciences infirmières. Y est invité tout particulièrement le champ des ethnomédecines qui analyse depuis longtemps les systèmes médicaux, et qui aide à mieux comprendre et à analyser la place des MAC dans notre système de santé et dans la pratique des acteurs du soin comme les infirmières.

Références

Association des infirmières et infirmiers du Canada (2005). « Les maladies chroniques et les soins infirmiers : résumé des enjeux ». Disponible sur le site : www.cna-nurses.ca/CNA/documents/pdf/publications/BG3_Chronic_Disease_and_Nursing_f.pdf.

Baer, H. (2008). « The Emergence of Integrative Medicine in Australia. The growing Interest of Biomedicine and Nursing in Complementary Medicine in the Southern Developed Country », *Medical Anthropology Quarterly*, 22, (1), 52-66.

Barrett, B. (2003). « Alternative, Complementary, and Conventional Medicine : Is Integration upon us ? », *The Journal of Alternative and Complementary Medicine*, 9, (3), 417-427.

Bhattacharya, B. (2000). « M.D. programs in the United States with Complementary and Alternative Medicine Education Opportunities : An Ongoing Listing », *The Journal of Alternative and Complementary Medicine*, 6, (1), 77-90.

Bodeker, G. (2001). « Lessons on integration from the developing world's experience », *British Medical Journal*, 322, 164-167.

Braganza, S., et autres (2003). « The Use of Complementary Therapies in Inner-City Asthmatic Children », *Journal of Asthma*, 40, (7), 823-827.

Crouch, R., et autres (2001). « Approches complémentaires et parallèles en santé et VIH-sida. Question de droit, d'éthique et de politiques dans la réglementation », Réseau juridique canadien VIH-sida.

De Bruyn, T. (2001). « Rapport d'étape : questions de politiques associées aux approches complémentaires et parallèles en santé », dans Santé Canada, *Perspectives sur les approches complémentaires et parallèles en santé*, Ottawa, 17-43.

Déricquebourg, R. (1997). « La guérison par la religion », *Revue française de psychanalyse*, (3), 965-979.

Esmail, N. (2007). « Complementary and alternative medicine in Canada : trends in use and public attitudes, 1997-2006 », *Public Policy Sources*, 87.

Girard, I., et C. Leduc (2009). « Médecines alternatives et produits de santé naturels. Dossier », *L'Actualité médicale*, 30, (13), 18-26.

Jones, C.H. (2005). « The Spectrum of Therapeutic Influences and Integrative Health Care : Classifying Health Care Practices by Mode of Therapeutic Action », *The Journal of Alternative and Complementary Medicine*, 11, (5), 937-944.

Kelner, M., et B. Wellman (2000). « Introduction », dans M. Kelner et B. Wellman (ed.), *Complementary and Alternative Medicine : Challenge and Change*, Singapore : Harwood Academic Publishers, 1-24.

Kleinman, A. (1978). « Concepts and a Model for the Comparison of Medical Systems », *Social Science and Medicine*, (12), 85-93.

Leckridge, B. (2004). « The Future of Complementary and Alternative Medicine. Models of Integration », *The Journal of Alternative and Complementary Medicine*, 10, (2), 413-416.

Organisation mondiale de la santé (2002). *Stratégie de l'OMS pour la médecine traditionnelle pour 2002-2005*, Genève : OMS.

Page, A.S., et autres (2003). « Utilisation des thérapies complémentaires et parallèles par les personnes atteintes de sclérose en plaques », *Maladies chroniques au Canada*, 24, 2-3, 83-88.

Pélissier-Simard, L., et M. Xhignesse (2008). « Qu'est-ce que la médecine intégrative ? », *Le médecin du Québec*, 43, (1), 21-23.

Richardson, J. (2005). « Evidence-based complementary medicine : rigour, relevance, and the swampy lowlands », dans G. Lee-Treweek et autres (dir.), *Perspectives on Complementary and Alternative Medicine*, London : Routledge, 287-291.

Rickhi, B., et autres (2003). « Mental Disorders and Reasons for Using Complementary Therapy », *Canadian Journal of Psychiatry*, 48, (7), 475-479.

Rousseau, N., et autres (1989). *Les thérapies douces au Québec. Portrait des praticiennes et praticiens*, Centre de recherche sur les services communautaires et École des sciences infirmières. Québec, Université Laval.

Santé Canada (2001). *Perspectives sur les approches complémentaires et parallèles en santé*, Ottawa.

Tataryn, D., et M. Verhoef (2001). « Intégration de l'approche conventionnelle et des approches complémentaires et parallèles en santé : vision d'une démarche », dans Santé Canada, *Perspectives sur les approches complémentaires et parallèles en santé*, Ottawa, 97-123.

Tataryn, D.J. (2002). « Paradigms of health and disease : a framework for classifying and understanding complementary and alternative medicine », *Journal of Alternative and Complementary Medicine*, 8, (6), 877-892.

Verhoef, M.J., et autres (2005). « Assessing efficacy of complementary medicine : adding qualitative research methods to the gold standard », dans G. Lee-Treweek et autres (dir.), *Perspectives on Complementary and Alternative Medicine*, London : Routledge, 279-286.

Wunenburger, J.J. (2006). « Portraits d'adeptes », dans *Imaginaires et rationalité des médecines alternatives*, Lonrai : Les Belles Lettres, 167-182.

Young, A. (1983). « The Anthropology of Illness and Sickness », *Annual Review of Anthropology*, (11), 257-285.

THÉMATIQUE 3

INSERTION DANS LA DISCIPLINE INFIRMIÈRE

Cette thématique pousse encore d'un cran les contributions et les services que sont susceptibles de rendre les sciences sociales à divers professionnels de la santé. Alors que les deux thématiques précédentes offrent un panel de textes qui apportent des éclairages sur des objets et des sujets qui sont partagés et compris comme des carrefours où plusieurs experts et expertises peuvent se rejoindre, cette troisième thématique aborde tout particulièrement la présence des sciences sociales au sein d'une discipline spécifique. C'est en quelque sorte le moment de constater les manières dont les sciences sociales peuvent apparaître concrètement dans les savoirs à partager et à produire. Plus précisément, il est question ici des arrimages entre les sciences sociales et la discipline infirmière à travers l'enseignement, la recherche et des modèles théoriques.

Inscrit dans la rubrique enseignement, le premier des textes aurait pu servir d'introduction à cet ouvrage collectif et devenir l'un des fers de lance à ce projet de rédaction. Effectivement, Michèle Côté et France Cloutier nous proposent un chapitre qui témoigne explicitement de l'urgence d'interroger et de revenir sur la place des sciences sociales dans les programmes de formation des soignants et des intervenants de santé. À partir de résultats inquiétants obtenus dans une enquête réalisée auprès des étudiants en sciences infirmières où les auteurs questionnaient ce qu'on retient et attend des cours en sciences sociales, il est clair que l'édition des deux tomes s'imposait ! Les auteurs lèvent le voile sur un malentendu fondamental : celui d'apprécier tout enseignement dans une logique utilitariste, d'attendre que les sciences sociales fournissent des recettes pour la pratique et de réduire pour ce faire la culture à l'ethnicité en se basant sur une vision culturaliste qui gomme les singularités et limitent les élans de découverte. Ainsi, au-delà de la pertinence d'accueillir des sciences sociales au sein des programmes de formation (qui nous semble aller de soi), ce premier texte nous questionne inévitablement sur le type de professionnels de la santé qui sont au chevet des personnes malades et que nous formons dans ces facultés, sur les modes d'apprentissages valorisés actuellement, comme sur la manière d'amener les sciences sociales dans les programmes de formation.

Le texte d'Anne Vega traite d'ailleurs de ce dernier point. Il illustre une manière de convoquer l'anthropologie dans des formations dispensées en France aux soignants à partir de trois modules : l'un porte sur un contenu d'anthropologie de la santé capable d'apporter aux soignants une meilleure connaissance d'eux-mêmes et une attitude positive à l'endroit des différences ; le second se concentre sur la souffrance des soignants et sur une analyse fine des situations dans lesquelles se joue le métier de soignant ; et le troisième initie et incite les soignants à la recherche. L'auteure détaille ces trois axes, mettant en évidence que les sciences sociales peuvent aisément se présenter dans les formations et les enseignements quand on les lie aux préoccupations concrètes des infirmières.

De l'enseignement, nous progressons ensuite vers des méthodologies de recherche où il est d'abord question de revenir sur le sujet de l'ethnographie qui figure dans les devis de recherche en sciences infirmières sans qu'elle soit toutefois mobilisée à sa juste valeur ici. Mary Ellen McDonald et Franco Carnevale montrent effectivement les écarts qui existent entre ce qu'on entend par ethnographie en sciences infirmières et l'ethnographie qui tire ses noblesses de la discipline anthropologique. À nouveau, on souligne dans ce texte que la culture ne se confond pas avec l'ethnicité comme cela est trop souvent avancé en sciences infirmières. Les auteurs rebondissent sur cette discussion critique et sur une présentation de l'ethnographie pour inviter les sciences infirmières à renouer avec une ethnographie anthropologique qui permet aux chercheurs de ne pas perdre de vue le contexte et la globalité dans l'approche des phénomènes, sachant, de plus, que la pratique clinique y est toujours inscrite.

Ces liens entre les sciences infirmières et des méthodologies tirées des sciences sociales se retrouvent encore dans le quatrième texte qui unit la recherche-action et la recherche en sciences infirmières. En

présentant tout spécialement la démarche de recherche-action, en indiquant ses lieux de parenté et ses points communs avec la recherche en
sciences infirmières, Michel Fontaine et Nicolas Vonarx décrivent en
quoi la recherche-action peut être d'une grande pertinence méthodologique dans la production de connaissances et la transformation des
pratiques infirmières. Ils montrent encore comment les considérations
épistémologiques sous-jacentes à la recherche-action se retrouvent aussi
dans les recherches en sciences infirmières.

Enfin, cette rencontre avec les lieux du savoir savant se termine avec
un texte de Nicolas Vonarx où l'auteur discute du modèle infirmier,
théorique et pratique, de Virginia Henderson qui est sûrement le plus
connu sur le plan international. À ce sujet et un peu à la manière d'une
enquête policière, l'auteur tisse et dévoile des correspondances entre ce
modèle et les travaux de l'anthropologue Malinowski. Il situe l'anthropologie là où on ne l'attendait pas vraiment, montre que cette dernière
participe aussi au développement de la pensée infirmière et nous invite
à examiner comment les sciences sociales peuvent parfois inspirer des
auteurs et des théoriciens en sciences infirmières, sans que ces derniers
n'en fassent part explicitement.

Difficile mission vous dites ? Comment susciter l'intérêt des infirmières aux dimensions sociales et culturelles des problèmes de santé ?

MICHÈLE COTÉ, FRANCE CLOUTIER

MISE EN CONTEXTE

Infirmières, les auteures de ce texte ont poursuivi des études doctorales respectivement en sociologie et en anthropologie. Au cours de leur carrière d'enseignante à l'Université du Québec à Trois-Rivières, elles ont assumé, une douzaine de fois, la prestation d'un cours obligatoire traitant des dimensions sociales et culturelles des problèmes de santé. Elles entendent très souvent des commentaires négatifs de la part des étudiantes à propos de la pertinence de ce cours dans la formation des infirmières de niveau universitaire. Le mécontentement des étudiantes s'exprime aussi lors de l'évaluation des enseignements. Les étudiantes disent ne pas saisir la pertinence et l'importance d'un cours sur des aspects sociaux et culturels de la santé dans leur formation de soignante. Elles ajoutent que ce cours devrait être retiré des programmes en sciences infirmières et remplacé par d'autres qui traitent des soins critiques, des soins en cardiologie, en pédiatrie ou en neurologie. D'autres étudiantes précisent qu'elles auraient souhaité avoir des informations précises sur les conduites à privilégier avec des personnes malades qui proviennent d'autres ethnies, comme les Vietnamiens, les Africains, les Chinois, ou qui appartiennent encore à des groupes religieux particuliers comme les témoins de Jéhovah, les musulmans ou les bouddhistes. Parallèlement, il nous est apparu que les étudiantes font peu de liens entre la condition de santé des personnes et des facteurs associés aux conditions sociales, à l'environnement ou aux politiques en matière de santé. Les quelques commentaires positifs en regard du cours proviennent d'étudiantes qui disent travailler en santé communautaire. Devant ces réactions, nous avons voulu approfondir pourquoi les infirmières portent si peu d'intérêt aux facteurs sociaux et culturels influant sur la condition de santé des personnes. De manière subsidiaire, il nous semble essentiel de mieux comprendre pourquoi les infirmières limitent principalement leur analyse de la condition de la santé des personnes aux dimensions physiologiques, physiopathologiques ou organiques et pourquoi, de manière générale, elles sont si peu politisées.

INTRODUCTION

L'importance d'inclure dans le programme de formation des infirmières au moins un cours qui traite des aspects sociaux et culturels de la santé et de la maladie a été au cœur de plusieurs débats entre les promoteurs de cette approche et ses opposants. Comme notre propos n'est pas de revenir sur ce débat, nous invitons les lecteurs intéressés par le sujet à se référer à l'article fort bien documenté d'Aranda et Law (2007). Ces auteurs font une synthèse de différents écrits qui ont alimenté le débat à propos de la valeur d'une formation en sociologie pour les infirmières dans leur programme d'études[1].

Selon Edgley, Timmons et Crosbie (2009), le débat, qui aurait débuté en 1973 par un article de Green (1973) et qui se serait poursuivi au fil des années, concerne principalement la pertinence relative de la sociologie et de l'anthropologie pour expliquer la condition de santé

---

1.   Les personnes peuvent consulter les auteurs suivants: Green, (1973), Cox (1979), Cooke (1993), Sharp (1994, 1995, 1996), Balsamo et Martin (1995a, b), Porter (1995, 1996, 1997, 1998), Williamson (1999), Corlett (2000), Allen (2001), Holland (2004), Pinikahana (2003), Mowforth, Harrison et Morris (2005).

de personnes traitées dans un centre de santé. Ces auteurs ajoutent que le malaise viendrait du fait, notamment, que les sociologues accordent une plus grande importance à comprendre une situation problématique qu'à la modifier (Edgley et autres, 2009). Ainsi, il semble que les sociologues auraient des difficultés à passer leur message puisqu'ils seraient peu préoccupés à faire des liens entre la théorie et la pratique. Or, les infirmières sont avant tout préoccupées par l'action thérapeutique. Elles sont toujours en quête de moyens leur permettant de favoriser le retour à la santé ou, à tout le moins, de procurer un soulagement à la personne soignée. Pressées d'intervenir, les infirmières adoptent souvent une approche calquée sur le modèle dominant dans le domaine de la santé, à savoir le modèle médical. Celui-ci ramène le problème de santé principalement à ses dimensions biologiques. Dans ce contexte, il n'est pas surprenant que les infirmières ne voient pas dans les sciences sociales des pistes qui permettent d'expliquer la condition de santé de la personne. Allen (2001) parle d'un mariage quasi impossible entre les infirmières qui adoptent une approche réductionniste et mécaniste des problèmes de santé et les sociologues qui accordent une place prépondérante aux déterminants sociaux ou culturels pour comprendre la situation de santé dans laquelle la personne se retrouve.

L'anthropologue québécois Bibeau (1982) est plus optimiste. Il affirme que les sciences infirmières et l'anthropologie sont deux « sciences carrefour » qui se rapprochent sur deux points essentiels. D'après lui, elles sont intéressées par le « difficile problème des articulations entre les dimensions biologique, psychologique et socioculturelle de la personne, articulations qui devraient conduire à une compréhension véritablement globale de ce qu'est la personne » (Bibeau, 1982, p. 627). Et d'ajouter que les deux sciences accordent « une place capitale dans leur réflexion au concept d'adaptation, puisqu'elles saisissent la personne dans un milieu écologique donné, dans un groupe humain particulier et dans une culture qui s'imposent, en quelque sorte, à la personne avec lesquels celle-ci doit négocier » (1982, p. 627).

Vision pessimiste ou plutôt optimiste, le débat entre les tenants d'une formation qui prend en compte toutes les dimensions de la vie d'une personne et ceux qui adoptent une approche plus réductionniste et mécaniste n'est pas terminé. Il risque fort de se prolonger dans le futur. Toutefois, retenons deux aspects différents des points de vue énoncés au cours de ce débat. D'abord, il contribue à apporter un éclairage particulier permettant de mieux comprendre les commentaires formulés par les infirmières inscrites au cours de sociologie ou d'anthropologie de la santé lors des évaluations des enseignements. Puis, comme le notent Edgley et ses collègues (2009), les écrits qui traitent de ce débat ont négligé le point de vue des étudiantes inscrites dans ces cours. Selon ces auteurs, peu de recherches ont donné la parole aux étudiantes. Figurant au nombre de ces auteurs, Thornton (1997) a mené une recherche qui ciblait le point de vue des étudiantes inscrites à un cours de sciences humaines. Cependant, comme cette recherche ne portait pas exclusivement sur la sociologie ou l'anthropologie, les conclusions de l'auteur en regard de cette discipline étaient peu élaborées. Quant à l'étude faite par Mowforth et ses collègues (2005), elle a permis de comparer les opinions des étudiantes inscrites à un programme en sciences infirmières où il y avait un cours précis de sociologie, aux expériences des étudiantes inscrites dans un programme où la sociologie ne faisait pas l'objet d'un module particulier. Il ressort des résultats de cette recherche que les étudiantes ayant suivi un cours particulier de sociologie étaient mieux outillées que les autres étudiantes pour donner un sens à la santé et à la maladie, reconnaissaient que les notions apprises étaient utiles pour elles-mêmes et influaient sur leur approche dans le soin des patients. Toutefois, les étudiantes reconnaissaient l'importance des notions apprises plus particulièrement au moment de l'application pratique. Finalement, l'étude d'Edgley et ses collègues (2009) a mis en lumière que les étudiantes en sciences infirmières fragmentaient et compartimentaient leurs connaissances, qu'elles privilégiaient l'apprentissage fondé sur l'expérience et qu'elles utilisaient aussi les notions sociologiques pour développer leur statut professionnel.

Même s'il est intéressant, le projet d'Edgley et ses collègues (2009) est différent de celui que nous menons actuellement à l'Université du Québec à Trois-Rivières (UQTR), où nous voulons vérifier s'il est possible d'intéresser les infirmières aux dimensions sociales et culturelles de la santé et de la maladie et, par ricochet, possible de modifier leur vision utilitariste du cours. Comme le suggère Racine (2003a), il s'agit d'amener des infirmières à revisiter les modèles explicatifs de la santé et de la maladie intériorisés lors de leur formation dans cette discipline. À titre d'exemple, nous voulons explorer les aspects suivants :

1) Les infirmières qui ont suivi le cours « Perspectives sociales et culturelles de la santé » sont-elles ébranlées en regard de leurs convictions à propos des facteurs explicatifs de la condition de santé des personnes rencontrées individuellement ?

2) Quelles explications donnent-elles au fait que des personnes de l'est de Montréal qui vivent avec un faible revenu ont une espérance de vie à la naissance moins grande que le reste de la population québécoise ?

Dans ce chapitre, nous tenterons de répondre à ces questions et à d'autres.

FONDEMENTS DE LA DÉMARCHE

Les étudiantes

La recherche est menée en adoptant une approche qualitative. Le but poursuivi est d'explorer les opinions des étudiantes, en leur donnant la parole, en regard de leurs attentes face au cours obligatoire de 45 heures « Perspectives sociales et culturelles de la santé ». La population accessible pour cette recherche est constituée des étudiantes inscrites dans les programmes de baccalauréat en sciences infirmières[2]. Les étudiantes ont été invitées à répondre à deux questions ouvertes avant le cours et à trois autres après le cours. Les groupes ont été recrutés aux sessions d'hiver 2008, d'automne 2008 et d'hiver 2009[3]. Les tableaux 1 et 2 présentent la répartition des étudiantes qui ont répondu aux questionnaires en fonction des sessions et du cheminement retenu pour poursuivre leurs études universitaires en sciences infirmières.

---

2. L'UQTR offre un programme de baccalauréat en sciences infirmières de 105 crédits à des étudiantes qui ne sont pas infirmières. Elle offre aussi des programmes à des étudiantes qui sont infirmières. Il s'agit d'un baccalauréat de 90 crédits qui s'adresse à des infirmières comptant plusieurs années d'expérience. Le troisième programme est un DEC-Bacc qui permet à des étudiantes de compléter la formation collégiale et universitaire en cinq ans. Cette clientèle d'infirmières a peu d'expérience car la majorité d'entre elles poursuivent leurs études universitaires immédiatement après la formation collégiale de trois ans.

3. Notons que le premier groupe a répondu uniquement aux questions avant le cours, puisque les professeurs de l'UQTR étaient en grève à la session d'hiver 2008.

TABLEAU 1

**Répartition des étudiantes ayant rempli le questionnaire avant
le cours aux sessions d'hiver 2008, d'automne 2008 et d'hiver 2009**

	H 08	H 08 (%)	A 08	A 08 (%)	H 09	H 09 (%)	Total
Bacc. initial	16	28 %	0	0 %	27	78 %	43
Perfectionnement	13	22 %	19	23 %	4	11 %	36
DEC-Bacc.	25	43 %	60	71 %	4	11 %	89
Autres	4	7 %	5	6 %	1	0 %	10
Total	58	100 %	84	100 %	36	100 %	178

TABLEAU 2

**Répartition des étudiantes ayant rempli le questionnaire
après le cours aux sessions d'automne 2008 et d'hiver 2009**

	A 08	A 08 (%)	H 09	H 09 (%)	Total
Bacc. initial	0	0 %	26	78 %	26
Perfectionnement	16	25 %	4	11 %	20
DEC-Bacc.	46	72 %	5	11 %	51
Autres	2	3 %	0	0 %	2
Total	64	100 %	35	100 %	99

La majorité des personnes qui ont répondu aux questions sont des femmes. En ce qui concerne l'expérience en milieu de travail, elle varie. Elle est quasiment nulle pour les étudiantes de la formation initiale et peut atteindre 29 ans pour les étudiantes du baccalauréat de perfectionnement. Quant à la répartition des étudiantes dans les différents programmes, elle est assez représentative de l'ensemble des étudiantes qui composent la clientèle en sciences infirmières de l'UQTR.

Méthode suivie pour amasser des matériaux

Deux questionnaires ont été élaborés par les chercheuses pour collecter les données mais ces derniers n'ont pas fait l'objet d'une validation particulière. Le premier questionnaire administré avant le cours comprenait deux questions ouvertes :

1) Que pensez-vous que le cours « Perspectives sociales et culturelles de la santé » peut vous apporter au niveau de votre pratique infirmière ?

2) Selon vous, quels sont les thèmes qui devraient être abordés dans le cours « Perspectives sociales et culturelles de la santé » ?

Le questionnaire administré après le cours comprenait trois questions ouvertes :

1) Que pensez-vous que le cours « Perspectives sociales et culturelles de la santé » a pu vous apporter ?

2) Que pensez-vous que le cours « Perspectives sociales et culturelles de la santé » a pu ou pourra vous apporter au niveau de votre pratique infirmière ?

3) Identifier (nommer) des thèmes qui n'ont pas été abordés dans le cours « Perspectives sociales et culturelles de la santé » et que vous auriez souhaité voir développés.

Les répondantes devaient fournir, aussi, les informations suivantes : sexe, programme fréquenté, année complétée, années d'expérience comme infirmière et domaine de pratique.

Analyse

La démarche d'analyse retenue s'inspire de la méthodologie développée par Glaser et Strauss (1967) dans le cadre de la théorisation ancrée. L'analyse des données a été faite dans un processus itératif. Dans un premier temps, toutes les idées émises par les étudiantes pour la première question ont été lues individuellement par chacune des chercheuses afin de favoriser une appropriation du contenu des éléments. Dans un deuxième temps, l'ensemble des énoncés émis par les étudiantes ont été relus à haute voix et classés en utilisant des termes qui reprenaient les mots des étudiantes. Les deux chercheuses devaient s'entendre avant qu'un énoncé soit inclus dans l'une ou l'autre des catégories existantes. Lorsque l'énoncé ne correspondait pas à une catégorie existante, des ajouts étaient faits à la liste des énoncés. Au fur et à mesure de la lecture des réponses, il a été possible de faire des regroupements entre différents éléments. Dans un troisième temps, les éléments regroupés en catégories ont été fusionnés lorsqu'ils présentaient des aspects similaires. Ce processus a été repris pour les autres questions du formulaire distribué avant et après le cours.

RÉSULTATS

Précisons d'abord que la très grande majorité des étudiantes ayant rempli les questionnaires ont émis plus d'une idée par question. Cela explique que le nombre d'idées émises dépasse largement le nombre de répondantes. Par contre, le nombre d'idées émises par chacun des groupes est proportionnel au nombre de personnes dans l'un ou l'autre des programmes de baccalauréat. C'est dire qu'il n'y a pas une surre-présentation d'un groupe par rapport à l'autre.

En ce qui concerne les questions posées au début du cours

- La première question demandait aux étudiantes de préciser leurs attentes face au cours. De fait, elles devaient indiquer ce que le cours « Perspectives sociales et culturelles de la santé » pouvait leur apporter dans leur pratique infirmière. Les chercheuses ont regroupé les idées émises en huit catégories distinctes : 1) culture et ethnies ; 2) ouverture et acceptation ; 3) vision utilitariste en lien avec la pratique des soins infirmiers ; 4) pratique des soignés ; 5) profession infirmière ; 6) valeurs et croyances, 7) système de santé ; et 8) aucune utilité.

Chacune de ces catégories comprend différents éléments. Ainsi, dans la catégorie culture et ethnies, se trouvent des énoncés comme existence et importance de différentes cultures, diversité culturelle, élargissement des connaissances sur les comportements des personnes selon les cultures. Dans la catégorie ouverture et acceptation, nous retrouvons des énoncés comme ouverture d'esprit plus grande sur diffé-rentes cultures, ouverture d'esprit sur les façons de penser des personnes, leurs façons de faire et les modes de vie. Dans la catégorie vision utili-tariste en lien avec la pratique des soins infirmiers, nous retrouvons des idées comme particularités des nationalités susceptibles de recevoir des soins ou des groupes religieux, savoir comment agir dans les relations soignant-patient en considérant les différentes croyances face à la santé, la maladie et les soins, approches à adopter pour optimiser les soins pour des clientèles d'une culture différente de celle de l'infirmière et façons dont les autres cultures réagissent face aux soins dans le système québécois. Dans la catégorie <u>pratique des soignés</u>, nous retrouvons des idées associées à l'existence et à l'importance des pratiques des personnes. Dans la catégorie <u>profession infirmière</u>, nous avons regroupé des idées comme meilleure compréhension de la profession infirmière à travers le monde, prise de conscience de l'évolution de la profession infirmière et du chemin à parcourir. Dans la catégorie <u>valeurs et croyances</u>, nous avons regroupé des idées associées au respect des valeurs des personnes, aux connaissances relatives aux croyances différentes des personnes d'origine ethnique différente. Dans la catégorie <u>système de santé</u>, nous trouvons des idées telles l'évolution du système de santé au Québec, la connaissance sur le système de santé dans les autres pays. Finalement, lorsque les étudiantes inscrivaient « rien » ou « aucune réponse », le formulaire était classé dans la catégorie <u>aucune utilité</u> ou <u>aucun thème</u> selon l'orientation de la question ouverte. Pour cette catégorie, le nombre réfère à des personnes et non à la quantité des idées émises, comme c'est le cas pour les autres catégories. Le tableau 3 présente la répartition des attentes face au cours selon les catégories dégagées avant le cours.

TABLEAU 3

Tableau synthèse des attentes face au cours

Question 1 avant le cours

	B. init.	B. perf.	DEC-Bac	Autres	Total	% des idées
Culture et ethnies	5	6	22	2	35	14 %[1]
Ouverture et acceptation	16	11	34	6	67	27 %
Vision utilitariste	32	22	64	5	123	49 %
Pratiques des soignés	0	1	0	0	1	0 %
Profession infirmière	2	1	1	0	4	2 %
Valeurs et croyances	5	2	6	2	15	6 %
Système de santé	3	0	1	0	4	2 %
Total (attentes face au cours)	63	43	128	15	249	100 %
Aucune utilité	4	2	1	4	11[2]	

1. Les décimales n'ayant pas été retenues, le pourcentage a été ajusté à l'unité près.
2. Le nombre 11 faisant référence aux étudiantes qui avaient indiqué «aucune utilité», ce nombre ne peut être comptabilisé dans le total des idées émises.

Ce tableau permet de constater que presque la moitié des idées formulées par les étudiantes ont été regroupées dans la catégorie vision utilitariste (123 sur 249, soit 49 % des idées) en lien avec les soins prodigués par les infirmières. Les quelques extraits suivants permettent d'illustrer cette situation :

> Voir différentes façons du métier. Je crois que ce cours va me donner des trucs sur la façon d'entrer en communication avec différentes clientèles et comment m'ajuster à ces différentes clientèles.

> Élargir mes connaissances au niveau social et culturel ce qui me permettra d'avoir une vision différente et plus élargie lorsque je serai devant des situations et des clientèles qui me sont différentes de par leur culture, leurs valeurs, etc.

De plus, il est important de signaler que 11 répondantes sur une possibilité de 178, soit pas moins de 6 % des étudiantes considèrent que ce cours n'a aucune utilité dans leur programme en sciences infirmières.

- En répondant à la seconde question, les étudiantes devaient préciser les thèmes qui devraient être abordés dans le cours « Perspectives sociales et culturelles de la santé ». Tel qu'indiqué dans le tableau 4, il est possible d'établir un parallèle entre les thèmes énoncés par les étudiantes en regard des attentes face au cours pour leur pratique de soignantes et les thèmes qu'elles désirent voir aborder dans le cours. Le tableau 4 présente une synthèse des thèmes dégagés pour la deuxième question posée avant le cours.

TABLEAU 4

Tableau synthèse des thèmes qui devraient être abordés dans le cours

Question 2 avant le cours

	B. init.	B. perf.	DEC-Bac	Autres	Total	% des idées
Culture et ethnies	14	5	41	5	65	20 %
Santé et maladie	15	9	30	1	55	17 %
Système de santé	4	4	5	0	13	4 %
Vision utilitariste	37	23	50	3	113	35 %
Valeurs, croyances et éthique	19	5	35	0	59	19 %
Pratiques des soignés	2	0	0	0	2	0 %
Profession infirmière	3	1	6	2	12	4 %
Total (thèmes dégagés)	94	47	167	11	319	99 %
Aucun thème	1	8	5	2	16	

Bien qu'il y ait de légères différences dans les catégories, il est possible de noter que la catégorie vision utilitariste en lien avec les soins prodigués par les infirmières est celle qui regroupe le plus d'idées émises (113 sur 319, soit 35 % des idées). Les verbatims suivants permettent de comprendre le sens des idées regroupées dans cette catégorie :

Ce cours me permettra de savoir comment intervenir avec d'autres cultures, exemples : Attikameks, musulmans.

Savoir comment agir dans des problèmes d'ordre éthique comme la religion (témoins de Jéhovah).

Aborder les soins spécifiques des autres cultures qui vont différer des nôtres, exemple : Madagascar.

Parler des différentes manières de prodiguer les soins et de leurs méthodes de fonctionnement ailleurs qu'ici.

Les attitudes, les approches à adopter avec les différentes ethnies les plus souvent rencontrées dans nos régions.

Par ailleurs, il est possible de constater que 16 répondantes sur une possibilité de 178, soit pas moins de 9 % des étudiantes ayant rempli le sondage, n'indiquent aucun thème pouvant faire l'objet du cours.

En ce qui concerne les questions posées à la fin du cours

Les données présentées dans les trois prochains tableaux, soit les tableaux 5, 6 et 7, proviennent des idées émises par les étudiantes lors du sondage distribué après le cours. La première question invitait les étudiantes à préciser les connaissances acquises à la suite du cours « Perspectives sociales et culturelles de la santé ». Le tableau 5 présente une synthèse des connaissances acquises à la suite du cours.

TABLEAU 5

Tableau synthèse des connaissances acquises à la suite du cours

Question 1 après le cours

	B. init.	B. perf.	DEC-Bac	Autres	Total	% des idées
Culture et ethnies	1	4	12	0	17	13 %
Ouverture et acceptation	21	9	22	1	53	39 %
Vision utilitariste	17	14	26	1	58	43 %
Pratiques des soignés	0	0	1	0	1	0 %
Profession infirmière	3	1	0	0	4	3 %
Valeurs et croyances	1	0	2	0	3	2 %
Système de santé	0	0	0	0	0	0 %
Total	43	28	63	2	136	100 %
Aucune utilité	1	0	5	0	6	

Les résultats de l'analyse des données relatives à cette question permettent de constater qu'il existe un certain parallèle entre les idées émises avant et après le cours. Selon les étudiantes, le cours leur a permis d'acquérir des connaissances qui les aideront à mieux comprendre comment il est possible d'adapter les soins en fonction des réalités sociales et culturelles. Par ailleurs, il ressort de ce tableau que les étudiantes considèrent que le cours a favorisé une ouverture et une acceptation de l'autre. Toutefois, 6 étudiantes sur une possibilité de 99, soit 6 % des étudiantes ayant rempli le questionnaire, considèrent que le cours n'a aucune utilité.

- La seconde question posée après le cours avait pour but de vérifier si le cours « Perspectives sociales et culturelles de la santé » avait entraîné des modifications dans leur pratique infirmière. Le tableau 6 présente la synthèse des modifications dans la pratique infirmière à la suite du cours.

TABLEAU 6

Tableau synthèse des modifications dans la pratique infirmière

Question 2 après le cours

	B. init.	B. perf.	DEC-Bac	Autres	Total	% des idées
Culture et ethnies	1	0	5	0	6	5 %
Ouverture et acceptation	8	4	10	1	23	20 %
Vision utilitariste	27	22	35	2	86	75 %
Pratiques des soignés	0	0	0	0	0	0 %
Profession infirmière	0	0	0	0	0	0 %
Valeurs et croyances	0	0	0	0	0	0 %
Système de santé	0	0	0	0.	0	0 %
Total	36	26	50	3	115	100 %
Aucune utilité	0	0	7	0	7	

Les étudiantes considèrent que le cours leur a permis d'acquérir une vision utilitariste en lien avec les soins à prodiguer aux personnes appartenant à d'autres ethnies (86 sur 115, soit 75 % des idées émises). Par contre, rien dans ces résultats ne permet d'affirmer que le cours a entraîné des changements dans la manière de comprendre la réalité sociale des personnes malades provenant d'autres ethnies. De plus, 7 étudiantes sur une possibilité de 99, soit 7 % des étudiantes interrogées, considèrent que le cours n'a aucune utilité pour leur pratique de soignante.

- La dernière question visait à identifier ou à nommer des thèmes non abordés dans le cours « Perspectives sociales et culturelles de la santé » et qu'il aurait été souhaitable de développer. Le tableau 7 présente une synthèse des thèmes qui auraient dû être développés dans le cours.

TABLEAU 7
Tableau synthèse des thèmes à développer

Question 3 après le cours

	B. init.	B. perf.	DEC-Bac	Autres	Total	% des idées
Culture et ethnies	0	0	0	0	0	0 %
Ouverture et acceptation	0	0	0	0	0	0 %
Vision utilitariste	15	17	38	0	70	93 %
Pratiques des soignés	0	0	0	0	0	0 %
Profession infirmière	0	1	0	0	1	1 %
Valeurs et croyances	0	0	0	0	0	0 %
Système de santé	0	0	2	2	4	5 %
Total	15	18	40	2	75	99 %
Aucun thème	12	6	13	1	32	

Comme nous pouvons le noter dans ce dernier tableau, la très grande majorité des étudiantes souhaiteraient avoir davantage d'explications sur la manière de soigner les différents groupes ethniques. De plus, il faut noter que 32 étudiantes sur 99 ne formulent aucun thème.

DISCUSSION

Difficile passage d'une vision biologique à une vision socioculturelle des problèmes de santé

Comme nous avons pu le constater, pas moins de la moitié de l'ensemble des idées émises par les étudiantes avant le cours se retrouvent dans la catégorie « vision utilitariste ». Cette proportion baisse légèrement après le cours si les étudiantes considèrent l'aspect général des connaissances acquises. Par contre, elle augmente si la question porte sur la pratique de soignante. En effet, après le cours, sept idées émises sur dix sont associées à la catégorie « vision utilitariste ». Il faut donc admettre qu'il semble difficile pour les étudiantes qui ont suivi le cours « Perspectives sociales et culturelles de la santé » de modifier de façon significative leur manière d'appréhender les problèmes de santé auxquels elles font face dans leur pratique de soignante.

Comment devons-nous interpréter une telle situation ? Il est possible de croire que les infirmières qui n'ont pas le choix de terminer le cours traitant des aspects sociaux et culturels de la santé y cherchent des réponses toutes faites pour soigner des groupes qu'elles identifient comme possédant une culture différente. De fait, elles souhaitent acquérir des connaissances dans le domaine des sciences sociales qui leur permettront d'être plus efficaces et efficientes lorsqu'elles donneront des soins à des personnes qui présentent des différences culturelles. Toutefois, le risque d'une telle approche est important. En effet, les infirmières pourraient être tentées de donner des soins en série. Les Africains étant soignés ainsi, les Vietnamiens autrement, ou encore les témoins de Jéhovah comme le souligne l'auteur d'un tel livre. Ces manières sont le reflet des conduites qu'elles adoptent en présence d'autres problèmes de santé. Ainsi, lorsqu'une personne souffre d'un cancer du sein, on procède à l'ablation de la tumeur. Il en est de même pour l'ensemble des autres pathologies. Lorsque les infirmières veulent avoir des « lignes de conduite » en regard de la culture de l'Autre, il est possible de penser que ces dernières recherchent encore des approches mécaniques et automatisées dans leur travail de soignantes (Rohrbach Viadas, 2007). Or, comme le souligne Fainzang à propos de la relation aux médicaments, l'approche des sciences sociales contribue à « mettre en évidence l'existence de faisceaux complexes de savoirs » (2006, p. 278). Ces faisceaux résultent de « l'interaction entre divers systèmes de pensée » lesquels en se combinant, donnent naissance aux pratiques relatives à la santé, à la maladie et aux médicaments (Fainzang, 2006, p. 278). Ainsi, les pratiques des personnes soignées ne sont pas dénudées de logiques. Elles se réfèrent à une recomposition qui combine à la fois le discours médical et les logiques culturelles et symboliques présentes chez les différents groupes de la société civile.

Le fait de vouloir adopter des manières simplifiées pour soigner toutes les personnes d'un même groupe en recourant à des pratiques similaires soulève également des interrogations sur les capacités des infirmières à considérer chaque personne comme un être singulier. Toutes les personnes d'origine vietnamienne n'ont pas des pratiques identiques en regard de la santé et de la maladie. Il en va de même pour tous les groupes qui composent la société. Comme le rappelle Racine (2003b), la culture est une entité dynamique et non statique, globale et non atomistique. Elle doit être étudiée dans son contexte historique, culturel, social, politique et économique (Racine, 2003a). C'est dire que les relations sont complexes et dynamiques entre le monde culturel et le monde social. Collière (1996) allait dans le même sens. Pour elle, les comportements des personnes ne peuvent pas être catalogués de manière définitive. Ils se transforment au fil des expériences vécues par les personnes. Cette position remet en cause la théorie du relativisme culturel qui domine dans l'anthropologie américaine et qui a inspiré Leininger (1995), la première infirmière à aborder les soins infirmiers transculturels (Rohrbach Viadas, 2007). La théorie relativiste, selon Rohrbach Viadas, « considère que les us et coutumes des peuples sont significatifs uniquement dans la culture d'appartenance » (2007, p. 21). Cette théorie met de côté l'unité de l'humanité.

Le fait de vouloir tenir compte de l'ensemble des constituantes s'oppose à l'existence d'un modèle unique pour expliquer les conduites de santé et de maladie des personnes appartenant à un même groupe. Cet aspect nous semble heurter tout particulièrement les infirmières qui ont été formées à fournir une réponse exacte à une situation précise. En permettant l'acquisition d'explications multiples, les savoirs acquis dans le cours « Perspectives sociales et culturelles de la santé » devraient justement favoriser l'émergence de pratiques professionnelles qui répondent de manière complexe aux problèmes de santé des individus. Dès lors, il paraît essentiel de favoriser chez les infirmières une démarche réflexive qui est propice à un questionnement à propos de la construction des savoirs des personnes qu'elles sont appelées à soigner, plutôt qu'à appliquer des recettes toutes faites. Cette démarche leur permettrait également de remettre en question la suprématie des savoirs biologiques par rapport aux savoirs sociaux. Cette suprématie contribue à voir la personne soignée d'abord comme une réalité matérielle composée de cellules dysfonctionnelles.

Le désir des infirmières d'acquérir des lignes de conduite pour intervenir auprès de personnes appartenant à des groupes ethniquement ou religieusement identifiables, comme les Vietnamiens, les Africains, les Maghrébins, les témoins de Jéhovah, les musulmans ou les bouddhistes, pourrait-il avoir une autre finalité que celle de prodiguer des bons soins ? L'acquisition de connaissances sur la diversité culturelle pourrait-elle contribuer à diminuer l'anxiété des infirmières qui sont en interaction avec des personnes ayant des référents différents en regard de la santé et de la maladie ? En sachant comment intervenir avec des groupes ethniquement identifiables, les infirmières acquièrent des certitudes à propos d'une pratique clinique sécuritaire (Edgley et autres, 2009). Cette perspective les rassure sur leurs compétences professionnelles et diminue la peur de l'autre.

Difficile passage de l'Autre non occidental[4] à l'Autre occidental

Lorsque les infirmières rencontrées parlent de l'Autre, elles font référence à des personnes qui sont des immigrants et immigrantes appartenant à des groupes dits de minorités visibles ou de minorités ethniques visibles. Cette manière de voir l'Autre est « intéressante » dans la mesure où elle met en évidence que, pour les infirmières, les différences « raciales » et ethniques constituent des éléments objectifs et essentialistes permettant de déterminer qui est l'Autre (Racine, 2003a). C'est dire que, pour les infirmières rencontrées, l'Autre n'est pas un itinérant, une prostituée, une adolescente enceinte, une personne âgée québécoise. Il nous semble encore que les infirmières ne font pas de liens entre, d'une part, la marginalisation et l'exclusion sociale de certains groupes comme les itinérants ou les personnes psychiatrisées, et, d'autre part, le bien-être des groupes socialement différents au sein de leur propre pays. Pourtant, tel que constaté chez les minorités ethniques visibles, les problèmes de santé et les soins requis par des groupes marginalisés se révèlent être d'une nature particulière et requièrent des pratiques différentes de la part des soignants. Bien plus, il faut ajouter que les connaissances acquises dans le cours ne permettent pas de modifier fondamentalement cette vision de l'Autre.

Faut-il être surpris en constatant que les infirmières adoptent cette vision « raciale » et ethnique de l'Autre, vision que nous pourrions qualifier de biaisée, puisqu'elle accorde peu de place à l'ensemble des

---

4.   La signification du terme occidental est empruntée à Racine (2003a). Pour cette auteure, «l'expression [occidentale] s'applique aux pays à caractère pluraliste, formés par les anciennes colonies de peuplement, dont les politiques visaient à limiter l'immigration non européenne» (p. 8). Parmi ces pays, l'auteure mentionne l'Australie, le Canada et la Nouvelle-Zélande.

expériences sociales particulières vécues par les personnes singulières ? Nous serions tentées de dire que la position des infirmières en matière de soins à des minorités ethniques visibles est le reflet des politiques multiculturelles adoptées par les pays occidentaux, notamment le Canada. Ces politiques multiculturelles s'inspirent de théories « culturalistes ». Or, de faire remarquer Racine, les théories culturalistes sont dangereuses dans la mesure où elles minimisent « l'influence des facteurs sociaux, politiques et économiques qui interagissent avec la culture » (2003a, p. 9). De fait, les théories culturalistes marginaliseraient « les besoins de soins des populations non occidentales, en effaçant l'impact de la discrimination raciale et des inégalités socioéconomiques qui en résultent, dans la genèse des problèmes de santé » des personnes n'appartenant pas à la culture dominante du pays d'accueil (Racine, 2003a, p. 9).

La réalité du soin devrait donc être explorée à partir des inégalités sociales et économiques vécues par les populations non occidentales. Dans les faits, les infirmières sont appelées à intégrer le savoir des personnes afin de produire des soins qui répondent aux besoins réels des personnes marginalisées. Cette manière de faire comporte des zones de heurts où « se mêlent le respect de l'autre, le respect envers soi-même, le code d'éthique, les implications morales, sociales et politiques » (Rohrbach Viadas, 2007, p. 21). Toutefois, cette manière de faire semble essentielle afin de permettre aux infirmières de prendre conscience des biais « raciaux » qui sont des barrières à la prestation de soins, et qui sont reliés à des facteurs historiques, sociaux et culturels ayant contribué à engendrer des inégalités de santé chez différentes populations (Racine, 2003a). Dans ce contexte, le cours « Perspectives sociales et culturelles de la santé » doit favoriser l'ouverture des infirmières à de nouvelles manières de conceptualiser la marginalisation afin de s'attaquer aux problèmes de santé liés aux inégalités sociales qui affectent différents groupes de la société. L'acquisition de savoirs qui dépassent les strictes connaissances des us et coutumes culturelles des populations socialement marginalisées vise à analyser, également, la position de privilégiées des infirmières. En résumé, les infirmières doivent prendre conscience que leur position de privilégiées leur dissimule les zones d'exclusion qui sont subtilement associées à des attributs ethniques ou de fragilité sociale.

Difficile passage d'une position de soumission au pouvoir médical à une position de leader dans l'organisation des soins de santé

À peine une vingtaine d'idées ont été émises par les étudiantes infirmières qui ont suivi le cours « Perspectives sociales et culturelles de la santé » à propos du rôle politique des infirmières et de leur mandat social en lien avec la défense des intérêts des populations marginalisées, des populations qui sont sans voix. Nous remarquons que les infirmières interrogées demeurent foncièrement orientées par les dimensions instrumentales de leur pratique professionnelle.

Faut-il alors être surpris de voir que l'intérêt de la profession à promouvoir son mandat social est moindre que celui à promouvoir le développement du mandat scientifique ? Selon Baker, Varma et Tanaka (2001), la discrimination raciale n'est pas perçue comme étant une partie importante de la perspective infirmière. Comme le soulignent les mêmes auteurs, la discrimination raciale ne fait pas partie de la formation des infirmières. Or, il faut reconnaître que la profession infirmière ne peut pas adopter des positions neutre, apolitique ou a-historique. La profession infirmière a un mandat social qui comprend, entre autres, la mise en lumière des relations entre la condition de santé et des facteurs discriminants comme la « race », le genre ou la classe sociale (Racine, 2003b).

Par ailleurs, la profession infirmière fait face à de nouveaux défis posés par la globalisation, la migration des réfugiés, la montée de l'intolérance culturelle et religieuse à l'échelle mondiale. Dans ce contexte, les infirmières peuvent faire une différence, notamment en interpellant les gouvernements pour qu'ils élaborent des politiques de santé et de soins qui favorisent la justice sociale pour l'ensemble des personnes malades marginalisées. Également, elles peuvent « favoriser des changements sociaux et économiques globaux visant à promouvoir et à améliorer la santé » des populations marginalisées (Racine, 2003a, p. 12). En raison de leur position stratégique dans le système de santé, les infirmières constituent, à n'en pas douter, un groupe de pression en mesure de débusquer les inégalités sociales et économiques qui compromettent la santé et le bien-être des populations marginalisées, ainsi que la qualité des soins prodigués à ces mêmes populations. Selon Racine (2003b), les infirmières doivent se faire les porte-parole des personnes sans voix et des laissés-pour-compte. Cette démarche ne peut être entreprise sans une réflexion des infirmières à propos de leur identité culturelle (en tant que groupe) et de la reconnaissance des répercussions de la culture des infirmières sur leur pratique professionnelle. Ces deux aspects semblent peu préoccuper les infirmières rencontrées.

Difficile passage de savoirs fonctionnalistes à savoirs globaux

Avant le cours « Perspectives sociales et culturelles de la santé », près d'une étudiante sur 16 considère que ce cours est inutile. De la même manière, une étudiante sur 10 n'a pas d'idée des thèmes pouvant être traités. De plus, il faut noter qu'à la suite du cours la très grande majorité des idées émises relativement aux thèmes qui auraient dû être abordés dans le cours sont regroupées sous la catégorie « vision utilitariste ». Face à ces dernières informations, il faut constater qu'une partie des étudiantes interrogées ne voient pas l'utilité d'un cours de sociologie ou d'anthropologie dans leur formation d'infirmière.

Les opinions des étudiantes infirmières qui suivent le cours « Perspectives sociales et culturelles de la santé » à l'UQTR sont-elles différentes de celles de la population infirmière qui doivent réussir ce type de cours dans des programmes semblables dans d'autres universités ? Il faut admettre, en se basant sur les écrits scientifiques, que les idées émises par les infirmières rencontrées s'inscrivent dans la continuité d'autres recherches sur le sujet. Les propos analysés par Aranda et Law (2007) dans leur étude mettent en lumière que les infirmières considèrent qu'il leur serait plus profitable d'acquérir des notions de biologie et des habiletés cliniques que de suivre un cours de sociologie pour soigner efficacement les personnes malades. D'autres propos rapportent que les sujets non essentiels comme la sociologie devraient être retirés des programmes de formation en sciences infirmières (Aranda et Law, 2007). Les résultats de cette recherche permettent de constater l'importance que les infirmières accordent aux savoirs biomédicaux et techniques par rapport à d'autres savoirs dont elles voient peu l'utilité. Toutefois, soigner l'Autre ne se résume pas à prodiguer des soins techniques de plus en plus sophistiqués. Comme le fait remarquer Rohrbach Viadas, accueillir l'Autre « pour le soigner est une démarche professionnelle basée sur une relation, sur des principes philosophiques, sur des connaissances théoriques et soutenue par la personnalité du soignant » (2007, p. 21). L'accueil, d'ajouter Rohrbach Viadas (2007), est aussi influencé par les valeurs véhiculées par la société à laquelle les soignants appartiennent. Les soignants possèdent une culture et cette dernière influe sur la relation avec les personnes malades.

CONCLUSION

Sommes-nous parvenues, comme le suggère Wright Mills (1959), à déstabiliser suffisamment les étudiantes afin de leur permettre d'adopter une vision différente des problèmes de santé ? Sont-elles plus en mesure de débusquer les inégalités sociales associées à la « race », à l'appartenance ethnique, au genre et aux classes sociales ? Bref, sont-elles plus en mesure d'intégrer le savoir marginalisé dans la théorisation infirmière et, chemin faisant, à « développer des interventions infirmières culturellement adaptées » (Racine, 2003a, p. 7). Considérant les résultats de notre recherche, il est possible d'en douter.

Certes, pour poser le geste de soigner, les infirmières ont besoin d'acquérir des savoirs biomédicaux et des savoirs techniques. Toutefois, l'art de soigner suppose également de faire référence à un savoir qui appartient en propre à la personne soignée. Dans ce contexte, soigner est aussi une pratique sociale et culturelle qui requiert l'acquisition de savoirs qui permettent de mieux comprendre les interrelations entre la personne soignée et la personne soignante. Ces savoirs étant issus du contexte historique, culturel, social, politique et économique, il s'avère impossible de les dégager du milieu social élargi dans lequel ils sont façonnés (Benoit, Lavoie et Dragon, 2004). Ce sont précisément ces savoirs que nous cherchons à transmettre aux infirmières dans le cours « Perspectives sociales et culturelles de la santé ». Il faut admettre que cette transmission ne se fait pas sans heurts et que le chemin à parcourir est encore important, comme il a été possible de le constater à la suite de l'analyse des idées émises par les étudiantes. Le passage d'une vision mécaniste et réductionniste de la santé et de la maladie à une vision plus globale n'est pas une mission impossible. Cela dit, il faut admettre qu'il n'est pas facile et que des efforts importants de la part des sociologues et des anthropologues sont indispensables pour surmonter la dichotomie entre la pratique et la théorie.

Références

Allen, D. (2001). « Review article : Nursing and sociology : an uneasy marriage », *Sociology of Health and Illness*, 23, 386-396.

Aranda, K., et K. Law (2007). « Tales of sociology and the nursing curriculum : revisiting the debates », *Nurse Education Today*, 27, 561-567.

Baker, C., M. Varma et C. Tanaka (2001). « Sticks and stones : Racism as experienced by adolescents in New Brunswick », *Canadian Journal of Nursing Research*, 33, 87-105.

Balsamo, D., et S. Martin (1995a). « Developing the sociology of health in nurse education : towards a more critical curriculum – part 1 : andragogy and sociology in project 2000 », *Nurse Education Today*, 15, 427-432.

Balsamo, D., et S. Martin (1995b). « Developing the sociology of health in nurse education : towards a more critical curriculum – part 2 : linking methodology and epistemology », *Nurse Education Today*, 15, 433-438.

Benoit, M., A.M. Lavoie et J. Dragon (2004). « La sociologie et les sciences infirmières : réflexions pour une approche interdisciplinaire », *Recherche en soins infirmiers*, (79), 58-67.

Bibeau, G. (1982). « Nursing et anthropologie : deux " sciences carrefour " en voie de se rejoindre », *L'Union médicale du Canada*, 111, 626-630.

Collière, M.-F. (1996). *Soigner... le premier art de la vie*, Paris : InterÉditions.

Cooke, H. (1993). « Why teach sociology ? », *Nurse Education Today*, 13, 210-216.

Corlett, J. (2000). « The perception of nurse teacher, students nurses and preceptors of the theory-practice gap in nurse education », *Nurse Education Today*, 20, 499-505.

Cox, C.A. (1979). « Who cares ? Nursing and sociology : the development of a symbiotic relationship », *Journal of Advanced Nursing*, 4, 237-252.

Edgley, A., S. Timmons et B. Crosbie (2009). « Desperately seeking sociology : nursing student perceptions of sociology on nursing courses », *Nurse Education Today*, 29, 16-23.

Fainzang, S. (2006). « Transmission et circulation des savoirs sur les médicaments dans la relation médecin-malade », dans J. Collin, M. Otero et L. Monnais (dir.), *Le médicament au cœur de la socialité contemporaine. Regards croisés sur un objet complexe*, Sainte-Foy : Presses de l'Université du Québec, 267-279.

Glaser, B.G., et A.L. Strauss (1967). *The Discovery of Grounded Theory*, Chicago : Aldine Publishing Co.

Green, V. (1973). « What is the relevance of sociology to nursing ? », *Lamp*, 30 (2), 7-13.

Holland, K. (2004). « Sociology and the nursing curriculum : editorial », *Nurse Education in Practice*, 4, 81-82.

Leininger, M. (1995). *Transcultural nursing. Concepts, theories, research and practices*, New York : McGraw-Hill.

Mowforth, G., J. Harrison et M. Morris (2005). « An investigation into adult nursing students' experience of the relevance and application of behavioural sciences (biology, psychology and sociology) across two different curricula », *Nurse Education Today*, 25, 41-48.

Pinikahana, J. (2003). « Role of sociology within the nursing enterprise : some reflections on the unfinished debate », *Nursing and Health Science*, 5, 175-180.

Porter, S. (1995). « Sociology and the nursing curriculum : a defence », *Journal of Advanced Nursing*, 21, 1130-1135.

Porter, S. (1996). « Why teach sociology ? A contribution to the debate », *Nurse Education Today*, 16, 170-174.

Porter, S. (1997). « Sociology and the nursing curriculum : a further comment », *Journal of Advanced Nursing*, 26, 214-218.

Porter, S. (1998). *Social Theory and the Nursing Practice*, Basingstoke : Macmillan.

Racine, L. (2003a). « Les potentialités de l'approche théorique post-coloniale en recherche infirmière culturelle sur l'adaptation du soin infirmier aux popula-tions non occidentales », *Recherche en soins infirmiers*, (75), 7-14.

Racine, L. (2003b). « Implementing a postcolonial feminist perspective in nursing research related to non-Western populations », *Nursing Inquiry*, 10, 91-102.

Rohrbach Viadas, C. (2007). « Soins et anthropologie. Une démarche réflexive », *Recherche en soins infirmiers*, (90), 19-25.

Sharp, K. (1994). « Sociology and the nursing curriculum : a note of caution », *Journal of Advanced Nursing*, 20, 391-395.

Sharp, K. (1995). « Why indeed should we teach sociology ? A response to Hannah Cooke », *Nurse Education Today*, 15, 52-55.

Sharp, K. (1996). « Feedback – sociology and the nursing curriculum : a reply to Sam Porter », *Journal of Advanced Nursing*, 23, 1275-1278.

Thornton, T. (1997). « Attitudes towards the relevance of biological, behavioural and social sciences in nursing education », *Journal of Advanced Nursing*, 26, 180-186.

Williamson, G.R. (1999). « Teaching sociology to nurses : exploring the debate », *Journal of Clinical Nursing*, 8, 269-274.

Wright Mills, C. (1959). *The Sociological Imagination*, London : Oxford University Press.

Soins infirmiers : la plus value de l'anthropologie

ANNE VEGA

Ce chapitre présente les modules de la formation continue « soins infirmiers et anthropologie », comprenant également un pôle d'initiation à la recherche. Ce programme s'insère au sein d'un projet récemment élaboré par les équipes de l'Unité de formation et de recherche en sciences infirmières (revendiquant la création d'un cursus universitaire infirmier en France). Cependant, j'ai construit son contenu progressivement, à la suite d'activités d'enseignement (dès 1988 en IFSI[1], puis au CFCPH[2] et en faculté[3]) et d'enquêtes de terrain dans des hôpitaux publics de la région parisienne depuis 1993. Ce travail aux côtés de soignants m'a ainsi amenée à publier l'ouvrage *Soignants-soignés* en 2001. Son objectif était de mettre au service des professionnels de santé paramédicaux les résultats d'études en sciences humaines et, en particulier, de rendre accessibles à des lecteurs non spécialisés quelques-unes des grandes orientations théoriques de l'anthropologie. Depuis,

---

1. Institut de formation en soins infirmiers.
2. Centre de formation continue du personnel hospitalier, AP-HP, Hôpital de la Pitié Salpêtrière (Paris).
3. Diplôme universitaire de formation et recherche d'anthropologie médicale, Maîtrise en sciences et techniques en développement local. MST de gestion et management de la santé. Diplôme supérieur en travail social (Caisse régionale d'assurance maladie Île-de-France).

cette publication a été enrichie par d'autres enquêtes portant sur les pratiques soignantes, dont certaines sont désormais menées conjointement avec des chercheurs-soignants désireux d'améliorer la qualité des soins. Dans ce nouveau contexte, l'objectif est toujours de diffuser les savoirs en sciences humaines, mais aussi de valoriser les savoirs soignants déjà existants, et d'amorcer de nouvelles collaborations dans le champ de la santé.

Dans ce texte, nous présentons dans un premier temps la trame d'un premier module portant sur les dimensions culturelles et sociales susceptibles de ressurgir en situation de soins. Ce module s'adresse à tout public (cadres « experts », étudiants des filières sanitaires et sociales, (étudiantes) infirmières, personnels de maisons de retraite, etc.). Le second module présenté est davantage dédié aux cadres infirmiers car il porte sur les situations de « burn out » (leurs origines et leurs signes avant-coureurs). Le troisième module développe les apports des méthodes de recherche aux soins : il est donc ouvert aux étudiants des filières sanitaires et sociales, mais il s'adresse également à des soignants en cours d'études (protocole de soins, enquêtes par entretiens et observations).

Dans ces trois modules, il s'agit toujours d'aider les soignants à avoir une démarche réflexive sur leurs pratiques quotidiennes, tirée en grande partie de l'anthropologie, en s'appuyant également sur des supports pédagogiques visuels. En effet, dans les soins, la question des regards est centrale.

ANTHROPOLOGIE DE LA MALADIE : INVERSER LA QUESTION DE L'ALTÉRITÉ

Le travail soignant est très différent selon les groupes de professionnels et leurs lieux d'exercice. Cependant, à l'instar d'autres professions de la relation, il est souvent extrêmement riche, c'est-à-dire complexe. Pour mieux préparer les soignants à certaines situations de soins, ce module débute par des questions simples : à quoi correspondent concrètement les dimensions biologiques, psychologiques, sociologiques et culturelles de la maladie ? Les infirmières parlent-elles le même langage que celui de certains soignés, notamment lorsqu'ils ont des origines

différentes ? Les problèmes d'acceptation des traitements (para)médicaux sont-ils uniquement liés à des représentations et à des croyances
particulières de patients ?

Penser la différence : des regards à nuancer

En France, l'anthropologie est enseignée depuis 1980 en instituts
infirmiers de formation initiale. Cette discipline des sciences humaines,
fondée sur l'observation des pratiques et sur la compréhension de logiques culturelles, permet en effet d'aborder l'unité de l'homme dans sa
diversité. En conséquence, son enseignement est vaste et peut être fructueux à condition de repartir des centres d'intérêts et des expériences
du public concerné. Ainsi, chez les infirmières, les multiples dimensions
de la maladie sont illustrées par le triple espace théorique élaboré par
les anthropologues (la maladie comme altération physique, la maladie
comme expérience personnelle et la maladie comme événement social
au sein d'une culture donnée). En effet, cet espace correspond en partie
aux différenciations du *care* et du *cure*, et il permet de clarifier par des
exemples certaines difficultés éprouvées par des professionnels dans des
contextes d'interculturalité. S'il existe à ce sujet une littérature importante, un obstacle est à éviter : enfermer les autres dans une seule entité
figée (Cuche, 1996 ; Le Breton, 1995). En effet, « la culture d'origine
n'est pas *de facto* un obstacle à la compréhension d'un discours scientifique occidental par des patients immigrés, dont les conduites ne sont
pas réductibles à celle d'une culture, de même que leur identité sociale
ne se résume pas à leur identité ethnique[4] ».

En IFSI ou en formation continue (à l'université, dans les hôpitaux),
les stagiaires sont alors sensibilisés à l'écueil que présente l'enfermement
de l'autre dans sa culture : à d'autres facteurs influençant les comportements des soignés, qu'ils soient ou non d'origine étrangère, tels que les
ressources économiques et les conditions de vie. L'accent est mis également sur l'existence de nombreuses façons de (se) soigner dans chaque
société, en lien avec des usages du corps en grande partie intériorisés

---

4.   S. Fainzang, 2005, dans F. Saillant et S. Genest, *Anthropologie médicale. Ancrages locaux,
     défis globaux*, PUL, p. 167.

(Bianquis et autres, 1997). Ces dimensions sont notamment illustrées par Fainzang (2001) qui a analysé les usages des médicaments et de l'ordonnance en France. L'anthropologue a dégagé quatre sous-groupes de sujets en lien avec des strates culturelles religieuses[5], qu'ils soient croyants ou non croyants, et même « profanes » ou professionnels. En effet, le premier apport de l'anthropologie de la maladie est de rappeler que des soignés font « de la résistance » aux soins (para)médicaux de façon plus ou moins consciente, d'autant qu'ils sont « travaillés » par la maladie ou par l'hospitalisation.

À partir d'autres études qui portaient notamment sur l'analyse de témoignages de patients en cancérologie (outre-Atlantique et en France[6]), il s'agit alors de rappeler quelques constantes sur le cheminement du soigné. En plus de recherche de sens, dans toutes les cultures, la maladie engage la totalité du sujet : sa relation au monde, son sentiment de soi, son histoire et celle de ses proches (ces derniers sont dépositaires de savoirs toujours mobilisés, même si leurs connaissances sont en décalage avec celles des professionnels de la santé). La maladie est d'abord toujours, peu ou prou, synonyme de rupture avec des engagements sociaux divers (expliquant aussi pourquoi des soignés réagissent différemment au cancer quelle que soit sa gravité médicale[7]), de pertes de repères, de dépersonnalisation, d'incertitude, voire de sidération et de crise existentielle (autant d'épreuves peu favorables à la compréhension de certaines logiques soignantes). Particulièrement lorsqu'il est question de près ou de loin de fécondité, de sexualité et de la mort, le patient et ses proches sont en effet préoccupés par d'autres buts que ceux qui sont strictement thérapeutiques (le suivi d'ordonnances ou de conseils n'est donc pas toujours évident). Aussi, les remarques des patients sont importantes à entendre, même dans une logique soignante – par rapport aux effets indésirables des traitements prescrits, par exemple.

---

5. Le rapport à l'ordonnance a un rapport direct avec les usages des textes sacrés, le statut de l'écriture et du livre dans diverses traditions.
6. F. Gélie-Cousson (dir.), « Étude sur le "Moral" », Inca, 2009 (enquête pluridisciplinaire associant des anthropologues à des psychologues, dont des soignants).
7. S'il n'y a pas deux cancers similaires (d'un point de vue médical), les patients mobilisent des expériences qui sont également ni interchangeables ni équivalentes.

Par contre, les dimensions relationnelles deviennent vitales (surtout en France où il existe des trajectoires avant tout institutionnelles du cancer). Généralement, les soignants trouvent des éléments de réponse à des difficultés de prise en charge grâce à des échanges directs individualisés avec les patients « qui posent problèmes », ou en discutant avec des proches susceptibles de savoir ce qui est important pour les soignés (amis, famille, médecins de famille, des membres d'associations, etc.).

Des autres à soi : une vigilance à renforcer

Dans ces conditions, l'apport de données générales en anthropologie (telles que les variations des rapports au corps ou à l'autorité) peut être utile en formation pour permettre aux stagiaires d'envisager d'autres possibilités. Cependant, il s'agit plutôt d'aider les professionnels à devenir attentifs aux autres et plus encore à eux-mêmes, en interrogeant ce qu'ils considèrent être des savoirs exclusifs, comme le soulignent d'autres anthropologues tels F. Loux (1990)[8] et Z. Kessia (1996). En effet, même pour des chercheurs aguerris, il est impossible de tout savoir et de tout comprendre des autres. Les rapports à la maladie, à la douleur, à la mort et à l'existence émergent toujours d'une personne dont l'histoire est unique, dans une situation douloureuse particulière, même si la connaissance de son origine de classe, de son appartenance culturelle, de sa confession donne des indications précieuses sur le style de son ressenti et de ses réactions (d'après C. Le Grand-Sébille, 2005). De plus, s'informer d'autres références en matière de soins revient toujours, par effet de miroir, à se confronter à ses propres bagages socioculturels : aux « lunettes » au travers desquelles chacun d'entre nous appréhende le monde.

En conséquence, le second apport de l'anthropologie est surtout de rappeler combien les soignants sont eux-mêmes dépositaires d'héritages : ils sont porteurs d'empreintes sociales, culturelles, et d'idéologies professionnelles (Aïach et autres, 1994) expliquant également leurs regards particuliers tant sur la maladie que sur des soignés et leurs

---

8.   Que nous remercions pour sa relecture de ce chapitre.

proches[9]. L'objectif pédagogique de ce module vise alors à réfléchir sur l'origine de ces perceptions, dès lors qu'elles peuvent renforcer des incompréhensions mutuelles, en partageant les résultats de recherches portant sur les cultures soignantes. Par exemple, quelles sont les représentations (para)médicales dominantes de la maladie en institution ? Sur quels modèles et normes sont fondés certains stéréotypes à l'égard de patients ? Dans quelle mesure ces stéréotypes participent-ils aussi aux problèmes de suivis des soins (para)médicaux ?

À la suite de socialisations communes à l'hôpital où les logiques de soins biomédicaux dominent, les soignants ont en effet tendance à appliquer des modèles et des raisonnements centrés plutôt sur la pathologie et sur une dualité cartésienne corps-esprit, voire à imposer des soins standardisés qui ne sont pas toujours en accord avec la façon de penser des usagers. De plus, il existe chez les professionnels des pratiques collectives de normalisation sociale loin d'être neutres (que les soignants redécouvrent aussi lorsqu'ils sont eux-mêmes hospitalisés). Il s'agit alors de sensibiliser les stagiaires à ces processus, en les illustrant d'exemples en matière d'éducation sanitaire, en particulier en rapport avec l'alimentation et la pédiatrie (deux domaines particulièrement investis par les professionnels, en lien avec des prescriptions très fluctuantes). En effet, « les soins indiquent non seulement une interaction entre deux personnes, mais des représentations de ce que sont ou doivent être les liens au sein d'une collectivité : parent-enfants, hommes-femmes, experts-profanes etc.[10] »

À partir de cette définition élargie, il s'agit finalement de souligner l'existence de nombreuses dimensions profanes dans les soins, y compris chez les soignants (telles que des perceptions des risques fondées sur d'anciennes théories de la contagion[11]). L'objectif est de ne plus considérer comme « marginaux » les aspects irrationnels qui accompagnent universellement les soins, d'autant qu'ils restent sous-estimés à la suite

---

9. Autrement dit, les rencontres et les interactions soignant-soigné sont à penser comme des relations socioculturelles (A. Kleinman, *Patients and Healers in the Context of Culture*, University of California Press, 1980).
10. F. Saillant et E. Gagnon, « Vers une anthropologie des soins ? », *Anthropologie et Sociétés*, vol. 23, n° 2, 1999, 10.
11. Auxquelles font face les infirmières hygiénistes dans le contexte de lutte contre les maladies nosocomiales (Vega, 2000 : voir la bibliographie de l'auteur).

notamment de l'omniprésence d'un modèle dominant d'expertise et de neutralité scientifique (particulièrement en France, où les médecins se situent d'emblée hors du champ culturel et social).

Derrière les modèles de bons et de mauvais patients

Tout comme d'anciens films d'anthropologues qui renseignent plus sur les observateurs que sur la réalité qu'ils observent (mises en scène de l'exotisme, de théories raciales), les façons dont les soignants parlent de patients sont le reflet de stéréotypes répandus dans la société et de modèles du « bon malade » qui sont culturellement orientés. En partant de notion universelle d'ethnocentrisme, il s'agit déjà de montrer comment des professionnels ont tendance à interpréter le comportement de soignés à l'aune de leurs propres références : au moyen de catégories forcément réductrices, comme celle du « syndrome méditerranéen » en France. Cette étiquette est en effet l'opposé de leur modèle du « bon malade » qui intériorise par exemple la douleur, reste discret et « observant », sans participation active de ses proches[12]. L'objectif pédagogique est alors de faire prendre conscience de ce type d'imprégnation, de projection et de jugement culturels, à l'origine d'attentes qui peuvent être étrangères à des soignés, et qui peuvent entraîner des comportements de soignants pouvant être perçus de façon négative par ces derniers. En effet, le passage du jugement négatif de la différence à la reconnaissance d'expressions corporelles et émotives différentes de celles du soignant – lesquelles ne sont qu'une façon d'être parmi d'autres – relève également d'une démarche anthropologique (troisième apport de cette discipline aux soins).

Il s'agit alors d'amorcer cette démarche avec les stagiaires, grâce à des discussions en groupe. Car ces dernières aident généralement à faire comprendre une autre constante culturelle : les pratiques d'étiquetages (de soignés) sont également suscitées par le fait que la différence dérange partout, et peut-être plus encore dans des situations

---

12. En Europe du Nord, les professionnels valorisent plutôt des malades «discrets», affrontant seuls et «courageusement» leur maladie ou leur accident (Le Grand-Sébille, *op. cit.*). Cependant, comme pour les soignés, il existe des variations (Fainzang, 2001): voir module suivant.

de soins qui accentuent les émotions et les réactions de repli identitaire de part et d'autre. De plus, à l'hôpital comme dans d'autres institutions, la persistance de la différence est peu admise, voire très vite stigmatisée : l'acceptation des décisions biomédicales par les patients est implicitement attendue (le travail infirmier est même fondé sur la nécessité de leur faire accepter les logiques et les conséquences de démarches thérapeutiques). Autrement dit, des étiquettes sont également posées lorsque des patients restent en décalage ou en porte-à-faux avec des stratégies soignantes. Enfin, il existe généralement des tendances à rapporter des difficultés dans le travail à des typologies de patients qui l'alourdissent (qui désorganisent les organisations, augmentent les temps de travail ou des responsabilités soignantes). À cet égard, les tendances répandues à utiliser des catégories psychologisantes et psychiatriques (notion de « caractère », ou de patients systématiquement dans le « déni », ou catégorisés « psy ») sont souvent le reflet de protections[13], c'est-à-dire le reflet de problèmes collectifs (prise en charge de patients « lourds » ou peu valorisants et souvent peu médicalisables, manque de formation ou de soutien adapté, rapport problématique à la mort, etc.).

Selon les besoins des stagiaires, certains supports écrits ou visuels (voir l'encadré ci-dessous), certains éléments peuvent finalement être travaillés en sous-groupe (comme la question du partage de l'information en particulier « en fin de vie », ou celle de « l'annonce de la mauvaise nouvelle »). En effet, s'interroger autant sur les différences perçues chez des soignés (qui ne « coopèrent pas ») que sur ce qui les heurte ou les conforte à titre personnel dans les attitudes d'autres soignants peut servir d'introduction à un second module qui porte cette fois sur la réalité hospitalière, la vie des soignants et leur santé.

---

13. Elles tendent à responsabiliser le patient, voir à le culpabiliser.

BIBLIOGRAPHIE UTILE POUR LE 1ᵉʳ MODULE
(POUR TOUT PUBLIC DE SOIGNANTS FRANÇAIS)

Aïach, P., et D. Fassin (dir.) (1994). *Les métiers de la santé. Enjeux de pouvoir et quête de légitimité*, Paris, Anthropos.

Benguigui, Y. (1997). *Mémoires d'immigrés, l'héritage maghrébin*, (documentaire)[14].

Bianquis, I., D. Le Breton et C. Méchin (dir.) (1997). *Usages culturels du corps*, L'Harmattan, Paris.

Cuche, D. (1996). *La notion de culture dans les sciences sociales*, La Découverte, Paris.

Fainzang, S. (2001). *Médicaments et sociétés*, PUF, ethnologie.

Fainzang, S. (2006). *La relation médecins-malades : information et mensonge*, PUF, ethnologie.

Kessia, Z. (1996). « Antropologie et démarche de soins », dossier *Objectif soins*, janvier : (39), 25-33.

Le Breton, D. (1995). « Introduction à une réflexion commune sur l'interculturel » et « Processus identitaires et relations interculturelles à l'hôpital », *Migrations Santé*, (85), 9-14 et 115-130.

Le Breton, D. (2002). « Hôpital et communication », *Soins*, (670).

Le Grand-Sébille, C. (2005). « Le syndrome méditerranéen et après », conférence donnée à l'hôpital d'Avicenne, Paris, jeudi 21 avril (en ligne).

Loux, F. (1990). *Traditions et soins d'aujourd'hui*, InterEditions, Paris.

SOIGNER, UN PARCOURS SENSIBLE : PRENDRE SOIN DES SOIGNANTS

Dans les « bouillons de cultures » que sont les hôpitaux, les relations de travail sont parfois conflictuelles, voire paradoxales. En effet, les tensions contenues lors des soins sont reportées au sein des équipes, notamment sur des cadres (Gonnet, 1992 ; Sainseulieu, 2008). Le second

---

14. Ou des films de fiction sur des communautés ou des groupes de patients ou des communautés (par exemple de Tony Gatlif ou de Lary Clark).

module, qui s'adresse en priorité à ces derniers, permet d'enrichir leur gestion, grâce à l'analyse d'une autre composante essentielle du soin : l'émotion et ses conséquences dans le travail quotidien. Parce que les ressentis des soignants ont tendance à être mis de côté, le travail de réflexion avec les stagiaires est amorcé par la question suivante : quelles sont les origines des épuisements professionnels chez les soignants ?

Être affecté : une gestion encore trop souvent solitaire de l'émotion

En milieu hospitalier, de nombreux facteurs nuisent à l'épanouissement de soignants, donc à la qualité de leur prise en charge. Ainsi, certaines logiques de travail sont contradictoires entre elles, quand il ne faut pas gérer dans l'urgence des dysfonctionnements institutionnels[15]. De plus, du fait de multiples hiérarchisations du travail, des décisions sont également imposées aux professionnels et peu partagées dans des équipes, particulièrement en France où des soignants éprouvent des sentiments de non-reconnaissance d'investissements physique et émotionnel importants (Arborio, 2001 ; Estryn-Béhar, 2008). Enfin, y compris hors des hôpitaux, les rapports quotidiens avec la différence, la vieillesse, la souffrance et la mort de soignés peuvent susciter des chocs, voire devenir « usants » faute de formations adaptées[16]. En reprenant alors la démarche entreprise lors du premier module, il s'agit également d'amener les stagiaires à réfléchir à des motivations souterraines (don, voire sacrifice de soi) et à des modèles dominants qui amènent au contraire à minorer des fatigues. Ainsi, des habitudes d'endurance et d'hyperactivité acquises en milieu hospitalier participent à faire du médecin un « sur-homme » (Daneault, 2006) ou à mettre « la barre trop haute » chez les paramédicaux. Il existe aussi dans tous les secteurs une valorisation du « savoir faire face » et cela sans aide, qui implique des situations de solitude menant également à des démotivations, voire à des cessations d'activité[17]. En effet, la maîtrise de ses émotions et le

---

15. Vega, *op. cit.*
16. En France, les conséquences des effets miroirs soignants-soignés restent peu pensées. Les relations soignants-soignés sont donc rarement considérées comme des rencontres uniques, où transparaissent de part et d'autre des désirs et des émotions (Lupton, 1998).
17. Vega et autres, 2008.

dépassement de soi restent requis : le « bon » professionnel doit faire face, et doit toujours être dans le faire sans trop se soucier de son propre équilibre (santé, famille).

Ce module vise alors à décliner les problèmes de santé au travail, y compris ceux qui touchent les cadres. Son but est de mieux appréhender les charges émotionnelles selon les soignants, afin de mieux les accompagner. En effet, des professionnels sont plus exposés que d'autres à des risques de fragilisation en raison de leur position au sein des équipes, ou de leur rôle aux côtés des soignés, y compris hors de l'hôpital. Ainsi, en France comme au Québec, on assiste à des reports du travail hospitalier vers les paramédicaux libéraux, les professionnels des maisons de retraite[18] et les aidants à domicile. Dans ces deux pays, l'accompagnement en fin de vie et plus globalement la responsabilité de soins de « médecine générale » (auprès de patients dits « chroniques », personnes âgées ou handicapées) repose de plus en plus sur les familles, c'est-à-dire sur des femmes parfois âgées qui assument déjà des soins familiaux.

En se décentrant ainsi du travail des infirmières hospitalières, il s'agit d'aider les stagiaires à adopter progressivement des approches plus nuancées mais aussi plus globales du travail soignant. Pour ce faire, au moins deux sortes de supports pédagogiques sont utilisées. La présentation de films de fiction (ceux de Lars Von Trier[19] par exemple) permet de libérer la parole et de réinvestir les dimensions sensibles et symboliques qui fondent partout les soins. Les études portant sur la mémoire hospitalière[20] ont les mêmes vertus, à ceci près qu'elles permettent de citer des extraits de témoignages qui peuvent sinon être perçus comme plus légitimes, du moins aider les stagiaires à mettre les mots sur des impressions personnelles parfois diffuses. Dans les deux cas, l'objectif pédagogique est le même. Il s'agit d'atténuer des cloisonnements arti-

---

18. En France, les taux d'épuisement professionnel sont les plus élevés dans ce type de structures : ils touchent en majorité des femmes peu diplômées et ayant peu accès à la formation (Estryn-Béhar, *op. cit.*).

19. *Breaking the Waves*, 1996 ou *The Kingdom*, 1995. Dans ce sens, d'autres films peuvent également compléter des formations d'étudiants qui se destinent aux professions de la santé : pour les faire parler d'amour, de la vieillesse, de la mort, puis analyser leurs propres émotions.

20. Vega et autres, 1999.

ficiels entre professionnels, mais aussi de mieux comprendre l'origine de besoins collectifs d'aménager le travail, et finalement d'apprendre à penser en termes d'individus soignants (comme d'individus soignés).

À l'hôpital et hors de l'hôpital : des cheminements communs

En France comme outre-Atlantique, les études menées dans diverses institutions de santé montrent plutôt des expériences partagées par l'ensemble des hospitaliers (par-delà les époques et les groupes) qui font elles-mêmes écho à celles d'aidants à domicile et de soignants dits de ville. Ainsi, dans mes diverses enquêtes ethnographiques, la notion d'apprentissage « sur le tas » et « parfois sans filet » est centrale. De même, la bonne ambiance au travail qui permet « de tout supporter » et les réseaux de solidarité et d'entraide au travail sont essentiels dans les soins[21]. Du grand professeur au brancardier, en passant par la secrétaire médicale ou le pharmacien, tous sont ensuite amenés à établir progressivement des stratégies pour pallier au moins deux grosses difficultés du travail : celle de poser des limites entre vie privée et vie professionnelle (« il faut apprendre à dire stop », « fermer la porte », etc.) et celle de juguler les peurs de se retrouver un jour « de l'autre côté de la barre » d'autant que des visages de disparus laissent des marques indélébiles. « Je me rappelle d'un spectre impressionnant à B.[22] : c'était le sida avec son pousse-seringue sur roulette, c'est pire que la mort... c'est la maladie qui va sous les os. À l'hôpital, on a ces visions-là du quotidien, de la vie pour ceux qui savent encore regarder. Des choses qui nous renforcent et qui sont très impressionnantes. Au retour de chez soi, on n'a pas envie de manger... Dans certaines chambres, y'a des malades dit agités, ou qui veulent se suicider. On doit condamner la fenêtre. C'est dur à vivre et à répondre, c'est comme ça. C'est en ça qu'on est des ouvriers hospitaliers. B., c'est la saleté, la contagion aussi (cadre ouvrier[23]).

---

21. Vega, 2007.
22. Hôpital public.
23. Vega et autres, 1999, dont sont aussi extraits les témoignages suivants.

En s'appuyant sur ce type de récits lors de la formation, il s'agit alors de renouer avec ces liens invisibles qui unissent des personnels à des patients, et dont les effets émotionnels les poursuivent après le travail. En effet, toutes les personnes enquêtées témoignent de la nécessité de trouver la bonne distance (« petit à petit, on apprend à vivre avec la pathologie »), voire d'« apprivoiser la mort » dans certains lieux d'exercice. Cela explique l'importance des espaces et des temps pour « souffler un peu », « s'échapper » tels que les pauses de travail, les fêtes, les activités extérieures, voire les formations. Les contacts avec des bien portants sont aussi de véritables « bouffées d'oxygène ». Ils replacent les soignants « dans d'autres optiques que la maladie » (infirmière).

« Les patients laissent des marques... C'est aussi ce qui nous permet nous, personnel hospitalier, de nous construire. Ça nous fait mûrir, après ça dépend de chaque individu, y'en a qui arrivent à surfer, d'autres pas... » (diététicienne). Si la mémoire soignante est toujours contrastée, elle est également faite de rencontres et de cheminements quasi initiatiques chez certaines personnes. En présentant d'autres enquêtes d'anthropologues sur l'existence de ressentis très divers au sein de mêmes équipes de travail (notamment en cancérologie[24]), il s'agit ensuite de souligner l'importance des dimensions subjectives et singulières dans les soins, donc des accompagnements au cas par cas (comme dans le module précédent). Soigner revient en effet à s'engager à titre personnel, en mettant en place de multiples façons d'être après de nombreux tâtonnements (la plupart des soignants personnalisent d'ailleurs les soins en fonction de leurs valeurs et de leur sensibilité individuelles[25]). Cela explique des émotions parfois « disproportionnées » que provoquent les moindres changements du travail, même minimes. Ces changements risquent de remettre en cause des équilibres parfois fragiles, des habitudes et des repères forcément rassurants (qui sont par ailleurs remis en cause lorsque les établissements fusionnent).

---

24. Par exemple, celle qui est dirigée par F. Gélie-Cousson, *op. cit.* (Vega et autres, à paraître).
25. Bouchayer, 2006 ; Vega et autres, 2007.

À la vie et à la mort : revaloriser toutes les formes de soutien

Après ces détours, il est alors temps de proposer aux stagiaires des pistes de travail permettant de reconnaître les signes d'épuisement professionnel (*burnout*), et plus généralement de compenser la densité des soins dans certains lieux d'exercice. Outre des pauses de travail habituellement prolongées, les conflits larvés au sein des équipes hospitalières, le principal indice d'épuisement est l'acquisition de perceptions négatives des « exigences » ou des abus des clients (comme dans d'autres professions de service). Chez certains professionnels, d'autres indices sont à rechercher tels que des expressions répétées de « contagions émotionnelles[26] », les sentiments d'impuissance, de culpabilité, de « saturation », répandus dans les services tels que la cancérologie, la neurologie, la gériatrie (rapports constants avec la mort) ou les urgences (idéaux salvateurs).

En repartant des besoins particuliers et des insatisfactions dominantes, il s'agit de revaloriser l'aménagement de « soupapes » et de discussions informelles. En effet, ces dernières sont à la fois des occasions d'améliorer les organisations du travail en équipe, de construire une « communauté de pratiques » et de mieux cerner les limites de chacun. Il s'agit là d'une condition essentielle pour pouvoir « passer la main » en cas de difficultés, voire pour se reconvertir (ce que les personnels moins diplômés que les infirmières ne peuvent pas toujours faire, d'où l'importance de postes aménagés). De plus, parler entre soignants des limites individuelles mais aussi des limites de la médecine ou de prises en charge institutionnelles permet ensuite de mieux échanger avec des usagers, ce qui semble être la solution pour lever d'emblée la plupart des risques de durcissement des relations. Enfin, les échanges permettent de partager des vécus quotidiens parfois déroutants.

Dans ce sens, les soignants sont nombreux à témoigner de la relativité des métamorphoses successives de nos sociétés, où le sujet de la mort reste problématique. Plusieurs sessions sont donc consacrées à ce qui est cette source d'émotions par excellence, qui relève d'un tabou

---

26. Les soignants s'expriment alors avec les mêmes termes que ceux qui sont habituellement prêtés aux soignés (ou exprimés par des patients) qui vont mal, ou ressentent les mêmes maux que leurs patients.

médical doublé d'un tabou culturel. Ainsi, les médecins français manquent d'outils pour appréhender le décès de patients, ce qui les conduit souvent à refouler leurs émotions et à délimiter leurs champs d'action lors de l'accompagnement « en fin de vie ». En effet, le contenu de leurs études les prépare plutôt à travailler autour de la préservation de la vie. De récentes recherches[27] montrent également des stratégies d'évitements chez des infirmières hospitalières. Alors que le maintien du « moral » des patients est au centre du travail, certaines ont des difficultés à recevoir la parole de soignés, et surtout à répondre à des questions de fond mises de côté par des médecins, en particulier lorsque les patients deviennent « grabataires », et que le mourir « dure » sans qu'aucune amélioration médicale soit à espérer (synonyme de mauvaise mort).

En retravaillant alors sur les modèles de bonne ou de mauvaise mort, il s'agit finalement de réinvestir ses multiples facettes, à partir de documentaires (tels que ceux de F. Wiseman, *Near the Death*, 1989) ou de l'ouvrage qui porte sur la canicule de l'an 2003 en France (Le Grand-Sébille, 2005). Dans une optique anthropologique, ces supports permettent en effet d'analyser à la fois les dimensions cachées de la mort, silencieuses et extrêmement concrètes, comme des dimensions éthiques (« jusqu'où dire ? » « jusqu'où aller ? »). De plus, et contrairement à des discours leitmotiv, des familles, des bénévoles ou des professionnels du funéraire y témoignent sans détours de conceptions élargies de l'existence, en remettant le lien social au cœur des soins. Dans ce sens, ce module soutenu par des lectures (présentées dans l'encadré ci-dessous) invite à reconsidérer les frontières entre « soignants » en termes de communautés de savoirs à mieux reconnaître pour mieux soigner.

---

27. Vega et autres, à paraître.

BIBLIOGRAPHIE UTILE POUR LE 2ᵉ MODULE
(POUR DES PUBLICS DE CADRES INFIRMIERS)

Arborio, A.-M. (2001). *Un personnel invisible, les aides-soignantes à l'hôpital*, Anthropos.

Bouchayer, F. (2006). « Soigner des personnes âgées : quels effets sur les professionnels de santé », *Swiss Journal of Sociology*, 32 (3), 457-474.

Daneault, S., et autres (2006). *Souffrance et médecine*, Presses de l'Université du Québec.

Estryn-Béhar, M. (2008). *Santé et satisfaction des soignants au travail*, Presses de l'EHESP.

Gonnet, F. (1992). *L'Hôpital en question(s). Un diagnostic pour améliorer les relations de travail*, Édition Lamarre, Paris.

Le Grand-Sébille, C., et A. Vega (2005). *Pour une autre mémoire de la canicule*, Éditions Vuibert.

Lupton, D. (1998). « Consumerism, reflexivity and medical encounter », *Social Science and Medicine*, 45, (3), 373-381.

Mouillie, J.-M., et autres (2007). *Médecine et sciences humaines. Manuel pour les études médicales*, Éditions Les Belles Lettres (articles de soignants et de chercheurs en sciences humaines).

Sainsaulieu, I. (dir.) (2008). *Les cadres hospitaliers. Représentations et pratiques*, Éditions Lamarre.

Vega, A. (2007-2008). « Perceptions du travail et identité professionnelle : médecins salariés-médecins libéraux, même combat ? », « Cessation d'activité libérale de médecins généralistes : motivations et stratégies », *Dossier solidarité et santé*, La Documentation française, hors série, et 6 (co-écrit avec M.-H. Cabé et O. Blandin).

Vega, A., et M. Lustman « Les logiques des réseaux informels en médecine générale : la nécessaire personnalisation des métiers du soin », *Sociologie Santé*, 27, 3, décembre 2007, 18 p.

Vega, A., et M.-C. Pouchelle (1999). *Regards sur l'Hôpital Broussais. Histoire des hôpitaux, mémoire et identité*, Éditions de l'Assistance publique des Hôpitaux de Paris.

Vega, A., et F. Soum Pouyalet (à paraître). « Words, Guilt and Death : from the " moral " issue to the sharing of responsabilities in cancer treatment », *Anthropologie et Sociétés*.

PÔLE RECHERCHE : REDÉFINIR LES APPROCHES SOIGNANTES

Qu'il s'agisse d'un travail de groupe ou solitaire, l'initiation à la recherche est un moyen de s'ouvrir aux autres. Des étudiants soignants font ainsi des « découvertes » après quelques entretiens ou des observations en dehors de leur lieu d'exercice. Ils ont alors le temps de s'arrêter, de prendre du recul, donc de s'interroger sur le fondement de « routines » professionnelles (idéologies, protections, organisations du travail, etc.). Cependant, le travail de réflexion et de distanciation préalable à toute étude ne va pas de soi. De plus, prendre le risque de changer son regard sur les autres et sur soi-même consiste en une petite révolution. Il est donc important de renforcer à la fois des accompagnements individuels et les apports purement informatifs par une mise en pratique des connaissances acquises au long du cursus de formation continue. Le troisième module, en cours d'expérimentation, va dans ce sens. Il est constitué de plusieurs niveaux (travail de collecte, d'interprétation, mise en situation d'enquête), adaptés aux cheminements, aux moyens de chaque stagiaire (temps disponible, moyens financiers et institutionnels), à qui la lecture d'articles et d'ouvrages est conseillée (voir l'encadré ci-dessous). En effet, à ce stade des formations, il existe des limites aux initiations à la recherche, limites relatives aux risques qui guettent les apprentis chercheurs et aux pistes de travail empruntées lors des premières expériences d'associations entre chercheurs et soignants.

BIBLIOGRAPHIE UTILE POUR FAVORISER L'INTÉGRATION DES CONNAISSANCES DU TROISIÈME MODULE (POUR UN PUBLIC DÉSIRANT S'INITIER AUX MÉTHODES DE RECHERCHE EN SCIENCES HUMAINES)

Bizeul, D. (1998). « Le récit des conditions d'enquête : exploiter l'information en connaissance de cause », *Revue française de sociologie*, XXXIX, 4, 751-787.

Blanchet, A., et autres (1992). *L'enquête et ses méthodes : l'entretien*, Paris : Nathan.

Fainzang, S. (1994). « L'objet construit et la méthode choisie, l'indéfectible lien », *Terrain*, 23, 161-172 (en ligne).

Froment, A. (2001). *Pour une rencontre soignante*, Paris : Éd. des Archives contemporaines.

Levinas, E. (1995). *Interview : conversations with French philosophers*, New Jersey, Humanities Press.

Olivier de Sardan, J.-P. (1995). « La politique du terrain », *Enquête*, 1, 71-109.

Paillé, P., et A. Mucchielli (2005). *L'analyse qualitative en sciences humaines et sociales*, Armand Colin.

Schwartz, O. (1993). « L'empirisme irréductible », dans N. Anderson, *Le Hobo, sociologie du sans-abri*, Paris : Nathan, 265-305.

Vega, A. (2007). « Introduction à l'approche anthropologique des soins », *Société française de médecine générale*, 64, août.

Chercheurs en herbe : le b.a.-ba

Une première session courte permet de connaître les principaux outils méthodologiques dont disposent les chercheurs en sciences humaines, notamment en sociologie. À partir de recherches sur des soins ou sur des pathologies, il s'agit de présenter les techniques de collecte de données (questionnaires, entretiens), avant d'aborder les apports du travail d'observation et en particulier des enquêtes dites « de terrain », purement qualitatives[28]. En effet, tout l'enjeu est de parvenir à montrer l'intérêt, mais aussi les limites (et comment les pallier) de ce type d'approche en comparaison avec des approches quantitatives, beaucoup plus développées et reconnues en France, en s'appuyant notamment sur les travaux de Paillé et Mucchielli (2005)[29].

Dans ce sens, on présente également aux stagiaires la tradition anthropologique, où le temps est constitutif d'enquêtes menées seul auprès d'un nombre restreint d'enquêtés (ce qui nécessite l'utilisation de journaux de terrain et d'analyser les conditions de l'enquête, voire le cheminement singulier du chercheur[30]). En effet, il s'agit d'étudier en profondeur des pratiques sociales telles qu'elles sont perçues par des enquêtés, grâce à une approche globale et compréhensive[31]. Autrement dit, il ne s'agit pas de répondre à des questions d'emblée, mais de découvrir celles que l'on va se poser (Schwartz, 1993). En conséquence, dans ce type d'approche, la patience est de mise et le travail compliqué car il est moins standardisé : des enquêteurs peuvent se trouver démunis, rester trop imprégnés par « leurs » terrains, être « débordés » par des données hétéroclites, ou par la « lourdeur » de leur matériel. Mais inversement, en travaillant sur des cas multiples, moins fouillés à partir de modèles abstraits ou d'hypothèses de travail fermées, le risque est de passer à côté de certaines réalités, voire de recueillir un matériel désincarné, sans dimension humaine. Dès lors, il est souvent pertinent d'associer les deux démarches au sein d'une même étude ; les approches qualitatives permettent souvent en amont ou en aval de recherches quantitatives de préciser ou d'ajouter des éléments problématiques finalement importants.

En suivant pas à pas le déroulement d'une recherche mixte (quantitative-qualitative, sciences humaines-sciences paramédicale), les stagiaires sont ensuite amenés à repérer les caractéristiques de chacune des autres étapes du processus de recherche, afin de s'initier au travail

---

28. « Initiation aux enquêtes qualitatives en sciences humaines », CFCPH (resp. pédagogiques : Philippe Delmas, Eric Zaoui).
29. Sciences probabilistes, avec une logique de vérification, d'après des modèles déjà prédéfinis (en lien avec les sciences naturelles, la démographie, les statistiques). Sciences descriptives, à la recherche de données concrètes, dans une logique de découverte (en lien avec des disciplines telles que l'anthropologie et l'histoire).
30. Olivier De Sardan, 1995 ; Bizeul, 1998.
31. Une réalité ou une situation donnée n'a pas besoin d'être représentative pour être pertinente (Fainzang, 1994).

d'interprétation et de restitution des données. Le choix d'un film de fiction ou d'un documentaire (se rapportant de près ou de loin au *care* ou aux institutions) à commenter en groupe permet de mieux comprendre l'articulation entre les méthodes utilisées et le type de matériel recueilli. De plus, étudier la fabrique d'un film (tel que celui de F. Wiseman, *Urgences*, 1960, ou de C. Puiu, *La mort de Dante Lazarescu*, 2005) est un bon moyen pour se forger le regard : comment le réalisateur a-t-il procédé, et pour quelles raisons ? Quels messages sont véhiculés, qu'est-ce qui est montré, suggéré ou caché ? Enfin, les images informent sur des normes, des goûts, voire sur des idéologies dominantes en cours. Dans ce sens, visionner des extraits de films de communication réalisés par des hôpitaux ou d'anciennes actualités mettant en scène des infirmières permet de montrer aux stagiaires que ces supports sont des témoins d'une époque, mais aussi le reflet de perceptions, de représentations et d'idéologies. Ils sont en lien avec des valeurs, des messages plus ou moins politiques, travaillés et conscients qu'il est important de savoir décrypter pour mieux comprendre les enjeux et les rapports de pouvoirs qui les sous-tendent[32]. L'utilisation de ces supports visuels a donc pour finalité de développer les aptitudes à l'écoute, à l'observation et aux questionnements – c'est-à-dire toujours à la prudence, attitude essentielle pendant la réalisation de toute recherche.

Des collaborations entre soignants et chercheurs à renforcer

Grâce à des binômes de formateurs (chercheurs et soignants spécialisés en enquête qualitative et quantitative), les sessions d'approfondissement peuvent alors commencer. Il s'agit cette fois d'initier les stagiaires à faire d'eux-mêmes le choix de méthodes en lien avec les questions qu'ils se posent, puis à poser des questions adaptées aux enquêtés. Cependant, toute la difficulté est d'abord d'apprendre à cerner un thème d'étude et à faire une recherche bibliographique. En effet, cette étape présente plusieurs risques comme se laisser noyer dans la masse de la littérature ou au sein des différents courants de pensées ou

---

32. Rencontres internationales de l'audiovisuel scientifique, *L'infirmière et ses images* (CNRS-Musée de l'AP, Paris, octobre 1999). *La santé par et à travers l'image* (EHESP, Rennes, novembre 2008).

plaquer artificiellement des concepts ou des modèles théoriques sur un objet d'étude. En conséquence, plusieurs sessions sont d'abord dédiées à la lecture de sources documentaires (articles scientifiques, multimédias), puis à la réalisation de courtes fiches de lecture commentées par les formateurs.

Au cours d'ateliers de mise en situation, les stagiaires sont ensuite répartis en petits groupes de travail. L'objectif est alors d'éclaircir leurs présupposés initiaux et leurs motivations de recherche, de poser une problématique de départ, voire une première hypothèse de travail. Selon leurs besoins, les stagiaires peuvent ensuite suivre des sessions spécialement dédiées aux méthodes statistiques, ou s'essayer à jouer le rôle d'enquêté et d'enquêteur (chacun redonnant ensuite à l'autre ses sentiments sur le déroulement de l'entretien), construire puis tester des grilles d'entretiens ou des questionnaires, s'exercer à l'analyse de contenu, voire faire de courtes observations présentées ensuite oralement. En effet, tout l'intérêt est de continuer à croiser les regards entre les stagiaires et les formateurs. Ainsi, avant de rendre un petit rapport ou l'ébauche d'un protocole de recherche (écrit synthétique ou plan détaillé, seul ou à plusieurs), les formateurs cherchent surtout à aiguiser les regards et le sens critique des stagiaires en les amenant constamment à préciser leurs idées, voire en débusquant des désirs à faire dire ou à présenter des résultats dans un sens déjà attendu (tendance très répandue y compris chez des chercheurs patentés[33]). Pour le dire autrement, « l'étranger ne voit généralement que ce qu'il connaît déjà », et « les poissons ne parlent pas de l'eau dans laquelle ils nagent » (proverbes africains).

Cependant, chez la plupart des stagiaires, les analyses restent forcément partielles, faute de temps. Dans ces conditions, il est aussi important de les aider à mettre en valeur leur travail en l'enrichissant par d'autres études (en particulier qualitatives et réflexives), émanant de chercheurs mais aussi de soignants. Des auteurs comme A. Froment militent en effet pour une nouvelle posture soignante fondée sur l'exploration des pratiques professionnelles (avant de penser évaluation), en posant des regards critiques sur les savoirs et les connaissances

---

33. Un accompagnement individualisé est souvent nécessaire avec les personnes qui butent sur certains résultats contraires à leurs idéaux, ou sur l'écriture.

paramédicales[34]. Il s'agit alors de débattre d'un ensemble de travaux (émanant de chercheurs, mais aussi de paramédicaux, d'ergonomes, de médecins du travail, etc.) qui permettent de redéfinir des approches soignantes à partir des expériences et des émotions d'enquêtés, mais en restant <u>modeste</u> : sans avoir l'ambition de faire des infirmières des chercheurs, et vice versa.

À ce niveau de la formation, les formateurs restent donc des passeurs de techniques et de savoirs, l'objectif étant plutôt actuellement de consolider les souhaits (divers) d'infirmières de terrain[35], et de favoriser des espaces de réflexion sur des problèmes de société (en enrichissant le travail des uns comme les autres, y compris les réseaux de connaissances mutuelles).

Pour des recherches pluridisciplinaires et comparatives sur les systèmes de santé

En France, après bien des retards, des associations telles que l'Unité de formation et de recherche en sciences infirmières (URFSI) visent ainsi à aider des professionnels de la santé à formaliser leurs savoirs, à interroger différemment les cultures soignantes, mais aussi les organisations de soins. En effet, les soignants interviennent dans des domaines de plus en plus étendus de la vie (fécondité, sexualité, alimentation, régulation du sommeil, difficultés au travail, fin de vie, etc.), tout en étant parallèlement soumis à de nouveaux contrôles : par les pouvoirs publics (évaluations, voire injonctions d'ordre gestionnaire particulièrement kafkaïennes), et par des usagers (plus informés et plus critiques). De plus, comme au Québec, des professionnels (comme des proches) se retrouvent devant au moins deux générations qui souffrent des conséquences du grand âge, et souvent sans aide familiale et sans repères culturels, puisque le phénomène est inédit. À la multiplication des handicaps, des maladies chroniques et concomitantes, et des problèmes

---

34. Il s'agit d'examiner «les faits sur le terrain en essayant de nous débarrasser des *a priori*, de repérer les jugements de valeur, d'observer le réel en le dégageant de nos mythes» (2001, p. 165).
35. Même si l'accompagnement devrait prochainement préparer des stagiaires à établir un protocole complet de recherche incluant une hypothèse affinée, voire à rédiger des articles.

de santé mentale s'ajoute la prise en charge de certaines maladies, dont certaines sont concentrées dans des zones suburbaines, notamment chez des groupes d'usagers d'origine culturelle différenciée. Or, parallèlement, professionnels, chercheurs et usagers sont nombreux à souligner des insuffisances du système de santé, le manque de formations[36], de référentiels adaptés à la complexité des soins, de personnels spécialisés ou coordonnateurs, le manque de structures d'accueil, etc.

Dans un système de santé qui reste hospitalo-centré, il s'agirait d'augmenter les liens ville-hôpital par des enseignements et des stages préparant à d'autres postures soignantes basées sur une organisation plus collective du travail. Dans ce sens, parce que les soins commencent et se prolongent en dehors de l'hôpital, repenser en matière d'itinéraire thérapeutique du patient, de réseaux et de trajectoires de soins (comprenant une chaîne de multitude d'acteurs) participerait également à redéfinir les approches soignantes. Il existerait en effet une suite d'expériences, de non-dits et de responsabilités sociales à partager de nouveau et à libérer à l'aide de mots (au cours d'enquêtes, en formations), et d'écrits. Finalement, comparer les résultats de recherche par-delà les frontières permettrait également d'enrichir une anthropologie des soins, définis comme formes variées d'attention à l'autre qui interviennent dans diverses pratiques thérapeutiques[37]. En effet, « les soins désignent avant tout une question, ou un ensemble de questions : ce que soigner peut signifier dans différents groupes, en quoi la catégorie " soins " permet la comparaison entre diverses pratiques et diverses sociétés[38] ». L'objectif serait alors de mieux analyser les atouts de certaines organisations des soins, mais aussi d'analyser ce qu'il reste à améliorer. Dans ce sens, et pour conclure, la recherche permet également de se positionner plus fermement face à ce qui relève de choix de société, en soulignant des risques inhérents à certaines politiques. En ces temps de

---

36. Comme l'anthropologue et pharmacienne C. Haxaire, ils soulignent l'utilité d'augmenter les apports en sciences humaines, mais aussi les savoirs en épidémiologie, en santé publique et les soins de santé primaire, afin de mieux les préparer aux évolutions sociales et démographiques à venir.
37. Au-delà de leurs variabilités, tous les systèmes thérapeutiques supposent au minimum la reconnaissance d'un «autre fragilisé» (individu ou collectivité) et dont la situation mérite attention et action (Levinas, 1995).
38. Saillant et Gagnon, *op. cit.*, p. 5.

réformes des systèmes de santé, ce serait même une urgence, d'où l'importance de développer des regards critiques.

CONCLUSION

À condition d'expliquer au préalable aux soignants que l'anthropologie ne peut jamais donner de méthodes « clé en mains », et de bien partir de leurs questionnements, l'accueil que font les professionnels de la santé à cette formation à trois volets est encourageant. Par exemple, cette formation permet souvent à des infirmières de s'ouvrir à d'autres points de vue, d'éclaircir des intuitions diffuses ou de conforter leurs interrogations sur le travail quotidien. De plus, dans l'Hexagone, ce type de rencontre féconde entre sciences sociales et pratiques soignantes devrait se développer, au regard des carences de la recherche en soins infirmiers (comme en médecine générale). Ainsi, un nouveau dispositif de formation avec l'École des hautes études en santé publique, dont l'AP-HP va devenir partenaire) devrait prochainement permettre à des professionnels de s'initier à la démarche de recherche jusqu'à l'élaboration d'une problématique, voire d'un projet de recherche, qui pourrait être poursuivi soit avec les URC des hôpitaux, soit à l'EHESP pour les personnes qui souhaitent s'orienter vers la maîtrise et le doctorat. Dans ce nouveau cadre, des formateurs-chercheurs pourront également accompagner des équipes dans la construction de projets innovants jusqu'aux demandes de subventions, ou bien les faire participer à l'implantation de projets en cours de subventions.

De l'ethnographie pour aborder la culture en sciences infirmières : entre révision critique et proposition[1]

MARY ELLEN MCDONALD ET FRANCO CARNEVALE

Depuis plus de quarante ans, les échanges entre les sciences infirmières et l'anthropologie sont fructueux. L'intérêt de l'anthropologie pour les sciences infirmières s'illustre notamment dans un article paru en 1985 dans l'*Annual Review of Anthropology* intitulé « Interface of Nursing and Anthropology » (Dougherty et Tripp-Reimer, 1985). À sa suite, en 1989, un numéro spécial de la revue *Medical Anthropology : Cross-Cultural Studies in Health and Illness* publiait l'article « Cross-Cultural Nursing : Anthropological Approaches to Nursing Research ». Par la suite, cette revue a été rééditée sous forme de livre (Morse, 1989). L'un des objectifs principaux de ce numéro était de présenter ce que les sciences infirmières pouvaient apporter à l'anthropologie, ou « comment les anthropologues formés en sciences infirmières pouvaient apporter un point de vue unique et nouveau en anthropologie médicale » (Morse, 1989 : 2). Il est maintenant bien établi que les préoccupations et les cadres théoriques en sciences infirmières peuvent être pertinents pour l'anthropologie et sont en mesure

---

1. Ce texte est traduit de la version originale anglaise.

de fournir sur la santé et la maladie des points de vue complémentaires et différents, qui s'écartent du discours dominant en médecine.

Dans le même ordre d'idées, les chercheurs universitaires dans le domaine des sciences infirmières ont écrit sur l'importance du croisement interdisciplinaire, en avançant que l'anthropologie avait beaucoup à apporter aux sciences infirmières. Par exemple, en 2001, Leininger signalait le nombre croissant d'infirmières qui suivaient des cours en anthropologie en soulignant la contribution de la théorie anthropologique à l'avancement des soins infirmiers interculturels (Leininger, 2001). Elle soutenait que les anthropologues avaient « une éducation et des expériences plus complètes en matière d'analyse des systèmes sociaux et culturels », alors que les sciences infirmières avaient beaucoup à partager sur la question des soins de la personne, tout particulièrement en ce qui concerne les comportements relatifs à la santé, le mieux-être et les expériences de maladie (Leininger, 2001 : 797).

Considérant cette relation, l'anthropologie peut être perçue comme une ressource capable de faire avancer deux grands champs des sciences infirmières : 1) la pratique clinique, notamment dans le domaine des soins infirmiers interculturels (DeSantis, 1994) ; et 2) la méthodologie de recherche, notamment dans le domaine des méthodes qualitatives (Leininger, 2001). Ce chapitre rebondit sur cette relation historique pour proposer un autre champ où les sciences infirmières pourraient grandement bénéficier de l'anthropologie : une théorie de la culture. Nous pensons effectivement qu'une approche anthropologique axée sur une théorie de la culture, telle qu'elle est opérationnalisée par l'ethnographie anthropologique, peut enrichir les conceptions de la culture au sein des théories en sciences infirmières, de la recherche, de l'enseignement et de la pratique[2].

---

2. Il est important de mentionner que le terme « ethnographie anthropologique » ne fait pas référence uniquement à une méthodologie de recherche, comme il est devenu courant dans les recherches qualitatives en sciences infirmières, mais aussi à un domaine d'enquête sociale qui intègre la théorie socioculturelle dans la collecte de données empiriques.

LA CULTURE SELON UNE ETHNOGRAPHIE ANTHROPOLOGIQUE

La pratique des soins infirmiers a grandement bénéficié du développement des soins infirmiers interculturels, notamment pour offrir une réponse plus adéquate aux préoccupations enracinées dans les conceptions culturelles de la santé et de la maladie. Même s'il représente sans contredit une avancée importante, un modèle de soins infirmiers transculturels a aussi ses limites. L'une de ses plus importantes est de porter sur l'ethnicité, comme on le fait souvent au sein de modèles de compétences culturelles en médecine (Macdonald, Carnevale et Razack, 2007). Bien que la prise en compte des préoccupations liées à l'ethnicité en matière de soins infirmiers soit essentielle à la compréhension des bonnes pratiques (Dreher et MacNaughton, 2002 ; Schilder et autres, 2001), le fait de confondre la culture avec l'ethnicité limite l'opérationnalisation de ce dernier concept par et pour la pratique et la recherche en soins infirmiers (Chan, Macdonald et Cohen, 2009). En effet, la culture est un concept plus vaste que l'ethnicité. Si l'on s'attarde uniquement aux questions d'ethnicité en matière de soins infirmiers, on se prive de l'occasion d'approfondir la compréhension des dimensions complexes et des lieux multiples de la culture. C'est le cas notamment de la diversité des cultures qui existent au sein des groupes ethniques, et des cultures relatives à des lieux de soins de santé où des patients et des familles reçoivent des soins pensés et signifiés.

Qu'est-ce que la culture ?

L'anthropologie a élargi le concept de culture au-delà de la seule ethnicité pour se concentrer de manière plus générale sur la présence de la culture dans « l'étranger » et le « familier » (Spiro, 1990). « L'étranger » est en fait constitué de ces nouvelles pratiques sociales qu'on attribue souvent à l'ethnicité. Par exemple, lorsque la famille d'un patient d'origine italienne atteint de cancer demande à l'équipe de soins de ne pas communiquer le diagnostic au patient, cette pratique « étrangère » peut être comprise par l'application d'un stéréotype de la culture italienne. En d'autres mots, on dirait que les Italiens pensent que les mauvaises nouvelles nuisent à la santé du patient et qu'il incombe à la famille de protéger le patient de ces soucis (Gordon, 1994). Une demande de ce type pourrait être considérée comme « étrangère » par un professionnel de la santé qui a pour principe éthique de privilégier la vérité et l'autonomie du patient. À l'opposé, si une famille québécoise encourageait l'équipe de traitement à révéler un diagnostic de ce type au patient, cette pratique « familière » ne soulèverait pas de questionnement. Un examen de ces scénarios à l'aide de modèles anthropologiques qui permettent de « rendre familier l'étranger » et « rendre étranger le familier » peut s'avérer révélateur pour enrichir notre compréhension des différentes perspectives, tout en nous interrogeant sur les particularités des opinions qui sont profondément ancrées en nous, sans qu'elles soient nécessairement partagées par les autres.

D'un point de vue anthropologique, la culture est en fait constituée de systèmes de significations partagés par un groupe de personnes, appris et transmis de génération en génération. Ces systèmes de significations comprennent nécessairement les croyances, les traditions, les valeurs, les coutumes, les styles de communication, les comportements, les pratiques et les institutions (Macdonald et autres, 2007). En nous fondant sur cette définition plus vaste, il est important de comprendre que la culture non seulement existe dans les pratiques ethniques « étrangères », mais qu'elle réside aussi nécessairement dans tout ce qui est « familier ». À ce titre, la culture influence grandement la façon dont les gens font l'expérience de la santé et de la maladie, en ce qui a trait notamment à leurs croyances, leurs attentes, leurs comportements, leurs activités et les résultats des traitements (Kleinman, 1988). De plus, la culture influence la façon dont les soins de santé sont perçus et administrés. Elle est présente chez les deux parties qui se rencontrent dans les soins ; dans les croyances et les pratiques des patients et de leurs familles, d'une part, et dans celles des dispensateurs de soins de santé, d'autre part (en tant qu'individus, professionnels ou équipes). Entre ces deux parties se trouvent un grand nombre de forces médiatrices, comme la culture scientifique, la biomédecine, les familles, les institutions et les religions qui influencent la façon dont les soins de santé sont organisés, compris, administrés et utilisés.

Ainsi, l'élargissement d'une conceptualisation de la culture au-delà de l'ethnicité offre au personnel infirmier une perspective différente pour analyser les contextes, croyances et pratiques en matière de soins de santé qu'ils rencontrent, auxquels ils participent tous les jours et dans lesquels vivent leurs patients. Cette perspective peut améliorer la compréhension qu'a le personnel infirmier des opinions et des expériences des patients, ce qui constitue une condition nécessaire pour s'assurer que les soins de santé s'harmonisent le plus possible aux expériences d'une pluralité de gens à qui ils sont dispensés.

Qu'est-ce que l'ethnographie ?

Les sciences infirmières et l'anthropologie partagent un grand nombre de concepts (Dougherty et Tripp-Reimer, 1985). Comme discipline pratique, les sciences infirmières requièrent une analyse approfondie du contexte pour examiner adéquatement la constellation des facteurs en jeu dans un cas ou une situation donnée, afin de s'assurer que les soins répondent aux besoins précis de chacun des patients. Une analyse culturelle du contexte peut permettre au personnel infirmier d'améliorer sa compréhension de la perspective du patient et de ses conséquences sur la santé, la maladie et la prestation des soins de santé.

Comme l'a décrit Geertz en ce qui concerne l'anthropologie, la vie d'une personne prend forme et tire son essence des « réseaux de significations » qui composent des contextes environnementaux (Geertz, 1973). L'anthropologie se sert de l'ethnographie, une méthodologie de recherche, pour accéder à des pratiques quotidiennes et un savoir local qui sont enracinés dans ces contextes. L'ethnographie constitue un effort intellectuel qui vise à fournir une « description détaillée » de ces réseaux de significations, le but étant de saisir les expériences de l'individu à un niveau microsocial pour les comprendre et les inscrire dans un contexte plus large de la réalité sociale. Le processus d'articulation d'une approche microsociale à une approche macrosociale, et inversement, permet d'expliquer la signification d'une expérience.

Ainsi, lorsque les sciences infirmières se concentrent sur le bien-être du patient ou de ses proches, l'analyse ethnographique permet de situer le patient et ses proches dans leur « univers local », c'est-à-dire dans les contextes culturel, politique, économique, institutionnel et social de leur vie (Kleinman, 1992). L'ethnographie est ainsi dictée par les théories tout comme elle en génère. Elle est explicitement orientée vers l'éclaircissement des dimensions culturelles des contextes sociaux. Elle est ainsi en mesure d'offrir un cadre d'interprétation des plus pertinents aux infirmiers et aux infirmières afin qu'ils puissent analyser les particularités contextuelles des cas cliniques.

Dans sa forme originale, l'ethnographie dérive de l'anthropologie[3]. Il s'agit d'une approche de recherche très souple en soi et conçue pour s'adapter à des contextes uniques et particuliers. Habituellement, elle englobait une approche de plusieurs méthodes pour la collecte des données, en associant des techniques d'enquête comme les entrevues semi-structurées et les questionnaires à des analyses d'images et de documents. La majorité des données ethnographiques sont colligées de manière informelle pendant que l'ethnographe interagit dans la vie sociale normale des personnes qui participent à la recherche. L'ethnographe cumule donc deux rôles qui se chevauchent. Premièrement, il est l'instrument principal de la collecte de données et évolue à ce titre tout au long du projet et à mesure qu'il acquiert de l'expérience. Deuxièmement, l'ethnographe joue un rôle d'analyse continue en raison de sa relation expérientielle avec les données et de sa compréhension progressive du contexte social. Lorsqu'il aborde son sujet, il possède au préalable un cadre de lecture et de compréhension, qui évolue toutefois pendant et après le travail sur le terrain. En ce sens, l'ethnographe ne fait pas que « colliger des données », il en « produit » également. Ce cadre d'analyse indique que l'ethnographie est « dictée par une théorie ». Dans une perspective anthropologique, elle met à distance le familier et éveille, au sens où elle lève le voile sur ce que l'on tient pour acquis et évident. De la même manière, elle rend familier ce qui est *a priori* étrange, exotique et éloigné. Ces déplacements se font au cours d'un processus d'analyse fait de va-et-vient constants entre des expériences individuelles et un contexte socioculturel. Retenons alors que cette caractéristique méthodologique permet de distinguer l'ethnographie anthropologique des autres formes d'ethnographie. Effectivement, l'ethnographie a été adoptée par plusieurs disciplines qui s'intéressent à des faits sociaux et aux soins de santé (p. ex. l'éducation, les sciences politiques et les sciences infirmières) pour évoluer ici en une version qui répond aux mandats de chacune. Par exemple, l'ethnographie ciblée est très populaire dans la

---

3. Suivie de près par la sociologie.

recherche en sciences infirmières[4]. Comme son nom l'indique, ce type d'ethnographie est une version de l'ethnographie traditionnelle qui se concentre spécifiquement sur un phénomène lié à la santé[5]. Comme ça l'est pour tous les types de méthodologie, l'ethnographie ciblée a ses forces et ses faiblesses (nous les aborderons d'ailleurs plus loin). Notons déjà qu'une ethnographie non anthropologique n'est pas capable d'apporter aux sciences infirmières et à la pratique une lecture et une compréhension profondes des dimensions et des fondements culturels des réalités cliniques.

LA PERTINENCE DE L'ETHNOGRAPHIE ANTHROPOLOGIQUE POUR LES SCIENCES INFIRMIÈRES

L'engagement prolongé sur le terrain

Les règles qui caractérisent un travail ethnographique idéal sur le terrain se sont forgées au cours d'une longue histoire de recherche anthropologique intéressée par des mondes sociaux non occidentaux. Dans l'ethnographie traditionnelle, l'ethnographe s'engage à vivre avec la population locale pendant de longues périodes. Cet engagement prolongé lui permet d'établir une relation de confiance avec les membres d'une communauté et d'apprendre la langue locale. Bien que l'ethnographie ne soit plus vraiment pratiquée dans les villages très éloignés, ses règles fondamentales s'appliquent toujours. Effectivement, l'arrivée sur le terrain doit être respectueuse et déboucher sur une mise en confiance qui va se poursuivre par un engagement prolongé (de 9 à 12 mois) et par un apprentissage de la langue locale. Ces conditions sont d'autant plus importantes que les ethnographes vivent dorénavant très rarement avec les personnes étudiées. À ce titre, ce n'est pas parce que l'ethnographe travaille au sein d'une sous-culture de sa propre

---

4. Parmi les autres types d'ethnographie, nommons entre autres l'ethnographie rapide (Manderson et Aaby, 1992), l'ethnographie institutionnelle (Campbell et Gregor, 2002), l'auto-ethnographie (Hayano, 1979) et l'ethnographie critique (Smyth et Holmes, 2005).
5. Ce survol de l'ethnographie ciblée est une adaptation de Muecke (1994) et Knoblauch (2005). L'ethnographie ciblée n'a pas nécessairement toujours un lien avec la santé; voir Knoblauch (2005) pour une version davantage sociologique de cette méthode de recherche.

culture et qu'il parle la langue du groupe qui fait l'objet de la recherche, qu'il ne doit pas maîtriser le jargon et les expressions propres à ce groupe pour bâtir une relation de confiance, pour accéder à leur réalité, recueillir efficacement des données et les interpréter adéquatement. L'anthropologue Joan Cassell a d'ailleurs bien écrit sur le défi que représente la maîtrise du langage et des activités propres au contexte des soins intensifs. Elle mentionne qu'elle a dû « apprendre les règles, dites et non dites, qui motivent, orientent et délimitent une culture étrangère » (Cassell, 2005 : 1).

Un engagement prolongé permet à l'ethnographe de réagir habilement aux contraintes du contexte et des participants. Cet engagement peut faciliter la collecte de différents types de données, et rend ainsi possibles une analyse triangulée et une analyse fondée sur l'inférence, l'introspection et l'intuition de l'ethnographe. La souplesse et l'engagement prolongé permettent à l'ethnographe d'obtenir des données culturelles qui sont généralement inaccessibles par d'autres méthodes de recherche. Par exemple, c'est grâce à une relation de confiance bien établie que les ethnographes sont en mesure d'accéder à des lieux rarement ouverts aux chercheurs, comme la chambre d'un patient mourant ou la « piquerie » d'un toxicomane.

Au contraire, les pratiques ethnographiques ciblées qui sont limitées dans le temps doivent compter sur des interprètes et des passeurs culturels pour mieux saisir les contextes socioculturels où ils recueillent leurs données. En l'absence d'engagement prolongé, l'ethnographe aura un bassin de participants moins important et devra utiliser d'autres types de collecte de données (par exemple, des entrevues structurées accompagnées d'enregistrements audio). De plus, son analyse répondra uniquement à la recherche de modèles thématiques susceptibles de ressortir à partir des données. Il lui sera impossible de réaliser une analyse approfondie de la réalité étudiée en articulant notamment des niveaux de lecture microsocial et macrosocial.

Bien qu'il soit apparemment compliqué d'accueillir un ethnographe pour une période prolongée dans un contexte clinique, la flexibilité de l'ethnographie rend cette méthode moins intrusive et moins lourde de conséquences que d'autres stratégies de collecte de données. Effectivement, tenter de convaincre des cliniciens occupés, des patients malades ou des proches inquiets de répondre à des questionnaires structurés, d'accorder une entrevue semi-structurée ou de participer à un groupe de discussion est au mieux un défi complexe et, au pire, contraire à l'éthique. Par contre, l'observation et les conversations informelles avec ces personnes à la pause-café ou au coin du lit peuvent être moins dérangeantes pour tout le monde. Elles peuvent permettre de répondre aux questions d'un guide d'entrevue et de profiter « des clins d'œil, des soupirs, des hochements de tête et de bavardages qui sont souvent très révélateurs de situations et d'expériences », et permettre ainsi d'élucider des phénomènes liés aux soins de santé (Dixon-Woods, 2003). De plus, un impératif moral demande de s'accommoder au-delà de la stratégie de recherche nécessaire pour répondre à une question clinique d'importance. Or, aussi longtemps que les activités liées à l'ethnographie pourront être menées de manière respectueuse, l'intégration de cette pratique de recherche dans le milieu clinique jouera un rôle vital dans l'avancement des connaissances dans le domaine de la santé (Macdonald et Carnevale, 2008).

Une ouverture à la découverte

L'ethnographie traditionnelle est une méthodologie de recherche « ouverte ». Plus précisément, les limites du champ d'étude sont définies au cours de la recherche sur le terrain et les méthodes demeurent itératives. Ces conditions permettent de réagir à ce qui est découvert sur le terrain et à ce qui n'avait pas été prévu et établi au préalable. Considérant que l'objectif est d'effectuer une analyse culturelle approfondie, la collecte de données se concentre sur des unités comme des groupes sociaux, des organisations ou des milieux sociaux. Au contraire, le chercheur qui procède à une ethnographie ciblée emprunte une stratégie de recherche plus « fermée » en travaillant dans un environnement de recherche donné et limité, à l'aide d'une question de recherche prédéterminée (par exemple « quel type de communication s'établit entre les patients et le personnel infirmier d'une clinique d'oncologie ? »). Dans ce type d'environnement et de recherche, le phénomène étudié inclut des mises en situation, des interactions et des activités, le but étant d'identifier et de comprendre des structures et des modèles sous-jacents aux interactions, tout comme « la performance de comportements sociaux adoptés en situation » (Knoblauch, 2005). Ainsi, bien que l'ethnographie ciblée soit efficace pour une recherche sur des inter-actions dans des contextes culturels donnés, une compréhension plus large des dimensions culturelles qui leur sont liées ne peut pas être obtenue. Comme l'explique Kleinman : « Une recherche trop ciblée peut mener à un cadre d'analyse si limité qu'on finit par miner l'objectif premier de l'ethnographie, soit l'analyse contextuelle » (Kleinman, 1992 : 133).

L'observation participante

L'observation participante est un élément essentiel de l'ethnogra-phie et une modalité de recherche basée sur la découverte dont le cadre pousse le chercheur à observer les activités qui se déroulent de manière naturelle et à y prendre part (comme la vie quotidienne des participants à l'étude) (Agar, 1996 ; Bernard, 2002 ; Spradley, 1980 ; Van Maanen, 1988). L'observation participante se compose de trois éléments princi-paux. Premièrement, elle « nécessite que le chercheur soit présent dans les activités routinières et quotidiennes des participants, qu'il y participe et qu'il les enregistre » (Schensul, Schensul et Lecompte, 1999 : 91). Deuxièmement, les données qui découlent de l'observation participante sont consignées dans un journal de bord où l'ethnographe note ses expériences et ses observations tout en s'assurant d'inclure dans son cadre de recherche des expériences qui témoignent d'une compréhen-sion évolutive des phénomènes contextuels (Emerson, Fretz et Shaw, 1995). Et troisièmement, au cours de son engagement, l'ethnographe doit maintenir un équilibre entre l'observation et la participation dans chaque situation survenant sur le terrain. Même lorsqu'il est simplement en train d'« observer », il « participe », au sens où sa présence influence la réalité qu'il étudie. Contrairement à « l'observation naturaliste » qui pose le principe de neutralité de l'observateur, l'ethnographe n'est jamais passif et neutre. De plus, les observations ne limitent pas la collecte de données à une simple « épistémologie d'un regard visuel » (Denzin, 1997) ou aux seules perceptions visuelles. Au contraire, l'ethnographe bien formé est conscient que ses expériences physiques et l'influence de ses cinq sens interviennent dans sa compréhension et dans son interprétation du terrain[6].

Ainsi, grâce à l'observation participante, il est permis à l'ethnographe d'« explorer ce que les gens disent, ce qu'ils font et la relation entre les deux » (Savage, 2006 : 385). Par contre, en raison d'un engagement limité, l'ethnographie ciblée permet rarement ce niveau d'analyse. À la place, le chercheur s'engage uniquement dans un rôle d'observateur qui mène une observation participante structurée autour d'événements et de moments particuliers. Par conséquent, l'ethnographie ciblée s'appuie plus facilement sur des données verbales comme celles qui proviennent d'entrevues enregistrées[7].

DEVOIR REPENSER LA CULTURE
DANS LES SCIENCES INFIRMIÈRES

En sciences infirmières, on connaît très bien les réflexions de Barbara Carper (1978) à propos des quatre types de savoirs qui structurent la discipline : 1) *le savoir empirique* (les soins infirmiers comme science) ; 2) *le savoir esthétique* (les soins infirmiers comme art, comme savoirs tacites, manuels, techniques, créatifs et empathiques) ; 3) *le savoir personnel* (la connaissance de soi) ; et 4) *le savoir éthique* (savoir moral). Néanmoins, même si ces quatre dimensions sont encore perçues comme des composantes valides du savoir en sciences infirmières, des analyses plus récentes ont permis de dégager un autre schéma qui inclut les dimensions contextuelles des sciences infirmières, notamment ses aspects culturels, sociaux et politiques (Chinn et Kramer, 2008 ; White, 1995). Cet ajout au modèle de Carper illustre bien comment les sciences infirmières se situent dans un cadre de systèmes locaux de savoirs, de

---

6.   Cela étant dit, Savage (2000), suivant Classen (1993) et Salmond (1982), apporte un
     point important lorsqu'il indique que la société occidentale privilégie le savoir acquis
     par les yeux. Beaucoup de nos principales métaphores de recherche (*refléter, cibler, voir,
     introspection, percevoir*) prouvent cette épistémologie visuelle.
7.   Cette limite rend l'ethnographie ciblée plus crédible pour les stratégies d'une équipe
     de recherche en raison de la propension aux enregistrements audio et vidéo, qui peuvent
     être ensuite présentés à une équipe de chercheurs qui ne participent pas à la collecte
     de données. Normalement, l'ethnographie traditionnelle n'est pas menée dans un
     contexte d'équipe de recherche si les données n'ont aucune utilité pour l'équipe.

valeurs, de pratiques et d'institutions. Il suffit par exemple de détecter que l'expression d'une personne est un signe éventuel de malaise pour recourir inévitablement à une bonne compréhension de la façon dont les malaises sont communiqués au sein de la communauté à laquelle elle appartient, et devoir connaître les significations relatives à ce qu'elle exprime physiquement. Une grimace, une lamentation ou un gémissement peuvent très bien exprimer de la douleur ou un chagrin. Ils peuvent signifier que la personne cherche un soulagement ou un réconfort, comme ils peuvent être considérés comme des désagréments de la vie qui doivent être supportés (DelVecchio Good, Brodwin, Good et Kleinman, 1994).

L'ethnographie anthropologique apporte une conception approfondie de la culture, soit une analyse contextuelle élaborée qui correspond en plus à des principes relatifs à la pratique clinique. Effectivement, les cliniciens sont formés pour considérer les particularités de chaque personne, de chaque situation clinique, et pour porter une attention méticuleuse aux détails qui se présentent à eux. Bien que les cliniciens se fondent sur des écrits théoriques et de recherche plus généraux dans leur approche auprès des patients, on s'attend à ce qu'ils interprètent chaque nouvelle situation et puissent en reconnaître les particularités.

Cette contextualisation de l'analyse clinique est à l'origine d'un débat qui perdure sur les écarts qui existent entre la pratique clinique et le savoir théorique issu de la recherche. Pour les réduire, un grand nombre de modèles ont d'ailleurs été élaborés dans des disciplines reliées à la santé. Par exemple, en psychiatrie interculturelle, Kleinman a élaboré le concept de *modèles explicatifs* pour décrire les visions du monde en matière de santé et de maladie qui se sont développées dans des communautés culturelles spécifiques. Il a mis au point un modèle d'entrevue que les cliniciens peuvent utiliser pour mieux comprendre les modèles explicatifs de la maladie des personnes dont ils s'occupent (Kleinman, 1980). Quant à Kirmayer et ses collègues, ils ont contribué au développement et à la mise en œuvre d'un service de consultation psychiatrique qui tient compte de la diversité culturelle (Kirmayer, Groleau, Guzder, Blake et Jarvis, 2003). Dans le même ordre d'idées, l'anthropologue médical Kaufert a décrit un cadre de travail qui permet de mieux comprendre le processus d'interprétation médicale. En plus des besoins en traduction linguistique, l'interprétation nécessite habituellement un processus complexe de « traduction culturelle », qualifié communément de *courtage culturel* (Kaufert et Putsch, 1997). Enfin, dans une analyse bioéthique des dilemmes éthiques dans le domaine des soins intensifs pédiatriques, et en montrant que les dilemmes éthiques mettaient fréquemment en jeu des points de vue moraux divergents chez les intervenants concernés, Carnevale a proposé une conception approfondie de la pratique bioéthique qui s'harmonise aux fondements culturels complexes qui sous-tendent les préoccupations morales (Carnevale, 2005).

CONCLUSION

En portant sur les contributions d'une ethnographie anthropologique dans les sciences infirmières, ce chapitre nous invite à retenir que l'orientation théorique et les méthodes de recherche souples décrites plus haut peuvent permettre à cette méthode d'offrir une conceptualisation élaborée de la culture à la différence d'autres méthodes de recherche. Cette conceptualisation pourrait contribuer de manière importante au développement des théories, de la recherche, de l'éducation et de la pratique dans le domaine des sciences infirmières. De la même manière, en véhiculant une compréhension plus étendue de la culture, au-delà de l'ethnicité, l'ethnographie anthropologique aide à développer des modèles de pratique appuyés par une perspective anthropologique qui permettent l'analyse contextuelle (ou approfondie) des situations cliniques. C'est ici un lieu précis où les sciences infirmières peuvent tirer profit de l'anthropologie.

Enfin, profiter des approches ethnographiques anthropologiques en produisant des « descriptions approfondies », comme en « rendant familier l'étranger et étranger le familier », pourrait renforcer l'intégration d'analyses contextuelles et culturelles dans les théories, les recherches et la pratique en sciences infirmières. Ce serait ici enrichir les conceptions des dimensions culturelles de la santé et du bien-être, et contribuer au développement de modèles de pratique qui y correspondent en sciences infirmières.

Références

Agar, M. (1996). *The Professional Stranger: An Informal Introduction to Ethnography* (2ᵉ éd.), San Diego : Academic Press.

Bernard, H.R. (2002). *Research Methods in Anthropology : Qualitative and Quantitative Approaches* (3ᵉ éd.), Walnut Creek : Altamira Press.

Campbell, M., et F. Gregor (2002). *Mapping Social Relations : A Primer in Doing Institutional Ethnography*, Aurora, Ontario : Garamond Press.

Carnevale, F. (2005). « Ethical Care of the Critically Ill Child : A Conception of a " Thick " Bioethics », *Nursing Ethics*, 12 (3), 239-252.

Carper, B. (1978). « Fundamental Patterns of Knowing in Nursing », *Advances in Nursing Science*, 1, 13-23.

Cassell, J. (2005). *Life and Death in Intensive Care*, Philadelphia, Pa : Temple University Press.

Chan, L., M.E. Macdonald et S.R. Cohen (2009). « Moving Culture beyond Ethnicity : Examining Dying in Hospital through a Cultural Lens », *Journal of Palliative Care*, 25 (2).

Chinn, P., et M. Kramer (2008). *Integrated Theory and Knowledge Development in Nursing* (7ᵉ éd.), St. Louis : Mosby.

Classen, C. (1993). *Worlds of Sense : Exploring the Senses in History and across Cultures*, London : Routledge.

DelVecchio Good, M.-J., P.E. Brodwin, B.J. Good et A. Kleinman (ed.) (1994). *Pain as Human Experience. An Anthropological Perspective*, Berkeley : University of California Press.

Denzin, N. (1997). *Interpretive Ethnography : Ethnographic Practices for the 21st Century*, Thousand Oaks, CA : Sage.

DeSantis, L. (1994). « Making Anthropology Clinically Relevant to Nursing Care », *Journal of Advanced Nursing*, 20 (4), 707-715.

Dixon-Woods, M. (2003). « What can ethnography do for quality and safety in health care ? », *Qual Saf Health Care*, 12 (5), 326-327.

Dougherty, M.C., et T. Tripp-Reimer (1985). « The Interface of Nursing and Anthropology », *Annual Review of Anthropology*, 14 (1), 219-241.

Dreher, M., et N. MacNaughton (2002). « Cultural Competence in Nursing : Foundation or Fallacy ? », *Nursing Outlook*, 50 (5), 181-186.

Emerson, R., R. Fretz et L. Shaw (1995). *Writing Ethnographic Fieldnotes*, Chicago : University of Chicago Press.

Geertz, C. (1973). *The Interpretation of Cultures*, New York : Basic Books.

Gordon, D.R. (1994). « The Ethics of Ambiguity and Concealment around Cancer », dans P. Benner (ed.), *Interpretive Phenomenology : Embodiment, Caring and Ethics in Health and Illness*, Thousand Oaks : Sage, 279-322.

Hayano, D.M. (1979). « Auto-Ethnography : Paradigms, Problems, and Prospects », *Human Organization*, 38 (1), 99-104.

Kaufert, J., et R. Putsch (1997). « Communication through Interpreters in Healthcare : Ethical Dilemmas arising from Differences in Class, Culture, Language, and Power », *Journal of Clinical Ethics*, 8 (1), 71-87.

Kirmayer, L., D. Groleau, J. Guzder, C. Blake et E. Jarvis (2003). « Cultural consultation : A model of mental health service for multicultural society », *Canadian Journal of Psychiatry*, 48 (2), 145-153.

Kleinman, A. (1980). *Patients and Healers in the Context of Culture : An Exploration of the Borderland between Anthropology, Medicine, and Psychiatry*, Berkeley : University of California Press.

Kleinman, A. (1988). *The Illness Narratives : Suffering, Healing, and the Human Condition*, New York : Basic Books.

Kleinman, A. (1992). « Local Worlds of Suffering : An Interpersonal Focus for Ethnographies of Illness Experience », *Qual Health Res*, 2 (2), 127-134.

Knoblauch, H. (2005). Focused Ethnography (30 paragraphs), *Forum Qualitative Sozialforschung / Forum : Qualitative Social Research*, 6 (3), Art. 44, http:// www.qualitative-research.net/index.php/fqs/article/view/20.

Leininger, M.M. (2001). « Current Issues in Using Anthropology in Nursing Education and Services », *West J Nurs Res*, 23 (8), 795-806.

Macdonald, M.E., et F.A. Carnevale (2008). « Qualitative Health Research and the IRB : Answering the " So What ? " with Qualitative Inquiry », *Journal of Academic Ethics*, (6), 1-5.

Macdonald, M.E., F.A. Carnevale et S. Razack (2007). « Understanding what Residents Want and what residents Need : The Challenge of Cultural Training in Pediatrics », *Medical Teacher*, 29 (5), 464-471.

Manderson, L., et P. Aaby (1992). « An Epidemic in the Field ? Rapid Assessment Procedures and Health Research », *Social Science and Medicine*, 35 (7), 839-850.

Morse, J.M. (ed.) (1989). *Cross-Cultural Nursing : Anthropological Approaches to Nursing Research*, New York : Gordon and Breach Publishers.

Muecke, M.A. (1994). « On the Evaluation of Ethnographies », dans J.M. Morse (ed.), *Critical Issues in Qualitative Research Methods* (vol. 187-209), Thousand Oaks : Sage Publications.

Salmond, A. (1982). « Theoretical Landscapes : On a Cross-Cultural Conception of Knowledge », dans D. Parkin (ed.), *Semantic Anthropology*, London : Academic Press, 65-88.

Savage, J. (2000). « Participant Observation : Standing in the Shoes of Others », *Qualitative Health Research*, 10 (3), 324-339.

Savage, J. (2006). « Ethnographic Evidence : The Value of Applied Ethnography in Healthcare », *Journal of Research in Nursing*, 11 (5), 383-393.

Schensul, S.L., J.J. Schensul et M.D. Lecompte (1999). *Essential Ethnographic Methods : Observations, Interviews and Questionnaires*, Walnut Creek : AltaMira.

Schilder, A., C. Kennedy, I. Goldstone, R. Ogden, R. Hogg et R. O'Shaughnessy (2001). « "Being dealt with as a whole person". Care seeking and adherence : the benefits of culturally competent care », *Social Science and Medicine*, 52 (11), 1643-1649.

Smyth, W., et C. Holmes (2005). « Using Carspecken's Critical Ethnography in Nursing Research », *Contemporary Nurse*, 19 (1-2), 65-74.

Spiro, M.E. (1990). « On the Strange and the Familiar in Recent Anthropological Thought », dans J.W. Stigler, R.A. Shweder et G. Herdt (ed.), *Cultural Psychology : Essays on Comparative Human Development*, Cambridge : Cambridge University Press.

Spradley, J.P. (1980). *Participant Observation*, New York : Holt, Rinehart, and Winston.

Van Maanen, J. (1988). *Tales of the Field : On Writing Ethnography*, Chicago : University of Chicago Press.

White, J. (1995). « Patterns of Knowing : Review, Critique, and Update », *Advances in Nursing Science*, 17, 73-86.

La recherche-action dans les sciences infirmières, une connivence à (re) découvrir[1] ?

MICHEL FONTAINE, NICOLAS VONARX

L es sciences sociales et les sciences infirmières[2] sont en droit de se reconnaître mutuellement proches. Leur complicité et leur proximité se retrouvent principalement dans le croisement de questions de type épistémologique et praxéologique. La recherche-action et la recherche dans le champ des soins infirmiers nous semblent au cœur de ce constat. Nous proposons ici de revenir sur la connivence qui existe entre la démarche de recherche-action et la recherche en sciences infirmières. Plus spécifiquement, nous avançons dans ce texte que cette connivence ne peut avoir qu'un effet bénéfique pour l'ensemble de la discipline infirmière. Notre propos dans ce chapitre consiste alors à interroger cette connivence et en particulier le lien privilégié entre la démarche de recherche-action et le champ des sciences infirmières. Selon nous, cette interrogation semble pouvoir contribuer, autant dans l'enseignement que dans les pratiques de soins en milieux institutionnels

---

1. Nous croiserons ces deux regards dans un contexte qui est celui des soins infirmiers en Suisse et plus particulièrement de la formation en Suisse romande (francophone).
2. L'expression «sciences infirmières» est utilisée dans un sens volontairement large, connaissant les différentes approches auxquelles nous pourrions nous référer si nécessaire et laissant le débat ouvert.

et communautaires, à une meilleure prise en compte de la complexité des situations rencontrées par les professionnels.

Pour aller dans le détail sur ce sujet des connivences entre recherche-action et discipline infirmière, nous proposons un texte en trois temps. Dans un premier temps, nous proposons de situer quelques caractéristiques de ce qui est convenu d'appeler la « méthodologie » de la recherche-action en rappelant encore ici comment elle s'enracine dans les sciences sociales. Précisons tout de suite que le terme « méthodologie » doit être entendu ici comme une démarche, une approche. Certains iront jusqu'à parler « d'une pratique nouvelle de la recherche » (Liu, 1997 : 23) dans le domaine des sciences humaines. Autrement dit, nous nous situons dans l'idée d'une « méthodologie de la complexité » (Bataille, 1983), expression à garder pour définir ce qu'est la recherche-action. Nous évoquerons ensuite quelques indices de complicité et de proximité entre la recherche-action et les sciences infirmières. Ce point nous introduira dans le registre d'une philosophie des sciences et des cadres de références de ces deux domaines. Enfin, nous évoquerons un parcours à la formation en recherche-action dans lequel des professionnels infirmiers se sont engagés en réalisant des recherches innovantes dans leur domaine. Une de ces recherches sera plus particulièrement évoquée. On comprendra ainsi à partir de ces lieux de rencontre signifiants entre recherche-action et sciences infirmières comment la recherche-action peut s'avérer pertinente pour la construction et la visibilité d'un savoir professionnel et académique en sciences infirmières.

QUESTION DE COMPLICITÉ ET DE PROXIMITÉ

La recherche-action occupe une position épistémologique et méthodologique originale au sein des sciences sociales. Elle entraîne le chercheur à constater qu'il ne peut éloigner, voire opposer les savoirs théoriques et les savoirs pratiques. Elle l'invite à entrer dans une démarche scientifiquement exigeante, où « [...] la connaissance s'élabore par l'action qui en est tout autant le fondement que la finalité » (Corajoud, 2006 : 213). C'est un vrai défi, car la recherche peut devenir l'espace d'une interaction concertée entre plusieurs acteurs qui reconnaissent la place de la subjectivité comme capable de participer à la construction d'une objectivité scientifique. Par ailleurs, pour un grand nombre d'auteurs « ce type de recherche s'est donné comme objectif d'influencer directement le monde de la pratique » (Dolbec, 2003 : 506). Ce dernier aspect raisonne et prend tout son sens dans notre propos.

Qu'en est-il aussi de cette articulation entre recherche et action dans la discipline infirmière ? Tout d'abord, nous retrouvons bien là un rendez-vous incontournable entre la théorie et la pratique. Nous sommes au cœur de ce que l'on appelle une pratique réflexive développant ainsi une démarche de praticien-chercheur. Il n'est d'ailleurs plus question de penser qu'il peut exister une pratique de recherche dans cette discipline sans qu'elle soit fondée au minimum sur un rapport très étroit entre le chercheur et le praticien, sans que le chercheur ne soit très proche de la pratique, qu'il ait été lui-même praticien, ou qu'il le soit encore. Un des enseignements livrés par certains auteurs qui écrivent sur la recherche en sciences infirmières n'est-il pas de renverser les rapports de pouvoir entre les chercheurs et les acteurs habituellement à l'œuvre, et de décloisonner le monde où s'élaborent les théories ? N'est-il pas conseillé, voire fortement indiqué, d'élaborer des problématiques de recherche en regard de situations pratiques et cliniques concrètes qui interpellent les acteurs, ou de promouvoir l'enseignement de la recherche aux infirmières pour qu'elles participent à ces activités, qu'elles profitent pleinement des savoirs produits ici et qu'elles initient si possible des recherches ? (lire par exemple Loiselle et Profetto-McGrath 2007).

Cette articulation entre savoir pratique et théorie est encore un élément constitutif de l'identité de la discipline infirmière. Elle donne bien entendu la mesure d'un type d'enseignement universitaire et indique la nature de cette discipline en faisant voir la nécessité d'application et d'utilité des savoirs en sciences infirmières. Mais, surtout, cette articulation quasiment obligatoire inscrit les sciences infirmières dans un paradigme nécessairement constructiviste, puisqu'elle contraint les savoirs savants à traiter d'une réalité sociale et historique. En bref, l'ordre de réalité dont il est question dans cette discipline, et qu'on balise avec les quatre piliers du méta-paradigme que sont le soin, la santé, la personne et l'environnement, renvoient à de nombreux objets de recherche et d'étude à contextualiser et signifier en fonction d'intérêts, de valeurs, de regards et de divers changements.

Ainsi, comme la recherche-action, la recherche en sciences infirmières a ses propres interrogations épistémologiques. Celles-ci reprennent, pour une part, la question de la nature scientifique d'un savoir qui se construit et s'identifie au travers de l'action et par la pratique dans une interrelation. Il nous semble que nous avons suffisamment d'éléments identifiés dans les deux champs précédents pour prendre le risque de parler de complicité et de *proximité par le sommet*. Nous percevons bien l'interrogation épistémologique soulevée autant par la recherche-action que par la recherche en sciences infirmières. Interrogation au travers d'une praxéologie « [...] selon laquelle la raison d'être de toute connaissance gravite autour de l'émancipation des individus qui peut être encouragée par l'autoréflexion critique sur la pratique », pour le dire dans les mots de Simard (2005 : 551) qui discute les travaux d'Habermas. Et Dolbec de nous permettre d'ajouter que « la recherche est perçue comme un engagement véritable dans le but de développer ou d'améliorer les pratiques des individus, leur compréhension de ce qui se passe et la situation dans laquelle ils évoluent » (2003 : 514-515). Nous relevons bien ici l'enjeu évoqué par l'appel à « l'émancipation des individus », c'est-à-dire, pour notre propos, un travail d'éveil et de responsabilisation demandé autant aux professionnels des soins infirmiers qu'à celles et ceux qui en sont bénéficiaires.

RECHERCHE-ACTION COMME « MÉTHODOLOGIE DE LA COMPLEXITÉ »

Dans cette section, nous abordons la recherche-action en trois volets. Le premier est historique et permet de retracer l'émergence de ce type de recherche. Le second est épistémologique. Il situe la recherche-action dans le champ des sciences et des méthodologies de recherche. Autrement dit, il consiste à présenter la place qu'occupe la recherche-action au sein des sciences sociales. Enfin, le troisième pose des points essentiels à retenir en ce qui concerne la recherche-action.

Émergence de la recherche-action

Tout d'abord, rappelons quelques éléments significatifs concernant le contexte de son émergence. Pour cela, il est bon de faire un détour par le continent africain. Dans les années 1970 au nord du Cameroun, un médecin chef d'un hôpital réunissait ses infirmiers et annonçait qu'il allait fermer l'hôpital pour mieux soigner la population (Fontaine, 1995). Par-delà le choc provoqué par une telle annonce, il y avait bien sûr une intuition et surtout un constat : les réponses apportées par la structure classique d'un hôpital, que ce soit en brousse, en ville, dans un pays en développement ou dans un environnement développé et favorisé, semblaient de plus en plus inadéquates et en deçà des problèmes rencontrées. Bien sûr, l'hôpital n'a pas fermé, mais chaque professionnel a été invité à sortir de ses activités soignantes habituelles pour aller rencontrer la population dans les villages, la connaître et travailler avec elle au développement global de la région. C'était la période où l'Organisation mondiale de la santé dans son assemblée annuelle à Alma-Ata en 1978 proposait une nouvelle approche des problématiques de santé, à savoir promouvoir les soins de santé primaires. Cette proposition avait une dimension paradigmatique. Les réponses n'étaient plus dans les transferts de connaissances, de modèles occidentaux et d'infrastructures allant du Nord vers le Sud. Elles ne devaient plus être pensées uniquement par des experts de la santé et de la médecine scientifique, et tenir encore dans des programmes d'intervention verticale axés sur des maladies et ignorants de déterminants sociaux de la santé. Ces réponses tenaient plutôt dans la reconnaissance que chaque population était actrice, responsable et autodéterminée dans ses choix concernant l'organisation et le fonctionnement de ses systèmes de santé, donc de son développement car la santé était multidimensionnelle.

Toutes proportions gardées, il en a été de même pour la sociologie et les sciences sociales qui se sont trouvées depuis la Seconde Guerre mondiale de plus en plus interpellées par des situations pour lesquelles les approches et les méthodes classiques d'identification des problèmes étaient aussi inappropriées. Elles étaient dans l'impossibilité de saisir la complexité des faits de société. Ce qui émergeait de radicalement nouveau et nécessaire dans le champ de la santé émergeait également dans celui des sciences sociales.

THÉMATIQUE 3 – INSERTION DANS LA DISCIPLINE INFIRMIÈRE

On le sait ou s'en doute, les domaines de la santé et du social se chevauchent et s'enrichissent mutuellement. Ce qui entraîne un changement de regard dans l'un entraîne également un changement dans l'autre. L'évolution de la pensée en lien avec les processus de compréhension des faits de société a des répercussions d'une manière ou d'une autre dans les domaines avec lesquels ils sont liés. La santé et le social n'échappent pas à ces évolutions. Ce constat d'insatisfaction va pouvoir rendre compte au travers d'instruments méthodologiques classiques d'une société particulièrement tourmentée. Ainsi, suite à la Seconde Guerre mondiale et aux processus d'indépendance et de décolonisation, un certain nombre de chercheurs, comme Kurt Lewin, F. Tosquelles et E. Trist vont sortir des chemins académiques traditionnels pour chercher de nouvelles approches méthodologiques capables de mieux appréhender la complexité des situations auxquelles ils n'étaient pas habitués. Ils vont emprunter des chemins peu usuels et élaborer un savoir « différent », contribuant, comme le rappelle un auteur spécialiste de la recherche-action, « [...] à situer la recherche-action dans une épistémologie en cours de dévoilement et à affermir sa démarche » (Liu, 1997 : 14).

À ce sujet, l'expérience du psychosociologue Lewin[3] est significative. Celui-ci est d'ailleurs considéré comme l'initiateur de la recherche-action. Ayant fui le nazisme pour se réfugier aux États-Unis en août 1933 et découvrant alors l'idéal démocratique, il avait orienté son travail de chercheur vers une plus grande compréhension des phénomènes sociaux, et en particulier du fascisme. Il allait alors réellement construire une pratique nouvelle de la recherche fondée sur une approche épistémologique et méthodologique singulière qui tient à deux postulats nouveaux pour l'époque. Ces deux postulats sont réunis dans la question suivante : comment « [...] étudier la dynamique sociale sans crainte de sa *complexité* et l'*expérimentation* dans la vie réelle ? » (Liu, 1997 : 23). À l'époque, vouloir traiter de la complexité des situations et reconnaître l'importance de l'expérientiel qui permet l'émergence d'un savoir était une approche novatrice. En effet, la recherche et le savoir savant étaient pris dans des balises positivistes indiquant une approche réductionniste des réalités à étudier, et une distance du chercheur d'avec son objet pour garantir une certaine objectivité. Néanmoins, Lewin suivit cette voie et

---

3. 1890-1947.

appliqua pour cela deux approches essentielles de la Gestalt : tenir compte de la globalité et de la relation dynamique des situations. Et ce dernier de préciser :

> Plutôt que de prendre des faits isolés et d'essayer ensuite d'en faire la synthèse, on doit prendre en compte et décrire la situation totale dès le départ. L'approche par la théorie du champ implique dès lors une méthode d'approximation graduelle qui, par réitération, peut conduire à des descriptions de plus en plus spécifiques. Prendre des faits isolés dans une situation peut conduire facilement à une image fausse. Une représentation globale peut et doit être, à l'opposé, correcte pour ce qui est essentiel à quelque degré que ce soit de précision (Lewin, 1964 : 149).

Mais il faut encore aller plus loin dans l'histoire et prendre conscience que la recherche-action comme les autres disciplines scientifiques prend ses racines dans des approches qui remontent à la fin du XIXᵉ siècle. Les commentateurs évoquent ici l'influence de Karl Marx[4], mais aussi d'autres moins connus comme Frédéric Le Play « [...] qui inauguraient les premières esquisses d'une sociologie qualitative » (Barbier, 2006 : 1). L'un comme l'autre ont posé les jalons d'un certain regard sur les pratiques sociales de leur époque en cherchant à **les transformer**. Cette démarche d'analyse est orientée vers une praxis, éléments révélateurs d'une manière différente d'aborder les dynamiques sociales que l'on va retrouver en recherche-action.

Tous ces éléments prémonitoires très succinctement évoqués ont conduit à ce qu'on a appelé l'École de Chicago qui est née au sein du Département de sociologie de l'Université de Chicago entre la Première et la Deuxième Guerre mondiale, et ce, en concurrence avec les Universités de New York et de Philadelphie. Les thématiques de recherche n'hésiteront pas alors à être « impliquantes » et implicatives pour les chercheurs, comme nous le rappelait Henri Desroche lorsqu'il parlait de « recherche d'implication ou la recherche par l'action ou ses acteurs » (1990 : 107). Elles concerneront pour beaucoup les problèmes sociaux vécus à cette période (migrations importantes, délinquance juvénile, problèmes de sociabilité...). De là va apparaître une sociologie de terrain avec une attention et une prise en compte de

---

4. Karl Marx (1818-1883) et Frédéric Le Play (1806-1882) sont tous deux contemporains.

ce qu'on appellera dans les années 1950-1960 les *lifes stories*. Cette filiation va se retrouver en France et en Suisse dans les années 1970, porteuse d'un courant « histoire de vie » avec un certain nombre d'auteurs tels Daniel Bertaux (1974), Gaston Pineau (1983) en France, et Pierre Dominicé (1990) et Christine Josso (1991) en Suisse.

On assiste donc depuis les années 1950 à un essaimage de cette nouvelle approche depuis les États-Unis vers le japon (J. Misumi), l'Angleterre (Tavistock Institute), l'Allemagne (O. Ludeman) et la France (J. Dubost, J. Ardoino, H. Desroche, etc.). N'oublions pas qu'en Europe, et en France plus spécialement, la sociologie était portée par la pensée d'Émile Durkheim. L'analyse des faits de société se faisait principalement sur la base de statistiques et d'enquêtes. Nous étions alors dans une approche quantitativiste qui n'avait pas peur de réifier le social. Il aura fallu des crises autant sociales, économiques que politiques (les conséquences de l'industrialisation, les guerres, les crises économiques, les processus de décolonisation et d'indépendance, les mouvements sociaux réclamant plus de justice, etc.) pour faire émerger dans le monde des sciences sociales la nécessité d'une nouvelle approche permettant de rendre compte différemment de la complexité des faits de société. Il est évident que la dimension politique au sens premier du terme affleure et peut, dans certaines situations, révéler des conflits idéologiques qu'il ne faut pas avoir peur d'aborder. Dans cette tension possible, seule la rigueur des chercheurs garantit un espace de réflexion et de débat dont la finalité reste la promotion d'un savoir sur l'Homme.

Cela dit, l'émergence de la recherche-action dans le paysage des sciences sociales et dans le monde académique nous amène à reconnaître que nous assistons avec cette démarche à un phénomène complexe qui occupe une place particulière, voire ambiguë, dans les milieux universitaires. En effet, selon notre position et nos engagements dans la communauté scientifique, nous pouvons être déstabilisés par la recherche-action car elle oblige à articuler plusieurs paradigmes et à nous distancier de certains repères méthodologiques classiquement admis. Et Lavoie, Marquis et Laurin de préciser encore à ce sujet que :

> La recherche-action est une approche de recherche, à caractère social, associée à une stratégie d'intervention et qui évolue dans un contexte dynamique. Elle est fondée sur la conviction que la recherche et l'action peuvent être réunies. Selon sa préoccupation, la recherche-action peut

avoir comme but le changement, la compréhension des pratiques, l'évaluation, la résolution des problèmes, la production de connaissances ou
l'amélioration d'une situation donnée. La recherche-action doit : avoir
pour origine des besoins sociaux réels, être menée en milieu naturel de
vie, mettre à contribution tous les participants à tous les niveaux, être
flexible (s'ajuster et progresser selon les événements), établir une communication systématique entre les participants et s'auto-évaluer tout au long
du processus. Elle est à caractère empirique et elle est en lien avec le vécu.
Elle a un « design » novateur et une forme de gestion collective où le
chercheur est aussi un acteur et où l'acteur est aussi chercheur (Lavoie et
autres, 1996 : 41).

Réflexion épistémologique concernant la place de la recherche-action au sein des sciences sociales

En matière de réflexion épistémologique, rappelons d'abord que
l'on situe la recherche-action dans le champ des recherches participatives
où la connaissance est indissociable de l'action. Les priorités sont relevées au niveau local. L'engagement des individus est indispensable dans
le processus de recherche, et le pouvoir mieux réparti entre les acteurs
qui participent du début à la fin de la recherche (Cornwall et Jewkes,
1995). Retenons encore que la recherche-action se décline en différentes
formes ou en une typologie (Resweber, 1995). On distingue notamment
la recherche-action de diagnostic, la recherche-action participative, la
recherche-action empirique, la recherche-action expérimentale et la
recherche-action spontanée et engagée (Christen-Gueissaz, 2006 : 24).
D'autres commentateurs pourraient encore prolonger cette énuméra-
tion. Mais au-delà de cette typologie, et parce que la recherche et l'action
sont indissociables au sein d'une réalité sociale, et qu'il est question de
compréhension et de transformation des pratiques en intégrant différents acteurs dans le processus qui vise l'émergence de nouveaux savoirs,
certaines discussions s'imposent. L'histoire de la recherche-action et
son statut souvent controversé au sein des sciences sociales conduisent
premièrement à discuter de la responsabilité sociale de la communauté
scientifique à l'égard de la société, dans la mesure où ce type de recherche
est tout simplement utile. Or, quand on a tendance à valoriser la
recherche fondamentale en sciences sociales, à se tenir éloigner de toute
participation et de tout engagement, les recherches explicitement

animées par une visée d'application ne jouissent pas vraiment de considérations favorables. De la même manière, alors que l'on tente souvent
de considérer pleinement la subjectivité du chercheur dans les processus
de recherche afin de la neutraliser ou de préciser la limite des connaissances produites, la recherche-action (et sa nécessité d'application)
profite, quant à elle, explicitement d'un rapport particulier à une réalité
sociale et d'un regard qui conduit à traduire cette réalité sous la forme
d'un problème ou d'une situation non désirée qu'il faut modifier. Ces
éléments n'apparaissent pas comme une contrainte, mais plutôt comme
un impératif et un avantage dans la recherche. Comme le souligne une
de nos collègues à propos de cette utilité de la recherche et de cette
application, la résolution de problèmes pourrait constituer un critère
complémentaire de validité du processus engagé, d'un processus dans
lequel le développement de connaissances et l'action sont intrinsèquement liés (Christen-Gueissaz 2006 : 30).

Deuxièmement, en suivant Berger (2003 : 13-26), nous pouvons
revenir sur deux problèmes qui conduisent selon lui à des impasses. Le
premier concerne le statut du chercheur dans la démarche de recherche-
action. Ici, nous pouvons nous demander si nous devons le considérer
comme un chercheur ou comme un praticien. Car il y a bien dans la
recherche-action un projet de recherche, mais il y a aussi un praticien
inscrit dans le projet de devenir chercheur au moyen d'une démarche
de réflexivité déjà évoquée plus haut. Parle-t-on alors de praticien chercheur ou de chercheur praticien ?

Le second problème porte sur les savoirs particuliers produits dans
la recherche-action. On peut effectivement « se demander si ces savoirs
spécifiques peuvent s'articuler avec des savoirs scientifiques produits
par ailleurs ? » (Berger, 2003 : 17). Une chose est certaine, le statut de
chercheur n'est pas un « en-soi ». Il est plutôt une situation en devenir
permanent. Le chercheur s'approprie des savoirs reconnus « universellement ». Cela n'est pas différent dans une démarche de
recherche-action, où l'originalité, comme le souligne Berger, vient du
fait que « le processus d'appropriation, le rapport entre l'activité du
sujet et les savoirs auxquels il accède, est un rapport extrêmement étroit »
(Berger, 2003 : 17). Notre expérience de formateur dans ce domaine
confirme bien cette analyse. Dans ce registre du savoir et de la connaissance, il faut toutefois apporter une nuance. Le sujet qui s'engage dans

une recherche-action soulève l'un des enjeux importants de cette démarche : celui « d'enlever le monopole de la recherche et de l'expertise à "ceux qui savent", "ceux qui savent par naissance" et ceux qui savent par formation [...] » (Mesnier et Missotte, 2003 : 37).

Points de repère sur la recherche-action

Précisons enfin ce qui caractérise la recherche-action pour engager dans la seconde section du chapitre une discussion sur des connivences avec la recherche en sciences infirmières. Pour ce faire, revenons sur un séminaire international que nous avons organisé en 2004 sur la recherche-action en collaboration avec l'Université de Lausanne et l'Université Marc Bloch de Strasbourg (France). Ce séminaire était ouvert autant aux formateurs, aux chercheurs, aux universitaires qu'aux praticiens et à toutes les personnes intéressées à entrer dans une réflexion qui exprime « [...] une véritable transformation de la manière de faire de la recherche en sciences humaines » pour reprendre l'expression de Barbier (1996 : 7). Nous avions alors choisi d'articuler cette réflexion autour d'une hypothèse de travail à savoir que *la recherche-action s'identifiait à une démarche d'apprentissage et d'innovation sociale*. Nous étions spécifiquement dans le registre des sciences humaines quand bien même certaines recherches présentées concernaient le monde de la santé.

Chargée de la synthèse du séminaire, l'une de nos collègues (Corajoud, 2006 : 213) mettait en évidence les points suivants que nous proposons ensuite de considérer comme lieux de rencontre à investir entre recherche-action et sciences infirmières. En effet, en lien avec la démarche d'apprentissage et d'innovation sociale, chacun de ces points nous semble transférable dans le champ des sciences infirmières. Retenons ainsi que, dans le registre des *processus d'apprentissage*, la démarche de recherche-action :

- Valorise la réhabilitation des savoirs émanant de l'expérience. Les partenaires de la recherche se reconnaissent membres d'une même communauté, génératrice de savoirs,
- Permet d'intégrer une démarche réflexive autant chez les chercheurs que chez les autres acteurs. Il s'agit de remettre en question ses propres connaissances,

- Mobilise le sens des responsabilités collectives par le fait que la recherche met en dialogue différents partenaires et que l'action est par nature communautaire.

Ensuite, dans la continuité du premier, retenons que le registre des *processus d'innovation* nous permet d'avancer :

- Que la dynamique innovante permet un désenclavement du monde universitaire vers les problématiques de la cité,

- Qu'une adaptation particulière au contexte, aux rythmes exogènes, au temps vécu différemment pendant la recherche-action, permet de considérer tous les facteurs comme des « espaces temporels porteurs de connaissances nouvelles » (Corajoud, 2006 : 218), plutôt que de les évacuer.

RECHERCHE-ACTION ET SCIENCES INFIRMIÈRES : DES CONNIVENCES

Essayons maintenant de retracer quelques récurrences qui ont valeur de résonance avec une démarche de recherche-action dans la recherche en sciences infirmières. Pour ce faire, partons d'une définition de la recherche en sciences infirmières. À ce titre, le Conseil international des infirmières (CII) souligne que :

La recherche dans le domaine des soins infirmiers est une démarche qui procède d'une quête systématique visant à dégager de nouveaux savoirs infirmiers au bénéfice des patients, des familles et des communautés. Ce type de recherche englobe tous les aspects des questions de santé qui revêtent un intérêt quelconque pour les soins infirmiers, y compris pour ce qui est de la promotion de la santé, de la prévention des maladies, des soins aux individus de tous âges pendant leur maladie, durant leur rétablissement ou lors de l'accompagnement vers une mort dans la dignité et la paix. La recherche en soins infirmiers applique l'approche scientifique à une démarche qui a pour objet de faire avancer l'état des connaissances, d'obtenir des réponses à des questions ou de résoudre des problèmes (CII, 1998).

Sans oublier encore que certaines recherches en sciences infirmières contribuent à la construction de « modèles » ou de conceptions de soins, nous sommes au sein de cette discipline dans une démarche globale et interactive de la connaissance. Partant de là, quels sont les référents communs entre la recherche en sciences infirmières et la démarche de recherche-action ? Déjà, nous venons d'appréhender rapidement un ensemble d'éléments susceptibles de converger. Il s'agit en effet :

- De la valorisation des savoirs expérientiels. On accepte effectivement que les problématiques de recherche en sciences infirmières prennent comme départ une réalité pratique partagée par le ou les praticiens à travers ses ou leurs cadres d'expériences (qu'ils soient ou non chercheurs). La lecture de la réalité donnée par le praticien est ainsi essentielle à la recherche en sciences infirmières.

- D'une démarche réflexive, dans la mesure où la recherche en sciences infirmières suppose d'interroger et de juger des manières de faire et de soigner, de déterminer à qui bénéficient les actions de l'infirmière, quels sont les forces qui les influencent et qu'est-ce qui devrait être changé dans les milieux d'exercice.

- Des responsabilités collectives au sens où il appartient aussi à la recherche en sciences infirmières de transformer un système de soins de santé (autant par exemple dans sa dimension clinique que politique) afin que celui-ci permette de promouvoir le mieux possible la santé des individus.

- D'une transformation des pratiques, puisque la discipline infirmière est une discipline professionnelle et qu'il y a ici l'exigence d'arrimer la théorie et la pratique dans une perspective de promotion de la santé des personnes auprès desquelles les infirmières travaillent.

- D'une socialisation des « objets » de recherche, puisque les soins ne peuvent être efficients que lorsqu'ils sont mis en perspective d'une prise en compte de l'environnement et de leur dimension sociétale, même s'ils ont une dimension individuelle et qu'ils sont propres à la singularité des situations.

- D'un désenclavement des savoirs dans la mesure où les lieux du savoir en sciences infirmières sont intimement liés aux milieux de pratiques qui sont identifiés comme des partenaires ; dans la mesure où les praticiens sont attendus dans les processus de recherche, comme chercheurs, participants, ou simplement comme bénéficiaires dans le transfert de connaissances.

- D'une adaptation et d'une utilisation de facteurs excentriques comme lieu de connaissances nouvelles, dans la mesure où le périmètre des sciences infirmières intègre naturellement d'autres savoirs.

Des indices de complicité et de proximité : une philosophie commune ?

Allons encore un peu plus loin pour mieux définir ces indices de proximité en matière de croisements conceptuels. Une pratique réflexive n'est vraiment réflexive que si elle se nourrit en permanence d'une réflexion de type philosophique. Il nous faut donc désormais explorer en amont, c'est-à-dire chercher des proximités philosophiques, des paradigmes, des visions du monde ou des intuitions (Weltanschauung) qui se retrouvent dans l'une comme dans l'autre. En bref, peut-on retracer une « même » philosophie dans ces deux cadres de recherche ? L'analyse de cette question est loin d'être univoque. Là encore, il est bon de resituer historiquement l'entrée de la recherche en sciences infirmières dans le paysage universitaire comme nous pourrions le faire pour la recherche-action dans le champ des sciences sociales. À ce titre, nous assistons à un processus d'appropriation méthodologique par étapes. Nous sommes dans un processus à la fois chronologique et diachronique où il est essentiel de trouver « l'objet » propre aux sciences infirmières si l'on admet que toute science se définit par un rapport à un objet et aux méthodologies utilisées. Il appartient donc aux sciences infirmières d'en préciser toujours mieux les contours. La recherche nourrit ainsi ce processus par un questionnement épistémologique. C'est alors dans l'appropriation de certaines démarches de recherche que nous pouvons déterminer les courants philosophiques qui en sont les porteurs.

- *Repères méthodologiques en sciences infirmières*
  (tel qu'un Européen les perçoit)

Se trouvant dans un rapport de proximité particulier avec le monde médical, les premières recherches en soins infirmiers ont cherché à légitimer leurs travaux en utilisant les instruments méthodologiques adaptés à des sciences biomédicales inscrites dans un courant positiviste. Il était difficile, voire impensable, de présenter une recherche en sciences infirmières sans utiliser une méthode d'analyse statistique et une approche quantitative. Plutôt positiviste et associée à une démarche hypothético-déductive dont certains auteurs vont jusqu'à dire qu'elle est devenue une « idéologie des temps modernes, tant nous sommes largement incapables de nous affranchir de ses principes » (Mucchieli, 1998 : 57), cette position s'est progressivement amendée pour s'ouvrir à d'autres approches de type interprétatif, subjectiviste[5] ou constructiviste[6] et phénoménologique.

Aujourd'hui, la recherche en sciences infirmières s'enrichit des approches méthodologiques, qualitative et quantitative, et s'engage à les utiliser dans une relation de complémentarité dynamique. On découvre l'importance et l'intérêt d'une approche méthodologique mixte. Nous réalisons très vite que l'espace méthodologique dans lequel se travaillent et se déconstruisent les « objets » de la recherche en sciences infirmières est celui des sciences sociales. En effet, l'essence des activités infirmières articule en permanence l'humain, la société et la nature, mais aussi les concepts déjà évoqués plus haut, à savoir le soin, la personne, la santé et l'environnement. Parce que les uns et les autres constituent le champ des soins infirmiers (Fawcett, 1993) et qu'ils dessinent l'ordre de réalité à considérer et dont il faut se préoccuper en sciences infirmières, nous sommes ici aussi dans une méthodologie de la complexité (et non de la réduction).

En reconnaissant ainsi que la recherche en sciences infirmières a un adossement préférentiel avec des méthodologies classiques et les sciences humaines (sans exclure évidemment l'apport de certaines recherches de type épidémiologique), mettons maintenant en évidence quelques particularités qui révèlent aussi la présence sous-jacente de courants philosophiques (existentialisme, spiritualisme, personnalisme, humanisme, idéalisme, phénoménologie...) sur ce terrain. À ce sujet, on peut

---

5. Les instruments méthodologiques sont ici plutôt de type qualitatif et la référence méthodologique plutôt empirico-inductive.

6. Cette perspective renvoie à l'idée « que l'on ne peut donner du sens au monde qui nous entoure qu'en inventant des représentations pour en parler [...] ; que l'on se pose moins la question de la vérité absolue des théories que la question de leur vérité pour l'action [...] » (Allin-Pfister, 2004 : 8).

relever au moins trois particularités qui appartiennent à la pratique de recherche en soins infirmiers, et qui ont aussi valeur d'enseignement et de questionnement méthodologique dans la démarche de recherche-action :

1) Une dimension de type praxéologique qui implique souvent une recherche dans le cadre d'un milieu hétérogène, peu codifié. Très souvent, les recherches ne sont pas sur un terrain d'échantillonnage bien uniformisé et rationalisé. C'est précisément dans ce travail d'exploration de ce milieu hétérogène, difficile à cerner peut-être mais signifiant pour l'objet de la recherche, que va se décliner et se chercher une méthodologie la plus adaptée.

2) Le rapport au terrain n'est pas anodin non plus. Le chercheur n'est pas dans une situation d'externalité. Il est souvent dans une situation d'observateur participant. Le terrain de la recherche est un lieu construit socialement dans lequel on n'entre pas facilement. La recherche en soins infirmiers est une recherche *sur* le terrain, *dans* le terrain et *de* terrain.

3) Il y a aussi un rapport au temps qui renvoie à la notion des acteurs impliqués dans l'étude. Dans une recherche en soins infirmiers comme dans la démarche de recherche-action, c'est souvent l'autre qui est « maître » de la temporalité (le patient, la communauté, la famille, l'environnement...), laquelle est souvent évaluée à la fois dans sa perception chronologique et dans celle du « kairos[7] ».

• *Parcours de formation à la recherche-action et implication des infirmières*

Au terme de cette réflexion, nous pouvons illustrer notre réflexion avec un exemple de formation à la recherche-action impliquant en particulier des professionnels infirmiers. De cette manière, le lecteur

---

7. On distingue en effet classiquement le temps sous deux regards, celui qui concerne le passage d'un événement antérieur à un événement postérieur et c'est la perception chronologique du temps (le temps qui passe), mais il y a aussi le regard qui prend en compte ce qui se passe pendant le moment présent, c'est la perception du temps dans l'épaisseur de l'événement vécu. C'est dans cette deuxième acception que la langue grecque parle de «kairos».

pourra se faire rapidement le témoin de cette connivence si souvent évoquée tout au long de ce chapitre. En quelques mots, il s'agit de présenter une collaboration entre l'Université de Strasbourg et l'institution La Source de Lausanne qui est engagée depuis longtemps dans la formation des soins infirmiers. Mise en place depuis 1996, cette convention scientifique propose à des professionnels de la santé, des infirmières, mais aussi du social et de l'éducatif, un parcours de formation à la recherche-action permettant à l'étudiant-chercheur d'expérimenter lui-même les tenants et aboutissants d'une démarche de recherche-action adaptée à son projet de recherche par un processus d'apprentissage et d'innovation. Le parcours des professionnels dure deux années augmentées d'un temps variable de rédaction du mémoire conduisant au diplôme des Hautes Études des pratiques sociales (D.H.E.P.S de niveau maîtrise universitaire). Tout au long de sa formation, l'étudiant-chercheur construit des voies de changement par l'interrogation de ses expériences, leur confrontation aux savoirs institués, et par la prise d'initiative proposée dans son milieu (clinique, enseignement, soins communautaires, etc.). Il s'appuie sur la démarche de recherche-action qui va le guider tout au long de la réalisation de son projet. Ainsi, il contribue à influencer l'évolution des pratiques sociales, en particulier celle de la formation en soins infirmiers par l'émergence de nouveaux savoirs.

La recherche-action ouvre ainsi une perspective de réponse pertinente à la complexité des problématiques de santé. Effectivement, dans ce dispositif de formation :

1) On ne craint pas de « modifier » la réalité du prendre soin, dans son contexte social, afin de mieux la connaître pour mieux répondre aux bénéficiaires, mais aussi aux attentes de la collectivité. C'est d'ailleurs sans doute le principe fondamental qui procure à la recherche-action sa force et son originalité.

2) La démarche de recherche-action montre toute sa pertinence lorsque l'on est face à un problème que les modes d'approches classiques ne peuvent résoudre. Probablement que cette dynamique de la recherche-action réside dans son potentiel de transformation et de développement.

3) Le parcours atteste la manifestation d'une dimension concernant des questions liées au sens donné par les professionnels à leurs pratiques. En effet, chaque session, pendant les deux années de formation, est marquée par l'une ou l'autre des thématiques suivantes : l'acteur, le projet, les cultures, les communautés, les pratiques de développement social, de santé communautaire et de recherche-action. Ces thématiques renforcent la cohérence de la démarche et correspondent aux trois grands moments d'une stratégie pédagogique adaptée à des adultes praticiens en formation-recherche : pédagogie du sujet, pédagogie de l'objet, pédagogie du projet.

Les commentaires[8] de certains diplômés du champ des soins infirmiers qui ont témoigné sur leur formation à la recherche-action illustrent très bien ces trois éléments. Ils soulignent :

- Une remise en question fondamentale de valeurs et de choix professionnels.
- Une capacité de recul, d'avantage d'assurance professionnelle.
- La possibilité de mobiliser les ressources du terrain pour réfléchir ensemble.
- L'impression d'avoir cassé des barrières qui m'a permis l'accès à une réflexion académique.
- Que les autres sont des acteurs précieux à ma réflexion.
- Que la démarche prépare à une transformation de l'acteur en auteur socioprofessionnel.
- Que la démarche rend possible la construction de projet et l'argumentation.
- Que la démarche du DHEPS recèle une capacité d'innovation sociale par l'implication des acteurs de terrain.
- Que je suis sorti de cette formation, transformé car, après celle-ci, je ne peux m'empêcher d'être toujours dans une posture de « chercheur ».

---

8. Rapportés lors de la célébration des 10 ans d'activités en Suisse du diplôme des Hautes Études des pratiques sociales en 2006.

- Qu'effectuer un DHEPS, c'est commencer par saisir son histoire de vie.

Enfin, citons un exemple de recherche-action parmi d'autres pour souligner comment la recherche-action peut se trouver dans l'itinéraire d'une infirmière. La recherche de Françoise Jung (2006) intitulée *La santé communautaire. La promotion de la santé et l'empowerment. Pratique et analyse* peut servir ici d'exemple.

Infirmière formée dans le domaine de l'hygiène maternelle et pédiatrique, Françoise Jung s'est engagée dans l'enseignement dans la dernière partie de sa carrière professionnelle tout en gardant une activité de proximité des soins dans le village où elle habitait avec sa famille. Comme elle le disait elle-même : « Un mari, deux enfants et une situation professionnelle et personnelle en alternance entre la famille et le travail, entre les soins et la pédagogie, marquent ces vingt dernières années » (2006 : 8). Sa recherche dans le domaine de la santé communautaire était en fait l'expression de tout cet investissement. Elle était consciente que sa recherche-action correspondait à un véritable carrefour de l'évolution professionnelle des infirmières.

Intéressée et préoccupée par la question de l'extension du champ professionnel, elle a travaillé sur l'émergence de cette extension, et inscrit sa réflexion dans le but « [...] de dégager un savoir professionnel transférable et utilisable dans [son] rôle d'enseignante » (2006 : 10). Dans son travail, elle nous a introduits dans sa pratique d'infirmière originale et indépendante qui est devenue progressivement son terrain de recherche et le lieu signifiant de son questionnement. Dans ce contexte, elle allait ouvrir un cabinet d'infirmière indépendante dans une pharmacie, en collaborant ainsi avec son propriétaire et en mettant à profit sa pratique pédagogique.

Dans cette pratique originale, Françoise en est arrivée à se demander dans sa recherche : « Quelles sont les incidences interactionnelles entre les habitants, la communauté et les professionnels lors d'un processus d'empowerment dans une perspective de promotion et de santé communautaire ? » (2006 : 12). Elle allait alors décliner sa recherche selon trois unités : 1) les habitants à travers leur présence, leur participation, leur parole et leurs échanges ; 2) la professionnelle de santé qu'elle était ; et 3) la collectivité, les autorités communales, le réseau de santé et l'environnement professionnel. Dans sa recherche-action, elle proposa ainsi une réflexion sur le rôle infirmier dans un espace extrahospitalier et un cadre d'activité libérale en étant installée au sein d'un village. Dans de telles conditions, la visibilité de la fonction infirmière a vu progressivement le jour. De la même manière et après plusieurs étapes, la participation active de la population s'est organisée alors que cette participation et cette visibilité auraient pu paraître utopiques au départ.

Ce travail n'a malheureusement pas pu se poursuivre et se développer avec l'initiatrice comme on aurait pu l'espérer en raison de son décès peu de temps après le dépôt et la soutenance de cette recherche. Néanmoins, son travail et sa recherche restent sans aucun doute des références utiles, entre autres, dans le champ d'une reconfiguration des territoires des professionnels de la santé. Par ailleurs, cette recherche illustre avec une grande pertinence qu'une approche communautaire de la santé n'est pas l'exclusive des pays en développement, mais qu'elle peut aussi être proposée avantageusement et dynamisée dans un environnement économique et social confortable comme la Suisse.

Une recherche-action dans une telle démarche contribue véritablement à l'enrichissement des savoirs qui concernent autant les professionnels infirmiers et leurs pratiques que les bénéficiaires des systèmes de santé.

EN GUISE DE CONCLUSION

Il ne s'agit pas de conclure et de prononcer une sentence, mais plutôt de nous aider, par cet itinéraire, à poursuivre notre questionnement quant à la place de la recherche-action dans la discipline infirmière. Nous savons déjà de Holter et Schwartz-Barcott (1993) que cette rencontre s'est faite dès les années 1980. Toutefois, la recherche-action privilégiée en sciences infirmières ne correspondait pas alors à la lecture proposée dans notre texte. Effectivement, les auteurs soulignaient que les recherches-action en sciences infirmières consistaient surtout à valider et à tester des interventions dans des milieux (interventions définies par les chercheurs) et qu'on a ignoré totalement des recherches-action « conscientisantes » susceptibles de faire émerger des problèmes par ceux qui les vivent et de comprendre encore les forces qui entourent leurs pratiques et leur réalité. Et d'autres auteurs d'ajouter dernièrement que la recherche-action a toute sa pertinence en sciences infirmières, tout particulièrement quand il est ici question de donner la parole aux personnes soignées et aux bénéficiaires des interventions, de tenir compte de leurs intérêts dans les recherches à réaliser ; quand il est question d'engagement politique de l'infirmière, de traiter d'inégalités de santé, de développer l'empowerment des personnes malades ou en difficulté, et de contester des forces qui font agir les professionnels dans un sens contraire aux intérêts des personnes vulnérables (Glasson et autres, 2008 ; Young, 2009). Évidemment, ce chapitre va dans le même sens en précisant des lieux d'arrimage entre sciences infirmières et recherche-action qui renforcent l'importance de rencontrer cette dernière dans la discipline infirmière.

Son titre évoque d'ailleurs très bien l'importance de cette rencontre (recherche-action et sciences infirmières, une connivence à (re) découvrir !) », à travers une injonction à la redécouverte, voire à la découverte. En fait, il semble vraiment que nous avons beaucoup d'intérêts à *redécouvrir*, voire à *découvrir* combien les sciences infirmières, et en particulier la recherche en sciences infirmières, ont à bénéficier d'une démarche de recherche-action que nous fournissent les sciences sociales. Une certaine originalité les habite toutes les deux. Elles contribuent aujourd'hui à un questionnement nouveau de la recherche au sens large du terme. L'une comme l'autre participe à la transformation des pratiques. L'une comme l'autre interroge la place des acteurs et de leur responsabilisation dans les systèmes qu'elles explorent. L'une comme l'autre crée des ponts entre la théorie et la pratique et se trouve au carrefour de différents mondes, professionnel, universitaire, en présence souvent de cultures différentes. Pour le dire encore autrement et reprendre ici ce que nous avions voulu exprimer avec des collègues à la fin de notre séminaire international discuté plus haut, il faut retenir que la démarche de recherche-action renvoie à « ce questionnement permanent suscité par la rencontre entre recherche et action, objet et sujet, théorie et pratique, professionnels et universitaires, en un mot entre chercheurs et praticiens, l'un devenant l'autre, crée une passion partagée dans la quête de connaissances et de méthodes nouvelles. Il ouvre des perspectives épistémologiques communes » (Fontaine, 2006 : 237). La discipline infirmière n'est-elle pas aussi au cœur de ce questionnement ?

Références

Allin-Pfister, A.-C. (2004). *Travail de d'études. Clés et repères*, Lamarre, Paris.

Ardoino, J. (2003). « L'actualité des recherches-actions », dans P.M. Mesnier et P. Missotte (dir.), *La recherche-action, une autre manière de chercher, se former, transformer*, L'Harmattan, Paris, 41-49.

Barbier, R. (1996). *La recherche-action*, Economica Anthropos, Paris.

Barbier, R. (2006). *Historique de la recherche-action*. Disponible en ligne à l'adresse suivante : http://foad.iedparis8.net/claroline/courses/8327/document/barbier_rechercheaction/01.Historique.html.

Bataille, M. (1983). « Méthodologie de la complexité », *Revue Pour*, 90, 32-36.

Berger, G. (2003). « La recherche-action. Épistémologie historique », dans P.M. Mesnier et P. Missotte (dir.), *La recherche-action, une autre manière de chercher, se former, transformer*, L'Harmattan, Paris, 13-26.

Christen-Gueissaz, E. (2006). « Le chemin se fait en marchant. Postulats et développement de la recherche-action », dans E. Christen-Gueissaz, G. Corajoud, M. Fontaine et J.-B. Racine (dir.), *Recherche-action. Processus d'apprentissage et d'innovation sociale*, L'Harmattan, Paris, 21-40.

Conseil international des infirmières (CII) (1998). *Guide pratique pour la recherche dans le domaine des soins infirmiers*, W.L. Holzemer, Genève. Disponible en ligne à l'adresse suivante : http://www1.icn.ch/matters_researchf.htm.

Corajoud, G. (2006). « Conclusion », dans E. Christen-Gueissaz, G. Corajoud, M. Fontaine et J.-B. Racine (dir.), *Recherche-action. Processus d'apprentissage et d'innovation sociale*, L'Harmattan, Paris, 213-230.

Cornwall, A., et R. Jewkes (1995). « What is participatory research », *Social Science and Medicine*, 41, 12, 1667-1676.

Desroche, H. (1990). *Entreprendre d'apprendre. D'une autobiographie raisonnée aux projets d'une recherché-action. Apprentissage 3*, Les Éditions ouvrières, Paris.

Dolbec, A. (2003). « La recherche-action », dans B. Gauthier (dir.), *Recherche sociale : de la problématique à la collecte des données*, Presses de l'Université du Québec, Sainte-Foy, 505-540.

Fawcett, J. (1993). *Analysis and Evaluation of Nursing Theories*, Davies Compagny, Philadelphia.

Fontaine, M. (1995). *Santé et culture en Afrique noire. Une expérience africaine au nord du Cameroun*, L'Harmattan, Paris.

Fontaine, M. (2006). « Introduction », dans E. Christen-Gueissaz, G. Corajoud, M. Fontaine et J.-B. Racine (dir.), *Recherche-action. Processus d'apprentissage et d'innovation sociale*, L'Harmattan, Paris, 13-20.

Fontaine, M. (2007). « La recherche en soins infirmiers existe, je l'ai rencontrée ! », *Revue médicale suisse. Médecine et hygiène*, Genève, 3, 2356-2359.

Glasson, J.B., et autres (2008). « The value of participatory action research in clinical nursing practice », *International Journal of Nursing Practice*, 14, 34-39.

Holter, I.M., et D. Schwartz-Barcott (1993). « Action research : what is it ? How has it been used and how can it be used in nursing ? », *Journal of Advanced Nursing*, 18, 298-304.

Jung, F. (2006). *La santé communautaire. La promotion de la santé et l'empowerment. Pratique et analyse*, Mémoire déposé pour l'obtention du diplôme des Hautes Études des pratiques sociales, Université M Bloch de Strasbourg et école La Source de Lausanne.

Lavoie, L., et autres (1996). *La recherche-action. Théorie et pratique*, Presses de l'Université du Québec, Montréal.

Lewin, K. (1964). *Field Theory in Social Science*, Selected theoretical Papers, Harper & Row, New York.

Liu, M. (1997). *Fondements et pratiques de la recherche-action*, L'Harmattan, Paris.

Loiselle, C., et J. Profetto-McGrath (2007). « S'initier à la recherche infirmière et à son utilisation », dans C. Loiselle et J. Profetto-McGrath, *Méthodes de recherche en sciences infirmières*, Éditions du Renouveau pédagogique, Montréal, 4-31.

Mesnier, P.M., et P. Missotte (2003). « La recherche-action. Épistémologie historique », dans P.M. Mesnier et P. Missotte (dir.), *La recherche-action, une autre manière de chercher, se former, transformer*, L'Harmattan, Paris, 13-26.

Mucchieli, A. (1998). « Pour une pédagogie de la recherche clinique en soins infirmiers », *Recherche en soins infirmiers*, 55, 54-64.

Resweber, J.-P. (1995). *La recherche-action*, PUF, Paris.

Simard, Y. (2005). « Les savoirs d'expérience : épistémologie de leurs tout premiers moments », *Revue des sciences de l'éduction*, 31, (3), 543-562.

Young, L. (2009). « Participatory Action Research (PAR) : A Research Strategy for Nursing ? », *Western Journal of Nursing Research*, 28, (5), 499-504.

De Bronislaw Malinowski à Virginia Henderson
Révélation sur l'origine anthropologique d'un modèle de soins infirmiers[1]

NICOLAS VONARX

Quand il s'agit de considérer une réalité sociale, historique, humaine, matérielle et symbolique pour définir des gestes à faire et le rôle à jouer comme infirmière, il est difficile d'ignorer un ensemble de disciplines qui nous éclairent sur cette réalité. La convocation de plusieurs d'entre elles sur le terrain des sciences infirmières semble incontournable. En ayant commencé à porter un grand intérêt vers la personne et à réfléchir sur cette notion à partir des années 1960 (Gortner, 1983), en embrassant progressivement l'idée de la complexité du réel, se méfiant de la réduction pour se soucier de la globalité des phénomènes reliés à la santé (Kérouac et autres, 1994), les sciences infirmières n'ont vraisemblablement pas eu (et n'ont pas) d'autres choix que de s'inventer dans une correspondance avec d'autres espaces de savoirs. Ce pourrait même être une des particularités des sciences infirmières que de se présenter comme un carrefour disciplinaire où règne une intelligence de la composition, de la rencontre et de l'échange, où l'on chemine du simple[2] (à l'aide de données médicales et épidémiologiques notamment) au

---

1. Ce texte est paru dans le numéro 4, vol. 2 de la revue *Aporia*.
2. Pour reprendre les termes d'Edgar Morin (1990).

complexe (à l'aide des sciences humaines), connaît plusieurs langages, mobilise plusieurs méthodologies, tout en étant orienté vers l'action et en délimitant la réalité par les quatre balises que sont la santé, la personne, l'environnement et le soin.

La manière dont certaines théoriciennes en sciences infirmières se sont nourries de disciplines en sciences humaines en proposant des modèles ou des théories élaborés témoigne très bien de cette intelligence, de cette correspondance et de la fécondité des emprunts et des inspirations. Il n'y a donc pas lieu de s'en cacher et de ne pas rappeler comment sont tissés des cadres théoriques qui servent à des praticiens pour soigner, pour lire les réalités de santé, et qui guident les chercheurs dans l'élaboration de connaissances utiles à la pratique et à la discipline. À ce titre, et pour citer quelques exemples, nous pouvons rappeler en lisant *La pensée infirmière* (Kérouac et autres, 1994) que Peplau s'est abreuvée aux sources de la psychologie pour présenter sa manière d'articuler le soin, la santé, l'environnement et la personne, que Rogers a composé avec des apports disciplinaires pluriels, que la théorie de Parse s'arrime à des approches philosophiques comme la phénoménologie et que le modèle théorique de Leininger est fondé sur une lecture anthropologique des organisations humaines.

Parmi ces ancrages et ces inspirations dont certaines sont plus évidentes et plus explicites que d'autres, il nous semble important de revenir sur celles que peuvent avoir l'anthropologie ou des anthropologues au sein des sciences infirmières. Sur ce point, il est accepté depuis les années 1950 que des approches, des méthodes et des recherches en anthropologie sont utiles en sciences infirmières. Leininger l'a rappelé plus formellement dans ses travaux qui relèvent de sa thèse de doctorat (voir Leininger, 1970). Ici, elle situe notamment ces contributions en tenant compte d'un pluralisme culturel aux États-Unis. Elle distingue sept grandes contributions desquelles on peut retenir la méthode de l'observation-participante chère aux anthropologues, la connaissance des processus de socialisation et des modes d'adaptation à des environnements pour comprendre l'adoption des comportements relatifs à la santé et la maladie, la connaissance de certains déterminants de la santé et des influences de facteurs issus de l'environnement culturels, et l'opportunité de se familiariser avec des réalités culturellement différentes. Un peu plus tard, Dougherty et Tripp-Reimer (1985) ont encore tenu à afficher comment l'anthropologie et les sciences infirmières entretenaient certaines connivences en ce qui concerne notamment des thèmes dont on se préoccupe dans les deux disciplines (les comportements et les expériences de santé ; les modes de vie et les modèles culturels qui « règlent » l'existence), la technique de l'observation participante et les quatre concepts et balises qui forment le méta-paradigme en sciences infirmières. Et les travaux de Collière (1990, 2001) de poursuivre dans cette direction en interpellant les infirmières sur la nature et la pertinence de la démarche anthropologique dans les soins.

En plus de ces contributions indéniables, il faut encore rappeler comment l'anthropologie a été convoquée dans l'élaboration de théories en sciences infirmières. Nous avons déjà souligné plus haut cet aspect en rapportant le modèle de Leininger qui semble être le seul à se nourrir d'anthropologie du fait qu'il est question de culture ici, d'approches ou de soins transculturels. Mais, à regarder de près, l'anthropologie a été fondamentale pour le modèle de soins infirmiers le plus connu et diffusé dans le monde. Nous parlons ici du modèle de Virginia Henderson qui a été traduit dans plus de trente langues, qui a accompagné la pratique soignante d'un grand nombre d'infirmières nord-américaines et qui sert aujourd'hui dans plusieurs pays d'Europe comme guide de lecture des réalités de santé et de maladie, et guide d'actions pour les infirmiers et les infirmières.

Avancer dans un article que le modèle des quatorze besoins de Virginia Henderson doit être pensé dans son rapport à l'anthropologie pourrait sembler une gageure, d'autant plus que l'on croit savoir quelles sont les inspirations de la théoricienne et de qui lui viennent quelques idées ou directions. C'est toutefois ce à quoi nous allons nous employer ici, « osant » exposer comment les postulats de départ du modèle de Virginia Henderson, qui sont quatorze besoins à satisfaire et la fonction de l'infirmière à définir en lien avec cette satisfaction, tiennent des propositions de besoins et d'impératifs faites par le célèbre anthropologue Bronislaw Malinowski dans les années 1930. Pour le faire, nous commencerons par revenir sur les travaux de V. Henderson et de B. Malinowski afin de constater qu'ils énoncent des principes théoriques similaires. Dans un second temps, nous aborderons la définition et le contenu des besoins qui sont au centre de leur proposition. Cette section renforcera les constats relatifs aux correspondances entre les travaux de l'une et l'autre. Ces deux points nous feront conclure sur l'hypothèse d'une paternité et d'une filiation entre les deux théoriciens.

RETOUR SUR LES TRAVAUX DE V. HENDERSON ET DE B. MALINOWSKI

Virginia Henderson et son modèle

Analysant le rôle et la fonction de l'infirmière et profitant d'une grande expérience clinique, Virginia Henderson propose au début des années 1960 un modèle conceptuel basé sur quatorze besoins fondamentaux. Avant d'en arriver là, elle avait participé à la publication d'un ouvrage de références sur les principes et les pratiques des soins infirmiers (Harmer et Henderson, 1939) qui regroupait tout ce qu'on devait savoir à cette époque quand on était infirmière. On notait d'ailleurs ici, et entre autres choses, l'importance de la nutrition, de l'élimination, du repos, de la propreté, d'une température corporelle et des loisirs en ce qui concerne les malades.

Pour Virginia Henderson, la satisfaction de ces besoins est devenue progressivement essentielle. Elle avançait même à partir de la 5ᵉ édition de l'ouvrage précédent (Harmer et Henderson, 1955) que la fonction de l'infirmière y est intimement liée. Selon l'auteure, il s'agit d'aider à la satisfaction, en suppléant ou en assistant la personne, la famille ou le groupe, en aidant à recouvrer la capacité nécessaire pour le faire, ou en prévenant encore la perte de capacité qui rendrait difficile la satisfaction des besoins. Ainsi, les quatorze besoins orientent la lecture des réalités de santé à faire par l'infirmière. Ils forment un schème de référence, une conception de la réalité (Adam, 1984), orientent l'infirmière dans l'identification de manifestations de dépendance ou d'indépendance qui vont ensuite guider ses gestes et son plan de soin.

Comme le souligne Collière dans la présentation de ce modèle :

Pour capter l'observation, Virginia Henderson prend comme pôle référent le besoin. Dans la Nature des soins infirmiers, elle confirme sa proposition de considérer la notion universelle de « besoin » comme l'élément fondateur d'organisation de ce que les infirmières auront observé et découvert pour décider des soins à prodiguer (Collière, 1994 : 33).

Reprenant Virginia Henderson qui précise que les « besoins de l'humanité sont à la source des soins infirmiers » (2003 : 13 [1960]), elle ajoute que :

> Cette notion de besoin ne saurait être prise isolément et encore moins de façon stéréotypée. Elle ne prend tout son sens que par son caractère universel dont les manifestations sont à saisir pour chaque personne en fonction d'une culture et d'un environnement donnés. Il est important de souligner ce mot universel que Virginia Henderson n'emploie pas impunément dans ses écrits en désignant les « universal human needs » (« les besoins humains universels ») comme constituant la racine même des soins (Collière, 1994 : 18).

L'idée de besoins (universels de surcroît, donc partagés au-delà des particularités individuelles ou culturelles) et celles de satisfaction (ou de réponses plurielles, cette fois à situer et nuancer), de dépendance-indépendance et de fonction infirmière indissociable du besoin sont ainsi au centre de ce modèle. Selon Virginia Henderson, ces idées proviennent en partie de rencontres, de formation, d'expériences pratiques et de travaux du moment qui permettaient d'accepter implicitement l'existence et l'importance de besoins humains. Plus précisément, on sait que son intérêt pour la question de dépendance lui vient de ses observations à l'institut des paralysés et des handicapés de New York dans les années 1935-1940 (Boittin et autres, 2002). On apprend d'elle qu'elle partait d'une idée de besoin véhiculée par des sociologues et des psychologues, qu'elle ne discutait pas et n'avait pas elle-même pensée. Dans ses publications où elle expose les principes fondamentaux des soins infirmiers (*Basic Principles of Nursing Care*, publié en 1960 ; *The Nature of Nursing : A definition and it's implication for practice* publié en 1966), elle indique à quelques endroits d'où lui vient cette idée des besoins. Elle rapporte que ses cours de physiologie auprès de Caroline Stackpole et à la Faculté de médecine de l'Université de Columbia lui ont fait comprendre l'importance de la notion de besoins fondamentaux, que sa pratique professionnelle aura confirmé cette importance, que les travaux de l'anthropologue Esther Brown sur la fonction des soins infirmiers dans la société l'ont inspirée, tout comme l'a fait la théorie de la motivation publiée par Maslow au début des années 1940.

Emboîtant le pas sur ces « maigres » révélations, d'autres auteurs comme Collière (1994) et Boittin (2002) les répètent. Kérouac et ses collègues avancent par exemple :

> Henderson reconnaît plusieurs influences à son modèle conceptuel. Certaines proviennent de la physiologie Stackpole et d'autres du psychologue Thorndike, d'où la complémentarité des dimensions biophysiologiques et psycho socioculturelles. Selon toute vraisemblance, on peut ajouter l'influence de Maslow puisque Henderson présente une liste de besoins fondamentaux de la personne (Kérouac et autres, 1994 : 27-28).

De ces témoignages et de l'analyse du modèle en question, on apprend finalement peu de chose sur les filiations qui ont pu s'opérer et conduire à un modèle finement élaboré, composé de quatorze besoins très précis. Ainsi, pour ne pas en rester là, plongeons-nous dans les grandes lignes des travaux de Bronislaw Malinowski.

Bronislaw Malinowski et sa théorie scientifique de la culture

Très connu pour avoir développé la méthode de l'observation participante à partir d'immersions prolongées sur des terrains exotiques, Malinowski s'est aussi fait remarquer en anthropologie par ses théories fonctionnalistes de la culture. Figure incontournable en ce qui concerne les théories en anthropologie, Malinowski (1939, 1968 [1944]) a proposé dans les années 1930 de définir ce qu'il y avait de récurrent dans différents groupes culturels, et ce, au-delà du contexte historique et de particularités culturelles, en se distinguant du même coup des lectures culturalistes et relativistes nord-américaines proposées à cette période. Traitant de la culture comme l'objet propre à la discipline anthropologique, il a proposé une manière de la comprendre indiquant qu'il y avait ici des principes généraux, une sorte de déterminisme, et prétextant qu'il pouvait être question en sciences sociales d'orientations scientifiques au même titre que celles retrouvées dans des espaces de savoirs dominés par des lectures positivistes et intéressés par la matière et des réalités mécaniques.

Ainsi, dans cette recherche de principes généraux induits par du matériel empirique et mis encore à l'épreuve sur plusieurs terrains d'enquête, Malinowski finit par proposer, quelques années avant sa mort

(1942), une « théorie scientifique de la culture ». Les institutions comme le mariage, la famille, la religion, la justice, un système médical (et bien d'autres) y sont présentées comme des inventions humaines qui servent à satisfaire un certain nombre de besoins. Ces institutions et leurs acteurs auraient ainsi un rôle à jouer dans la satisfaction des besoins. Cette satisfaction devrait permettre à une société de perdurer dans le temps, de se reproduire, en bref, de favoriser l'équilibre d'un système qui doit « fonctionner ». Parce que Malinowski a notamment le souci de ne pas perdre de vue les dimensions biologiques, symboliques et psychologiques des êtres humains, sa théorie et sa définition de la culture composent avec ces dimensions. À ce titre, il indique :

> Au départ, il sera bon d'envisager la culture de très haut, afin d'embrasser ses manifestations les plus diverses. Il s'agit évidemment de cette totalité où entrent les ustensiles et les biens de consommation, les chartes organiques réglant les divers groupements sociaux, les idées et les arts, les croyances et les coutumes. Que l'on envisage une culture très simple ou très primitive, ou bien au contraire une culture complexe très évoluée, on a affaire à un vaste appareil, pour une part matériel, pour une part humain, et pour une autre encore spirituel, qui permet à l'homme d'affronter les problèmes concrets et précis qui se posent à lui. Les problèmes sont dus au fait que le corps humain est esclave de divers besoins organiques et qu'il vit dans un milieu qui est à la fois son meilleur allié, puisqu'il fournit les matières premières de son travail manuel, et son pire ennemi, puisqu'il fourmille de forces hostiles (Malinowski, 1968 : 34 [1944]).

On lit ici que la culture est une réponse qui aide à faire face à certaines conditions d'existence que partagent tous les hommes. Pour Malinowski, ces conditions d'existence sont des besoins. Il répertorie quatorze groupes de besoins (Malinowski, 1939). Certains sont élémentaires, et de leur satisfaction dépend la survie de l'être humain. D'autres sont des besoins dérivés qui relèvent cette fois du milieu que l'homme a élaboré pour remplir la satisfaction des premiers besoins. Pour donner ici un exemple, le besoin d'être physiquement à l'aise s'accompagne du besoin de se vêtir. Pour Malinowski, le besoin de se vêtir est un besoin dérivé.

Une charpente théorique commune

À l'aide des précisions exposées ci-dessus, nous pouvons déjà tirer à grands traits quelques convergences entre les travaux et les positions de Malinowski et d'Henderson. **Premièrement**, les deux se trouvent à des moments où il est question de définir leur discipline respective, de poser des repères qui vont asseoir leur développement. Dans le cas de l'anthropologue, il est question de fournir des théories en anthropologie à partir de matériel empirique, et de ne pas en rester à ce qu'il nomme un « bric-à-brac d'antiquaire ». Voulant ainsi proposer une anthropologie digne d'autres disciplines, il propose d'y arriver avec une définition de la culture et une théorie fonctionnaliste assises sur une logique de réponse à des besoins. Pour l'infirmière Henderson, il en est de même. L'enjeu est d'enrichir sur le plan théorique la discipline à une époque où les modèles et les théories sont rares, où il est question de définir les particularités d'une pratique professionnelle. Pour y arriver, son modèle repose sur une logique d'aide à la satisfaction des besoins.

Deuxièmement, les deux chercheurs s'entendent sur la manière d'arriver à formuler une théorie. Chacun conçoit qu'il faut considérer une réalité empirique, explorer cette réalité et partir de celle-là pour élaborer un cadre de lecture qui aura la prétention de transcender les particularités des milieux (entendu ici la culture, le groupe, les individus). Virginia Henderson écrit à ce titre :

> Réalité et pertinence sont livrées par l'observation, l'expérimentation, qui établissent leur constant retour. La vérification empirique incessante ressortit, comme le caractère originel de la théorie et de l'expérience scientifiques, à l'essence même de la science. Quand la théorie pèche, il faut trouver par où. L'expérience et les principes doivent donc être l'objet d'une perpétuelle hybridation (Henderson, 1994 [1968] : 15).

Ces positions sont bien l'écho de cette démarche inductive et d'une observation de la pratique affirmées par Malinowski comme essentielles dans l'élaboration théorique. Le terrain clinique de l'une et les terrains exotiques de l'autre auraient donc nourri leur modèle.

Troisièmement, la satisfaction des besoins d'un individu ou d'un groupe d'individus est une exigence pour l'un et l'autre. Malinowski y voit ici le rôle des institutions et des acteurs. Quand à Henderson, elle y voit là la fonction d'un acteur en particulier, l'infirmière. Dans la même veine, les deux théoriciens considèrent que l'expression de la réponse aux besoins est variable. Pour l'un, elle l'est d'un groupe à un autre, d'une culture à une autre, et des différences peuvent être relevées en fonction des différents milieux ou de l'époque. Pour la seconde, la variabilité de la réponse est propre à la culture. L'infirmière doit saisir les formes de réponses qui se prêtent à l'individu en question, sans présupposer que la forme de la réponse est systématiquement la même et qu'elle soit donc pensée au préalable. Celle-ci doit par exemple dépendre de l'âge, du niveau social, de la culture, de l'état physique général et de l'état pathologique. Comme V. Henderson l'indique :

> Bien qu'il soit important de savoir que tout le monde a des besoins communs, il ne faut pas pour autant ignorer que ces besoins peuvent être satisfaits par une infinité de moyens ou de manières de vivre dont il n'est pas deux semblables. Cela veut dire que l'infirmière, si avisée soit-elle et malgré tous ses efforts, ne peut jamais interpréter exactement les besoins d'une personne ou lui procurer tout ce que requiert son sens du bien-être (Henderson, 2003 : 17-18 [1960]).

En conclusion de cette première section, il semble qu'Henderson rejoint assez bien Malinowski dans les grandes lignes de ses positions et propositions théoriques. Évidemment, ces points communs relatifs à la forme des lectures théoriques de chacun sont encore insuffisants pour avancer une filiation. Il faut aller plus loin et voir du côté du fond si l'on peut tracer ici des correspondances. La seconde section devrait nous éclairer un peu plus.

DES BESOINS DE MALINOWSKI À CEUX D'HENDERSON

Revenons alors sur le fond des travaux de chacun, notamment sur les besoins qu'ils discutent à l'aide du tableau suivant. Nous reprendrons dans la colonne de gauche les besoins de Malinowski en présentant les quatorze entrées proposées dans un texte publié en 1939 dans *The American Journal of Sociology*, en puisant également des informations dans l'ouvrage où il présente sa théorie scientifique (Malinowski, 1968 [1944]), et en présentant ses idées avec ses mots et ses expressions. La colonne de droite est réservée aux besoins tels qu'ils sont énoncés par Henderson et quelques indications concernant les activités de l'infirmière en regard de chacun.

| Convergences entre les besoins | | |
de Malinowski	et	d'Henderson

Convergences entre les besoins de Malinowski et d'Henderson

Les premiers besoins de Malinowski sont des besoins qui relèvent des instincts. Ils sont physiologiques et élémentaires. Selon l'auteur, une réflexion sur la culture doit tenir compte de la nature humaine, d'un déterminisme biologique ou de lois naturelles.

À ce titre, les besoins métaboliques sont les besoins :
- de **respirer** ;
- de **s'alimenter** (la faim et la soif obligeant à se **nourrir** et à **ingérer** des substances nutritives) ;
- de **sécréter** (**évacuer** les déchets, miction et défécation).

Ces besoins conduisent à des impératifs. Par exemple, en ce qui concerne le besoin de se nourrir, ces impératifs sont relatifs à l'acte de manger, à la préparation des repas, à l'accès à des victuailles, etc. (dont la forme peut alors varier d'un groupe à un autre). Comme il l'indique : « [...] il est clair que lorsque la nutrition dépend du fonctionnement de toute une chaîne de préparations et des institutions correspondantes, tout facteur qui viendrait interrompre la chaîne en un point quelconque affecterait aussi la fonction nutritive. Ainsi donc, toutes les conditions qui assurent le bon fonctionnement de la chaîne deviennent aussi nécessaires à l'accomplissement biologique que l'acheminement de la nourriture dans la bouche, la mastication, la salivation, la déglutition et la digestion » (Malinowski, 1968 : 78).

Le premier des quatorze besoins de Virginia Henderson est le **besoin de respirer** normalement. À ce sujet, elle souligne que l'infirmière doit connaître différentes techniques de réanimation, doit considérer les postures adéquates pour favoriser la respiration, la climatisation et un bon air ambiant, etc.

Elle propose ensuite de considérer le **besoin de boire et manger** en indiquant que l'infirmière doit porter son attention sur les goûts alimentaires des personnes, connaître leurs habitudes alimentaires et les diètes requises dans certaines situations, et aider dans certaines circonstances à ce que la personne puisse manger, boire, etc.

Dans ce même registre de besoins, elle présente **celui d'éliminer ses déchets** en précisant qu'il faut mesurer les quantités éliminées en fonction des ingestions, que l'infirmière doit s'assurer d'une bonne communication sur ce thème délicat et intime, s'assurer que la personne est à l'aise lors de situations d'élimination des déchets, s'assurer que le matériel nécessaire soit disponible, faire attention aux situations embarrassantes et réduire certains inconvénients (les odeurs par exemple), etc.

Convergences entre les besoins	
de Malinowski et	d'Henderson
Malinowski souligne ensuite l'importance de satisfaire un retour de l'énergie musculaire et nerveuse (1968 : 64), et de se reposer à cause de la fatigue. Il retient alors le **besoin de se reposer** « *relaxation* » (1939 : 942) et souligne, dans la même veine, que l'être humain a **besoin de mouvement**. Selon l'auteur, « c'est un impératif général que la nature fait peser sur la civilisation » (1968 : 85).	V. Henderson présente **le besoin de dormir et de se reposer**. Pour aider à la satisfaction de ce besoin, l'infirmière peut enseigner à la personne des techniques favorables au sommeil, s'assurer qu'il n'y ait pas de facteurs nuisibles au repos (bruit, odeurs, pensées désagréables, etc.), assurer le confort physique (soins du corps, lit, massage, relation agréable, etc.), etc. **Le besoin de se mouvoir et de maintenir une position adéquate du corps** est aussi fondamental selon V. Henderson. Elle indique ici que l'infirmière doit aider un individu à prendre ses positions, se mobiliser, s'installer, se déplacer, « exercer ses forces neuromotrices pour se mouvoir par lui-même autant que la chose est possible » (Henderson, 2003 : 37 [1960]). Elle doit connaître différentes techniques de mobilisation et travailler en collaboration avec les spécialistes de la mécanique corporelle pour satisfaire ce besoin quand il y a dépendance.
Malinowski considère également le besoin de **confort corporel** en soulignant que celui-ci est fonction des influences qui changent la **température du corps** humain et les conditions de température. À ce besoin, l'auteur greffe un certain nombre de réponses essentielles, dont celles de trouver un abri, de se réchauffer, de se vêtir, etc., qui assureront ce confort et une température corporelle essentielle à la vie.	Le **besoin de maintenir une température normale du corps** est aussi présenté dans les travaux de V. Henderson. À ce titre, l'infirmière doit être attentive à la température de l'environnement (trop chaud ou trop froid), à la qualité de l'air (trop sec ou humide), au choix des vêtements, à l'excès d'activités quand il fait trop chaud, et doit encore s'assurer d'une bonne hydratation. V. Henderson retient aussi qu'il est essentiel de se **vêtir et de se dévêtir**.

| Convergences entre les besoins | | |
de Malinowski	et	d'Henderson
Dans ce registre du bien-être corporel, l'auteur discute des moyens simples que l'homme utilise pour maintenir une température normale au même titre que les moyens utiles à « **la propreté corporelle** (ablutions, isolement pour l'excrétion, solvants chimiques, substances alcalines) » (1968 : 83). D'une manière générale, il souligne : « The whole cultural system which corresponds to the necessity of keeping the human organism within certain limits of temperature, to the necessity of protecting it from the various inclemencies of wind and weather, [...] » (1939 : 945).		Par contre, elle considère cette démarche comme un besoin à part entière, invitant l'infirmière à tenir compte du choix de la personne à ce sujet, de considérer les moments que sont la nuit et la journée pour changer d'habillement, de s'assurer de la propreté des habits, etc. Elle fait de même avec l'idée de propreté corporelle. À la différence de Malinowski qui y voit là une réponse essentielle pour satisfaire les besoins de confort corporel, Henderson considère qu'**être propre, que tenir une apparence soignée et protéger ses téguments** est un besoin à part entière. Sur ce point, la propreté du corps, les soins du corps, d'hygiène, l'apparence, l'habillement sont des éléments à considérer pour la pratique infirmière.
Malinowski présente le **besoin de sécurité** qu'il entend comme une **protection nécessaire du corps contre les accidents et les agressions**. L'homme doit ainsi fournir des réponses diverses pour s'armer contre les dangers.		Henderson propose **le besoin d'éviter les dangers et les accidents**. L'infirmière doit alors définir les pratiques et les facteurs environnementaux susceptibles de les provoquer.
Malinowski précise que le **besoin de croissance** correspond à un déplacement nécessaire à travers les âges et les étapes de vie. Ce déplacement est nécessaire pour assumer des rôles, des savoir-faire, etc. Pour que cette croissance et ce cheminement puissent se réaliser, que les individus adoptent les comportements adéquats et nécessaires en fonction de ces âges et de ces étapes, l'éducation est essentielle. L'auteur souligne ainsi que différentes formes d'apprentissage vont permettre d'acquérir le savoir nécessaire pour se situer convenablement dans ces âges de la vie et dans ces étapes, rôles, groupe social particulier, hiérarchie sociale, etc. Dans une de ces entrées, se présentent alors et explicitement en lien avec la croissance, **la formation et l'apprentissage** (*training and apprenticeship*).		Quant à V. Henderson, elle propose le **besoin d'apprendre pour se développer normalement et promouvoir sa santé**. L'infirmière l'éduque alors dans ce sens, l'informe sur des pratiques d'hygiène, des règles de santé, sur son état de santé, la thérapie (diagnostic, pronostic, traitements).

Convergences entre les besoins	
de Malinowski et	d'Henderson
Malinowski présente encore la **transmission** de l'expérience, de savoirs, de privilèges, d'obligations, comme un besoin. Ainsi, les individus doivent se partager des informations, doivent apprendre des autres et avec les autres, doivent coopérer, nous dit l'anthropologue. La coopération, le conditionne-ment, l'obéissance et le respect des règles vont permettre d'agir en fonction d'attentes précises. Cette dimension de l'existence individuelle et col-lective suppose évidemment **l'impératif de communiquer** et de partager. Comme l'écrit l'auteur : « The understanding of the symbolic process allows us to consider another class of neces-sities imposed upon man by culture. Obviously, the member of any group has to be able to communicate with his fellow-beings [...]. Early human beings used language and symbolism primarily as a means of coordinating action or of standardizing techniques and imparting prescriptions for [...] behaviour » (1968 : 957).	Henderson considère aussi fondamental le besoin de communiquer. Mais elle définit ce besoin diffé-remment et se penche essentiellement sur la qualité des relations interpersonnelles et la nécessité de livrer ici ce qui relève de l'expérience de maladie. Il est alors présenté comme **le besoin de commu-niquer avec les autres.** Permettre l'expression des émotions, le partage des sentiments, des pensées, faciliter les relations humaines, les liens interpersonnels et familiaux, faciliter la communication entre le médecin et le patient, etc., sont des activités que peut réaliser l'infirmière pour aider à la satisfaction de ce besoin.
Malinowski propose encore la nécessité d'imaginer ou d'élaborer des institutions économiques qui auront pour fonction de participer à un renouvel-lement de la culture. Lors de ce renouvellement et du bon fonctionnement des institutions, il est important que l'individu développe alors des compétences nécessaires et notamment qu'il : « **learn how to work and produce**, appreciate the prevalent values, manage his wealth, and regulate his consumption according to the established standard of living. In highly civilised communities, the differentiation of labor and of functions defines the place and the productive value of the individual in society » (1939 : 950). En d'autres mots, on comprend de ces énoncés que l'individu doit prendre sa place dans ce type de société en **occupant des rôles socioéconomiques** et en adoptant des comportements qui vont dans le sens de valeurs, de normes et d'attentes véhi-culées en matière de **participation et de production.**	Henderson indique de son côté que chaque per-sonne doit satisfaire **le besoin de s'occuper et de travailler d'une façon à se sentir utile.** Comme elle l'écrit : « Dans la plupart des civilisations, l'adulte est censé travailler pour vivre et celui qui ne le fait pas est mal vu de la société. Peu de personnes analysent en termes de sociologie la satisfaction qu'elles éprouvent de leur travail. Il y a cependant dans toutes les langues des axiomes pour démontrer le principe généralement accepté que, chez la plupart des gens, la satisfaction vienne de l'approbation d'autrui, laquelle est à son tour subordonnée au rendement des individus » (2003 : 52 [1960]). Dans certains cas, l'infirmière peut ainsi aider à définir un programme de la journée, à encourager une personne à réaliser des activités, à reconnaître des signes d'intérêt pour une activité précise, et à donner l'occasion de faire quelque chose d'utile (travail manuel comme esthétique).

| Convergences entre les besoins | | |
de Malinowski	et	d'Henderson
Dans la 13ᵉ entrée de son tableau, Malinowski propose aussi **le besoin de se récréer, de s'amuser et de se détendre** (*communal rhythm of recreation, exercice, and rest*), laissant voir ici que l'art, le jeu et le sport (les danses, les fêtes et autres distractions) sont des réponses utiles à la satisfaction de ce besoin.		De la même manière, V. Henderson trouve fonda-mental **le besoin de se récréer et se divertir.** En vue de ce besoin de distraction, elle propose que l'infirmière rende possibles et procure avec d'autres professionnels des divertissements (jeux, loisirs, activités artistiques, sports, etc.), qu'elle connaisse les centres d'intérêt des personnes. Dans ses mots, elle indique : « Peu d'infirmières ont la préparation voulue pour organiser des programmes récréatifs ; cependant, toutes peuvent y contribuer et voir à ce que le malade puisse chaque jour jouir de quelques moments de détente et de délassement. Les infir-mières peuvent collaborer avec des spécialistes en thérapie récréative lorsque ces personnes font partie du personnel permanent » (2003 : 55 [1960]).
Enfin, Malinowski souligne le **besoin de s'inscrire dans des activités rituelles** qui relèvent, par exemple, de la religion, de la magie ou d'autres systèmes de croyances. Selon lui, l'homme doit correspondre ainsi avec le monde surnaturel pour composer avec les peurs, angoisses, incertitudes qui l'animent en regard de certains événements comme la mort, les infortunes et les calamités. Le sentiment de contrôle de ces événements et de ce qui les entoure, l'espoir et les désirs sont essentiels selon Malinowski. **Agir en fonction de son système de croyances** est donc un impératif qui va dans ce sens, et qui permet à toute personne d'avoir « les moyens intellectuels, émotionnels et pragmatiques de contrôler son devenir et l'incertitude » (ma traduction).		De son côté, Henderson propose **le besoin de pratiquer sa religion et d'agir selon ses valeurs et ses croyances.** S'abstenir de juger, garder confi-dentielles des informations, aider à la réalisation de pratiques religieuses, rendre possibles ces pratiques et la réalisation de devoirs religieux, tenir compte d'interdits divers (relatifs à une diète par exemple) sont des exemples d'actions qui relèvent selon l'auteur des soins infirmiers.

- *Distinctions dans les propositions des deux auteurs*

En lisant attentivement les travaux des deux auteurs, on ne peut pas dire que leurs propositions sont totalement équivalentes. Effectivement, on note encore une différence à l'endroit d'un besoin, de légères nuances à l'endroit de deux besoins et une distinction dans la lecture d'un besoin partagé.

En ce qui concerne la différence, rappelons qu'on retrouve dans les travaux de Malinowski le **besoin de reproduction**, qui n'est pas selon l'auteur un besoin de consommation sexuelle ou un besoin qui relève de l'instinct sexuel. Il est plutôt le besoin de garantir un nombre d'individus suffisant dans un groupe pour que celui-ci puisse subsister. Sa satisfaction tient alors dans la fonction de certaines institutions comme le mariage ou dans la fonction de certains acteurs qui vont accompagner ou encadrer la grossesse, l'accouchement et l'enfantement. Or, on ne retrouve pas ce besoin chez Virginia Henderson. Est-ce parce que sa finalité concerne davantage le groupe que l'individu ? Est-ce parce que l'infirmière ou l'infirmier n'aurait rien à apporter ici, à la différence des sages-femmes par exemple ? Ou est-ce encore taire le sujet de la sexualité en raison d'un contexte socioreligieux nord-américain très puritain ?

Quant aux légères nuances, elles concernent le besoin de se vêtir et de se dévêtir, et celui d'être propre. Malinowski considère ces deux aspects sous l'angle des réponses essentielles, mais secondaires à un besoin plus fondamental, celui de maintenir sa température du corps. Convenons-en, le choix de V. Henderson de faire de ces réponses essentielles deux besoins à part entière tient dans ce qu'une infirmière peut offrir comme aide. Effectivement, il ne s'agit pas dans les propositions d'Henderson de relever par exemple l'importance d'être à l'abri et d'avoir un toit au-dessus de sa tête (comme le fait Malinowski). En fait, on imagine mal une infirmière se préoccuper de cet aspect dans l'enceinte d'un établissement de santé. Par contre, dans un contexte actuel de santé communautaire où il est question de personnes itinérantes et de sans-abri, on pourrait y penser au même titre que l'habillement et la propreté.

Enfin, comme nous l'avons souligné dans le tableau, même si le besoin de communiquer est annoncé à l'identique, il n'empêche que V. Henderson le situe dans les expériences intimes de santé et de maladie, alors que B. Malinowski le présente dans la dynamique des relations sociales et intergénérationnelles.

L'EMPRUNT DE VIRGINIA HENDERSON : UNE HYPOTHÈSE

En dépit des distinctions précédentes, nous en conviendrons, les correspondances sur la nature et la nomination des besoins des deux auteurs sont troublantes et très évidentes. Il n'y a pas véritablement de différences entre ceux de l'une et ceux de l'autre, contrairement aux besoins présentés par Maslow (1943) qu'on suppose être à la source des travaux d'Henderson (pour constater cette nuance lire Adam, 1984). Ces correspondances viennent ainsi s'ajouter aux propositions théoriques vues dans la première section, et nous permettent d'avancer sans trop d'incertitude que les travaux de l'anthropologue Malinowski ont été d'une très grande inspiration pour Virginia Henderson.

Cette idée est encore plus crédible quand on sait que Malinowski et Virginia Henderson ont fréquenté la même université. En effet, après avoir quitté Londres où il enseignait avant le début de la Seconde Guerre mondiale, l'anthropologue a publié les théories précédentes quand il était professeur à l'Université de Yale (1938-1942). Quant à Henderson, elle s'est retrouvée 10 ans plus tard à l'École de nursing de cette même université. Au moment où elle a publié ses travaux, elle y était comme chercheure associée (1953-1971). Sans avoir forcément rencontré Malinowski (à moins qu'elle ne l'ait croisé dans l'État de New York quand elle y était étudiante et qu'il y était invité comme anthropologue), elle a quand même par la suite emprunté les « mêmes couloirs », et n'a sûrement pas manqué ses travaux en échangeant avec ou en écoutant des sociologues et des anthropologues après 1935. Comme il est souligné dans sa biographie :

> Quand elle commença à fréquenter des sociologues et des ethnologues, ceux-ci l'invitèrent à leurs réunions. « J'avais le sentiment d'être une espionne, car personne ne savait que j'étais infirmière [...] » (Smith, 1995 : 68-69).

Sans prendre à la lettre cette question d'espionnage, l'hypothèse qui pourrait alimenter une discussion sur cette affinité théorique révélée ici (ou mener à des investigations supplémentaires) tient dans l'usage que Virginia Henderson aurait fait de la grille de lecture de Malinowski. On sait effectivement qu'elle s'est questionnée à un moment de sa carrière sur cette idée de besoins fondamentaux. À ce sujet, notons que cette idée de besoins avait été soulignée en 1948 par l'anthropologue Esther Lucile Brown qu'on avait mandatée pour analyser la profession et la formation de l'infirmière aux États-Unis. Celle-ci écrivait :

> it is the opinion of this group [**composé de 19 infirmières diplômées réunies pendant 10 jours en 1947 pour réfléchir sur leur profession**] that in the latter half of the twentieth century, the professional nurse will be one who recognizes and understands the fundamentals [health] needs of a person, sick or well, and who knows how these needs can best be met. She will possess a body of scientific nursing knowledge which is based upon and keeps pace with general scientific advancement, and she will be able to apply this knowledge in meeting the nursing needs of a person and a community (Brown, 1948 : 73).

Virginia Henderson rappelle d'ailleurs ces propos en 1955 (Harmer et Henderson, 1955 : 2). De ce point de départ postérieur à la mort de Malinowski, et pour arriver à formuler quatorze besoins précis, il fallait bien réfléchir ! Lisant l'un et l'autre, on peut alors supposer que la première a « emprunté » la grille de Malinowski ou une grande partie (considérant que certains besoins physiologiques n'étaient pas nouveaux en 1940) pour l'appliquer à la réalité clinique de l'infirmière. Elle aurait alors accepté les vérités qu'elle véhicule à propos de l'individu, et pensé la pratique infirmière dans une approche fonctionnaliste en s'alignant sur ce postulat fondamental que sa discipline professionnelle devait être définie par les réponses que les infirmières apportent à la satisfaction des besoins (lu chez Brown).

En supposant de cette manière que V. Henderson ait appliqué les propositions de Malinowski à l'individu, elle faisait finalement de légères modifications, retenait un énoncé central pour des besoins en se servant des énoncés de l'anthropologue, et donnait surtout des indications précieuses sur le type d'activités que les infirmières pouvaient fournir à l'endroit de ces quatorze énoncés. Pour ce faire, elle s'aidait de situations concrètes, de sa grande expérience de terrain, et du contenu du *Textbook of the Principles and Practices of Nursing* qu'elle a révisé en 1955 (Henderson, 2003 : 7 [1960]).

CONCLUSION

En fin de compte, nous disposons d'un grand nombre d'indices pour appuyer cette hypothèse de paternité à l'endroit d'un des premiers cadres théoriques en sciences infirmières. Évidemment, une discussion avec la principale concernée (décédée en 1996) ou une lecture attentive de ses notes personnelles seraient des plus utiles pour la confirmer ou l'infirmer. Malgré tout, gardons-la en tête jusqu'à nouvel ordre et ne manquons pas de souligner cette contribution essentielle de l'anthropologie dans les théories en sciences infirmières quand on rapportera les origines du modèle des quatorze besoins qui est encore très utilisé par les infirmières, et qui est central au sein de cette école théorique, appelé « l'École des besoins » (Kérouac et autres, 1994).

En tout cas, faisons-le, si nous sommes convaincus par le contenu de ce texte !

RÉFÉRENCES

Adam, E. (1984). « Questions et réponses relatives au schème conceptuel de Virginia Henderson », *L'infirmière canadienne*, 26, (3), 27-31.

Boittin, et autres (2002). « Virginia Henderson : 1897-1996. Biographie et analyse de son œuvre », *Recherche en soins infirmiers*, 68, (5)-17.

Brown, E.L. (1948). *Nursing for the Future*, New York : Russell Sage Foundation.

Collière, M.-F. (1990). « L'apport de l'anthropologie aux soins infirmiers », *Anthropologie et Sociétés*, 14, (1), 115-123.

Collière, M.-F. (1994). « Retrouver la nature des soins infirmiers », dans V. Henderson (trad. française), *La nature des soins infirmiers*, Paris : Interéditions, 11-42.

Collière, M.-F. (2001). « De l'utilisation de l'anthropologie pour aborder les situations de soins », dans M.-F. Collière, *Soigner... le premier art de la vie*, Paris : Masson, 147-172.

Dougherty, M.C., et T. Tripp-Reimer (1985). « The interface of nursing and anthropology », *Annual Review of Anthropology*, 14, 219-241.

Gortner, S.R. (1983). « The history and philosophy of nursing science and research », *Advances in Nursing Science*, 5, (2), 1-8.

Harmer, B., et V. Henderson (1939). *Textbook of the Principles and Practice of Nursing*, New York : The Macmillan Company.

Harmer, B., et V. Henderson (1955). *Textbook of the Principles and Practice of Nursing* (5ᵉ éd., révisée par Virginia Henderson), New York : The Macmillan Company.

Henderson, V. (1994 [1968]). *La nature des soins infirmiers* (trad. française), Paris : Interéditions.

Henderson, V. (2003 [1960 pour la 1ʳᵉ éd.]. *Les principes fondamentaux des soins infirmiers du CII* (trad. française), Genève : Conseil international des infirmières.

Kérouac, S., et autres (1994). *La pensée infirmière*, Laval : Éditions Études vivantes.

Leininger, M.M. (1970). *Nursing and Anthropology : Two worlds to blend*, New York : John Wiley & Sons.

Malinowski, B. (1939). « The group and the individual in functional analysis », *The American Journal of Sociology*, 44, (6), 938-964.

Malinowski, B. (1968 [1944 pour la 1ʳᵉ éd.]. *Une théorie scientifique de la culture, et autres essais* (trad. française), Paris : Maspero.

Maslow, A.H. (1943). « A theory of human motivation », *Psychological Review*, 50, 370-396.

Morin, E. (1990). *Introduction à la pensée complexe*, Paris : ESF.

Smith, J.P. (1995). *Virginia Henderson. Une biographie*, Paris : Interéditions.

Résumé des textes

Thématique I

....

UN ÉCLAIRAGE DES EXPÉRIENCES DE SANTÉ ET MALADIE

À la rencontre des personnes atteintes d'une maladie grave et chronique : entre rapports au monde et récit

Nicolas Vonarx

L'anthropologie rencontre les soins infirmiers à partir du moment où elle s'intéresse à des phénomènes relatifs à la maladie, à la santé et aux soins et qu'elle renforce des dispositions susceptibles d'assister l'infirmier dans sa connaissance des personnes soignées. Elle fournit généralement aux soignants une forme d'intelligence qui va d'une lecture approfondie de réalités socio-individuelles auxquelles ils sont confrontés, à un exercice de réflexivité critique relatif aux fondements qui animent les pratiques de soins. Allant dans ce sens et se concentrant sur le sujet de la maladie grave et chronique, ce chapitre revient sur une approche phénoménologique susceptible d'aider les soignants à se déplacer dans le monde de la personne malade. De là, l'auteur précise encore comment le récit peut être un outil pertinent pour faire ce déplacement.

Théories et pratiques sociales à l'égard du handicap

Nathalie Bélanger et Marie-Claude Thifault

Ayant longtemps été un objet d'étude privilégié du monde psychomédical, le handicap est maintenant un objet d'investigation en sciences sociales. Les significations et les représentations sociales et culturelles face au handicap varient dans le temps et l'espace ; les pratiques et les politiques le concernant varient tout autant selon les sociétés et les époques. Ce texte présente le handicap en fonction des approches théoriques que fournissent les sciences sociales à ce sujet. Il aborde également le handicap à l'aide de matériel empirique pour situer cette réalité dans un quotidien et montre comment les soignants peuvent profiter de ces lectures et analyses. Les auteures visent à sensibiliser les soignants aux nouvelles représentations sociales du corps et à réfléchir au regard qu'ils posent sur le corps à soigner et à leur attitude envers la personne avec laquelle ils interagissent.

Vers une compréhension élargie des phénomènes liés à la santé : l'utilité des sciences sociales au regard de la maladie mentale

AMÉLIE PERRON ET DAVE HOLMES

Les sciences sociales permettent de concevoir la santé non pas comme un état purement biologique dont le maintien repose sur la manipulation du monde naturel, mais bien comme une condition et une expérience complexes où se côtoient et se confrontent des processus sociaux et soma-tiques contextuels et fluides, localisés dans le temps et l'espace. Ce texte se concentre spécifiquement sur les diverses conceptions, origines et explica-tions possibles de la maladie mentale. Les auteurs montrent l'utilité des sciences sociales à dégager des perspectives alternatives au discours biomé-dical dominant, sur lequel se fonde largement la pratique infirmière actuelle dans ce domaine. Ils invitent le lecteur à développer une réflexion critique sur les enjeux politiques soulevés dans un système où les avancées techno-logiques et pharmacologiques rapides s'imposent de plus en plus comme les seuls traitements légitimes.

Rencontre et lecture schützéennes des expériences de santé dans la migration : comment considérer la souffrance identitaire

VALÉRIE DESGROSEILLIERS ET NICOLAS VONARX

Dans un contexte de mondialisation, la circulation des personnes à l'échelle planétaire rebondit sous la forme de préoccupations dans le champ de la santé. Elle remet en question notamment la façon dont les réalités et les expériences de santé des migrants sont lues et abordées par les intervenants de santé, et les stratégies de soins et de promotion de la santé qui en décou-lent. Sur ce point, les réponses concernent une manière de voir comment des notions d'interculturel ou de transculturel peuvent conduire et teinter l'agir de l'intervenant-soignant. Dans ce chapitre, les auteurs reviennent sur ces réponses en soulevant certaines de leurs limites. En s'engageant dans une réflexion critique à l'endroit de la manière dont on conçoit l'altérité dans le champ de la santé, ils convoquent une phénoménologie sociologique pour proposer une lecture de la souffrance identitaire vécue chez des personnes migrantes.

La dimension culturelle de la douleur et sa relation aux soins

DAVID LE BRETON

La douleur n'est pas seulement une histoire de système nerveux. Il n'y a pas de douleur « objective » attestée par l'examen médical, mais une douleur singulière perçue et marquée par le degré de l'atteinte et l'alchimie de l'histoire individuelle, à l'intérieur d'une appartenance sociale et culturelle. La douleur est souffrance. Elle dépersonnalise et rend étranger à soi-même. Ce texte aborde le sujet du rapport à la douleur et de son soulagement. L'auteur vise à démontrer que le rôle des soignants dans le soulagement de la douleur ne se limite pas à l'administration d'analgésiques basée sur des paramètres biologiques. Il implique encore une reconnaissance du malade en tant que sujet. S'imposent dès lors un accompagnement du malade, une réponse à ses questions, une reconnaissance de sa plainte en termes de soin, ainsi qu'une information sur ses troubles et sur des techniques simples de maîtrise de la douleur.

THÉMATIQUE 2

INTERROGATIONS ET PROPOSITIONS SUR LE PRENDRE-SOIN

Penser l'humanisme et l'humanisation dans les soins

FRANCINE SAILLANT

Le travail scientifique des sciences infirmières a été largement soutenu par une certaine vision de l'humanisation des soins, opposant traditionnellement savoir intuitif et savoir scientifique, *care* et *cure*, humain et technique, et ce, au-delà des différences d'école de pensée entre les théories. Ce chapitre propose un examen critique d'une vision idéaliste de l'humanisation, associant trop rapidement soins et humanisme, et faisant des sciences infirmières et de ses professionnels les gardiens d'un humanisme anti-technique, à des degrés divers. Il semble opportun aujourd'hui de revoir de manière plus rigoureuse cette association et d'examiner comment, dans l'histoire et dans le contexte qui est le nôtre, ce qui s'appelle « les soins » ne peut être associé si rapidement à l'humanisation et à l'humanisme.

Le soin dans la relation humaine

Walter Hesbeen

L'action soignante s'inscrit dans une relation humaine où une vie singulière se présente au soignant sous l'angle de la maladie, de la souffrance, de l'appréhension. Dans cette relation, se trouve une personne qui présente un risque de fragilité, de vulnérabilité, et qui vit ce qui lui arrive de manière particulière, comme l'est sa trajectoire de vie. Outre le bagage scientifique des professionnels, leur expérience ainsi que leurs compétences techniques et relationnelles, leurs manières de faire et d'être seront déterminées par leur capacité d'accueillir la singularité de l'autre, c'est-à-dire de déployer une *intelligence soignante* – ou intelligence du singulier – ancrée dans la considération pour l'humain. Dans ce chapitre, l'auteur aborde le soin en tant qu'acte de vie, tonalité de l'existence qui détermine et nourrit une posture professionnelle. Il ouvre cette posture à sa dimension sociale et à son rayonnement dans la société.

Anthropologie et sciences infirmières : une rencontre qui enrichit le sens de l'acte de soin

Cécile Lambert et Chantal Doré

L'intervention infirmière est une action soignante qui s'inscrit dans la recherche de sens pour la personne soignée et la personne soignante. Elle est également le fruit d'une alliance entre la pensée et le geste. Il importe de cerner les assises de son enracinement, et par le fait même, de faire valoir les fondements qui éclairent le jugement et l'agir de la personne soignante. Ce chapitre aborde l'acte de soin dans ses liens à une recherche de sens. Les auteures présentent les sujets de la pensée infirmière, des courants qui ont participé à son évolution et la nature du regard anthropologique. Elles y discutent des thèmes utilisés pour éclairer la rencontre entre l'acte de soin et le regard anthropologique. Enfin, elles identifient les défis pédagogiques posés par une approche qui vise l'élargissement des horizons de l'agir professionnel en sciences infirmières.

Soignés, soignants et représentations au pluriel : de la reconnaissance dans l'approche interculturelle de soins

NICOLAS VONARX ET PAMÉLA FARMAN

La transformation des réalités socioculturelles provoquée par le déplacement des populations et des idées confronte les infirmières canadiennes à des situations de soins dans lesquelles les personnes soignées véhiculent des systèmes de représentations parfois très éloignés des leurs. Ces soignants sont alors invités à proposer des dispositifs de soins sensibles à la diversité culturelle. Penser les soins dans une logique de rencontre interculturelle est d'autant plus important qu'il y a ici des enjeux identitaires cruciaux du côté des soignés. Ce texte discute de ces aspects. Il présente la rencontre interculturelle mal négociée comme une forme de violence et propose que le soin se concentre aussi sur l'affirmation d'une identité engagée dans la gestion de la maladie et du malheur. Pour appuyer leur présentation, les auteurs font un détour par les expériences de maladie et par les médecines du monde. Ils terminent en proposant que les soins dispensés dans une approche interculturelle soient inscrits dans un registre de soins animé par la reconnaissance, et concluent sur des mesures qui accompagnent cette inscription.

Des pratiques alternatives-complémentaires aux pratiques infirmières : réflexion ethnomédicale sur une rencontre inévitable

NICOLAS VONARX

En dépit des progrès remarquables de la biomédecine depuis deux siècles, le nombre de personnes malades ayant recours aux médecines alternatives et complémentaires est grandissant en Occident. Ce texte aborde le sujet des médecines et des thérapies alternatives, parfois enrichies de spiritualité, et rapporte l'existence d'une pluralité de recours aux soins disponibles pour les personnes malades. L'auteur souligne les logiques soignantes qui sont à l'œuvre au sein de ces médecines et thérapies. Il revient également sur le thème de l'intégration de ces offres de soins au sein du système de santé et analyse comment la pratique infirmière pourrait se nourrir et profiter de certaines pratiques de soins alternatives.

THÉMATIQUE 3

....

INSERTION DANS LA DISCIPLINE INFIRMIÈRE

Difficile mission, vous dites ? Comment susciter l'intérêt des infirmières aux dimensions sociales et culturelles des problèmes de santé ?

MICHÈLE CÔTÉ ET FRANCE CLOUTIER

De nos jours, les autorités sanitaires reconnaissent que la très grande majorité des problèmes de santé sont avant tout associés à l'environnement social, économique et culturel. Considérant l'importance que ces dimensions revêtent dans la compréhension des problèmes de santé, comment expliquer qu'il soit si difficile de susciter l'intérêt des infirmières pour la sociologie ou l'anthropologie de la santé ? Ce travail de réflexion est alimenté par les réponses obtenues à deux sondages menés avant et après le cours « Perspectives sociales et culturelles de la santé ». Les auteurs visent à démontrer que le passage d'une vision mécaniste et réductionniste de la santé et de la maladie à une vision plus globale n'est pas une mission impossible, mais que des efforts importants de la part des sociologues et des anthropologues sont indispensables pour surmonter la dichotomie entre la pratique et la théorie.

Soins infirmiers : la plus-value de l'anthropologie

ANNE VEGA

Afin d'arrimer les savoirs en soins infirmiers et les sciences humaines, les équipes de l'Unité de formation et de recherche en sciences infirmières, en France, ont élaboré un programme de formation continue. L'auteure présente ici trois modules de formation qui portent sur cet arrimage de savoirs. Le premier aborde les dimensions culturelles et sociales susceptibles de ressurgir en situation de soins. Le deuxième porte sur les origines et les signes avant-coureurs du *burn-out* chez les soignants, et le dernier présente les apports des méthodes de recherche aux soins. Nourris en grande partie par une approche anthropologique et s'appuyant également sur des supports pédagogiques visuels, les trois modules ont pour but d'aider les soignants à avoir une démarche réflexive sur leurs pratiques quotidiennes.

De l'ethnographie pour aborder la culture en sciences infirmières :
entre révision critique et proposition

MARY ELLEN MCDONALD ET FRANCO CARNEVALE

Depuis plus de quarante ans, les échanges entre les sciences infirmières et l'anthropologie sont fructueux. Dans ce chapitre, les auteurs examinent un apport précis que l'anthropologie peut encore fournir aux sciences infirmières, soit la compréhension des phénomènes de santé sur le plan culturel, le terme culturel incluant ici l'« ethnicité », mais aussi l'« étranger » et le « familier » comme pistes de signification. Ils discutent ainsi les avantages et les mérites de l'ethnographie pour éclairer des phénomènes culturels qui sous-tendent des préoccupations infirmières. L'objectif est d'expliquer comment l'ethnographie d'inspiration anthropologique aborde des phénomènes culturels et de souligner comment une plus grande attention à cette approche méthodologique pourrait profiter à la recherche et à la pratique en sciences infirmières.

La recherche-action dans les sciences infirmières,
une connivence à (re) découvrir ?

MICHEL FONTAINE ET NICOLAS VONARX

Au sein des sciences sociales, la recherche-action occupe une position épistémologique originale. Elle entraîne le chercheur à faire l'expérience qu'il ne peut opposer les savoirs théoriques et les savoirs pratiques. C'est un vrai défi car la recherche peut devenir l'espace d'une interaction concertée entre plusieurs acteurs qui reconnaissent la place de la subjectivité comme capable de participer à la construction d'une objectivité scientifique. Les sciences infirmières sont fortement interpellées par cette double articulation des savoirs, puisque c'est un élément constitutif de leur identité. Les auteurs abordent le sujet de la recherche-action comme méthodologie spécifique de recherche, et montrent en quoi cette méthodologie peut être très utile et féconde pour la recherche et la pratique infirmières.

De Bronislaw Malinowski à Virginia Henderson.
Révélation sur l'origine anthropologique d'un modèle de soins infirmiers

Nicolas Vonarx

Le modèle des quatorze besoins fondamentaux de Virginia Henderson est sûrement le plus populaire des modèles de soins chez les infirmières d'ici et d'ailleurs. Par contre, son origine et les grandes inspirations d'Henderson dans l'élaboration de son modèle sont mal connues. Ce texte lève en quelque sorte le voile à ce sujet en montrant que ce modèle trouve sa source en anthropologie et qu'il entretient de très fortes correspondances avec les éléments clefs retrouvés dans les travaux de l'anthropologue Malinowski. En retraçant et en revenant sur ces correspondances, voire sur les emprunts qu'aurait faits Henderson des travaux de Malinowski, nous trouvons dans ce texte une bonne occasion de souligner la part des savoirs socio-anthropologiques au sein de la discipline infirmière.

Notes biographiques des auteurs et des co-éditeurs

Nathalie Bélanger

Nathalie Bélanger est professeure agrégée à la Faculté d'éducation de l'Université d'Ottawa et titulaire de la Chaire de recherche francophone en éducation. Elle détient une maîtrise en enseignement du français langue seconde et un doctorat en sciences de la communication et des troubles du langage. De 1998 à 2005, elle a enseigné en tant que professeure agrégée à l'Ontario Institute for Studies in Education (OISE) de l'Université de Toronto. Elle s'intéresse aux processus d'inclusion et d'exclusion à l'école à partir d'une perspective sociologique. Ses études portent sur les thèmes de l'égalité, du handicap, des minorités, de la francophonie, les rôles des enfants dans la société et les relations école-famille.

Louise Hamelin Brabant

Louise Hamelin Brabant est professeure titulaire à la Faculté des sciences infirmières de l'Université Laval à Québec. Formée comme infirmière, elle est détentrice d'une maîtrise et d'un doctorat en sociologie et s'intéresse aux questions relatives à l'enfance dans une perspective sociologique. Ses travaux portent sur la prévention de la violence auprès des enfants, sur la promotion de la santé de l'enfant, sur les enfants et adolescents immigrants et la violence, le vécu des mères en situation de violence et le transfert des connaissances.

Louise Bujold

Infirmière, Louise Bujold est titulaire d'une maîtrise en santé communautaire et d'un doctorat en anthropologie. Elle est professeure à la Faculté des sciences infirmières de l'Université Laval à Québec où elle enseigne l'éducation à la santé et concourt à la formation des infirmières praticiennes spécialisées. Ses intérêts concernent l'anthropologie de la santé, la santé des autochtones, la pratique infirmière avancée, les soins en contexte interculturel, les soins des personnes suicidaires et de leurs proches.

Franco Carnevale

Détenteur d'une maîtrise en sciences infirmières, en éducation, en bioéthique et en philosophie, et d'un doctorat en psychologie du counseling, Franco Carnevale est professeur associé à l'École des sciences infirmières et professeur adjoint en psychologie de l'orientation à l'Université McGill de Montréal. Il est également consultant en éthique clinique au centre de soins palliatifs pédiatriques ainsi qu'au service de relève du Phare. Il est infirmier chef et préside le Comité d'éthique pédiatrique de l'Hôpital de Montréal pour enfants. Enfin, il est psychologue clinicien. Ses recherches se concentrent principalement sur l'éthique pédiatrique, incluant la relation entre l'éthique et la culture.

France Cloutier

France Cloutier est infirmière et professeure au Département de sciences infirmières de l'Université du Québec à Trois-Rivières. Elle est titulaire d'une maîtrise en sciences infirmières et d'un doctorat en anthropologie. Elle a travaillé comme infirmière au Canada et à l'étranger dans les domaines de la gériatrie, la psychiatrie, la périnatalité et la santé publique. Dans ses recherches, elle s'intéresse à la maladie d'Alzheimer, aux soins infirmiers gériatriques, aux aspects socioculturels de la santé et de la maladie, à l'humanisation des soins, à l'autosoin chez les personnes âgées et à l'art dans les soins.

Michèle Côté

Michèle Côté est infirmière et professeure titulaire au Département des sciences infirmières de l'Université du Québec à Trois-Rivières. Elle détient une maîtrise en sciences infirmières et un doctorat en sociologie. Elle a travaillé comme infirmière en gériatrie et en chirurgie au Canada et à l'étranger. Ses champs d'intérêts et de recherche sont les soins infirmiers gériatriques, la santé des femmes âgées et les aspects socioculturels de la santé et de la maladie.

Valérie Desgroseilliers

Valérie Desgroseilliers est étudiante au programme de doctorat en santé communautaire de l'Université Laval à Québec. Elle possède une formation en anthropologie. Dans sa recherche, elle s'intéresse aux transformations identitaires à l'œuvre au sein d'expériences migratoires. Plus spécifiquement, elle cherche à saisir la présence du religieux et du spirituel au cœur de l'expérience migratoire et à comprendre le travail de cette ressource sur le terrain de la bonne santé mentale. Parallèlement à ses études, elle a travaillé à titre d'assistante de recherche au Centre de santé et des services sociaux de la Vieille-Capitale à Québec et à la Faculté des sciences infirmières de l'Université Laval.

Chantal Doré

Chantal Doré est professeure adjointe à l'École des sciences infirmières de l'Université de Sherbrooke. Elle est titulaire d'une maîtrise et d'un doctorat en sociologie. Elle s'intéresse aux déterminants sociaux de la santé. Ses travaux portent sur l'expérience du cancer du sein chez les femmes, la place des soins dans le développement des communautés, la diversité culturelle et les soins infirmiers, l'éthique et les rapports entre science, technique et société.

Paméla Farman

Infirmière de formation, Paméla Farman a obtenu une maîtrise en sciences infirmières après s'être intéressée au développement de la compétence culturelle et aux expériences de stage international et interculturel des étudiantes en sciences infirmières. Elle est actuellement chargée d'enseignement à la Faculté des sciences infirmières de l'Université Laval. Le développement de la compétence culturelle des professionnels de la santé, la mobilité internationale ainsi que la périnatalité sont ses principaux champs d'intérêt.

Michel Fontaine

Michel Fontaine est infirmier et enseignant chercheur à la Haute École de la santé La Source à Lausanne en Suisse. Il détient un diplôme d'études approfondies en théologie ainsi qu'un doctorat en sociologie. Il est également coresponsable du programme de diplômes des Hautes Études des pratiques sociales à l'Université Marc Bloch de Strasbourg, en France. Après plus de 25 ans d'expériences professionnelles dans les domaines de la santé du social et du développement, il s'intéresse maintenant à l'éthique, à la santé communautaire, à la promotion de la recherche-action.

Walter Hesbeen

Walter Hesbeen est infirmier et détient une maîtrise en sciences médico-sociales et hospitalières ainsi qu'un doctorat en santé publique. Il enseigne à l'Université catholique de Louvain à Bruxelles et à l'Université de Haute-

Alsace à Mulhouse. Il est responsable pédagogique du Groupe francophone d'études et de formation en éthique de la relation de service et de soin (GEFERS). Il est également secrétaire international du Réseau multinational de recherche et de réflexion à partir de la pratique quotidienne des soins infirmiers (PRAQSI). Enfin, il est membre fondateur et rédacteur en chef de la revue *Perspective soignante*. Ses travaux portent sur la pratique soignante selon une perspective humaniste.

Dave Holmes

Dave Holmes est professeur titulaire et vice-doyen des études à la Faculté des sciences de la santé de l'Université d'Ottawa. Il est également titulaire de la Chaire de recherche universitaire en soins infirmiers médico-légaux à l'Institut de recherche en santé mentale de l'Université d'Ottawa. Il est détenteur d'une maîtrise et d'un doctorat en sciences infirmières et il s'intéresse à la gestion des risques en soins infirmiers médicaux-légaux et à la santé publique, dans une perspective poststructuraliste. Dans ses recherches, il aborde les théories critiques, le risque et la santé, la gouvernementalité et les soins infirmiers, les soins infirmiers en milieux psychiatriques correctionnels ou sécuritaires, la sexualité et les infections sexuellement transmissibles.

Cécile Lambert

Cécile Lambert est infirmière et professeure émérite de la Faculté de médecine et des sciences de la santé de l'Université de Sherbrooke. Elle détient une maîtrise en langue et littérature française ainsi qu'un doctorat en sciences de l'éducation. Ses travaux portent sur la philosophie et l'anthropologie du soin, l'acte de soin comme fondement de l'éthique clinique, le soutien des soignants, les approches pédagogiques pour le développement de la compétence éthique en milieu clinique et les paradoxes entourant l'éthique au quotidien.

David Le Breton

David Le Breton est professeur à la Faculté des sciences sociales de l'Université Marc Bloch de Strasbourg. Il est membre *senior* de l'Institut universitaire de France. Il est détenteur d'un diplôme d'études supérieures spécialisées en psychologie pathologique et d'un doctorat d'État en sociologie. Dans ses travaux, il s'intéresse aux représentations et aux mises en jeu du corps humain. Ses écrits s'inscrivent dans une anthropologie du corps, des conduites à risques et de la douleur.

Mary Ellen McDonald

Mary Ellen McDonald est anthropologue médicale et professeure associée aux Départements de pédiatrie et d'oncologie ainsi qu'à l'École de sciences infirmières de l'Université McGill à Montréal. Elle est également professeure auxiliaire au Département d'anthropologie de l'Université de Victoria et membre du corps professoral du Centre d'éducation médicale de l'Université McGill. Elle est aussi chercheure à l'Hôpital de Montréal pour enfants et préside le Groupe de recherche qualitative sur la santé de McGill. Elle s'intéresse aux soins palliatifs, au deuil ainsi qu'aux aspects culturels de la santé et de la maladie, notamment auprès des collectivités autochtones de Montréal et du Nord-du-Québec.

Amélie Perron

Amélie Perron est professeure adjointe à la Faculté des sciences de la santé de l'Université d'Ottawa. Elle détient une maîtrise et un doctorat en sciences infirmières et s'intéresse aux soins infirmiers psychiatriques en milieux correctionnel et institutionnel. Ses travaux portent sur les soins infirmiers prodigués à des populations captives et à des populations marginalisées, sur les soins psychiatriques et les soins psycho-légaux, sur les relations de pouvoir entre les professionnels de la santé et les patients.

Francine Saillant

Francine Saillant est titulaire d'un doctorat en anthropologie. Après avoir été professeure à la Faculté des sciences infirmières de l'Université Laval à Québec, elle est professeure titulaire au Département d'anthropologie de la Faculté de sciences sociales. Elle dirige la revue canadienne Anthropologie et Sociétés. Ses travaux portent notamment sur l'anthropologie de la santé, du corps et des soins, le genre, les mondes contemporains, les médecines alternatives, l'aide humanitaire et les droits humains.

Marie-Claude Thifault

Titulaire d'une maîtrise et d'un doctorat en histoire, Marie-Claude Thifault est professeure adjointe à la Faculté des sciences de la santé de l'Université d'Ottawa. Elle est également directrice associée de l'Unité de recherche sur l'histoire des sciences infirmières de l'Associated Medical Services (AMS). Elle s'intéresse à l'univers asilaire québécois et canadien dans une perspective historique. Ses recherches portent sur les femmes en institutions asilaires, les communautés religieuses, l'histoire sociale et culturelle du Québec et du

Canada, l'histoire des sentiments en milieu institutionnel, l'histoire des soins infirmiers au Canada et l'intégration d'infirmières spécialisées en médecine mentale et diplômées en milieu psychiatrique

Anne Vega

Anne Vega est ethnologue et chercheure au Centre de recherche de Médecine, Sciences, Santé et Société (CERMES) à Villejuif en France. Elle détient un doctorat en anthropologie sociale et ethnologie. Elle a également enseigné à l'Université Paris-Nord et au Centre d'éthique médicale de Lille. Elle s'est spécialisée dans les études qualitatives auprès de professionnels de la santé et dans la divulgation des sciences humaines. Ses domaines de recherche sont l'identité des infirmières, la mémoire des personnels hospitaliers, les réseaux d'entraide dans les soins (ville/hôpital) et le travail en médecine générale.

Nicolas Vonarx

Formé comme infirmier diplômé d'État en France, Nicolas Vonarx s'est engagé dans le champ de la santé publique internationale avant de comprendre que les approches anthropologiques étaient incontournables pour participer intelligemment à la transformation des réalités sociales. Détenteur d'une maîtrise et d'un doctorat en anthropologie, il est actuellement professeur adjoint à la Faculté de sciences infirmières de l'Université Laval. Il aborde dans ses enseignements les dimensions anthroposociales des expériences de maladie et la santé mondiale. Ses recherches portent sur l'articulation entre la religion-spiritualité, la santé, la maladie et les soins.

RECYCLÉ
Papier fait à partir
de matériaux recyclés
FSC® C021757

Marquis imprimeur inc.

Québec, Canada
2010

Imprimé sur du papier Silva Enviro 100% postconsommation
traité sans chlore, accrédité Éco-Logo et fait à partir de biogaz.